SOLO ZAPATILLAS DE MARCA

Jóvenes limeños y los límites de la inclusión desde el mercado

SOLO ZAPATILLAS DE MARCA

JÓVENES LIMEÑOS Y LOS LÍMITES DE LA INCLUSIÓN DESDE EL MERCADO

Francesca Uccelli

Mariel García Llorens

IEP
INSTITUTO DE
ESTUDIOS
PERUANOS

"Esta publicación se llevó a cabo con la ayuda de una subvención del Centro Internacional de Investigaciones para el Desarrollo, Cánada, bajo la iniciativa Think Thank."

Serie: Urbanización, Migraciones y Cambios en la Sociedad Peruana, 26

Horacio Urteaga 694, Lima 11
Telf.: (51-1) 332-6194
www.iep.org.pe

ISBN: 978-9972-51-557-6
ISSN: 1024-6363
Impreso en Perú

Primera edición: febrero de 2016
1000 ejemplares

Hecho el depósito legal
en la Biblioteca Nacional del Perú: 2016-02033

Registro del proyecto editorial
en la Biblioteca Nacional: 11501131600173

Corrección:	Sara Mateos
Diagramación:	Silvana Lizarbe
Carátula:	Gino Becerra
Cuidado de edición:	Odín del Pozo
Foto de portada:	Gino Becerra
Foto de contraportada:	Carolina Goyzueta

Sólo zapatillas de marca. Jóvenes limeños y los límites de la inclusión desde el mercado / Francesca Uccelli y Mariel García Llorens. Lima, IEP, 2016 (Urbanización, migraciones y cambios en la sociedad peruana, 26)

1. JUVENTUD; 2. MOVILIDAD SOCIAL; 3. CLASES SOCIALES; 4. CONSUMO; 5. CULTURA POLÍTICA; 6. NUEVAS TECNOLOGÍAS; 7. TRABAJADORES JÓVENES; 8. ANTROPOLOGÍA; 9. LIMA; 10. PERÚ

W/14.07.00/U/26

Índice

A Micaela, Vera y Miqel

Introducción

Los herederos de los conquistadores

Este texto narra las historias de ocho jóvenes limeños, cuatro mujeres y cuatro hombres, descendientes de segunda o tercera generación de los que fueron hace unas décadas los "conquistadores de un nuevo mundo": migrantes que llegaron a Lima en sucesivas oleadas y que, a través de acciones organizadas y luchas colectivas, fundaron barrios populares en la capital (Degregori et ál. 1986). Este es un estudio etnográfico exploratorio que sigue las historias familiares de estos jóvenes, sus trayectorias educativas, laborales o alternativas, sus prácticas de consumo y su relación con la política a lo largo de un año, a fin de presentar temas que alimenten el renovado interés en discusiones de clase, movilidad social y desigualdad en el Perú.

Consideramos que las historias familiares narradas en este ensayo ilustran ciertas transformaciones políticas y sociales más amplias de nuestra sociedad. En particular, el contraste entre las trayectorias de los jóvenes y las de sus padres permite analizar las aspiraciones y opciones de movilidad social en diferentes momentos históricos del país.

Ciertamente, no es lo mismo haber sido joven en los años ochenta, o incluso en los noventa, que serlo en las primeras décadas del siglo XXI. Se trata de distintos contextos económicos y políticos, y de diferentes realidades educativas, laborales, tecnológicas y de consumo. Acorde con las tendencias mundiales del capitalismo, en el Perú posreformas neoliberales de los años noventa, el trabajo se ha flexibilizado, lo que otorga un mayor dinamismo al sector privado, pero a la vez genera más inestabilidad e inseguridad laboral. En el campo educativo se ha dado, por un lado, una masiva expansión de la educación, al atender a sectores —principalmente rurales— antes excluidos del sistema educativo, y sin embargo, la masificación ha supuesto un significativo deterioro de la educación pública; por otro lado, como parte de las reformas neoliberales de los años noventa, se liberalizó también la educación y hoy existe una creciente oferta educativa privada —especialmente urbana—, lo que configura un escenario diametralmente distinto al de décadas anteriores en el ámbito de la educación. De igual modo, en contraste con décadas marcadas por la crisis económica e institucional y el conflicto armado interno, el país vive hoy un crecimiento macroeconómico sostenido (2002-2014) y la sucesión de gobiernos elegidos democráticamente por más de 15 años.[1]

Publicaciones recientes del Banco Mundial y del Banco Interamericano de Desarrollo (BID) señalan que el crecimiento económico en el Perú "ha sido *pro pobre*, permitiendo salir de la pobreza a millones de peruanos, y ha sido *pro clase media*, permitiendo al mismo tiempo una expansión y consolidación de los estratos intermedios" (Jaramillo y Zambrano 2013: 15). Se sostiene que el crecimiento ha sido "inclusivo" en toda América Latina,

---

1. De acuerdo con el Banco Mundial, "el Perú es una de las economías de más rápido crecimiento en la región". La tasa de crecimiento promedio fue de 6,1% entre 2002 y 2013, acompañada de un entorno de baja inflación (2,6% en promedio). A pesar de haberse desacelerado el crecimiento durante el 2014 y en lo que va del 2015, "las cifras de crecimiento del PBI se mantuvieron por encima del promedio de la región (2.4% frente a 0.8%, respectivamente) y la inflación finalizó solo ligeramente por encima del rango meta (3.2%)". Disponible en: <http://www.bancomundial.org/es/country/peru/overview> (revisado el 13/07/2015).

pues los ingresos del 40% más pobre han aumentado más que los del resto y, por tanto, que se ha reducido la desigualdad y se ha "transformado la configuración de los grupos socioeconómicos de la región" (Cord et ál. 2015: 1).

En la literatura económica aparece una nueva categoría, la de "los vulnerables" (también llamados "los emergentes"), y se señala que "actualmente constituye la clase social más numerosa en toda la región" (Ferreira et ál. 2013: xii). Los vulnerables son "aquellos que han salido de la pobreza pero no tienen ingresos suficientes para ser considerados parte de la clase media" (Cord et ál. 2015: 1). Son los no-pobres relativamente recientes, aquellos que han "emergido" de la pobreza pero que están más expuestos a caer nuevamente en ella, por ser más vulnerables a la pérdida de sus ingresos y activos individuales y familiares —capital humano, social o físico— como consecuencia de las crisis económicas, el cambio climático u otras situaciones de riesgo menos graves pero más frecuentes, como un accidente o una enfermedad (ob. cit. 38).

La conformación de este grupo social es un fenómeno relativamente reciente en el Perú. En el 2003, el 40% de hogares más pobres del país era pobre extremo o pobre (37% y 63%, respectivamente). Por el contrario, para el 2012, del 40% más pobre, 29% son pobres extremos, otro 29% son pobres, y 42% son vulnerables (Cord et ál. 2015).

Junto con la nueva "clase de los vulnerables" reaparece en escena la clase media, definida en función de la seguridad económica, es decir, la escasa probabilidad de volver a caer en la pobreza (Ferreira et ál. 2013), pues sus activos le permiten ser más estable que la clase de los vulnerables. Los estudios mencionan una expansión de la clase media en América Latina a niveles nunca antes vistos (Cord et ál. 2015). Hasta hace unos 12 años (inicios del siglo XXI), el porcentaje de pobres equivalía aproximadamente a 2,5 veces el de la clase media, mientras que actualmente "los porcentajes de la población de clase media y de pobres en América Latina están igualados" (Ferreira et ál. 2013: 1). Ello implica procesos de movilidad económica que han ido transformando la "composición de las clases sociales": "un número considerable de personas que eran pobres a finales de los años noventa han dejado de serlo. Otros, que todavía no eran clase media, ahora se han unido a sus filas" (ob. cit.: 1).

Como resultado de esto, tenemos que los pobres, los vulnerables/emergentes y los sectores medios son las tres *clases económicas* mayoritarias en la región latinoamericana. Se trata de una reconfiguración social ocurrida en el transcurso de la primera década y media del siglo XXI, tiempo que coincide con la implementación y consolidación de las políticas de mercado en América Latina.[2]

En el caso del Perú, la clase media representaría aproximadamente entre el 40% y el 50% de la población nacional (Jaramillo y Zambrano 2013).[3] Si se incluye en el concepto de clase media a la "clase vulnerable/emergente" —aquella "franja de hogares que, aun con ingresos por encima de la pobreza, no entran en la definición de clase media por motivos de vulnerabilidad, autopercepción o factores estructurales"—, "aproximadamente 7 de cada 10 peruanos pertenecen a los estratos más allá de la pobreza" (ob. cit.: 14). Por lo tanto, la estructura de la sociedad peruana habría dejado de ser una pirámide con una amplia base de pobres para convertirse en un polígono.

---

2. En el Informe *Prosperidad compartida y fin de la pobreza en América Latina y El Caribe*, publicado por el Banco Mundial (2015), Louise Cord, María Eugenia Genoni y Carlos Rodríguez-Castelán "definen tres clases económicas: a) los pobres (los que tienen un ingreso per cápita por debajo de US$ 4 al día); b) los vulnerables (de US$ 4 a US$ 10 al día) y c) la clase media (de US$ 10 a US$ 50 al día), todo en dólares estadounidenses internacionales del 2005 ajustados en función de la PPA. El resto, las personas con un ingreso superior a US$ 50 al día, constituyen menos del 3% de la población de la región" (ob. cit.: 51).

3. Como explican los autores, la variación del porcentaje depende de la metodología aplicada —se obtienen distintos resultados al aplicar distintas metodologías (Jaramillo y Zambrano 2013: nota a pie de página 14).

Como vemos hasta aquí, la literatura dominante utiliza metodologías cuantitativas para construir sus categorías y produce una evidencia empírica a partir de variables principalmente monetarias. Dicho de otro modo, las clases se definen en función de los ingresos y de las probabilidades de caer en la pobreza, es decir, en función de qué tan expuestos están los individuos o familias a sufrir una movilidad económica descendente. Si bien en la mayoría de publicaciones se reconoce el carácter "multidimensional" de la condición de clase —que incluye, en sus posibles definiciones, aspectos sociales, culturales y generacionales, así como de aspiración y de autopercepción—, es al tratar de aplicar las categorías para su estudio empírico que la mayor parte de la literatura reduce la definición de clase a aquella basada en ingresos.[4]

Al dejar de lado el resto de variables que constituyen un entorno de pobreza (o de bienestar) y tomar en cuenta aspectos exclusivamente monetarios, estos estudios —que no está demás señalar, son elaborados por las entidades que promueven las reformas neoliberales en la región—, producen un resultado con importantes consecuencias políticas: *comprueban* que el modelo de mercado es exitoso en lo que respecta a inclusión y fomento de la movilidad social. Por tanto, no habría nada que cambiar.

Ciertamente, algunas voces críticas discuten esta suerte de discurso celebratorio de la ampliación de la clase media y del avance en la "erradicación" de la pobreza en América Latina. Estos autores ponen en cuestión los modos en que se definen las categorías "pobre" y "clase media", los métodos con que se cuantifica

---

4. En efecto, Jaramillo y Zambrano reconocen que "la condición de clase media es un fenómeno complejo de carácter multidimensional", pero que, sin embargo, "la mayor parte de la literatura se centra en la definición basada en ingresos" (2013: 14). Ellos identifican en su trabajo cuatro enfoques metodológicos que miden la clase media a partir de los ingresos "i) el relativo al ingreso mediano; ii) el enfoque de seguridad económica [definición del Banco Mundial]; iii) el enfoque de niveles socioeconómicos; iv) y el enfoque de no pobres-no ricos" (ob. cit.: 14).

y agrupa a la población, y el efecto de dicha clasificación. Como explica Remy (2014), hoy en día ser pobre ya no se entiende como un problema estructural de la sociedad, como algo que por tanto requiere de políticas estatales redistributivas, sino como un problema individual de falta de agencia, de falta de capacidad para generar o mantener activos que puedan participar del mercado. Son entonces "las personas u hogares quienes deben cambiar; no el modelo de acumulación ni la política económica" (Remy 2014: 8).

De igual modo, otros estudios críticos aportan marcos interpretativos más amplios para entender los mecanismos de inclusión y exclusión de la "gubernamentalidad neoliberal" a lo peruano (Drinot 2014). Se problematizan los modos en los que el neoliberalismo incluye o iguala a través del mercado, las maneras en que la "raza, educación y mercado entran en relaciones de mutualidad en la formación y selección de cuerpos hábiles e inhábiles" (De la Cadena 2008: 10). En otras palabras, los excluidos fueron antes los "indios", luego, los discriminados fueron los "ignorantes" —con el proyecto moderno, cuya herramienta principal de cambio cultural fue la educación—, y son ahora "los pobres", que por falta de activos no pueden convertirse en consumidores.[5]

Independientemente de los enfoques, sean estos "cuantitativamente" celebratorios o críticos y concentrados en el bolsón de los "excluidos", es aún poco lo que sabemos sobre los nuevos "incluidos" del sistema, y sobre cómo esta población ahora llamada "no pobre", en particular la "emergente y/o vulnerable", se ha beneficiado del crecimiento económico en el país. Es poco lo que sabemos de las rutas de movilidad económica y social seguidas por los que en los últimos 10 a 15 años se han convertido de "pobres" a "emergentes vulnerables", o por aquellos que han pasado a ser una "clase media" estable, más allá del ingreso como variable de estratificación social.

---

5. Sobre el proyecto civilista a través de la educación, ver Contreras (1996).

Nuestro estudio quiere contribuir con evidencia cualitativa a este debate, desde una perspectiva etnográfica que permita atender los aspectos socioculturales de la movilidad social. Las preguntas principales que guían nuestra exploración son: ¿cómo incluye el actual modelo económico, más allá del dato cuantitativo de incremento de ingresos en importantes sectores de la población?; ¿cuál es el rol del Estado para con sus ciudadanos en este modelo económico de crecimiento "a lo peruano"?; ¿cuáles son los escenarios de movilidad social posibles para aquellos que han emergido de la pobreza en años recientes?; ¿qué significa esta inclusión en términos de reducción de la desigualdad? Más específicamente, ¿cómo y en qué condiciones vive una persona o una familia "emergente vulnerable" en Lima?; ¿en qué se ocupa, qué consume, de qué manera vive la política? Para acabar, aunque no menos importante, ¿cómo se considera a sí misma una persona o una familia clasificada como "emergente vulnerable" en el nuevo argot del desarrollo?

Elegimos trabajar con ocho jóvenes limeños que forman parte de este grupo "vulnerable" que "emerge" de la pobreza hacia la clase media, pues son los que tienen hoy entre 18 y 24 años, justamente, los que nacieron al comienzo de la década del noventa, cuando la sostenida crisis económica y el conflicto armado interno sentaron las bases para la reforma económica neoliberal.[6] Su adolescencia coincide con el fin del régimen autoritario de Fujimori y con el despegue de la economía. Ellos son la generación de la época de bonanza: llegan a la mayoría de edad en un contexto de sostenido crecimiento económico (2006-2012) muy distinto al de la juventud de sus padres, y es precisamente ese contraste el que queremos analizar.

---

6. El trabajo de campo se realizó entre mayo del 2012 y mediados del 2013, con jóvenes que al momento de ser seleccionados (2012) tenían entre 18 y 24 años.

Decidimos realizar el estudio en la ciudad de Lima porque es ahí donde confluye un tercio de la juventud peruana y donde el impacto positivo del crecimiento económico es más evidente. Es en la capital donde más crece la clase media: al 2011, más del 55% de la población limeña ya era considerada como tal (Jaramillo y Zambrano 2013).

Siguiendo a Benavides (Benavides y Etesse 2012), el análisis de movilidad social toma en consideración tanto la movilidad estructural como la relativa: la primera alude a los cambios que se dan al comparar generaciones de padres e hijos; la segunda considera el contexto histórico en que estos ocurren. Estudiar las trayectorias, posibilidades y aspiraciones de movilidad social de los jóvenes limeños de familias "emergentes vulnerables" permite hacer el contraste entre dos generaciones y dos épocas marcadamente diferentes y a la vez trazar conexiones entre ellas. De este modo, el estudio posibilita caracterizar a los jóvenes de familias "emergentes vulnerables" de la capital y examinar, en términos cualitativos, el "chorreo económico" y las condiciones de bienestar que genera, es decir, su efecto en la movilidad y en la desigualdad.

Antes de describir el contenido del texto, quisiéramos hacer dos observaciones sobre la investigación.[7] En primer lugar, mencionar que el trabajo de campo se llevó a cabo principalmente a lo largo del 2012, y que gran parte del texto se escribió durante el 2013. Si bien las problemáticas y desafíos identificados se mantienen vigentes, al momento de revisar el texto para su publicación (2015), el contexto ha cambiado en varias dimensiones: la euforia por el crecimiento económico ha dado paso a la preocupación por el estancamiento de la economía; nos acercamos a un nuevo año electoral; e incluso en términos tecnológicos, el que fuera el símbolo de los teléfonos inteligentes y de las aspiraciones de los jóvenes (el BlackBerry) ha dado paso a otros sistemas operativos

---

7. Gesto inspirado en Barrantes y Grompone (2015), que propician una lectura más contextualizada del texto.

(IPhone y Android). Señalamos esto como ejemplos que dan cuenta de la velocidad de los cambios. Sin embargo, confiamos en que el texto sea un aporte a discusiones más amplias que no se reduzcan a dicho contexto. Justamente, la segunda observación es que por la amplitud de los temas que abarca, no es posible abordar todos en profundidad. Lo que se ha intentado es poner en diálogo elementos de la problemática de la juventud y de la movilidad social a fin de contribuir a la discusión con nuevas perspectivas al respecto.

El presente documento está organizado en seis capítulos. El capítulo 1 se ocupa de las discusiones teóricas y de los desafíos metodológicos de nuestro estudio. Tomando en cuenta que las divisiones entre teorías y métodos son arbitrarias —pues toda teoría es método y viceversa—, este estudio participa de dos conversaciones: una sobre movilidad social, clases y desigualdad, y la otra sobre la noción de juventud y las culturas juveniles. Luego comparte la ruta de campo realizada, cómo se la imaginó y cómo fue cambiando en el proceso, y el pensamiento etnográfico generado con y a partir de ella. El capítulo concluye con una breve presentación de los casos.

El capítulo 2 ubica los casos en su contexto familiar. Partiendo de las descripciones de la familia, vivienda y barrio de los ocho casos elegidos, en contrapunto con los datos cuantitativos de la encuesta de movilidad social en el Perú (IEP 2012), este capítulo es un marco para el estudio cualitativo de casos del grupo de jóvenes limeños presentado en los capítulos siguientes.

Los capítulos 3 y 4 analizan las distintas trayectorias de los jóvenes vinculadas al estudio y el trabajo, respectivamente. El capítulo 3 se centra en las trayectorias educativas de los jóvenes en comparación con las de sus padres, y en la significación de los estudios como un aspecto medular (o no) del proyecto de vida. En ese sentido, se analizan las experiencias escolares para luego pasar a la etapa posterior, en donde se aprecia cómo la expectativa de continuar estudios superiores se enfrenta con una serie de barreras y posibilidades. Por otro lado, el capítulo recoge también las experiencias de jóvenes con trayectorias alternativas a la educación, que suponen una resistencia a lo socialmente esperado. Como se verá, en términos de experiencias y oportunidades educativas, los escenarios donde se desenvuelven la generación de los jóvenes y la de sus padres, así como sus recursos y estrategias, han variado sustantivamente.

El capítulo 4 analiza el mundo laboral de los jóvenes, sus distintas experiencias en él, y la valoración atribuida al trabajo o, más exactamente, la cultura del trabajo de las familias estudiadas. La oferta de trabajo para jóvenes es amplia y diversa e incluye opciones formales, informales e incluso ilegales. Los jóvenes estudiados transitan mayoritariamente por trabajos precarios, en búsqueda de experiencias o entretenimiento, pero sobre todo de satisfacer sus necesidades de consumo personal. Se muestra que la experiencia laboral de estos jóvenes, a diferencia de la de sus padres a su edad, no se centra en la subsistencia. Los casos encierran una variedad de condiciones y trayectorias laborales en la que los jóvenes se desenvuelven con distinta agencia, y en donde la falta de tiempo y el aburrimiento parecen dos tendencias complementarias que definen a la generación. Sin embargo, más allá de las diferencias que existen entre ellos, los jóvenes estudiados comparten las mismas aspiraciones de consumo.

Los capítulos 5 y 6 exploran, respectivamente, la cultura de consumo y la cultura política de los jóvenes en comparación con las de sus progenitores. Creemos que ambos aspectos —consumo y política— están entrelazados e informan y moldean no solo sus aspiraciones sino también los campos posibles de su movilidad social. El capítulo 5 examina las prácticas, prioridades y aspiraciones de consumo de los jóvenes. En particular, se detiene a analizar el rol que ocupan las tecnologías de la comunicación en su vida social. Estas les permiten transitar simultáneamente por diferentes ambientes y comunidades (locales y globales), y participar de diferentes modelos identitarios. Como veremos, tanto las prácticas de comunicación ("chatear", "mensajear", "googlear", "facebookear"), como los objetos en sí desde los cuales estas se realizan (smartphones, laptops), son marcadores de pertenencia y de diferenciación social y, por lo tanto, estrategias y recursos de movilidad social.

El capítulo 6 se centra en la cultura política de los jóvenes a partir de sus prácticas de consumo mediático, en particular de programas informativos y noticieros en la televisión, y de su participación en las elecciones generales del 2011. Examinamos los modos en los que ellos eligen a los candidatos y en los que se vive lo político en su entorno familiar y de amistades. Analizamos cómo las lógicas del entretenimiento, el consumo y la cultura del emprendimiento individualista modelan sus nociones de democracia y desarrollo, y cómo los jóvenes entienden y viven la relación Estado-sociedad. Mostramos de qué manera la acción del gobierno es vista como lejana o como dirigida solo a los pobres, y cómo se considera que para el resto, "no-pobre" como estos jóvenes, progresar depende del esfuerzo personal.

La sección de conclusiones hace un recuento de lo hallado en la investigación; reflexiona sobre las posibilidades de movilidad social identificadas para los jóvenes limeños supuestamente más aptos para ello y sobre las actuales condiciones de inclusión y sus límites. Si bien se encuentran notables diferencias entre la generación de los jóvenes y la de sus padres y madres, en tanto se han ampliado las oportunidades educativas y laborales, se observa también que la calidad de la educación y las condiciones de trabajo se han tornado tremendamente heterogéneas y desiguales. Asimismo, el consumo parece ocupar un lugar central en la realización de los jóvenes; encontramos una suerte de "movilidad cultural" en donde el acceso a ciertos bienes representa un "ascenso social simbólico" en el presente, pero con un débil capital social y económico para el futuro. Del mismo modo, lo económico (a través del consumo) parece moldear lo político, por lo que dirigir demandas al Estado se considera un asunto de pobres. Se prioriza el individualismo y el discurso emprendedor: "el que se esfuerza, triunfa", y el que triunfa es aquel que puede consumir los bienes deseados. Por tanto, pareciera que con el modelo de nuevo capitalismo "a lo peruano" estamos apostando por una sociedad de consumidores, de clientes, y no de ciudadanos sujetos a derechos y deberes. En este escenario, la ciudadanía se define a través de la capacidad de consumo, y la búsqueda del bien común parece un asunto débil y ajeno al discurso de los no-pobres.

Esta investigación es el resultado de la confluencia de múltiples conversaciones, trayectos y colaboraciones a lo largo de varios años. Queremos reconocer los distintos apoyos que hemos recibido para su realización. Para comenzar, este estudio y su publicación han sido posibles gracias al Concurso de Estudios Interdisciplinarios sobre Movilidad en el marco del programa institucional "Entre la consolidación del desarrollo y la profundización de la desigualdad" convocado por el Instituto de Estudios Peruanos y financiado por el Think Tank Initiative (TTI) del International Development Research Centre (IDRC).

Queremos agradecer especialmente a las personas que trabajaron con nosotras. En la primera etapa del estudio participó entusiastamente Carlos de Los Ríos, a quien debemos valiosas discusiones acerca de cómo analizar la movilidad social entre los jóvenes y cómo relacionar lo cuantitativo con lo cualitativo en el estudio. Agradecemos también a Carmen Montero por su enorme aporte en el procesamiento de la información cuantitativa de la encuesta de movilidad social – IEP 2012, que nos permitió situar los casos analizados en las tendencias de los jóvenes urbanos. Leonor Lamas y Fernando Rivera nos asistieron en la etapa del trabajo de campo, cuando realizamos las entrevistas colectivas, seleccionamos los casos, perfeccionamos instrumentos de recolección de datos e hicimos la mayoría de entrevistas y observaciones. Las conversaciones sostenidas con ellos enriquecieron ampliamente nuestras reflexiones y rutas de indagación. Asimismo, Melanie Cambiaso nos apoyó en la cuidadosa transcripción de las entrevistas, el complemento del trabajo de campo de algunos de los casos y en la revisión bibliográfica. Por último, Carolina Goyzueta y Leonor Lamas fueron de gran ayuda en la sistematización de la información y la realización de entrevistas complementarias a los casos y en la visita final a los jóvenes, respectivamente. A todo el equipo de campo nuestro profundo agradecimiento por el excelente trabajo realizado.

Versiones anteriores de este texto fueron revisadas por Raúl Castro Pérez y Sandro Macassi, y también por dos lectores anónimos gracias al apoyo del TTI, que permitió que el texto pasase por el programa de revisión ciega por pares. A todos ellos nuestro agradecimiento por su lectura detallada y sus pertinentes críticas que, sin duda, han contribuido a mejorar el texto. Cualquier vacío es, sin embargo, de nuestra entera responsabilidad.

Del mismo modo, quisiéramos agradecer a Ludwig Huber, actual director de publicaciones del IEP, y a todo su equipo, en especial a Odín Del Pozo, por su dedicado trabajo que permitió que este libro salga a la luz.

Y, por supuesto, queremos agradecer también a nuestras respectivas familias, que crecieron y cambiaron a lo largo de estos años de investigación y escritura por su incondicional apoyo y presencia. Francesca agradece en especial a Juan Pablo, maravilloso compañero de ruta, por estar siempre involucrado en sus múltiples viajes por la vida, el trabajo y la crianza. Mariel agradece a Miqel que ha nacido y crecido en el transcurso de esta investigación y con quien aprende cada día, y a la familia hermosa, poco convencional y siempre en construcción que los acompaña y le permite a ella dedicarse a estudiar, escribir y criar.

Para terminar, este trabajo no hubiera sido posible sin la colaboración expresa de cada uno de los jóvenes que aceptó voluntariamente participar en el estudio, y por supuesto, de sus familias, que colaboraron pacientemente con nuestras preguntas y visitas. A todos ellos nuestro reconocimiento por su lucha diaria y nuestro sincero agradecimiento por su participación en este estudio. Esperamos haber logrado que las historias aquí narradas reflejen la complejidad de sus vidas, sus posibilidades y limitaciones.

Capítulo 1

Jóvenes y movilidad social: discusiones y rutas teórico-metodológicas

Nuestro estudio se enmarca en dos tipos de discusión: una sobre movilidad social, clases y desigualdad, y la otra sobre la noción de lo que es ser joven y las culturas juveniles. A continuación desarrollamos estos temas, analizando los principales aportes de las ciencias sociales al respecto y reconociendo sus enormes retos conceptuales y metodológicos.

1. Clases, movilidad social y desigualdad

Como sostienen Barrantes et ál., en América Latina los estudios sobre movilidad social han estado estrechamente ligados a los de estratificación. La movilidad social se define como "la capacidad que tienen las personas ubicadas en estratos bajos de alcanzar estratos altos y viceversa" (Barrantes et ál. 2012: 14). La estratificación se refiere a una definición y jerarquización de grupos sociales de acuerdo con ciertos criterios —siendo el ingreso y la ocupación los más usuales— y a conceptos en torno a la idea de clase.

A diferencia de Estados Unidos y Europa, en América Latina la discusión académica sobre clase y movilidad social dejó de ser un tema importante en las últimas décadas. El Perú no ha sido ajeno a este fenómeno. Solo en los últimos años ha renacido el interés por volver a pensar nuestra sociedad en términos de movilidad social y reconfiguración de clases, y por analizar cómo estos procesos repercuten en las persistentes desigualdades que existen en el país. No es casual que este renovado interés coincida con una economía en permanente crecimiento y con un largo periodo de estabilidad política, cuando menos en lo que respecta a gobiernos que se suceden pacíficamente y que son elegidos por vías institucionales.

Sin embargo, como señalan Barrantes et ál. (2012), aún son pocos y dispersos los estudios sobre movilidad social en el país. Desde una perspectiva económica, estas investigaciones se centran en el tránsito entre estratos y en cruzar básicamente variables geográficas, de ingreso, ocupacionales y educativas que explican este movimiento ascendente o descendente, sin detenerse demasiado en las definiciones de las clases de partida o de llegada de dicho tránsito. En esta línea, nuestro trabajo toma como referencia los estudios realizados por Benavides (2002; Benavides y Etesse 2012) y Barrantes et ál. (2012). Benavides analiza la movilidad social, examinando los "cambios en las posiciones que los trabajadores ocupan en la estructura ocupacional en relación con la que ocupaban sus padres" y considerando que cada posición representa una "clase" (2002: 475). A partir de los cambios ocupacionales observados entre diferentes generaciones, el autor encuentra que la potencial mejora en la igualdad de oportunidades en el Perú ha derivado principalmente de la expansión educativa y del desarrollo de los mercados de trabajo. Sin embargo, sostiene que estos cambios se han visto neutralizados por la ausencia de transformaciones en las relaciones económicas y culturales, que ha impedido una mayor apertura social. De esta manera, identifica cierto grado de dinamismo y expansión de las clases situadas al medio de la estructura social (la clase media-baja de la distribución), y un comportamiento "casi estamental" en los extremos.

Más recientemente, Barrantes et ál. han realizado un estudio sobre percepciones de movilidad social, basándose en una encuesta aplicada en el ámbito nacional. Ellos identifican cambios en las posiciones sociales entre generaciones, partiendo de comparar cómo perciben estas posiciones los p/madres e hijo/as. El análisis examina estas variaciones a partir de dos ejes: el capital social, visto como un promotor de la movilidad ascendente y cuyo principal activo son las relaciones humanas; y el papel de la vulnerabilidad en el movimiento inverso de movilidad descendente (Barrantes et ál. 2012: 60). Su trabajo está en diálogo con la literatura económica reciente, en la que tanto el capital social (y los activos productivos) como la vulnerabilidad son criterios que se usan en la definición de clases, como hemos visto anteriormente.[1]

Según lo hallado por Barrantes et ál., los niveles de capital social muestran tendencias dispares, que dependen del origen de los encuestados, su nivel educativo y su ocupación. Lo mismo ocurre con la vulnerabilidad. Es decir, capital social y vulnerabilidad dependen de las mismas variables. En lo referente a la movilidad geográfica, Lima continúa siendo uno de los destinos más importantes de las migraciones. En lo que respecta a la movilidad educacional, ha habido un fuerte movimiento al respecto, que da cuenta del proceso de masificación del sistema educativo. Sin embargo, el logro es mayor en las áreas urbanas que en las rurales; asimismo, aquellos que tienen un escaso nivel de educación suelen transferir esta situación a sus hijos. Por último, en cuanto a la movilidad ocupacional, quienes tienen niveles más bajos de calificación, tienen menos posibilidades de cambiar de puesto de trabajo. Este grupo suele mantener la misma ocupación que tenía cuando se inició en la vida laboral o dedicarse a lo mismo que sus padres. Los que más probabilidades tienen de moverse ascendentemente son los varones, las personas que viven en zonas urbanas y las que han alcanzado el nivel educativo superior. Al respecto, Benavides (Benavides y Etesse 2012) indica que, si bien la educación superior tiene

---

1. Ver Introducción.

implicancias positivas en la movilidad social, el origen de los padres determina considerablemente el acceso a ese nivel educativo.

Como vemos, los estudios económicos basan sus descripciones de movilidad social en variables cuantificables, sean estas el "dato duro" sobre ingresos, educación u ocupación, o percepciones de un conjunto de personas al respecto. Se centran en el tránsito entre "estratos", más que en la caracterización de los mismos más allá de su condición económica/ocupacional.

En contraste, la sociología y la antropología han puesto su atención, por un lado, en los debates teóricos-metodológicos acerca de cómo definir a las clases en el Perú (Delgado 1967, 1971; Rochabrún 2007; Plaza 2007); y por otro, en exploraciones más etnográficas o ensayísticas que describen aspectos socioculturales que marcan la pertenencia a una clase/sector, y en las posibilidades y barreras de movilidad social (Delgado 1968; Degregori et ál. 1986; Nugent 1992 y 2010; Huber y Lamas 2015).

Carlos Delgado, un autor que rescatamos en este estudio, prefiere hablar de composición social más que de estratificación, un término que las ciencias sociales han tomado prestado de la geología y que se usa en la literatura económica actual: "la imagen de un estático ordenamiento vertical de capas o 'estratos' superpuestos, apta para describir la naturaleza del hecho geológico, resulta totalmente inadecuada para reflejar la fluidez y versatilidad del hecho social" (1971: 43). Delgado considera, además, que la tradicional división (europea) de clases alta, media y baja es anacrónica para el Perú, pues ignora matices y distinciones, así como cruces entre grupos, y propone en cambio "ordenar los grupos sociales a lo largo de un continuum de poder" (ibíd.). A las variables habituales utilizadas para clasificar "estratos" (propiedad, nivel de ingreso, nivel educativo y ocupacional), este autor agrega otras

> [...] que en nuestro país juegan un papel de singular significación: ubicación en términos de la relación geográfica costa-interior (sierra-selva); ubicación en términos del binomio ecológico urbano-

> rural; ubicación social en la "gama de color étnico" (indio, negro, mestizo, blanco); predominio de lo rural, lo urbano y lo metropolitano en la definición del universo social (1971: 11)

Dado que su propuesta es considerar a las clases como un "continuum" de relaciones de dominación —un lenguaje muy acorde a los tiempos en que el texto fue escrito—, Delgado incluye también otros dos criterios importantes: el acceso a los mecanismos de poder y la participación política, a los que volveremos más adelante.

Estratificación y movilidad son dos fenómenos conceptualmente relacionados. Movilidad social es el "proceso mediante el cual personas o grupos se desplazan dentro del sistema social" e "implica direcciones de ascenso y descenso en su dinámica". Sin embargo, en la práctica, "la expresión se usa para referirse al desplazamiento ascendente de grupos o individuos en una sociedad determinada", que supone a su vez "la aceptación de que la sociedad se estructura de acuerdo a una escala de subordinación-súperordinación a lo largo de la cual se ubican y operan las clases y segmentos sociales" (Delgado 1967: 63). Este desplazamiento ascendente hacia estratos "que la sociedad en cuestión conceptúa como los más elevados del sistema social imperante" conlleva un "juicio de valor"; a cada estrato le son atribuidas "características de mayor o menor deseabilidad de membresía" (ob. cit.: 63). De este ascenso en la escala social deriva "el disfrute de ventajas tangibles generalmente concebidas en términos de prestigio, de poder económico o de poder político, todas ellas consideradas como formas de satisfacer necesidades realmente sentidas aunque ninguna sea de nivel primario o vital" (ob. cit.: 64-65).

De esta manera, la movilidad social tiene una importante dimensión sociocultural, y cada época cultiva sus propias estrategias y mitos acerca de cuáles son las mejores rutas para alcanzarla. Así se encuentran, por ejemplo, el "arribismo" de los años cincuenta (Delgado 1968); el mito de la escuela formal para triunfar de los años sesenta y setenta (Degregori 1986); la migración, la escuela de la vida, el trabajo y el esfuerzo personal como superación de la década de 1980 (Lobo 1984; Degregori et ál. 1986; Golte y Adams 1987); y, más adelante, principalmente durante las décadas de 1990 y 2000, "la visa por un sueño", es decir, la emigración internacional en busca de mejores oportunidades fuera del país.

La movilidad social también se encuentra con barreras, algunas más coyunturales que otras (como una crisis económica o política) y más persistentes en nuestra sociedad. El aspecto racial-cultural y sus imbricaciones con otras variables se ha retomado en años posteriores porque, como señalara Delgado décadas atrás, sigue desempeñando un papel de "singular significación" en nuestra sociedad, aunque con nuevos y diversos matices.

Rochabrún (2007) señala que la estratificación social en el Perú partió de análisis dicotómicos (fieles e infieles; indios y señores; élites y grupos subordinados, etc.) que han servido para señalar rasgos propios de nuestra sociedad, pero que resultan insuficientes para explicar la fluidez de movimiento entre grupos. Al respecto, Nugent (1992) sostiene que subsisten en el Perú modos en los que las élites ejercen su identidad que impiden transitar hacia una sociedad más meritocrática —o hacia un capitalismo más abierto.[2] Por ejemplo, las clases urbanas se sienten más "señores" que el resto y ven a los nuevos limeños como más indígenas; los empresarios de la élite siguen comportándose como "señores" con sus empleados.[3] Por eso, Nugent considera que seguimos viviendo

2. Citado en Benavides (2002).

3. Este aspecto ha sido profundizado por Vich y Zavala (2015) en su estudio sobre jóvenes empresarios limeños de clase alta y los modos en los que la raza se camufla y justifica con otros argumentos: "hemos encontrado tres argumentos destinados a legitimar la desigualdad social. Se trata del *argumento educativo*, a partir del cual la cultura del enunciante [élite empresarial limeña] se posiciona tutelarmente como aquella única que debe irradiarse en el espacio social; el *argumento racial*, que jerarquiza a la población y que se camufla bajo consideraciones supuestamente educativas; y, finalmente, el

en un "orden tutelar". El tutelaje "implica la adjudicación de una incapacidad al otro con fines de representación. Soy su representante porque él o ella no están en condiciones de hacerse cargo de sus necesidades" (2010: 25). Esta herencia colonial adjudica a diferentes *otros* un estatus de "minoría de edad" o de "menor educación", que los vuelve incapaces de hacerse cargo de sí mismos, y que hace que la tutela, distinta de la ayuda o de la solidaridad, "esté más basada en la dependencia que en la confianza" (ibíd.).

Estas dimensiones, usualmente no consideradas en los análisis económicos, son importantes si queremos entender la movilidad social en relación con la desigualdad en el Perú. De la Cadena considera que en el país el racismo reina "hegemónicamente silencioso" (2008: 9). Esta autora propone analizar la raza conceptualmente tomando en cuenta sus "anterioridades" y sus "externalidades". Las anterioridades aluden al conjunto de conocimientos acuñados a partir de las ideas de "biología" y "cultura" que condicionan que la raza opere como relación social. Las externalidades se refieren a las "consecuencias del concepto más allá del mismo" (2008: 8). Las "anterioridades" y "externalidades" permitirían entender cómo, mediante "redes de colaboración conceptual", la raza ha sido un mecanismo efectivo —aunque silencioso— que legitima exclusiones que no solo se basan en el color de la piel, y que articulan cambios y continuidades en los sentimientos raciales contemporáneos (ob. cit.: 8-9). Hoy en día las exclusiones se justifican desde "el espacio conceptual de la economía" y sus "herramientas legitimadoras": la eficiencia y el crecimiento (ob. cit.: 11). El mercado, en teoría, excluiría únicamente a aquellos que no pueden consumir (la clase baja, los más vulnerables, los pobres). Sin embargo, en estas nuevas categorías se mantienen imperceptiblemente "las creencias, relaciones y categorías raciales

---

argumento económico, que asume la inevitable acumulación de un sector bajo el funcionamiento de la economía de mercado".

anteriores al multiculturalismo [neoliberal]" que, como veremos más adelante, van marcando los límites de la inclusión a través del mercado (2008: 11-12).[4]

Por otro lado, se reconoce la dificultad para definir en qué consiste una clase, en particular, la clase media. Rochabrún señala que el concepto de clase media no designaría "tanto un tramo definido en una escala, sino un cabal, aunque diverso modo de participación en lo moderno". Así, clase media "se referiría a sectores mayoritariamente urbanos; y los marcaría la inquietud por seguir a tono con una modernidad que está en movimiento perpetuo" (Rochabrún citado en Ilizarbe 1999: 477). Esta amplia definición resalta el componente de aspiración que caracteriza a la movilidad social ascendente, que estudiaremos en los capítulos siguientes.

Hasta aquí hemos tratado de dar cuenta, por un lado, de cómo la literatura económica retoma el análisis de la movilidad social en los últimos años a raíz del crecimiento económico que empezó a transformar las configuraciones de grupos en el país de acuerdo con sus ingresos. Por otro lado, quisimos mostrar lo complejo y difícil que resulta definir una "clase"; en diálogo con las ciencias sociales, examinamos la relación entre clase y movilidad social y señalamos las variables que resultan significativas en la composición de nuestra sociedad, sus mutaciones y su relación con la desigualdad, aspectos todos a tomar en cuenta en el análisis posterior.

Nuestro estudio no se ocupa directamente de la discusión sobre definiciones de clase. Sin embargo, la literatura existente nos permite mostrar lo difícil que es categorizar a los grupos así como la porosidad y los "deslizamientos" entre sus fronteras.[5] Por ello, a las variables del enfoque clásico de estudio de la movilidad social (educación, ingreso y trabajo), agregamos de manera exploratoria

---

4. Ver el capítulo 5 sobre la cultura del consumo entre los jóvenes.

5. Para una mayor discusión teórica acerca del concepto de clase, ver Huber y Lamas (2015).

dos adicionales: las de la cultura de consumo y la cultura política. En tiempos actuales, estas variables permiten ir en la línea de Delgado (1967), cuando señala que el acceso a los mecanismos de poder y la participación política son dimensiones constitutivas de tránsitos y pertenencias sociales. En otras palabras, consideramos que dichas dimensiones pueden ayudar, en tanto variables explicativas, a comprender cómo se mueven los jóvenes ahora y cómo se reconfigura o mantiene la desigualdad.

La desigualdad está estrechamente vinculada a la movilidad social. Se suele considerar que una sociedad en la cual la movilidad depende de las características de origen, es una sociedad desigual, en tanto las libertades y capacidades están restringidas y la distribución y acceso a recursos, la agencia y los resultados no dependen del individuo. La gente se queda en el mismo sector social donde nació.

En este estudio retomamos el enfoque de la desigualdad de Sen, que toma en cuenta tanto la heterogeneidad individual de los seres humanos como la diversidad de contextos y las valoraciones en que se desarrollan. Su enfoque reconoce que hay una multiplicidad de variables desde las que se puede juzgar la igualdad, y plantea la ya clásica pregunta: ¿igualdad de qué? (Sen 2000: 7). El enfoque de funcionamientos planteado por Sen centra la atención en las libertades y capacidades para realizarse y no solamente en el grado de realización. Sen cuestiona la medición de la desigualdad a través del ingreso, ya que la suficiencia o insuficiencia de medios económicos, en otras palabras ser pobre o no, no puede juzgarse independientemente de las posibilidades reales —las libertades— para convertir esos ingresos y recursos en capacidades para funcionar.

Retomando el enfoque de Sen, Kaaber (2001) propone que la medición de la capacidad de decidir debe involucrar tres dimensiones interrelacionadas: los recursos, la agencia y los resultados. Los recursos no se limitan a lo material, sino que aluden también a las condiciones sociales, económicas y políticas que generan reglas y normas que permiten (o no) a ciertos grupos o personas tener la capacidad de hacer una elección. La agencia refiere al proceso de elegir y, sobre todo, a la capacidad de definir metas y actuar en favor de ellas, aunque ello suponga ir en contra de la opinión de otros. No solo se limita a las acciones observables sino a los significados, motivaciones y propósitos que llevan a actuar a los individuos. Por tanto, involucra negociaciones, regateos, engaños y manipulaciones, rebeldía y resistencia, así como otros procesos de reflexión y análisis. Además, la agencia puede ser realizada individual y/o colectivamente. Finalmente, los resultados son las consecuencias de dichas elecciones (o de la negación de la capacidad de elegir).

Por ello, en este estudio hablamos de trayectorias de vida, aspiraciones, barreras y posibilidades de movilidad social entre los jóvenes e intergeneracional, lo cual nos permite contrastar trayectorias familiares y proyectos de vida posibles en diferentes contextos.

A continuación, presentamos la conversación sobre jóvenes en la que se enmarca nuestro trabajo.

2. Los jóvenes: de la moratoria social a las culturas juveniles

Infancia, juventud y adultez son todos conceptos imprecisos, cuyas fronteras son difusas y cambian según los criterios con los que se definen y según cómo cada época los entiende y vive. Hoy en día, la medicina, la tecnología y la propia cultura prolongan la juventud; aunque biológicamente ella se refiere a la plenitud del cuerpo, siempre se puede seguir teniendo un "espíritu" —y cada vez más, también un cuerpo— joven. "Las relaciones entre la edad biológica y la edad social son ciertamente complicadas", y los límites de la juventud son una construcción social de cada época (Panfichi y Valcárcel 1999). Por tanto, como sucede con la movilidad social, definir a la juventud resulta también un reto teórico-metodológico.

Cuando hablamos de juventud, un primer impulso suele ser identificarla con una categoría etaria; edad y sexo son utilizados en la mayoría de sociedades como base para las clasificaciones sociales. Si bien ello permite hacer mediciones estadísticas, no da cuenta de las distintas maneras de ser joven hoy en día —una multiplicidad que se manifiesta al situar la categoría "juventud" con relación a la clase, el género, el lugar de residencia y la etnicidad, entre otras variables— y de la diversidad de "referencias identitarias, lenguajes y formas de sociabilidad" a la que los jóvenes están expuestos en las sociedades actuales (Margulis y Urresti 1998).

Tradicionalmente, la juventud ha sido considerada por las ciencias sociales como un periodo de "moratoria social". Es decir, se la ha entendido "como un espacio de vida transitorio y, por tanto, carente de particularidades" (Benavides et ál. 2010: 25). Desde esta perspectiva, la juventud comprendería el tránsito entre la madurez biológica, alcanzada a fines de la adolescencia, y la madurez social en términos laborales y reproductivos (trabajar, formar un hogar, tener hijos). Se trata de una etapa entendida como de preparación de los jóvenes para su posterior incorporación y adaptación al mundo adulto y que genera la noción de un tiempo libre (Macassi 2001). Como señalan Margulis y Urresti (1998), es un periodo en el que se acepta socialmente que los jóvenes puedan dedicarse a estudiar y a explorar opciones —desde políticas hasta sexuales y amorosas—, sin las exigencias, responsabilidades y conflictos relativos a la economía, el trabajo y la familia. Sin embargo, esta "moratoria" es "una característica reservada para sectores sociales con mayores posibilidades económicas", pues solo los jóvenes relativamente privilegiados pueden "postergar su ingreso pleno a la madurez social", aquella en la que se asumen responsabilidades económicas y familiares. Desde esta perspectiva, "la condición social de 'juventud' no se ofrece de igual manera a todos los integrantes de la categoría estadística "joven"" (1998: 4). La juventud resultaría, así, un "lujo de clase" (Monsiváis 2005: 133).

Podríamos agregar que la "juventud" entendida como moratoria social tampoco recoge las diferencias entre hombres y mujeres jóvenes. En el Perú, las mujeres comienzan a tener hijos a edades bastante tempranas, un hito clave en la organización de su vida. En efecto, la maternidad se vuelve un hecho mayoritario en el tramo de edad comprendido entre los 18 y los 24 años: al llegar a los 25 años de edad, más del 63% de las mujeres ya tienen hijos (INEI: ENDES 2012).

Por tanto, "la juventud es una etapa vivida de maneras muy diferentes de acuerdo con el lugar en que nos encontremos y la situación socioeconómica en la que estemos", vinculada a ciertos accesos, hábitos y prácticas sociales (Ilizarbe 1999: 476).

Así, la juventud entendida únicamente como "moratoria social" no permite visibilizar la heterogeneidad de modos de ser joven que coexisten dentro de un rango etario en un momento histórico determinado. Siguiendo las ideas de Cortázar (1997), Benavides et ál. señalan que esta heterogeneidad se expresa en la desigual "incorporación de las personas en los siguientes marcos institucionales: el sistema educativo, el mercado laboral, el sistema de participación sociopolítico y el desarrollo de una cultura de masas" (2010: 27). Es decir, la heterogeneidad puede ser entendida y atendida justamente al cruzar "juventud" con "clase" —es otras palabras, con las variables que se utilizan para estudiar la composición social.

Al respecto, resulta útil la idea de generación: estudiar a los jóvenes como parte de una cohorte que se incorpora a la sociedad

> Ello define características del proceso de socialización, e incorpora a la misma los códigos culturales que imperan en una época dada y con ellos el plano político, tecnológico, artístico, etc. Ser integrante de una generación implica haber nacido y crecido en un determinado periodo histórico, con su particular configuración política, sensibilidad y conflictos. (Margulis y Urresti 1998: 6)

Ello permite, además, mirar a los/las jóvenes con relación a su pertenencia en el marco de las instituciones, señalada por Benavides (Benavides et ál. 2010), y realizar el contraste generacional con sus padres:

> Así, por ejemplo en la familia, se es joven —en cualquier sector social, con o sin moratoria social— por ocupar ese lugar en la interacción intra-institucional, caracterizada por la coexistencia con las otras generaciones. Se es joven o sea hijo, y no padre o abuelo, y esta condición supone actitudes incorporadas, normativas y costumbres, deberes y derechos, en un marco interactivo cotidiano que incide fuertemente en el proceso de constitución de la identidad personal. (Margulis y Urresti 1998: 7)

Metodológicamente, entender a los jóvenes en términos de una generación permite situarlos en relación con sus padres y madres y observar los procesos de movilidad intergeneracional. Nuestros jóvenes pertenecen a la generación de personas que nacieron en Lima entre fines de los años ochenta e inicios de los noventa. De igual modo, permite relacionar nuestro trabajo con los estudios sobre jóvenes realizados en el Perú, que han sido ventanas de oportunidad privilegiadas para comprender el contexto económico, político y cultural de una época.

Así, los trabajos sobre la juventud en el Perú de los años ochenta nos hablan sobre todo de la importancia de la migración como fenómeno social (Golte y Adams 1987, Degregori et ál. 1986), del rol protagónico de los jóvenes como actores políticos y de su tendencia a la radicalización (Carrión 1991, Cotler 1986). Más adelante, en la década de 1990, se representa a la juventud como más apática, crítica pero pesimista y segmentada, con una dificultad para conformar identidades colectivas que parece reflejar la crisis estructural del país (Portocarrero y Oliart 1989).

Estudios más recientes retoman algunos temas clásicos, como la participación cultural y política de los jóvenes, que muestran profundos cambios en las prácticas y discursos juveniles respecto de las décadas anteriores (Venturo 2001). Asimismo, Chacaltana (2006) y Saavedra y Chacaltana (2001) se dedican al estudio de la juventud y las condiciones laborales, mostrando la gran precariedad que caracteriza el trabajo juvenil. En otro orden de estudios, se enfatiza el rol de la televisión y de las nuevas tecnologías de la información y comunicación en la socialización de los jóvenes y en la formación de culturas juveniles (Macassi 2001).

Estas culturas juveniles, entendidas como un "conjunto heterogéneo de expresiones y prácticas socioculturales" de los jóvenes, se caracterizan por ser "lugares de nuevas síntesis sociopolíticas que están construyendo referentes simbólicos distintos a los del mundo adulto, o bien, usándolos de maneras diferentes" (Reguillo 2000: 65). Precisamente, estas "prácticas y lecturas del mundo" de las culturas juveniles y, sobre todo, su dimensión expresiva, nos dan pistas para entender las configuraciones que va asumiendo la sociedad. Reguillo señala que, desde los años noventa, los jóvenes se caracterizan por su "metabolismo acelerado" que les permite "integrar conocimientos de muy diversa índole para producir 'nuevos' significados" (Reguillo 2000: 67). Reguillo y Macassi (2001) coinciden en la idea de que las estéticas (y políticas) del videoclip, y también del hipertexto —como sucesiones y transposiciones de imágenes y textos no necesariamente coherentes entre sí—, son los modos de socialización que hoy en día acercan a los jóvenes de toda condición social y los distancian generacionalmente de sus padres y madres.

Por su parte, el más reciente ensayo de Golte y León (2011) profundiza en esta temática y vincula el rol de las tecnologías de la comunicación con la sociedad de consumo del siglo XXI, que da lugar a nuevas y complejas identidades juveniles con facetas múltiples y, en ocasiones, contradictorias entre sí.

Así, el universo de situaciones y características del mundo joven muestra que, si bien la juventud puede ser definida metodológicamente por un rango de edad, ella es también, sin lugar a dudas, una realidad sociológica que trasciende el tiempo que ha vivido una persona (Carrión 1991: 10). En efecto, "justamente por la particularidad de su experiencia social, la juventud no es apenas una franja etaria, sino una categoría analítica" (Benavides et ál. 2010: 27).

En nuestro estudio entendemos, entonces, a los jóvenes como una categoría analítica, que requiere ser delimitada para poder ser estudiada etnográficamente. Para ello, combinamos el enfoque de las culturas juveniles —que son una ventana (más bien varias) para mirar nuestra sociedad— con la idea de juventud como generación, pues esto resuelve el desafío metodológico, delimita el grupo y posibilita el contraste con la generación de sus padres. A la vez, mantenemos (críticamente) el concepto de "moratoria social", porque nos permite hacer el cruce entre juventud y clase, necesario para entender los procesos de movilidad social. A las tradicionales y no por ello menos importantes variables de movilidad (ingreso, educación y ocupación), agregamos las de consumo y participación política, que permiten caracterizar multidimensionalmente a los jóvenes.

3. Aproximación metodológica

> Todas las interpretaciones son provisionales;
> las realizan sujetos ubicados que están preparados
> para saber ciertas cosas y no otras.
>
> (Rosaldo 1991: 20)

En cuanto al enfoque metodológico de la investigación, proponemos un acercamiento de tipo etnográfico a través del estudio de ocho casos de jóvenes limeños no pobres y sus respectivas familias emergentes pero vulnerables, en el que analizamos las trayectorias, las expectativas y las percepciones de los jóvenes respecto de sus condiciones de inclusión y sus posibilidades de movilidad social. Seguimos la noción de desigualdad de Sen (2000) y usamos la operacionalización del análisis de la des/igualdad propuesto por Kaaber (2001), que involucra los recursos, la agencia y los resultados, para enfocarnos en cuatro componentes de sus vidas: el estudio, el trabajo, el consumo y el interés en la política. Estas dimensiones son analizadas a la luz de las condiciones materiales y simbólicas; las estrategias y las barreras de movilidad social; y las aspiraciones y la identidad de los jóvenes en contraste intergeneracional con las de sus madres y padres.

Como ya señalamos, para la noción de movilidad social nos basamos en el enfoque de Benavides, que considera tanto la movilidad intergeneracional estructural o absoluta como la movilidad relativa: la primera alude a los cambios que ocurren entre generaciones de padres e hijos, y la segunda considera el contexto histórico en que estos suceden (Benavides y Etesse 2012: 57). La comparación intergeneracional permite, por un lado, observar qué tipo de movilidad social está propiciando el crecimiento económico y, por otro, de qué manera dicho crecimiento está contribuyendo o no a reducir las desigualdades sociales, económicas y políticas que caracterizan a nuestra sociedad. Para entender el contexto del crecimiento económico en el Perú —apoyado en las políticas de ajuste y liberalización de mercados de mediados de los años noventa—, se adopta la noción de "nuevo capitalismo" de Sennett (2006), que describe los cambios institucionales, la meritocracia y la cultura de consumo como parte medular de profundas transformaciones culturales que afectan actualmente la vida cotidiana, el trabajo y la política.

Para acercarnos a entender la vida de los jóvenes, fue preciso concebirlos como hijos, como hermanos, como amigos, como compañeros de estudios, como empleados, como padres o madres, como consumidores, como ciudadanos y, en palabras de Scheper-Hughes, "como seres políticamente implicados" que atraviesan roles y espacios distintos que resignifican sus discursos y prácticas (1997: 29).

Por tanto, el propósito fue tanto recoger los discursos de movilidad social como rastrear las trayectorias cambiantes de los jóvenes, sus interacciones y los tránsitos por distintos espacios en un periodo de tiempo que pudiera mostrar las estrategias y barreras surgidas en esa etapa. De esta manera, se contrasta y enriquece la información que se recoge de los discursos.

La idea es comprender la vida de estos jóvenes desde múltiples perspectivas, no tanto buscando contradicciones o ambigüedades sino más bien, a partir de ellas, logrando entender cómo los jóvenes dan sentido a su vida y el lugar del mundo en que se ubican. Un aspecto favorable para una visión comprehensiva es nuestro enfoque interdisciplinario, mediante el cual la mirada antropológica y la experiencia en investigación educativa de una, se complementa con la trayectoria de estudios culturales y de comunicación y la experiencia en análisis político de la otra. Sin embargo, ambas reconocemos que las interpretaciones tienen sus límites y que la comprensión es necesariamente parcial.

Esta aproximación etnográfica a través de los estudios de caso se complementa con el análisis de la encuesta de movilidad social (EMS) desarrollada por el IEP y aplicada por IPSOS Apoyo durante el primer trimestre del 2012, que nos permite situar los casos y ampliar el panorama interpretativo.[6]

3.1 ¿Por qué jóvenes urbanos en Lima?

El Perú es hoy un país crecientemente joven y urbano. Viven en él más de ocho millones de jóvenes de entre 15 y 29 años, que representan el 27% de la población nacional (INEI 2014). La mayoría de ellos (75%) vive en zonas urbanas, y uno de cada tres, en Lima Metropolitana (UNFPA 2013). Por tanto, la pirámide poblacional ha cambiado:

---

6. La encuesta de movilidad social (EMS 2012) fue una encuesta representativa a escala nacional que puede ser desagregada por ámbito (urbano/rural) y estratos geográficos. La muestra estuvo conformada por 2500 personas de 18 años y más, entre las que se cuenta un 20% (n = 499) de jóvenes de 18 a 24 años.

la base de población infantil se ha reducido hasta casi igualar la proporción de jóvenes, y el grueso de peruanos consiste hoy en una población joven y adulta (CONAJU 2006; Chacaltana 2006).

Asimismo, la pirámide socioeconómica se ha transformado en estos últimos 15 años, al reducirse la base de pobres y aumentar la población no pobre —denominada "vulnerable" o "clase media emergente"—, que se ubica principalmente en zonas urbanas. La pobreza monetaria en nuestro país se ha reducido a 22,7% en el 2014, lo que supone una mayoría de población nacional no pobre (INEI 2014: 33).

En este contexto, nuestro estudio quiere dar a conocer las condiciones y limitaciones de los jóvenes urbanos no pobres, a los que se suele llamar "emprendedores", un término que, si bien resalta la gran agencia de los jóvenes, minimiza las desiguales condiciones en las que se desempeñan.

Si bien, comparativamente, los jóvenes urbanos están en mejores condiciones que los rurales en términos de acceso a servicios básicos y opciones de educación y empleo, como veremos, eso no significa que su situación sea óptima. La gran desigualdad existente entre las zonas rurales y urbanas termina por invisibilizar la precariedad y vulnerabilidad de los sectores urbanos no pobres definidos como vulnerables o emergentes, dependiendo del énfasis que se le da a sus recursos o a su agencia.

Si bien hemos señalado que utilizamos el concepto de jóvenes como una categoría analítica, más que como un rango etario, para efectos del trabajo etnográfico seleccionamos a jóvenes de entre 18 y 24 años. El rango elegido es el más frecuente para definir la juventud y tiene la particularidad de coincidir con "la mayoría de edad" en el Perú.[7]

7. La juventud en términos operacionales suele ser definida por su correspondencia con un rango de edad, aunque no existe pleno consenso sobre ello. Para organismos de las Naciones Unidas y para la Organización Internacional del Trabajo (OIT), la juventud abarca el periodo comprendido entre los

El análisis del perfil de los jóvenes urbanos a partir de la EMS muestra que el 66% vive en condición de dependencia, compartiendo la vivienda con su familia de origen; el 76% son solteros; y el 26% tiene hijos. Respecto de la educación, el 84% de los jóvenes urbanos ha logrado terminar la educación básica, mientras que el 13% tiene secundaria incompleta y el 50% estudia y/o ha realizado estudios superiores. Con relación a la ocupación laboral, el 35% trabaja como independiente, el 30% lo hace en el sector privado y un 29% de las mujeres urbanas permanece en el hogar.[8]

A partir de este perfil, se tomaron en cuenta las variables más relevantes para seleccionar al grupo de jóvenes urbanos, tales como la situación de dependencia, la p/maternidad, el nivel de escolaridad, el acceso a educación superior, el género y la ocupación.

3.1.1 Selección de los casos

Los casos se organizaron en cuatro grupos: 1) jóvenes que solo estudian; 2) jóvenes que solo trabajan; 3) jóvenes que estudian y trabajan; 4) jóvenes que no estudian ni trabajan. Consideramos que esta clasificación usada por Benavides describe bien la pluralidad de la juventud en lo que respecta a las principales variables relacionadas con la movilidad social en el Perú, a saber, la educación y el trabajo (Benavides et ál. 2010).

La selección de los casos procuró recoger una diversidad de rasgos que permitiesen acceder a las distintas experiencias y trayectorias de los jóvenes. Para ello, se escogió a un hombre y a una mujer por cada grupo de jóvenes según su ocupación principal,

---

15 y 24 años; la Organización Mundial de la Salud (OMS) amplía este rango hacia abajo (10 a 24 años de edad); y el Consejo Nacional de la Juventud (CONAJU) en el Perú lo extiende hacia arriba (15 a 29 años). Por tanto, la condición de "joven" puede fácilmente superponerse con la de los adolescentes y/o con la de los adultos jóvenes.

8. En el anexo 2, ver cuadros 3, 17, 20 y 21.

se incluyó a jóvenes que tuvieran hijos y a jóvenes en ocupaciones dependientes e independientes, y se trabajó en diversos distritos de Lima.

En resumen, podemos señalar que todos los jóvenes de nuestro estudio comparten el haber nacido en Lima y ser hijos de una primera o segunda generación de migrantes provenientes del interior del país. A excepción de un caso, todos terminaron la secundaria y cuatro cursan estudios universitarios. La mayoría continúa viviendo con sus padres. Dos tuvieron hijos a temprana edad y conviven —aunque intermitentemente— con sus parejas. Cuatro trabajan en diferentes esquemas laborales (formal o informal, permanente o eventual, a tiempo completo o parcial), y dos de ellos combinan el trabajo con los estudios. Cuatro jóvenes no trabajan, dos se dedican a estudiar y dos no estudian ni trabajan (ver cuadro 1). Los ingresos familiares en todos los casos superan el doble de la remuneración mínima vital (RMV).[9] Por tanto, los casos pertenecen a lo que se ha denominado "clase media vulnerable" (Jaramillo y Zambrano 2013). En general, los ocho jóvenes se identifican como de "clase media".

---

9. El sueldo mínimo a inicios del 2012 era S/. 675. En junio del 2012 se elevó a S/. 750. Para recoger la información sobre el ingreso familiar, se usó una selección de preguntas de la EMS (ver anexo 1: "Instrumentos de recojo de información"). Pregunta de referencia: P19. "¿En qué escalón de la escalera se siente usted en estos momentos? Por favor, escoja el escalón que mejor represente su opinión". Se usó una escala del 1 al 10, que definía un rango donde 1 es "la peor vida posible" y 10 "la mejor vida posible". Todos los encuestados se ubicaron en las posiciones intermedias: entre el 5-7.

Cuadro 1

VARIABLES RELEVANTES DE LOS CASOS SELECCIONADOS*

<table>
<tr><th>GÉNERO</th><th colspan="3">CUATRO HOMBRES</th><th colspan="3">CUATRO MUJERES</th></tr>
<tr><td>Dependencia y p/maternidad</td><td colspan="3">Dos jóvenes conviven con su pareja y tienen hijos</td><td colspan="3">Seis jóvenes solteros viven con su padre y/o madre</td></tr>
<tr><td>Educación</td><td>Un joven con educación secundaria incompleta</td><td colspan="3">Tres jóvenes con secundaria completa</td><td colspan="2">Cuatro jóvenes universitarios</td></tr>
<tr><td>Trabajo</td><td>Un joven con trabajo formal a tiempo completo</td><td colspan="2">Dos jóvenes con trabajo formal a medio tiempo</td><td colspan="2">Un joven con trabajo eventual, informal y/o por producto</td><td>Cuatro jóvenes que no trabajan</td></tr>
<tr><td>Distritos donde viven</td><td>Dos en el Rímac</td><td>Dos en Comas</td><td>Dos en Villa El Salvador</td><td colspan="2">Uno en Magdalena</td><td>Uno en Chorrillos</td></tr>
<tr><td>Ingresos familiares</td><td>Cuatro con más de S/. 4050 (menos vulnerables)</td><td colspan="3">Dos con ingresos de entre S/. 2701 y S/. 3380 (vulnerables)</td><td colspan="2">Dos con ingresos de entre S/. 1351 y S/. 2030 (más vulnerables)</td></tr>
</table>

Elaboración propia.

* Este cuadro recoge la información de los casos al momento de iniciar el estudio, sin embargo, algunas variables asignadas fueron cambiando durante el tiempo de seguimiento de los casos.

Además, durante el trabajo de campo y las visitas a las familias de los jóvenes, se tuvo acceso a información de otros miembros del hogar con la que es posible contrastar y analizar los casos seleccionados (ver cuadro 2).

Cuadro 2
Relación de familiares por sexo y edad

Rangos de edad	Varones	Mujeres	Total
Menos de 18 años	4	3	7
18-24 años	4	1	5
25-29 años	5	3	8
30-41 años	4	5	8
42-65 años	8	8	16
Mayor de 65 años	1	3	4
Total	26	23	49

Elaboración propia.

3.1.2 Trabajo de campo

El trabajo de campo se hizo en tres etapas: 1) en una etapa inicial, se realizaron entrevistas colectivas a los cuatro grupos de jóvenes según ocupación en distintas zonas de Lima y se seleccionaron los estudios de casos; 2) en una etapa central, se realizaron las visitas y entrevistas en profundidad a los jóvenes y familias seleccionados; 3) en la etapa final, se recogieron datos cuantitativos a partir de una selección de preguntas de la EMS y se actualizó la situación del joven en el periodo estudiado (ver anexo 1: "Instrumentos de recojo de información").

Las entrevistas colectivas tuvieron como objetivo captar el significado que le otorgan los jóvenes a la movilidad social según su ocupación (estudiantes; trabajadores; estudiantes y trabajadores; que no estudian ni trabajan), averiguar las estrategias y barreras que ellos identifican para este tránsito de una situación a otra, y encontrar posibles casos para someterlos a un estudio a profundidad.

Una vez seleccionados los casos, se inició el proceso de conocimiento mutuo a través de visitas y entrevistas semiestructuradas (ver cuadro 3). El primer encuentro tuvo como objetivo lograr un trato de confianza con el joven entrevistado y realizar una primera exploración sobre algunos aspectos de su vida (educación, trabajo, tiempo libre, familia y barrio). La segunda entrevista se centró en los ejes de educación y trabajo, profundizando la información sobre la trayectoria y expectativas educativas y laborales de cada joven. La tercera entrevista recabó datos sobre el consumo (bienes, ideas, modas, entretenimiento, medios, tecnología, experiencias), el uso del tiempo libre y el interés y participación en política. Por otro lado, la entrevista a la madre o al padre del joven permitió conocer la trayectoria de vida de los progenitores, el significado que para ellos tiene la movilidad social, y las percepciones y expectativas que tienen respecto de su hijo o hija. Finalmente, para obtener información sobre la vida cotidiana de los jóvenes seleccionados que no dependiese únicamente de su discurso, se realizó un registro etnográfico, siguiendo a cada caso a lo largo de un día en su rutina usual. Este registro permitió conocer uno o más entornos donde el joven interactúa, describir los escenarios por los que transita, los recursos que tiene a su disposición y sus patrones de interacción, a fin de caracterizar al joven e identificar aspectos comunes o diferentes entre los jóvenes. La última visita tuvo como finalidad conocer la situación de los jóvenes hasta ese momento y aplicar algunas preguntas seleccionadas de la EMS.

Tanto las guías de entrevista como las de observación fueron semiestructuradas. Es decir, presentaban una lista de temas y preguntas pero permitían cierta flexibilidad en el orden, según cómo se desarrollaba la conversación, y tomaban en cuenta que en algunos casos se requeriría más de una sesión para cubrir los temas. Además, se permitió indagar temas no contemplados en las guías si los investigadores y su equipo de campo lo consideraban

Cuadro 3

INSTRUMENTOS DE RECOJO DE INFORMACIÓN

	Instrumento	Informante	Número
Etapa inicial	Entrevista colectiva	5 entrevistas a jóvenes que: - solo estudian - solo trabajan - estudian y trabajan - no estudian ni trabajan*	5-7 jóvenes por grupo
Etapa central	Primera visita y entrevista individual introductoria	Casos seleccionados	8 casos
	Entrevista individual sobre las trayectorias educativas y laborales	Casos seleccionados	8 casos
	Entrevista individual sobre consumo, política e identidad	Casos seleccionados	8 casos
	Registro etnográfico: un día en la vida del o la joven	Casos seleccionados	8 casos
	Entrevista a la madre y/o padre	Padre y/o madre del caso	8 casos
Etapa final	Visita final y aplicación de una selección de preguntas de la EMS	Casos seleccionados o p/ madre	7 casos**

Elaboración propia.

* Las entrevistas colectivas a jóvenes que no estudian ni trabajan fueron realizadas con grupos más pequeños, y por eso se hicieron dos, con tres y dos personas, respectivamente.

** No se pudo realizar la última visita y aplicación de la EMS a uno de los casos, el de Juan Diego.

relevante para la investigación. Al respecto, vale la pena señalar que se contó con un equipo de campo joven que por la cercanía de edad estableció relaciones estrechas y fluidas con los jóvenes seleccionados. Las visitas se realizaron usualmente en equipos de a dos, en la medida de lo posible con una de las investigadoras, lo cual favoreció el intercambio, el registro y la reflexión.[10]

El trabajo de campo se inició en mayo de 2012. Una vez seleccionados los ocho casos, se requirió de un tiempo para ganarse la confianza de cada uno. Aunque la mayoría de entrevistas individuales y registros etnográficos se realizaron entre junio y noviembre del 2012, se mantuvo el contacto con los jóvenes, a excepción de uno, hasta julio del 2013, en que se hizo la visita final. Por tanto, el estudio supuso el seguimiento de los casos durante un año.

3.1.3 Los protagonistas: presentación de los casos

Si bien clasificar a los jóvenes por ocupación fue muy útil para la aproximación metodológica en la selección de los casos, el trabajo de campo y el recojo de información cualitativa a lo largo del tiempo permitieron ver trayectorias bastante más flexibles que trascendían esta clasificación. Por ejemplo, una joven del grupo que solo estudia empezó a trabajar, un joven del grupo de los que solo trabajan dejó el trabajo un tiempo —pasando al grupo de los que no trabajan ni estudian—, y un joven del grupo de los que no estudian ni trabajan comenzó a estudiar. De la misma manera, los jóvenes que tienen hijos se han mudado en varias oportunidades, oscilando entre vivir por su cuenta con sus parejas y volver a la casa de sus padres. Ello justamente es parte del aporte metodológico de una aproximación cualitativa: hace evidente la arbitrariedad y el carácter cambiante de las clasificaciones; la porosidad y el constante movimiento entre categorías.

---

10. El equipo de campo contó con el apoyo sostenido de Leonor Lamas a lo largo de todo el estudio. Asimismo, Fernando Rivera, Melanie Cambiaso y Carolina Goyzueta se encargaron en distintos momentos de acompañar y realizar las visitas y entrevistas.

A continuación, presentaremos brevemente a los protagonistas de nuestro estudio según su adscripción inicial a uno de los grupos, es decir, según su principal ocupación, pero en una descripción que refleja las variaciones y en la cual los jóvenes que solo estudian (grupo 1) y los que no estudian ni trabajan (grupo 4) son los que más cambios muestran. Todos los nombres han sido cambiados para respetar el anonimato.[11]

a) Jóvenes que solo estudian

Juan Diego tiene 23 años, vive en el Rímac y es el último de tres hermanos de padre y madre. Actualmente se dedica solo a sus estudios de ingeniería geológica en una universidad nacional, que complementa con cursos de computación e inglés que considera importantes para su futuro laboral.

Marjorie tiene 23 años, vive también en el Rímac y es la segunda de dos hermanos de padre y madre. Está terminando sus estudios de historia en una universidad nacional. Al inicio de nuestro estudio no trabajaba, pero luego empezó a hacerlo por horas apoyando el fichado en una biblioteca. Esta práctica laboral está vinculada a su área de estudio y la considera solo una experiencia formativa, pues no requiere de ingresos para solventar la universidad. Durante el año de visitas, Marjorie padecía de tuberculosis, enfermedad que había contraído recientemente.

b) Jóvenes que solo trabajan

Paolo tiene 21 años, vive en Villa El Salvador y es el noveno de diez hermanos de padre y el último de trece hermanos de la madre biológica. Paolo nació producto de una violación cometida por su padre a una vecina, que lo entregó a la esposa del padre, quien lo

---

11. Para una presentación detallada de los casos, ver el anexo 3.

reconoció y crió como propio.[12] Abandonó el colegio en primero de secundaria y estuvo involucrado en pandillas y en actividades ilícitas desde los 12 años. Tuvo un hijo a los 17 años. En el año de visitas, vivió con su pareja en un cuarto alquilado y luego en la casa de su madre. Actualmente trabaja a destajo en un taller de carpintería, propiedad de uno de sus hermanos de madre biológica.

Carolina tiene 24 años, vive en Magdalena y es la segunda de tres hermanos de padre y madre. Terminó la secundaria y postuló dos veces a una universidad nacional porque quería estudiar historia, pero no ingresó. A los 20 años tuvo una crisis y se le diagnosticó esquizofrenia. Desde entonces está medicada. En la actualidad, trabaja a tiempo completo como acomodadora en el rubro de textiles en una cadena de supermercados del Centro Cívico en Lima.

c) Jóvenes que estudian y trabajan

Gino tiene 21 años, vive en Comas y es el segundo de tres hermanos de padre y madre. Estudia administración y turismo en una universidad privada que tiene un convenio con la cadena de cines en la que trabaja. Al inicio de nuestro estudio, trabajaba a medio tiempo en ese lugar, pero ahora ha sido ascendido y lo hace a tiempo completo. Es actualmente el encargado de la proyección de las películas, un trabajo por el que percibe la remuneración mínima vital (RMV), es decir, S/. 750.

Joselyn tiene 20 años, vive en Comas y es la hermana mayor de dos hijos de padre y madre, y la quinta de seis hijos de su madre. Cuando Joselyn tenía diez años, fue víctima de un abuso sexual cometido por el esposo de una tía. Al contar su historia cinco años después, supo que su madre y una de sus hermanas habían padecido el mismo tipo de violencia. Al inicio de este estudio, trabajaba

---

12. A lo largo del documento, hablaremos de la madre de Paolo aludiendo a aquella que lo crió.

a medio tiempo en una cadena de cines, una ocupación que dejó para trabajar en una agencia de viajes. En la actualidad, estudia administración y turismo en una universidad privada en su distrito, está buscando trabajo en una cadena de servicios formal y, paralelamente, tiene una juguería en el restaurante (menú) de su madre.

d) Jóvenes que no estudian ni trabajan

John tiene 18 años, vive en Villa El Salvador y es el segundo hijo de padre y madre. Tiene además un tercer hermano, producto de una nueva relación de su madre. Por periodos prolongados ha estado sin estudiar o trabajando por tiempos cortos, dedicándose principalmente a merodear por el barrio, estar con los amigos, jugar videojuegos o juegos en línea y consumir drogas. Luego de un tiempo de iniciado nuestro estudio entró a un centro de rehabilitación por consumo de drogas (marihuana y pasta básica de cocaína), en donde permaneció hasta el final de esta investigación.

Teresa, de 24 años, vive en Chorrillos y es la primera de cuatro hermanos de madre con tres relaciones diferentes. No conoce a su padre. La mayor parte de su vida ha vivido con su padrastro, con el que su madre tiene dos hijos. Al final de la secundaria salió embarazada de su primera hija. Actualmente tiene tres hijos, la mayor de siete años, una de tres años y otro de seis meses; los dos últimos son el fruto de una segunda relación. Teresa se dedica principalmente a los quehaceres domésticos, aunque realiza cachuelos de lavado de ropa a familiares y vecinos. Alterna entre vivir en casa de su madre con su pareja e hijos o hacerlo de manera independiente.

***

Finalmente, un aspecto que queremos señalar como parte de nuestra aproximación metodológica es el proceso de escritura. Consideramos que la manera en la que hemos escrito el texto es también un método de nuestro estudio —y una experiencia más a compartir. Como en todo proyecto de investigación, la escritura no ha ocurrido solo luego del trabajo de campo sino que ha acompañado todo el proceso. Escritura, revisión bibliográfica y trabajo de campo han sido todas herramientas que nos han permitido pensar el material etnográfico y generar un modo de narrar las historias y experiencias vividas, compartidas y conversadas.

Sin duda, es un reto escribir a cuatro manos desde distintas experiencias y disciplinas, y más aún cuando se tiene que encontrar la manera de coincidir en la misma ciudad. La reescritura final del texto requirió de nuestra dedicación casi exclusiva por un par de meses y de reuniones semanales de días enteros dedicados a la lectura atenta a los detalles del avance de cada una y al intercambio de comentarios. Como quien se reúne a tejer, a hilvanar. En ese tiempo, hemos experimentado varios modos de escritura en colaboración. La introducción y las conclusiones han sido hechas a cuatro manos; el capítulo 1 pone en diálogo dos piezas escritas por cada una pero diseñadas para ir juntas; los capítulos 2, 3 y 4 han sido escritos por Francesca; y los capítulos 5 y 6 por Mariel. Todo ha sido producido en permanente conversación, en un ida y vuelta de cuidadosa lectura y relectura mutua. Es así un texto con dos voces que a veces son una. Escribir de a dos ha permitido grandes aprendizajes, un mayor intercambio y reflexión y a la vez un mayor "aterrizaje"; ha hecho posible explorar caminos y llegar a lugares que de otro modo no hubiese sido posible alcanzar.

Consideramos que las historias aquí contadas contribuyen a ilustrar cómo nuestra sociedad se viene transformando, y cómo en este proceso, las variables tradicionales para establecer la movilidad social —el origen social, la etnicidad, el ingreso, el acceso a la educación y la ocupación— se diluyen en algunos casos y en otros se refuerzan y reubican. Por tanto, este documento busca aportar información y elementos de juicio para reflexionar y debatir sobre las formas en las que se continúa reproduciendo la desigualdad en el Perú y qué posibilidades permiten revertirla en la llamada "generación de recambio", considerando el actual contexto económico y político.

Capítulo 2

Condiciones y percepciones:

hogares, familias y barrios de los jóvenes

En este capítulo presentaremos el contexto familiar de cada uno de los jóvenes limeños seleccionados. Para ello, analizaremos las condiciones del hogar en cada caso, es decir, la composición familiar, la situación de dependencia, la propiedad, los usos y las características materiales de la vivienda y del barrio que ocupa. Asimismo, narraremos las historias de lucha de las familias, que en el caso de los jóvenes estudiados, están atravesadas por la migración del campo a la ciudad de sus padres, madres o abuelo/as. A su vez, analizaremos el ingreso familiar y las ocupaciones actuales de los distintos miembros del hogar. El capítulo cierra exponiendo las percepciones de bienestar de los jóvenes. En ese sentido, los casos muestran situaciones de satisfacción personal, pero también dificultades que han limitado sus sueños. De esta manera, la agencia de estas familias "emprendedoras" está constreñida por situaciones de "vulnerabilidad".

A lo largo del capítulo, y cuando sea pertinente, se usarán datos cuantitativos de la encuesta de movilidad social (EMS) realizada por el IEP en el 2012 para ubicar los ocho estudios de caso en las tendencias urbanas de los jóvenes del país.

1. Condiciones del hogar

Las familias de los casos estudiados son diversas en tamaño y composición, lo que supone distintas dinámicas y roles de los jóvenes en ellas. Tenemos familias numerosas, como la de Paolo (el noveno de diez hermanos de padre y el último de trece hermanos de madre), y familias más pequeñas, como la de Marjorie (padre, madre y un solo hermano). Encontramos familias más convencionales, como las de Carolina, Gino, Juan Diego o Marjorie (padre, madre y hermano/as), y familias cuyo padre está ausente, como el caso de Teresa (quien vive con su pareja e hijos, aunque en cercana convivencia con otros familiares: madre, hermana menor, pareja de la madre, dos medios hermanos pequeños, una tía materna y su esposo, un tío materno y primos). Asimismo, los casos recogen familias de padre y madre separados, como las de John y Paolo (que en realidad suponen dos familias independientes: la familia del padre y de la madre para John, y para Paolo, la familia de la madre biológica y la de la madre de crianza, que es en realidad quien él reconoce como madre). Finalmente, encontramos familias en que la joven es hija de una segunda relación de la madre, como la de Joselyn (madre, padre, hermano menor, cuatro medios hermanos mayores de madre y sus parejas e hijos).

Por tanto, los casos muestran jóvenes en distintas posiciones en sus familias: hijos de una primera o segunda relación, hijos mayores, hijos intermedios e hijos menores. Asimismo, varios de estos jóvenes son hijos de provincianos asentados en la capital y otros, en cambio, son los nietos. En ese sentido, cada joven llega y crece en un momento distinto de la historia familiar, con dificultades, expectativas y sueños propios. Por eso es fundamental conocer su entorno.

1.1 Dependencia del hogar de origen

La mayoría de los jóvenes analizados han crecido en viviendas multifamiliares. En dos de los ocho casos, viven solo con miembros de la familia nuclear (Paolo y Carolina), aunque en la casa de uno de ellos también vive la abuela.

Las viviendas multifamiliares visitadas son de dos tipos: las casas en las que cada familia ocupa un piso, que llamaremos *hogar unifamiliar* (Juan Diego, Marjorie, Gino, Joselyn), y las casas en las que cada familia ocupa un cuarto (John, Teresa), que llamaremos *hogar multifamiliar*. En el primer caso, la familia extensa se mantiene cercana, pero de manera independiente y, por tanto, no hay una convivencia cotidiana; en el segundo caso, interactúa diariamente y comparte los espacios comunes de la casa.

Para ejemplificar los tipos de vivienda multifamiliar, describimos los casos de Juan Diego y Teresa. Juan Diego ha crecido en una casa propia de cuatro pisos en el Rímac: en los dos primeros pisos viven sus tíos y su abuelo paterno, y el tercer y cuarto piso pertenecen a la familia de Juan Diego y tienen una entrada independiente. Por tanto, si bien la vivienda es solo para la familia nuclear —es un hogar unifamiliar—, la familia extensa está presente y comparte los costos del mantenimiento general. En cambio, Teresa ha vivido con su propia familia (su pareja y tres hijos) en casa de su abuela en Chorrillos, con su madre, su padrastro, sus dos medios hermanos, su hermana (20) y su hijo, su tío materno con su esposa y su hijo, y un tío soltero. Cada una de estas familias tiene un cuarto en la casa. La familia extensa, por tanto, está muy cerca, y todos cocinan juntos organizando la compra y preparación de alimentos por turnos.

La mayoría de los jóvenes estudiados, independientemente de su ocupación, continúa viviendo en la casa de origen. Tanto los que solo estudian (Juan Diego y Marjorie), como los que estudian y trabajan (Gino y Joselyn), la que solo trabaja (Carolina), y el que no estudia ni trabaja (John), permanecen en situación de dependencia. En ese sentido, la maternidad o paternidad es lo que explicaría mejor la independencia del joven, ya que los dos jóvenes que viven o que han vivido en algún momento en un lugar distinto a la vivienda de origen, son aquellos que tienen hijo/as (Paolo y Teresa).

Los casos son un reflejo de las tendencias recogidas en la EMS, según las cuales la población urbana de 18 a 24 años es una generación que mantiene mayoritariamente una relación de dependencia con el jefe del hogar: un 66% vive en condición de hijo/as o nieto/as, compartiendo la vivienda con su familia de origen, y menos de un tercio es independiente (por lo menos en lo que concierne a la vivienda que ocupa). En este último caso, se trata de jefes de hogar, de cónyuges o de compañeros de quien ejerce la jefatura del hogar.[1]

En efecto, el análisis de los casos muestra que incluso los jóvenes que ya son padres o madres y viven de manera "independiente", no necesariamente son autónomos, pues mantienen relaciones de dependencia, tanto monetaria como en cuanto a organización, con su familia y la vivienda de origen. El caso de Teresa ilustra muy bien esta situación. Durante el tiempo que duró este estudio, ella decidió dejar la casa de su madre en Chorrillos para mudarse a casa de sus cuñadas, en Villa El Salvador. Se trasladó ahí con su pareja y sus dos hijos, pero dejó a su hija mayor de siete años (de una relación anterior) al cuidado de su madre, para no interrumpir su asistencia al colegio. Teresa la recogía los fines de semana. Luego, por pleitos en el vecindario, decidió regresar a casa de su madre, pero tiempo después resolvió mudarse nuevamente, esta vez a Punta Hermosa, a un terreno desocupado, en calidad de invasión. Por ahora, su hija mayor permanece al cuidado de su madre,

1. Para mayor información sobre la dependencia de los jóvenes y sus diferencias por zona de residencia y sexo, ver el anexo 2, cuadros 1, 2 y 3.

quien se ocupa también de su manutención. Debido a la distancia y a la falta de espacio, ya no puede recogerla los fines de semana.

Del mismo modo, al inicio del estudio, Paolo vivía con su pareja y su hijo de cuatro años en un cuarto alquilado. Sin embargo, debido a problemas de convivencia, regresó a casa de su madre, quien lo apoya en el cuidado y manutención de su hijo. Al final del estudio, Paolo había vuelto con su pareja, pero su hijo pasa todas las tardes después de asistir al jardín de infancia en casa de la abuela, quien cubre buena parte de los gastos diarios del pequeño.[2] La madre de Paolo nos comenta que Gloria, la pareja de Paolo, lo amenazó con ponerle una denuncia por alimentos. Tiene miedo de que metan preso a su hijo, por eso nos dice: "yo hago todo lo posible de ayudar con el bebe [...] para evitar esa denuncia, lo tengo".

Por tanto, la independencia es algo muy relativo en estos jóvenes con hijos. Más bien se observa una alta dependencia de la familia de origen, donde la abuela desempeña un papel fundamental en la provisión de cuidado y recursos para los nietos.

1.2 Propiedad y usos de la vivienda

Con relación a las viviendas, es importante resaltar que la mayoría de los casos estudiados vive en una casa propia, que le pertenece a los padres y/o abuelos, que usualmente comparte con la familia extensa, sea materna y/o paterna. Solo un caso vive en una vivienda alquilada (Carolina).

Según el análisis de la EMS, la mayoría de los jóvenes urbanos en el Perú pertenecen a familias que son propietarias de sus viviendas: un 65% tiene vivienda propia totalmente pagada, y un 4% adicional la está amortizando a plazos. Se trata, por lo general, de

---

2. Jardín de infancia es el término usado para referirse a la institución educativa inicial.

viviendas construidas por los miembros del hogar (70%) o recibidas en herencia o traspaso de algún familiar (11%).[3]

Los casos analizados permiten ilustrar estos datos, en donde la casa propia forma parte de una larga conquista de padres, madres o abuelo/as migrantes, cuya lucha, sin embargo, aparece lejana para estos jóvenes limeños. En efecto, cuando ellos nacieron, muchas de sus familias ya habían pasado por el proceso de invasión y por la batalla para acceder a servicios básicos.

Varias de las viviendas de los jóvenes estudiados son propiedad de sus abuelos (Marjorie, Teresa, John). Todos ellos migrantes del campo a la ciudad, invadieron o compraron terrenos en distintas zonas de Lima (El Rímac, Chorrillos y Villa El Salvador), que en ese momento no tenían agua ni luz. Fueron construyendo poco a poco sus casas, en las que luego vivieron sus hijos e hijas con sus propias familias.

Tanto Teresa como John señalan con orgullo el rol de su abuela y abuelo, respectivamente, en la construcción de su vivienda. John, inclusive, explica que su abuelo fue uno de los principales gestores de su barrio en el distrito de Villa El Salvador. Marjorie, por el contrario, tiene una relación poco afectiva con su vivienda y su barrio. Vive en un segundo piso del edificio familiar, un lugar pequeño y oscuro con solo dos habitaciones. En una de ellas duerme su hermano; en la otra (donde solo cabe una cama), su madre; y Marjorie duerme en la sala. Según dice, su vivienda es precaria y puede caerse en cualquier momento. Tampoco le gusta el barrio, porque está en una zona muy contaminada de la ciudad (principalmente por el smog y la acumulación de basura). Nos cuenta que su casa fue construida íntegramente por su abuelo y por algunos familiares y amigos de la zona en la década del sesenta. Por otro lado, hace algunos años sus padres compraron un terreno en Chosica

3. Para mayor información sobre las características de las viviendas, ver el anexo 2, cuadros 4 y 5.

y construyeron una casa donde vive el padre, por la cercanía a su trabajo, y en donde la familia se reúne los domingos para cambiar de ambiente.

> Nos dimos cuenta del lugar donde vivíamos: estamos hacinados y ese hacinamiento nos hacía daño, no había ventilación [...] No sentía mi entorno, ahora lo siento y no puedo creer que vivo en la esquina donde botan la basura [...] Ahora me doy cuenta que al frente hay una cochera, esa cochera me hace daño porque salen los carros. O no sé, que todos los días se paran fumones en la esquina. Yo pasaba de frente, "quiénes serán", ahora me doy cuenta, antes no. (Marjorie)

Las viviendas de los demás casos son propiedad del padre y/o de la madre (Joselyn y Gino en Comas, Paolo en Villa El Salvador y Juan Diego en el Rímac). Sus padres, también de provincia, migraron jóvenes e hicieron su vida adulta en Lima, en donde conocieron a sus parejas y construyeron poco a poco la casa, casi siempre gracias a un negocio familiar.

Por ejemplo, la madre de Joselyn conoció a su primer esposo en Lima, un empresario con quien tuvo cuatro hijos y con quien compró un terreno en Comas para vivir. Cuando enviudó, tuvo que mantener a sus hijos sola, dando pensión (cocinando almuerzos/menús) en su barrio de lunes a viernes y trabajando como empleada doméstica los fines de semana, hasta que logró ahorrar lo suficiente como para construir su propio negocio, un restaurante que hasta ahora mantiene y administra. Fue en ese local donde conoció a su actual esposo, quien vivía en la acera del frente y venía a almorzar diariamente a ese local. Con él tuvo dos hijos más. Hoy en día, la madre de Joselyn vive con su esposo y sus dos hijos en la casa que era de él. Se trata de una construcción de tres pisos, de los cuales el primero se alquila a terceros, en el segundo vive la familia, y el tercero también se alquila, en este caso como local de una iglesia evangélica y de una tienda. Los hermanos mayores de Joselyn, con familias ya constituidas, tienen cuartos independientes en la propiedad de la madre, es decir, en los pisos que hay arriba del restaurante, que han sido construidos para ofrecerlos también en alquiler a terceros. Tanto para la madre como para el padre de Joselyn ha sido fundamental usar el terreno —que cada uno consiguió con gran esfuerzo— como vivienda y como generador de rentas.

Casos similares son los de los padres de Gino, con su vidriería, y la madre de Paolo, con su farmacia. El desarrollo de un negocio propio ha sido el sustento económico principal de estas dos familias de origen provinciano, con la única diferencia de que sus negocios no se ubican en el mismo lugar que la vivienda. Por el contrario, los padres de Juan Diego han trabajado como empleados dependientes, el padre como encargado de recursos humanos en la Policía y la madre como secretaria de la Municipalidad de Comas.

Una visita detenida a las viviendas permite rastrear sus distintas transformaciones en respuesta a las necesidades de cada familia. El cambio de material de las paredes, la edificación de nuevos espacios y accesos —tales como escaleras externas y puertas adicionales— y, en general, el crecimiento de la vivienda hacia arriba, suelen ser huellas de estos cambios. En la mayoría de los casos, las viviendas muestran construcciones por etapas. Incluso la casa alquilada por la familia de Carolina da cuenta de las distintas etapas de uso de las viviendas en la ciudad, ya que se ubica en lo que parece ser el garaje de una casa más grande que ha sido dividida para ofrecerla en alquiler.

Un ejemplo de estas construcciones por etapas de acuerdo con las posibilidades y necesidades familiares nos lo cuenta Gino. Su hermana mayor, de 26 años, está por terminar la carrera de administración en la universidad privada Garcilaso de la Vega,[4] y tiene un trabajo bien remunerado en el área administrativa de uno

4. Esta universidad está ubicada en el puesto 32 del *ranking* de universidades. Fuente: Ránking de América Economía. Disponible en: <http://rankings.americaeconomia.com/2012/las-mejores-universidades-de-peru/ranking.php> (revisado el 25/08/2015).

de los bancos más grandes del país. Con su salario, contribuyó recientemente a construir las escaleras de acceso independiente al departamento familiar.

1.3 Características del hogar

Todas las casas de origen de los jóvenes estudiados se caracterizan por ser de ladrillo, cemento o concreto, con un techo de concreto, Eternit o calamina. Todas cuentan en su interior con servicios básicos de agua potable, electricidad, desagüe e instalaciones higiénicas. Sin embargo, solo algunas tienen agua caliente (Juan Diego, Paolo, Gino y John).

En cuanto al equipamiento, todas tienen una cocina de gas o eléctrica, refrigeradora y televisor convencional, y algunas tienen televisores LCD/Plasma/LED (Marjorie, Gino, Joselyn, John). Varias de las familias cuentan con lavadora (Juan Diego, Marjorie, Carolina, Gino, John), mientras que solo algunas tienen además secadora de ropa (Carolina y John). En tres de las viviendas de origen de los casos estudiados, hay algún miembro que cuenta con automóvil (la hermana de Gino, el padrastro de John y el de Teresa). En el caso de la hermana de Gino, los dos automóviles que compró con ayuda de su enamorado se usan como taxis. Cabe destacar que adquirieron estos carros a crédito y que utilizarlos como servicio de transporte es la manera de financiarlos.[5]

Consultando sobre la situación de las viviendas hace diez años, se aprecia que ellas no han variado sustantivamente en cuanto a servicios básicos; por el contrario, sí se observa un cambio en el acceso a electrodomésticos (tales como televisor, refrigeradora, lavadora y secadora), así como al servicio de agua caliente, que hace diez años solo una de las familia tenía.

---

5. En este caso, el dueño del automóvil alquila su vehículo por día a choferes que trabajan informalmente brindando servicio de taxi.

En cuanto a los dispositivos más personales, es claro que el uso del celular es ahora común entre las familias de los jóvenes, a diferencia de hace diez años, cuando ninguna de ellas lo tenía. Otros artículos, como las laptops o las tabletas, son más exclusivos; entre los casos estudiados, solo Marjorie tiene ambos. Por otro lado, todos los hogares tienen servicio de cable, sea formal o "pirata", salvo uno que momentáneamente ha debido cortarlo, y la mayoría tiene conexión a internet en casa, con excepción de los de Paolo y Teresa.[6] Sin embargo, como se verá en el capítulo 5 sobre la cultura de consumo, en las familias estudiadas hay un marcado corte generacional respecto de cómo padres e hijos usan las nuevas tecnologías.

A partir del análisis de los materiales, servicios y equipamiento de los hogares de los jóvenes urbanos, la EMS muestra que en las ciudades prevalece una diversidad de materiales en la construcción de viviendas, lo que da cuenta de la gran heterogeneidad de condiciones en que viven los jóvenes urbanos y sus familias. Si bien predomina en las paredes exteriores el uso de ladrillo, concreto o cemento, y en el techado la calamina/Eternit (36%) y el concreto/cemento (34%), una importante proporción de viviendas (19%) sigue patrones más tradicionales, e incluso en zonas urbanas subsisten construcciones precarias con paredes de triplay, esteras, cartón o calamina y casas techadas con esteras, cartón, plástico o triplay.[7]

Como es propio de las zonas urbanas, la EMS muestra que los servicios básicos de agua potable y electricidad han llegado a la gran mayoría de hogares en proporciones que superan el 90%. Algo menos frecuente es la disponibilidad de instalaciones higiénicas, que alcanza el 88%. Menos habitual aun es disponer de una ducha o tina con agua caliente, comodidad a la que solo accede un

---

6. Conexión "pirata" se refiere a las conexiones clandestinas que no tienen un contrato ni pagan por el servicio.

7. Para mayor información, ver cuadro 6 en el anexo 2.

54% de los hogares de los jóvenes. Como equipamiento básico disponible para las labores domésticas, lo más frecuente y destacado son las cocinas a gas o eléctricas en un 90% de las viviendas urbanas, que habrían desplazado el uso tradicional del kerosene, leña, carbón u otros combustibles para cocinar. De hecho, este tipo de cocinas "modernas" se incrementó en 26% en relación con lo que era diez años atrás. En concordancia con la mayor disponibilidad de energía eléctrica en el hogar y los cambios en los patrones de consumo y organización de la vida doméstica, un importante 65% de las viviendas de los jóvenes cuenta con una refrigeradora o congeladora, lo que facilita sin duda las tareas diarias de la familia y la conservación de los alimentos. A diferencia de estos casos, otros artefactos domésticos, como la lavadora y secadora de ropa, son todavía poco frecuentes: una tercera parte de los hogares cuenta con lavadora y uno de cada diez con secadora.[8]

En el campo de las comunicaciones, prima la disponibilidad de televisor a color de tipo convencional (un 87% de los hogares de los jóvenes urbanos) y de teléfono celular (90%). La expansión de la telefonía celular es notable, ya que diez años atrás este era todavía un recurso restringido del que disponía apenas un 24% de estos hogares. En proporciones que no alcanzan todavía la mitad de las viviendas, pero que estarían cerca de hacerlo, se ubican los servicios de televisión por cable (46%, triplicado en la década) y de teléfono fijo (45%).

Finalmente, el acceso a las nuevas tecnologías de información y comunicación (TIC) es representado, en primer lugar, por la disponibilidad de una computadora de escritorio o de una laptop en el hogar (49%). Por su parte, si bien la conexión a internet constituye todavía un servicio limitado que alcanza el 30% de los hogares de los jóvenes urbanos, es el servicio que más se ha expandido en el transcurso de la década, multiplicando su cobertura 7,5 veces.

---

8. Para mayor información, ver cuadro 7 en el anexo 2.

Sobre la base de estos indicadores, las viviendas de los jóvenes limeños estudiados concuerdan con las de una clase media urbana y, efectivamente, así es como ellos se perciben. Los hogares de estos jóvenes han logrado una buena infraestructura, servicios, electrodomésticos, bienes de comunicación y entretenimiento. Sin embargo, algunas facilidades asociadas a una clase media tradicional —como, por ejemplo, contar con agua caliente, con cable, internet y un automóvil— no forman parte de los bienes de consumo de estas familias, y sin embargo, eso no significa que no sean de clase media. En efecto, la noción de clase media peruana necesita de más base empírica y de menos prejuicio para definirse (Arellano 2010: 58-59).

Estos jóvenes limeños han crecido en viviendas (o conglomerados de viviendas) de varios pisos, todas de material noble, con acceso a servicios básicos y equipadas con electrodomésticos que facilitan los quehaceres del hogar. La gran mayoría tiene cable e internet en casa. En general, se aprecia que las condiciones y equipamiento de la vivienda de los jóvenes han ido mejorando en los últimos diez años y, por tanto, se evidencian cambios en los patrones de consumo, a excepción de Carolina, cuya vivienda muestra una desmejora. Asimismo, si bien las familias de origen han mejorado socialmente, los nuevos hogares de los jóvenes "independientes" muestran un deterioro. Aun reconociendo que Paolo y Teresa recién empiezan a formar su familia, es preciso señalar que en su "independencia" hay un descenso social.

En efecto, las condiciones de vivienda de los dos jóvenes independientes son peores que las de sus familias de origen. Paolo, por ejemplo, alquila un cuarto que comparte con su pareja y su hijo, en el mismo distrito donde vive su madre. Teresa, por su parte, se ha mudado a las afueras de la ciudad, a una zona que aún no cuenta con instalación eléctrica, agua potable ni otros servicios básicos. Su vivienda solo tiene un ambiente, un módulo prefabricado, donde están la cocina y la única cama que comparte con su pareja y sus dos hijos.

Es probable que los padres y/o abuelos de estos jóvenes, provenientes de la zona rural, empezaran en Lima en condiciones parecidas a las de estos jóvenes que empiezan su vida independiente y, sin embargo, sus trayectorias, experiencias y expectativas son muy distintas, como también lo es el contexto económico del país. Por tanto, lo que para padres y abuelos supuso un proceso de apropiación de la ciudad y de mejora, para Teresa supone un desplazamiento fuera de la ciudad (debe salir de Lima Metropolitana para acceder a un espacio propio), y para Paolo, un empobrecimiento en sus condiciones de vida. Las grandes expectativas de vida y de consumo de Paolo, como veremos en el capítulo 5, muestran un desfase con su precaria situación. Teresa, por el contrario, si bien se muestra satisfecha con su independencia, en el sentido de que considera que este sí es su hogar, mantiene grandes expectativas de consumo que no puede cubrir (ropa, televisor, celular). Con relación a la escala dada para calificar su vida (uno para la peor situación y diez para la mejor), Teresa nos dice: "si tuviera que calificar mi felicidad, estaría en el ocho o nueve, pero en lo económico estoy en el uno".

Por otro lado, a diferencia de padres y abuelos, quienes en muchos casos rompieron la comunicación por varios años con sus familias, la familia y la vivienda de origen de estos jóvenes "independientes" continúan desempeñando un rol muy importante en sus vidas. En ambos casos, Paolo y Teresa transitan entre su espacio independiente y la casa materna, y sus hijos permanecen en la casa materna y/o son mantenidos por las abuelas, incluso en contra de la voluntad de otros miembros del hogar.

> A veces me da pena de mis hijos, porque veo [a Teresa] tampoco la puedo dejar. Vivía en Villa El Salvador, por problemas que tiene su pareja. Tenía muchos problemas y por eso la hemos traído acá. Pero, a veces, mi pareja me dice: "Mucho tú sobreproteges a tus hijos. Ellas ya son mujeres, tienes que dejarlas que arreglen sus problemas". Pero no puedo, soy mamá y tengo que estar detrás de ellos. (Madre de Teresa)

> [E: ¿Y Paolo, sí se está quedando ahorita en su casa?] Terminó [con su pareja] y yo le hago dormir a escondidas. No saben sus hermanas. Sus hermanas no quieren que ya entre él, no quieren. (Madre de Paolo)

Las palabras de las madres de Teresa y Paolo ilustran bien esta protección incondicional que cada una brinda a su hija e hijo, respectivamente. En ambos casos, las madres se sacrifican por darles todo el apoyo posible, algo que otros miembros de la familia desaprueban.

En cambio, la generación de los padres o abuelos migrantes, cuyas condiciones económicas eran mucho más precarias, no recibió este apoyo. Por ejemplo, la mamá de Joselyn nos dice: "tuve que luchar sola, no pedí ayuda a nadie. Mis papás estaban lejos, no podía comunicarme con ellos". Asimismo, John narra la historia de su abuela:

> Mi bisabuela no tenía las posibilidades para poder criarla a ella y se la dio a una amiga que tenía una hacienda y se la trajo acá a Lima y de los cuatro años ella trabaja. La trajo y la explotaba a mi abuela y de niña ella limpiaba y ella cocinaba todas esas cosas y ahora es ella, no es una persona con rencor, es una persona más bien agradecida de lo que le han hecho aprender los explotadores, los que la tenían porque dice que si no le hubieran enseñado esas cosas, no hubiera sido como es ahora, una persona ordenada. (John)

Con relación a John, sorprende su discurso tan poco crítico de la situación de explotación y maltrato vivida por la abuela, quien —en palabras del nieto— casi ensalza su trayectoria como parte de un "aprendizaje" que la lleva a ser como es. Paradójicamente, este joven —como veremos en los capítulos 3 y 4— muestra una trayectoria muy poco esforzada. No logra permanecer mucho tiempo en ninguna actividad, ni educativa ni laboral, y está poco dispuesto a hacer los sacrificios que su discurso celebra. Respecto de su experiencia laboral, suele desestimar pronto los trabajos que otras personas le consiguen, por considerar que la paga es insuficiente.

Y, sin embargo, como veremos en el capítulo 5 sobre cultura de consumo, a pesar de no estar dispuesto a estudiar o trabajar, sus expectativas de gasto y sus prácticas de consumo son altas.

1.4 Distritos y barrios

Los ocho casos analizados se desarrollan en cinco de los 49 distritos del área de Lima Metropolitana. Tres de ellos son distritos tradicionales de Lima: El Rímac, Magdalena del Mar y Chorrillos, cuyo origen se remonta a la época colonial; los otros dos, Comas y Villa El Salvador, son "nuevos" distritos en la periferia de la Lima tradicional, resultado de las invasiones organizadas en las décadas del sesenta y setenta, respectivamente, por migrantes que provenían de provincia.

DISTRITOS DE LIMA METROPOLITANA

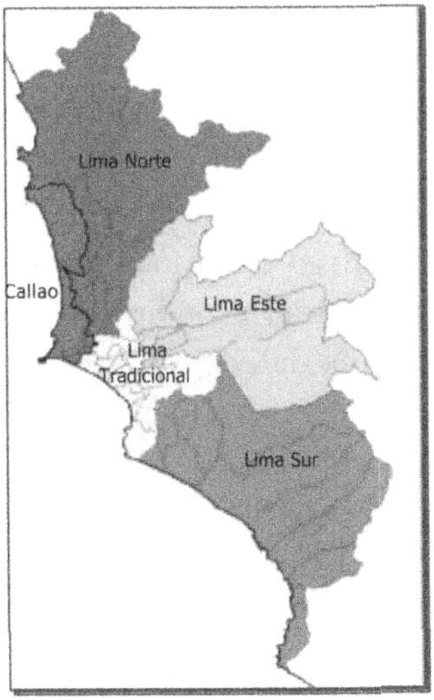

CALLAO
Bellavista
Callao
Carmen de la legua
La Perla
La Punta
Ventanilla

LIMA NORTE
Ancón
Carabayllo
Comas
Independencia
Los Olivos
Puente Piedra
San Martín de Porres
Santa Rosa

LIMA ESTE
Ate
Chaclacayo
Cieneguilla
El Agustino
Lurigancho
San Juan de Lurigancho
San Luis
Santa Anita

LIMA SUR
Chorrillos
Lurín
Pachacamac
Pucusana
Punta Hermosa
Punta Negra
San Bartolo
San Juan de Miraflores
Santa María
Villa El Slavador
Villa María del Triunfo

LIMA TRADICIONAL
Barranco
Breña
Chorrilos (antiguo)
Jesús María
La Molina
La Victoria
Lima
Lince
Magdalena
Miraflores
Pueblo Libre
Rimac
San Borja
San Isidro
San Miguel
Surco
Surquillo

Fuente: Arellano 2002.

Los tres distritos tradicionales visitados forman parte de una Lima oligárquica que vio transformado su rostro tras las migraciones provincianas (Degregori et ál. 1986: 19). Por un lado, la población que vivía tradicionalmente en el centro de Lima y El Rímac se desplazó a otros barrios más prestigiosos, dejando que muchos espacios de esos distritos fueran ocupados por los "nuevos pobladores", pasando con ello a ser barrios "venidos a menos". Chorrillos, por otro lado, con una historia de fundación diferente, se ha caracterizado por contar con zonas con una población de distinta procedencia socioeconómica. En la nueva configuración de Lima, algunos sectores de este distrito tienen mucha demanda; particularmente, el malecón es hoy en día un área exclusiva de altos y modernos edificios con vista al mar. Al mismo tiempo, en Chorrillos hay zonas de clase media baja y otras aún más empobrecidas, con viviendas de esteras construidas sobre la tierra. Al respecto, algunos distinguen entre el Chorrillos tradicional y el Chorrillos situado en el cono sur (ver mapa). Magdalena del Mar, por último, parece haber mantenido el estatus de barrio de "clase media" que ha tenido desde su creación en 1920, cuando el territorio de Magdalena Vieja se dividió en tres distritos: Pueblo Libre, San Miguel y Magdalena del Mar (Zapata 2015).

Por otro lado, Comas y Villa El Salvador, que antes formaban parte de la Lima periférica, hoy se encuentran entre los distritos más poblados de la capital, con un dinamismo económico propio impresionante (universidades, institutos de educación superior, colegios, hospitales, centros comerciales, negocios, etc.). De hecho, Lima Norte es una de las zonas de mayor consumo de la ciudad, al punto que los estudios de marketing llaman a sus pobladores los "nuevos consumidores".[9] Asimismo, Villa El Salvador

---

9. Fuente: "Psicografía del nuevo consumidor limeño: Lima tradicional y los conos". Disponible en: <http://cdiserver.mba-sil.edu.pe/mbapage/BoletinesElectronicos/Estudios%20de%20mercado/consumidor_cononorte.pdf> (revisado el 25/08/2015).

tiene uno de los parques industriales más importantes de Lima, donde se desarrolla una diversidad de actividades económicas (calzado, confecciones, artesanía), de las cuales las de metalmecánica y carpintería representan el 60%.[10] Por tanto, no son barrios residenciales tradicionales, pero sin duda se encuentran plenamente integrados a la ciudad y se prevé que en los próximos años serán, en términos de consumo, mucho más importantes que la pequeña Lima tradicional.

Y, sin embargo, todos los barrios visitados (no distritos), a excepción del de Carolina, tienen algo de periféricos, en el sentido de ser percibidos como espacios de riesgo para adolescentes y jóvenes.[11] Tanto los adultos como los jóvenes sienten que su barrio es un lugar de amenaza y perdición. Paradójicamente, el mayor riesgo lo representa el grupo de pares de los jóvenes, sean hijos de vecinos o amigos del barrio, que andan vagando por ahí, "enviciados" con los videojuegos o involucrados en pandillas, en delincuencia y/o en consumo de alcohol y drogas.[12]

Algunos de los casos analizados son, en efecto, un buen ejemplo de las "malas influencias", o visto desde otra perspectiva, de jóvenes que se dejaron llevar por "el mal camino". Son los casos de Paolo, involucrado en actividades delictivas desde los 12 años; de Teresa, embarazada antes de salir del colegio; y de John, envuelto en videojuegos y luego en drogas. En los tres casos, estos jóvenes

---

10. Fuente: "Municipalidad de Villa El Salvador. Parque industrial". Disponible en: <http://www.pivesweb.com.pe/home/pivempr.htm> (revisado el 25/08/2015).

11. El caso de Carolina es particular y distinto a los demás, en tanto ella se ha mudado en repetidas ocasiones y no vive actualmente en el distrito donde creció. Quizás por eso, o porque su barrio está mejor cuidado, el tema de la seguridad no aparece como una amenaza en su discurso.

12. Este fue uno de los aspectos que más sobresalieron en las entrevistas colectivas realizadas a grupos de jóvenes limeños de distintas zonas y ocupaciones al inicio del estudio: la mala influencia de los pares fue un tema recurrente y transversal en su discurso.

desestimaron tempranamente el estudio como opción, lo cual trataremos en mayor profundidad en el capítulo 3 sobre trayectorias educativas.

Tanto los jóvenes como sus padres mencionaron los peligros de sus barrios, en donde las "malas amistades" no son solo el problema de algunas familias sino parte de un contexto que se percibe como amenazante para cualquier joven. La narración de Gino muestra bien la relación con los amigos del barrio que se desviaron del buen camino: "la vez pasada lo vi robando, pero ya pues, a veces tú quieres hablarle, pero qué tal si no te reconoce y te puede hacer algo, mejor evito, pues". Por tanto, la mejor estrategia es "evitarlos", y en buena parte, desconocerlos, distinguirse y distanciarse de ellos.

En este escenario de constante amenaza para la juventud, un adecuado soporte familiar puede hacer la diferencia y prevenir al joven de situaciones o amistades que lo pueden poner en peligro. Para Gino, ese fue el caso: su familia fue quien lo salvó.

> *En secundaria siempre va a haber eso de que te van a querer llevar por el mal camino.* Ahora tengo un pata que ha cambiado, estaba metido en drogas o en pandillas [...] [E: ¿Y a qué atribuyes esta fortaleza que tú tuviste para decir no?] *Casa, pues, la educación que me dieron mi papá y mi mamá* [...] en ese tiempo también tenía un amigo que estaba en eso, pero hasta ahora, sigue ahí. (Gino)

Por el contrario, Paolo es probablemente el caso más evidente de cómo el maltrato recibido en el hogar lo alejó de la familia. Terminó uniéndose a grupos violentos y marginales, en los que él dejó de ser la víctima para ser el ejecutor de la agresión y el transgresor de lo establecido.[13]

---

13. Paolo nació producto de una violación cometida por su padre a una vecina que venía por horas a lavar la ropa en su casa. Su madre biológica lo entregó a la esposa del padre, quien lo reconoció y crió como su propio hijo. A los siete años, durante una pelea con sus hermanas mayores, Paolo descubrió

> A los siete años, mi hermana me lo dijo: 'Tú no eres uno de nosotros, no eres hijo de mi mamá". Me trataban así y yo crecí con eso, con rabia, con ira, cólera, de chiquito no podía hacer nada. *Y qué hice yo, alejarme de la casa. Me puse mal.* (Paolo)

Como veremos más adelante, el barrio donde se ubica el colegio también es importante. Por ejemplo, la madre de Teresa elige un colegio nacional solo para mujeres ubicado en Barranco para que sus hijas cursen la secundaria, pues en su opinión, este es un mejor barrio que Chorrillos. Asimismo, Teresa prefiere que su hija mayor de siete años viva con la abuela en Chorrillos y no interrumpa su educación en un colegio particular, pues considera que el colegio cercano a su nueva vivienda en Punta Hermosa no es bueno.

Estos barrios peligrosos, amenazantes y de los cuales hay que alejarse, contrastan con los barrios solidarios y organizados de "los conquistadores" descritos por diversos estudios antropológicos en la década del ochenta (Lobo 1984; Degregori et ál. 1986; Golte y Adams 1987). Por tanto, los barrios de hoy dan cuenta de una ciudad que crece, se despersonaliza y en la que los vínculos con los vecinos se pierden. La colectividad como valor y sistema de apoyo solidario permanece, pero se circunscribe a los familiares o a las redes de compadrazgo. Fuera de eso, parece prevalecer la desconfianza y el recelo en una ciudad cada vez más grande e impersonal,

---

de manera violenta quién era su madre biológica. Desde entonces, mantiene una relación de amor-odio con sus hermanas, y ellas oscilan entre tratarlo de manera hostil y ayudarlo. Sin embargo, Paolo se siente más cercano a la madre que lo crió y a los hermanos con los que ha crecido. Todos han soportado por años el maltrato físico y sicológico de su padre. El padre de Paolo se fue de la casa hace varios años y ni él ni sus hermanos tienen relación con él. Debido a que la madre biológica no ha desempeñado ningún rol en la vida de Paolo, en el documento, cuando se menciona a la madre, no referimos a la de crianza. La madre biológica de Paolo continúa viviendo en el barrio y es analfabeta; él mantiene con ella una relación cordial pero distante. Sin embargo, Paolo trabaja en la carpintería con uno de sus hermanos de madre.

en donde el mandato imperante (y socialmente aceptado) es que cada uno debe vérselas por sí mismo.

En ese sentido, el barrio a veces no ayuda, los amigos del vecindario pueden distraer y llevar por el mal camino. Por tanto, no frecuentar a esos amigos, o mejor aún, salir del barrio y mudarse a una zona "menos periférica", como Surco o Miraflores, parece ser la estrategia de algunas de las familias visitadas. El entorno es fundamental y hay distritos que se perciben como más seguros que otros.

> El pensamiento de mis hermanas es tener dos casas y dos carros y tener su departamento nuevo. Y esas dos casas que quieren comprar, alquilarlas. Y lo está haciendo, esa casa que tiene ha hecho departamentos y se está buscando otra casa. Mi hermana menor, la última, también se va a comprar su departamento en Miraflores o Surco. Ya está comprado, solamente es irse, falta unos pequeños papeles. (Paolo)

La mudanza, sin duda, es un indicador importante de movilidad social, pues algunos barrios no solo se perciben como más seguros, sino también como propios de sectores socioeconómicos más altos. Paolo narra una experiencia de capacitación en el Instituto de Formación Bancaria (IFB) de Surco, en la que establece una jerarquía entre los distritos y sus habitantes:

> Oye, pero puro pitucazos ahí en el Surco. Yo era el único de Villa El Salvador, todos eran de Surco, Surquillo, Miraflores, Surco Viejo, Surco Nuevo. Villa El Salvador. Presente. Más palteado yo. Los demás chicos eran de *otras clases, venían con su carro, bien cambiados*. Y como que yo un poco me bajaba con eso. (Paolo)

Esta experiencia muestra las distancias sociales y económicas en una gran ciudad como Lima, en donde jóvenes que se consideran de "clase media" sienten limitadas sus posibilidades de participación e interacción. El testimonio de Paolo, "un poco me bajaba con eso", revela una sensación de inferioridad frente a otro grupo social y marcadores de clase que se expresan en bienes y en la capacidad de consumo: "con su carro", "bien cambiados". Este tema será tratado en el capítulo 5 sobre la cultura de consumo.

2. Migración y trayectoria familiar

Los jóvenes limeños analizados son parte de la segunda o tercera generación de gente que migró a Lima durante los años sesenta y setenta y, por tanto, son herederos del esfuerzo de generaciones anteriores por encontrar un espacio e insertarse en la ciudad (Lobo 1984; Degregori et ál. 1986; Golte y Adams 1987). Las historias de padres, madres y abuelo/as de los jóvenes entrevistados narran las experiencias migratorias a temprana edad (de niños o adolescentes), las duras condiciones de adaptación, el sueño de estudiar y acceder a mejores oportunidades y, sobre todo, la fascinación por la gran ciudad, a pesar de las dificultades.

El testimonio de la madre de Paolo, por ejemplo, es la historia de migración a Lima de muchas mujeres provincianas en la década de 1960. En este caso, ella se trasladó de Jauja a Lima a los 12 años, acompañando a un familiar con la promesa de estudiar y la curiosidad de conocer la ciudad. Sin embargo, en Lima no solo no estudió, sino que se tuvo que encargar de las tareas domésticas de la casa donde fue acogida. Esto sucedía en un supuesto marco de vínculos afectivos y familiares que no hacía más que esconder las históricas relaciones de abuso y explotación entre el campo y la ciudad. Esta historia es similar a la de las madres de los demás casos, variando solo la edad y el lugar de origen. En condiciones parecidas migraron en esa misma década, la mamá de Joselyn a los siete años desde Titilaca, Puno, y la de Gino a los 15 años, desde Juanjui, San Martín.

> [E: ¿Y por qué se anima usted a venir?, ¿qué la anima?] De mona, curiosidad. Al final me quedé como empleada de mi tía, me hacía

lavar todo [...] cuando uno es chibolo a veces gana la curiosidad. Mi tía me contaba que era bonito, hermoso, que esto, que el otro. La curiosidad de toda chibola. (Madre de Paolo)

Para otros jóvenes, fueron los abuelos los primeros migrantes, y ellos son quienes representan la imagen del esfuerzo personal y empuje. Este es el caso de Teresa, que nos cuenta que sus abuelos maternos vinieron a Lima siendo jóvenes, la abuela desde la Libertad a los 15 años y el abuelo desde el Cusco a los 18, y que en esta ciudad se conocieron. Esta situación es parecida a la de la abuela paterna de John, proveniente de Huánuco, y la de los abuelos maternos y paternos de Marjorie, oriundos de Áncash y Huarochirí, respectivamente.

John dice con orgullo que su abuela es "una persona luchadora que ha salido adelante sola, porque esta casa que tiene ella, ella sola la ha construido, ella misma ha alzado sus paredes y todo". Los abuelos paternos de Carolina provienen de Ica (abuela) y Cusco (abuelo), y su abuela materna de Arequipa. Cuando preguntamos qué admira de su abuela, Teresa nos dice: "Todo, ella sacó adelante a mi mamá y a mis tías. Ella trabajaba para darles de comer".

Por otro lado, la migración del padre de Juan Diego parece seguir una trayectoria más exitosa. Oriundo de Cajamarca, migra primero a Trujillo a casa de un tío para estudiar la primaria, y luego se traslada con sus padres y hermanos a Lima, donde accede a la educación secundaria y luego a la universidad.

Más allá de las diferencias en las trayectorias de cada una de las familias, se evidencia un contraste generacional importante, y en algunos casos determinante, entre el rol que han cumplido los padres y madres durante su juventud y el de los jóvenes estudiados. Mientras que, a la edad de sus hijos, muchos de estos padres ya eran independientes y estaban buscando un espacio propio en la ciudad, la gran mayoría de los jóvenes continúa dependiendo de sus padres, sea que estudien y/o trabajen o no.

> Bueno, con relación a eso, uno mismo hay que vivirla. Yo he salido de 15 años del lado de mis padres, prácticamente he vivido independiente. Ellos solamente me tuvieron hasta los 15 años, de ahí me vine para acá [Lima]. He hecho mi vida. (Madre de Gino)

Asimismo, mientras muchos de los padres y/o abuelos de estos jóvenes han sido migrantes, extraños en una ciudad, estos jóvenes son ya limeños y urbanos. Vienen a ser lo que Arellano y Burgos denominan la segunda y tercera generación de neolimeños (2007: 77-78). Si bien los autores identifican significativas diferencias en cuanto al sentido de pertenencia a Lima entre la segunda y tercera generación, la identidad de todos los jóvenes estudiados, independientemente de la generación que representan, es limeña: se sienten dueños de su espacio (casa, barrio) y transitan fluidamente por los distintos distritos de la ciudad. Paolo, neolimeño de segunda generación, ante la pregunta sobre su origen, contesta categórica y orgullosamente: "Soy limeño [...] Acá yo nací. Aquí en Lima. Y nací y crecí acá. Voy a morir acá". Asimismo, como se verá en el capítulo 5, los jóvenes se mueven por distintos distritos en búsqueda de entretenimiento o para comprar. El bulevar de Comas, Barranco, Miraflores y Gamarra son todas zonas que ellos mencionan.

Por el contrario, el discurso de la madre de John revela otra mirada y experiencia con la ciudad. Ella cuenta que transita en un circuito pequeño circunscrito a la vivienda y/o el trabajo: "Este es mi mundo, nunca salgo, todo lo tengo por acá, a veces mis hijos me dicen: 'Ay mamá, pareces de provincia, nunca sales, no conoces nada'".

Ambas narraciones muestran distintas maneras de apropiarse de la ciudad. La madre de John dice "este es mi mundo", refiriéndose principalmente a su barrio, aquel que su padre —líder de ese esfuerzo de conquista de la ciudad— construyó desde cero. Es decir, su mundo se ajusta al barrio. Por el contrario, Paolo trasciende el barrio y, como se verá más adelante, sus experiencias suponen traslados fluidos por distintos distritos de la capital; Lima es su espacio y enfatiza su pertenencia: "Acá yo nací… Voy a morir acá".

2.1 Ingreso y ocupación de los miembros del hogar

En esta sección hablaremos del ingreso de las familias, entre las cuales identificamos tres grupos diferenciados: en el primer grupo están Teresa y John, con un rango de ingreso familiar que va de los S/. 1351 a los S/. 2030; en un segundo grupo figuran Carolina y Paolo, con un ingreso familiar de entre S/. 2701 y S/. 3380; y en el tercer grupo, Marjorie, Juan Diego, Joselyn y Gino, con ingresos familiares superiores a los S/. 4050.[14]

Para entender estos rangos, es imprescindible señalar el rango de ingresos de las familias de jóvenes urbanos, de tal forma que nos permita ubicar los casos en la estructura socioeconómica del país. Considerando lo que entregan todos los que aportan en una familia a la economía del hogar, la EMS muestra una estructura de salarios deprimidos en la que algo más de la cuarta parte de los hogares urbanos (27%) tiene un ingreso familiar por debajo de la remuneración mínima (S/. 750 en el 2012), y apenas 4 de cada 100 hogares alcanza ingresos superiores a los S/. 3281 (equivalente a unos US$ 1200).

Por tanto, en términos relativos, los casos forman parte del 20% de la población urbana con mayores ingresos, con un ingreso familiar superior en dos veces al salario mínimo vital.

Sin embargo, los casos recogen también la diversidad en este grupo de "mayores ingresos", con jóvenes que se ubican en el rango más bajo de ingreso, y otros que están en el más alto. Por tanto,

---

14. El tipo de cambio al momento del estudio era de S/. 2,73 por dólar, por lo cual, el primer grupo equivale a un rango de entre US$ 495 y US$ 744; el segundo a un rango de entre US$ 989 y US$ 1238; y el tercero, a más de US$ 1484.

Cuadro 4
INGRESO FAMILIAR TOTAL: RANGOS*

S/. (SOLES)	INGRESO FAMILIAR (%)	REFERENCIA: SALARIO MÍNIMO AL 2012: S/. 750
Menos de S/. 110	1	
De S/. 110 a S/. 230	3	
De S/. 231 a S/. 340	4	Por debajo del salario mínimo: 27%
De S/. 341 a S/. 450	3	
De S/. 451 a S/. 560	8	
De S/. 561 a S/. 680	9	
De S/. 681 a S/. 790	5	Alrededor del salario mínimo: 5%
De S/. 791 a S/. 900	12	
De S/. 901 a S/. 1010	12	Hasta dos veces el salario mínimo: 37%
De S/. 1011 a S/. 1180	7	
De S/. 1181 a S/. 1350	6	
De S/. 1351 a S/. 2030	11	
De S/. 2031 a S/. 2700	2	
De S/. 2701 a S/. 3380	2	Superior: 20%
De S/. 3381 a S/. 4050	2	
Más de S/. 4050	2	
No precisa	11	
Total	100	
N: 388.		

Fuente: IEP – EMS 2012. Elaboración propia.

* P113. Considerando los ingresos de todas las personas que aportan económicamente en su hogar, incluyendo todas las fuentes de ingreso, ¿en cuál de los siguientes rangos se encuentra el ingreso mensual de su hogar en conjunto?

podemos decir que tenemos un conjunto de casos de jóvenes limeños de "clase media vulnerable" que muestra la heterogeneidad del grupo, en un *continuum* que va desde los jóvenes "más vulnerables" (Teresa y John) hasta los "menos vulnerables" (Juan Diego, Marjorie, Joselyn y Gino).

Con el objetivo de contar con más elementos de análisis que permitan rastrear las distintas trayectorias familiares y comprender las diferentes percepciones y expectativas de los jóvenes, el cuadro 5 muestra las ocupaciones de los jóvenes y de sus madres y padres al inicio del estudio, así como el lugar de nacimiento de abuelo/as y p/madres.

Como ya se ha mencionado, varios jóvenes son hijos de migrantes y otros son los nietos. Por lo tanto, las trayectorias de algunos padres están profundamente marcadas por la experiencia de migración. En esos casos, las madres que migraron de jóvenes o de niñas a Lima (las de Paolo, Gino y Joselyn) ingresaron pronto a la vida adulta, trabajando como empleadas domésticas. Estas tres mujeres, en conjunto con sus parejas, emprendieron negocios familiares que hasta ahora mantienen y que les permiten dar sustento a sus familias. Más allá de las diferencias individuales de cada caso, la mayoría muestra trayectorias emprendedoras con la creación e impulso de un negocio propio.

Por el contrario, casi todos los hombres que vinieron de provincias lograron terminar sus estudios superiores (los padres de Juan Diego, Marjorie, Paolo y Carolina), salvo el padre de Gino, que no terminó la educación básica. Los padres de Juan Diego, Marjorie y Carolina trabajan o han trabajado como empleados dependientes, en la Policía, en una universidad nacional y en una empresa privada, respectivamente, mientras que los de Paolo y Gino optaron por el negocio propio.

La mayoría de padres y madres nacidos en Lima muestra una trayectoria educativa con acceso a la educación superior. Sin embargo, muchos no lograron terminarla por razones económicas y actualmente se desempeñan en tareas dependientes no

Cuadro 5

Resumen de origen y ocupación de los jóvenes, sus madres, padres y abuelo/as

Rango de ingresos familiares	Casos	Ocupación del joven*	Abuelo paterno	Abuela paterna	Padre	Madre	Abuelo materno	Abuela materna
De S/. 1351 a 2030 (más vulnerables)	Teresa	No estudia ni trabaja	No hay datos; no conoce a su padre		La pareja de su madre es limeña y trabaja como electricista en una empresa	Limeña, es empleada doméstica por horas	Cusco. Migró a Cusco y luego a Lima. Ejército. Vigilante. Actualmente chofer.	La Libertad. Migra a Lima a los 15 años. Empleada doméstica
	John	No estudia ni trabaja	Lambayeque	Huánuco	Limeño, es albañil de construcción civil y alquila habitaciones	Limeña, es auxiliar de educación en una escuela pública	Arequipa. Fundador u líder del barric	Arequipa
De S/. 2701 a 3380 (vulnerables)	Carolina	Trabaja	Cusco	Chincha	De Chincha, es cobrador en un estudio de abogados	Limeña, vende en un puesto del mercado	Limeño	Arequipa
	Paolo	Trabaja	No hay datos		Trujillano, es el administrador de una red de farmacias y de otros negocios	Jaujina, "ama de casa", aunque se encarga de la farmacia de su hija	No hay datos	

Rango de ingresos familiares	Casos	Ocupación del joven*	Abuelo paterno	Abuela paterna	Padre	Madre	Abuelo materno	Abuela materna
Más de S/. 4050 (menos vulnerables)	Juan Diego	Estudia	Cajamarca	Cajamarca	Cajamarquino, jubilado de la Policía	Limeña, secretaria de una municipalidad de Lima norte	No hay datos	
	Marjorie	Estudia	Canta, Huarochirí	Canta, Huarochirí	De Huarochirí, es docente nombrado en una universidad pública	Limeña, secretaria en dos universidades	Áncash	Áncash
	Gino	Estudia y trabaja	Huaraz	Huaraz	De Huaraz, tiene su propia vidriería	De Juanjui, San Martín, apoya en el negocio de la vidriería	Juanjui, San Martín	Juanjui, San Martín
	Joselyn	Estudia y trabaja	No hay datos		Limeño, es profesor en una escuela pública y tiene además un negocio de alquiler de habitaciones	De Puno, tiene sus propios negocios: un restaurante (que administra y donde cocina), y el alquiler de habitaciones	Puno	Puno

Elaboración propia.

* Los estudios de caso permitieron indagar, además, sobre las trayectorias previas de los jóvenes y sus familias, así como hacer un seguimiento a los casos, lo que pronto devino en la dificultad para encasillar a algunos jóvenes en una sola categoría ocupacional. Al respecto, las trayectorias educativas y laborales de los jóvenes estudiados serán tratadas en los capítulos 2 y 3, respectivamente.

profesionales (son los casos de la madre de Teresa, el padre de John y la madre de Carolina). Otros se ocupan en tareas más técnicas o de apoyo a profesionales (las madres de John, Marjorie y Juan Diego). De los padres nacidos en Lima, solo el de Joselyn se desempeña como profesional, en este caso, como docente de una escuela pública.[15]

Con relación a los otros miembros de los hogares visitados, se pudieron identificar diferencias de trayectoria en una misma familia y, a la vez, ciertos perfiles de los jóvenes urbanos en los distintos hogares.

Al respecto, el estudio de las familias ha supuesto el acceso a 28 trayectorias de adolescentes, jóvenes y adultos jóvenes —entre hermanos, sobrinos, hijos y parejas— con los que se comparte el hogar. Todos han terminado la secundaria, con excepción de la pareja de Teresa, quien estudió hasta tercero de secundaria, y de los más pequeños, que se encuentran aún estudiando. Asimismo, un grupo considerable estudia actualmente o ha completado algún año de estudios superiores (13 de los 19 jóvenes), aunque no todos han terminado. Las experiencias laborales muestran a algunos con trabajos eventuales, otros apoyando el negocio familiar, algunos contratados como empleados, pocos con negocio propio, y varios, principalmente mujeres, que no trabajan ni estudian y que se encuentran al cuidado de sus hijos.

Estos miembros "jóvenes" del hogar amplían la gama de casos analizados y permiten identificar trayectorias recurrentes. Por ejemplo, la trayectoria de Teresa, con su embarazo temprano, con

15. A partir de las categorías ocupacionales usadas por Benavides (I: profesionales y administradores de nivel superior; II: profesionales y administradores de nivel inferior; IIIa: pequeña burguesía A; IIIb: pequeña burguesía B; IV: empleados; V: técnicos y trabajadores calificados; VI: obreros; VII: trabajadores casuales y no calificados; VIII: trabajadores rurales), la mayoría de los padres se ubican en las categorías ocupacionales más bajas (obreros, técnicos y empleados) (2007: 130).

hijos de más de una relación, dependiente de su madre y/o pareja y que no estudia ni trabaja, es similar a la de su hermana, así como a la de la hermana de John o a la de una de las hermanas mayores de Joselyn por el lado materno. La trayectoria de Paolo, quien no terminó la secundaria y ha estado involucrado en pandillas y delincuencia, es parecida a la de la pareja de Teresa. Asimismo, la trayectoria de Joselyn, como hermana mayor (de padre y madre) emprendedora, estudiante y trabajadora, es semejante en algunos aspectos a las trayectorias de las hermanas mayores de Gino, Carolina y Paolo, y a la del hermano mayor de Juan Diego. Por último, la situación de Juan Diego, quien solo se dedica a estudiar, es comparable con la del hermano menor (de padre y madre) de Joselyn, quien parece beneficiarse de un contexto familiar más estable.

2.2 Percepciones de bienestar y vulnerabilidad

A partir del reporte de los ingresos familiares, hemos ubicado a los casos en tres rangos de ingresos y, según eso, en situaciones de mayor o menor vulnerabilidad. Sin embargo, más allá del análisis monetario, quisimos indagar cómo perciben los jóvenes su situación económica y, en general, cómo evalúan su bienestar. Siguiendo el enfoque de Sen sobre la desigualdad, quisimos entender qué tan realizados y satisfechos se sienten, es decir, no solo considerar los recursos que tienen y lo que han logrado hacer con ellos, sino analizar qué tan libres y capaces de elegir se sienten para alcanzar aquello que valoran y que consideran parte de su bienestar.

De los casos analizados, todos señalan que los ingresos familiares son suficientes y que les alcanza sin grandes dificultades. Juan Diego menciona incluso que esos ingresos les permite ahorrar.

Asimismo, se exploró la valoración que estos jóvenes dan a sus vidas. En una escala del uno al diez, donde uno es la peor y diez la mejor vida que puedes tener, todos los jóvenes estudiados se ubican a partir de la mitad de la escala (de cinco para arriba), es decir, se consideran de clase media o más. Sin embargo, cuando se les pregunta por su situación cinco años atrás, unos dicen estar mejor (Juan Diego, Carolina, Gino y Joselyn), mientras que otros señalan estar peor (John, Teresa, Marjorie y Paolo), lo cual da cuenta también de lo volátil que es la situación de bienestar.

Respecto de los casos que señalan estar peor, se pueden agrupar en distintos perfiles. Por un lado figuran los jóvenes que no estudian ni trabajan (Teresa y John); por otro, aquellos involucrados en actividades delictivas (Paolo y John); aquellos que han tenido hijos siendo jóvenes (Teresa y Paolo); y una que se ha visto afectada por una enfermedad grave: tuberculosis (Marjorie). Todos estos jóvenes, por tanto, han tenido obstáculos en su trayectoria de bienestar, una vulnerabilidad que de alguna manera reconocen al declarar estar "peor que antes". En algunos casos, esto se debe a factores externos, mientras que en otros parece obedecer a la decisión de seguir una trayectoria alternativa. Sobre este tema volveremos en el capítulo 3.

Como se aprecia en el cuadro 6, los niveles de satisfacción no siempre se condicen con los rangos monetarios, pues el ingreso no recoge las variables subjetivas (expectativas, demandas, posición relativa, etc.) que se definen en cada contexto.

Como argumentan Barrantes et ál., citando a Graham y Pettinato (2002), "estudios iniciales sobre la percepción de la felicidad en Perú encontraron que el bienestar estaba más correlacionado con la posición relativa de los ingresos que con el nivel absoluto de ingresos" (2012: 80). Eso explicaría que casos de disímiles ingresos, condiciones y trayectorias, den una valoración parecida a sus vidas (Marjorie, Paolo y Teresa).

Ahora bien, analizando los factores de vulnerabilidad, todos los casos reportan que en los últimos tres años algún miembro del hogar ha sufrido pérdida de empleo, robo y/o alguna enfermedad o accidente grave. La situación de salud y seguridad es, sin duda, la más precaria, pues todos han sufrido problemas relacionados con

Cuadro 6

PERCEPCIONES DE SATISFACCIÓN SEGÚN INGRESO Y VULNERABILIDAD

Rango de ingresos familiares	Casos	Valoración de sus vidas (escala del 1 al 10)	En los últimos tres años, algún miembro del hogar sufrió:			
			Pérdida de empleo	Quiebra del negocio familiar	Algún hecho delictivo (robo, asalto)	Enfermedad o accidente grave
De S/. 1351 a S/. 2030 (más vulnerables)	Teresa	5	Sí	No	No	No
	John	6	Sí	No	No	Sí
De S/. 2701 a 3380 (vulnerables)	Carolina	6	Sí	No	Sí	Sí
	Paolo	5	Sí	No	Sí	Sí
Más de S/. 4050 (menos vulnerables)	Juan Diego	7	No	No	Sí	No
	Marjorie	5	No	No	Sí	Sí
	Gino	8	No	No	Sí	Sí
	Joselyn	7	Sí	No	Sí	Sí

Elaboración propia.

uno de estos elementos recientemente, y la mayoría con ambos. Esta vulnerabilidad tiene que ver con las precarias condiciones de seguridad ciudadana y salud pública en las que se encuentra el país, que difícilmente pueden resolverse en el ámbito individual. Por el contrario, ninguno de los casos reporta la quiebra del negocio familiar, lo que da cuenta también de la situación económica del Perú.

La situación de inseguridad evidencia el fracaso del Estado en lo que respecta a asegurar la tranquilidad de sus ciudadanos. Al igual que en educación y salud, ante este vacío estatal, la seguridad parece haberse privatizado. Sin embargo, las familias estudiadas no tienen recursos para invertir en seguridad privada. Cercos eléctricos, alarmas con monitoreo privado, "guachimanes" y serenos parecen ser las estrategias de los barrios más tradicionales y de mayor nivel adquisitivo de Lima.[16] En estas casas priman las rejas, los candados, las dobles cerraduras, las trancas y, sin embargo, usualmente todas estas previsiones son insuficientes para detener el robo.

Los casos muestran, por tanto, un desfase ya señalado entre las condiciones económicas del Perú y las condiciones humanas y sociales que el Estado facilita a sus ciudadanos.[17] La precaria salud pública, los altos niveles de inseguridad ciudadana y la educación pública de baja calidad han llevado a la ciudadanía a buscar servicios privados alternativos, mientras que el Estado deja en el desamparo y vulnerabilidad a aquellos que no puedan adquirir servicios de calidad. En este escenario, los servicios públicos, supuestamente universales en tanto derechos, pasan a ser un servicio para los pobres.[18]

En este contexto, ¿qué piensan los jóvenes?, ¿cómo construir un futuro mejor para ellos y para los suyos? Preguntándoles en la EMS por factores que ayudan a "triunfar en la vida" en una sociedad como la peruana, los jóvenes urbanos tienden a rechazar la fatalidad de que es necesario proceder de una familia con dinero (77% en desacuerdo). Descartan también mayoritariamente la idea de que la corrupción es un mal necesario para salir adelante en el Perú (72% en desacuerdo).

Y entonces, ¿cómo triunfar? Los argumentos de mayor peso señalados por los jóvenes aluden a una fórmula ganadora de

---

16. Guachimán o huachimán (del inglés, *watchman*) es la persona que trabaja como guardián o vigilante.
17. Barrantes y Grompone (2015) analizan la situación del Perú de ingreso medio, en términos de productividad, inclusión social y políticas de desarrollo sostenible. El documento destaca el poco gasto en educación y salud en comparación con los países latinoamericanos de similar nivel económico.
18. La perspectiva de los jóvenes sobre temas ligados con el Estado y su rol será desarrollada más ampliamente en el capítulo 6 sobre cultura política.

emprendedores y educados. El esfuerzo personal y una buena educación son percibidos como de primer orden para lograr el éxito económico.[19]

En este capítulo se ha querido caracterizar el entorno de los casos. En los siguientes capítulos se indagará más sobre las trayectorias educativas y ocupacionales de cada joven, y sobre su cultura política y de consumo, todos aspectos que nos parecen importantes para entender las posibilidades y limitaciones de los actuales procesos de movilidad social.

19. Para mayor información sobre las expectativas y percepciones de movilidad entre los jóvenes urbanos, ver los cuadros 14, 15 y 16 en el anexo 2.

Capítulo 3

Trayectorias educativas: rutas, barreras, atascos y desvíos

En este capítulo recogemos las trayectorias educativas de los jóvenes y, a través de ellas, el valor que se le otorga a la educación como medio de progreso y ascenso social, las experiencias, percepciones, aspiraciones y barreras de los jóvenes y el rol de sus padres y madres en ese camino.

El capítulo se inicia con la presentación de las distintas estrategias familiares y el papel de la educación en cada uno de los casos. De esta manera, a la luz de la selección de una institución educativa donde matricular a los hijos, se aprecia que algunas familias optan por colegios privados, otras por colegios públicos, otras por colegios de corte militar o parroquiales, algunas prefieren los colegios pequeños, mientras que otras se deciden por las grandes unidades escolares, ya sea que estos establecimientos de enseñanza estén ubicados cerca de la vivienda o en otro distrito "mejor".

Las trayectorias muestran que la mayoría de jóvenes ha cambiado en varias oportunidades de colegio durante su educación básica, muchas veces por la constante búsqueda de sus padres de buenos y mejores centros de enseñanza. Sin embargo, varios jóvenes narran situaciones de maltrato escolar y los padres enfatizan la necesidad de disciplina y orden en la escuela, dejando el rol académico como algo secundario.

Al respecto, la oferta educativa escolar de baja calidad a la que acceden estos jóvenes contrasta con la alta valoración que se le otorga a los estudios superiores. Mientras que algunos eligen continuar ese nivel de estudio, otros tienen que trabajar o buscan trayectorias alternativas a la educación o el trabajo. Los casos muestran diversas trayectorias y estrategias para superar las dificultades, en las que se identifican asimismo distintas posibilidades de apoyo familiar.

Concluimos el capítulo comparando las diferentes trayectorias educativas, experiencias y valoraciones de los jóvenes y sus padres.

1. Trayectorias escolares

La mayoría de los casos seleccionados ha terminado la secundaria —solo Paolo la abandonó estando en primer año—, y cada uno ha pasado al menos por dos instituciones educativas.

El análisis de las trayectorias escolares muestra los constantes cambios de colegio de estos jóvenes, que responden a distintas estrategias de las familias, sea para lidiar con un asunto del presente (una mudanza, una disminución en los ingresos, un "adolescente problemático") o con uno del futuro (como tener una pensión más baja en la universidad), pero siempre buscando opciones para dar una buena educación a los hijos y, sobre todo, un contexto adecuado para su socialización; en otras palabras, un espacio seguro.

A continuación, el cuadro 7 resume las trayectorias escolares de cada caso. En los que corresponden a jóvenes que ya son padres o madres, se incluyen además las decisiones sobre la escolaridad de sus hijos.

La trayectoria escolar de estos jóvenes está fuertemente determinada por las decisiones que sus padres y madres tomaron sobre los centros de enseñanza en donde iban a estudiar y, por tanto, la mayoría de veces da cuenta de sus valoraciones y expectativas en lo que respecta a la educación. Aunque en ocasiones los cambios

Cuadro 7

RESUMEN DE TRAYECTORIAS ESCOLARES

Casos	Primaria	Secundaria	Acceso a la educación superior*
Juan Diego (solo estudia)	• Colegio nacional	• Colegio nacional militar, solo varones	• Postuló tres veces a la Universidad Nacional Mayor de San Marcos (UNMSM) • Estudiante en la UNMSM
Marjorie (solo estudia)	• 1º a 3º: colegio particular parroquial, solo mujeres • 3º a 6º: colegio laico particular	• 1º a 3º: colegio nacional, solo mujeres, donde enseña su mamá • 4º y 5º: colegio particular pequeño del barrio	• Postuló dos veces a la UNMSM • Estudiante en la UNMSM
Gino (estudia y trabaja)	• Colegio particular cerca de su casa	• Colegio nacional mixto	• Postuló a la Universidad Nacional Villarreal y no ingresó • Estudió informática en un instituto superior técnico • Por un convenio con su lugar de trabajo, ingresó y estudia ahora en la universidad privada César Vallejo
Joselyn (estudia y trabaja)	• Colegio particular cerca de su casa	• 1º: colegio particular (el mismo que en primaria) • 2º y 3º: colegio particular preuniversitario • 4º: colegio particular religioso • 5º: colegio nacional donde enseña su padre	• Ingresó a la academia para postular a la Universidad Nacional Villarreal • Desistió de la universidad nacional antes de postular y pasó a una privada • Estudios de francés y decoración con globos • Estudiante en la universidad privada César Vallejo

va...

...viene

Casos	Primaria	Secundaria	Acceso a la educación superior*
Carolina (solo trabaja)	• 1º y 2º: colegio particular en Chincha • 3º a 6º: colegio mixto público en Los Olivos	• 1º a 3º: colegio mixto público (el mismo que en primaria) • 4º y 5º: colegio nacional de mujeres en San Miguel	• Postuló dos veces a la UNMSM, pero no ingresó • Luego estudió inglés, pero abandonó a la mitad y se dedica a trabajar
Paolo (es padre y solo trabaja)	• Colegio nacional mixto ⇒ Su hijo de 4 años asiste a un jardín de infancia particular	• 1º: colegio nacional (el mismo que en primaria) • Cambio a colegio particular no escolarizado	• Dejó los estudios en 1º de secundaria y no volvió a retomarlos • Tuvo un hijo a los 17 años • Trabaja informalmente a destajo en el taller de carpintería de su hermano en Villa El Salvador
Teresa (es madre y "no trabaja" ni estudia)	• Colegio particular en su barrio (Chorrillos) ⇒ Su hija de 7 años asiste a una escuela particular	• Colegio nacional solo para mujeres en otro distrito (Barranco)	• Quedó embarazada en 5º de secundaria • Terminó la secundaria, pero no siguió estudiando • Actualmente se encarga de su casa e hijos
John (no trabaja ni estudia)	• Colegio nacional	• 1º, primer semestre: colegio nacional (el mismo que en primaria), • 1º, segundo semestre: colegio particular religioso bautista • 3º a 5º: colegio nacional	• Quería ingresar a la Universidad Nacional de Ingeniería (UNI), pero nunca asistió a la academia preuniversitaria • Luego su madre lo matriculó en varios institutos de educación superior técnica, pero tampoco asistió • Actualmente está interno en un centro de rehabilitación por drogas

* Basándonos en el ránking de universidades realizado por América Económica, podemos clasificar a las universidades a las que asisten o aspiran los jóvenes estudiados. La Universidad Nacional Mayor de San Marcos (UNMSM), la más antigua del Perú, se ubica en el tercer puesto del ránking en el ámbito nacional y en el primero entre las públicas; la universidad privada César Vallejo se encuentra en el puesto 34; la Universidad Nacional Villarreal en el puesto 11; y la Universidad Nacional de Ingeniería en el quinto puesto, además de ser la segunda mejor entre las universidades públicas. Si bien este no es un ránking oficial, permite ordenar las universidades de acuerdo con cinco criterios: tamaño, internacionalización, investigación, empleabilidad y prestigio. El ránking usado data del 2012, año en que se realizó el trabajo de campo. Ver: <http://rankings.americaeconomia.com/2012/las-mejores-universidades-de-peru/ranking.php>.

Elaboración propia.

responden también a demandas de los jóvenes, estos casos son la minoría durante la etapa escolar.[1]

Las familias estudiadas comparten criterios en la selección de las instituciones educativas que eligen para sus hijos, entre los que destacan la búsqueda de colegios que se ubiquen cerca de la vivienda (algo particularmente importante en la primaria), la tendencia a optar por instituciones educativas privadas (más frecuente en la primaria), y la de elegir colegios con buena reputación en disciplina y orden (fundamental durante la secundaria).

La preferencia por un colegio cercano a la casa tiene como objetivo principal que los estudiantes no tengan que desplazarse grandes distancias. Eso supone un evidente ahorro en pasajes, pero sobre todo un ahorro de tiempo, ya que la cercanía permite que el estudiante vaya al colegio sin necesidad de una compañía adulta. Como veremos más adelante, los padres y madres dedican su tiempo mayoritariamente al trabajo y, por ello, les conviene que el hijo pueda ir al colegio solo. Este criterio es prioritario durante la primaria, mientras que en la secundaria otros temas cobran relevancia. Por ejemplo, Teresa asiste en primaria a un colegio particular cerca de su casa en Chorrillos, pero para la secundaria, la madre la cambia a un colegio nacional solo para mujeres ubicado en Barranco, un distrito que ella considera "mejor".

Un segundo aspecto destacado en las distintas familias es la valoración del colegio particular.[2] En efecto, observamos que la mayoría de los jóvenes ha asistido a alguna institución educativa privada, especialmente durante la primaria. Esta característica es parte del nuevo contexto en que estos jóvenes han crecido, que da

---

1. Como se verá más adelante, este rol se invierte en el momento de la educación superior, cuando el joven es quien toma el liderazgo de qué hacer y dónde.

2. Colegio particular es aquella institución educativa que tiene fines de lucro y cuya gestión es privada (no estatal), lo que supone un pago correspondiente por el servicio (no es gratuita).

cuenta del gran crecimiento de la oferta de educación privada en el país y del deterioro de la escuela pública, que ha devenido en una generalizada percepción de que la educación privada es de mejor calidad que la nacional.[3]

Por otro lado, las trayectorias escolares de estos jóvenes suponen diferencias notorias con las de sus padres y madres, que se educaron exclusivamente en escuelas nacionales. Los padres mencionan que en su momento la escuela pública secundaria ofrecía una formación más sólida, incluso mejor, que la que se brinda actualmente en educación superior. Por ejemplo, la mamá de Marjorie nos cuenta que ella egresó de la secundaria con una muy buena formación técnica que le ha sido muy útil en su vida adulta.[4]

> Sí, pero antes estudiábamos pues todos los cursos comunes en la mañana, íbamos a nuestras casas, almorzábamos y regresábamos ahí a estudiar toda la tarde talleres. Sí, yo llegué a hacer ahí vestidos de novias, saco, o sea las ropas… salíamos pues profesionales,

---

3. La expansión de la educación privada forma parte de las medidas neoliberales implementadas en la década del noventa. La Ley de Promoción de la Inversión en la Educación promulgada en 1996, a través del decreto legislativo 882, significó la liberalización de la educación al permitir crear colegios como empresas, es decir, con fines de lucro. Desde entonces, la oferta privada ha crecido considerablemente en el país, con una gran heterogeneidad en la calidad educativa. A su vez, la escuela pública se ha visto debilitada y desprestigiada, quedando relegada en el imaginario social como una opción "para pobres". Por tanto, dos sistemas educativos subsisten en paralelo y bajo marcos legales diferentes. Mientras que la escuela pública se rige bajo estándares estatales, los colegios privados lo hacen bajo un régimen empresarial y, por tanto, su instancia de reclamo es el Instituto Nacional de Defensa de la Competencia y de la Protección de la Propiedad Intelectual (INDECOPI).

4. Lo sorprendente en el contexto actual no es solo que ciertos servicios, como la educación y la salud —antes considerados derechos fundamentales y por tanto exigidos por la población al Estado—, se hayan privatizado, sino que esta tendencia tenga el aval de la sociedad. Lo que se observa es que incluso los padres y madres que han experimentado con escuelas públicas de calidad han claudicado a esa posibilidad, y optan por la educación privada. Sobre las percepciones del Estado hablaremos más adelante en el capítulo 6.

ya prácticamente, pero como la educación ha ido bajando, bajando. (Madre de Marjorie)

Hay jóvenes que han estudiado siempre en escuelas públicas (Juan Diego y Paolo), pero también ellos afirman que la educación privada es preferible.

De repente, en un colegio estatal los profesores no son como en un colegio particular ni están a sus horas ahí. Un profesor de colegio nacional es para todos los cursos en primaria. En particular, a veces, en primaria, es un profesor para cada curso; entonces, creo que le podría enseñar más. (Juan Diego)

La demanda por parte de los padres de una educación escolar privada es creciente, y los casos muestran el gran esfuerzo que hacen por pagarla. Si bien esta valoración se ha extendido, el acceso a esta opción depende de la capacidad adquisitiva de las familias y, por eso, entre los casos analizados, varios padres optaron inicialmente por la educación privada, pero al poco tiempo no pudieron sostener la matrícula y trasladaron a sus hijos a colegios nacionales. John, que tuvo que volver al colegio nacional por razones tteconómicas, comenta lo siguiente: "El tiempo que estuve en el particular me gustó porque en el estatal no te enseñan al igual que en un particular". Asimismo, Gino nos cuenta que hizo su primaria en un colegio particular, pero que cuando su hermana empezó sus estudios superiores, tuvo que pasar a uno nacional "porque era mucho gasto".

Esta preferencia por la educación privada se percibe también en los jóvenes padres y madres. Paolo, que tiene apenas 21 años, secundaria incompleta y un trabajo inestable, ha decidido poner a su hijo en un jardín de infancia particular que cuesta más de S/. 200 mensuales.[5] De la misma manera, Teresa, que tiene tres hijos

---

5. Jardín de infancia es el término usado para una institución educativa del nivel de inicial.

y una situación económica precaria y dependiente de su pareja, envía a su hija mayor de siete años a una escuela primaria particular a la que también acuden sus hermanos menores y sobrinos. Es importante mencionar que, en ambos casos, son las abuelas quienes pagan la pensión. Por otro lado, preguntando a otros jóvenes sobre el tema, Gino nos dice, sin dudar: "Si yo tuviera hijos, en una privada, pues". Las palabras de Gino, "en una privada, pues", resaltan que considera obvio —un sentido común— que lo privado es mejor que lo estatal.[6]

Al respecto, las evaluaciones de todo el país muestran que en el agregado nacional la oferta privada tiene mejores resultados que la estatal. Sin embargo, el panorama cambia si se analizan los resultados solo para Lima Metropolitana. En ese caso, la diferencia en el logro de comprensión lectora entre las instituciones educativas públicas y las privadas es de apenas 6% (el 59% de estudiantes logra los resultados esperados en escuelas privadas y el 53% en públicas), mientras que en matemática, son las escuelas estatales las que obtienen mejores resultados (34% y 28%, respectivamente). Asimismo, las evaluaciones censales nacionales —realizadas anualmente en segundo de primaria a partir el 2007— han permitido mostrar que la oferta de educación privada es muy heterogénea y tiene disímiles estándares de calidad (UMC 2014a y 2014b).

Sin embargo, más allá de si las percepciones se ajustan o no a la realidad, este discurso da cuenta, por un lado, del gran desprestigio del Estado, percibido como incapaz de proveer servicios públicos de calidad, y por el otro, de la claudicación de la sociedad en lo que respecta a exigir al Estado una buena educación como derecho. Sobre este tema volveremos en el capítulo 6 sobre cultura política.

Retomando las estrategias familiares, se observa que las familias combinan opciones. A pesar de su predisposición por la

---

6. Esta percepción de los colegios contrasta con el gran prestigio que, como se verá luego, conservan las universidades públicas.

escuela privada, algunas optan por la educación privada en la primaria y por la pública en la secundaria, y algunas incluso solo hacen el cambio en el último año de secundaria, como una estrategia complementaria para acceder a una pensión más baja en la universidad (Joselyn, Gino).

Y es que, en general, en la secundaria las prioridades cambian. Dos acciones vinculadas entre sí cobran relevancia en ese nivel educativo: por un lado, proteger a los estudiantes de posibles riesgos que los alejen de terminar el colegio, y por el otro, asegurar las condiciones que les permitan continuar su educación superior.

En secundaria, por tanto, el orden y la disciplina adquieren una importancia fundamental. La adolescencia se percibe como una etapa amenazante: el inicio de la sexualidad y el peligro de un embarazo adolescente, el consumo de alcohol y de drogas, la violencia y el pandillaje son mencionados como riesgos latentes que hay que evitar. Esta percepción de riesgo es compartida tanto por los adultos como por los jóvenes de las distintas familias analizadas.

En las entrevistas colectivas realizadas a diferentes grupos de jóvenes al inicio del estudio, el riesgo de caer en el pandillaje o en las drogas fue uno de los temas más destacados. Así, los jóvenes de distintas zonas de Lima perciben que "las malas amistades" están en todos lados. "Del 100% habrán sido un 30% que optaron por el mal camino y el resto se ha ido por el buen camino, depende de *cómo lo educan los padres a los hijos*", nos dice un joven en el Centro Cívico de Lima del grupo de los que solo trabajan. "En todo lugar hay vicio, desde Carabayllo hasta San Miguel, en todos lados", comenta otro joven en Comas del grupo de los estudiantes que trabajan.

Algunos padres y madres se muestran alertas al contexto escolar y a las amistades de sus hijos, y a la primera señal de peligro, optan por trasladarlos a un mejor colegio, es decir, a uno "menos malogrado" y con "más disciplina". Para ello, algunas familias buscan colegios separados por sexo (Juan Diego, Marjorie, Carolina,

Teresa, hermanas de Gino), aunque la gran mayoría apuesta por esquemas escolares rígidos y con mucha disciplina.

En efecto, varios de los casos analizados han transitado por instituciones educativas de estilo militar y/o religiosas, escogidas por sus padres muchas veces en contra de la voluntad de los jóvenes (John, Joselyn, Juan Diego, Teresa). A pesar de ello, varios jóvenes admiten haber estado en algún momento por "el mal camino", lo que supone desde vagar, "parar en las cabinas" y tomar alcohol, hasta cometer delitos y actos de violencia o vandalismo, participar en pandillas y consumir drogas (Gino, John, Teresa, Paolo).[7]

Al respecto, las estrategias de los padres consisten en priorizar "buenos" entornos de socialización. Es decir, la disciplina y el orden son los criterios que predominan, y parecen ser usados como sinónimos de "buen colegio", mientras que la calidad académica queda subordinada a ellos, lo que, dado el valor que le otorgan las familias a la educación, no hace más que mostrar la urgencia que ellas sienten de proporcionar un espacio seguro a sus hijos.

Entre las familias estudiadas, la sensación de peligro para los jóvenes es fuerte y evidencia la percepción de vulnerabilidad que se tiene de los barrios en donde se vive, ya señalada en el capítulo 2. En este contexto percibido como inseguro, el cuidado del entorno y de las amistades se vuelve crucial para la subsistencia del adolescente en el colegio y la calle. De ser posible, que ande bien acompañado y sin tentaciones.

Si bien todas las familias muestran preocupación al respecto, es cierto que no todas logran proteger de la misma manera a los jóvenes ni aplicar efectivas estrategias de cuidado. Como veremos en el capítulo 4 acerca de las trayectorias laborales, en ocasiones la presencia de los adultos es parcial o insuficiente, principalmente por exceso de trabajo y/o por problemas familiares. En otras palabras,

7. Las cabinas de internet son consideradas espacios promotores de "vicios", desde la vagancia hasta un uso excesivo de videojuegos y abuso de alcohol o drogas.

en algunos casos, el cuidado no es oportuno, los cambios de colegios no son tan estratégicos y/o se espera que el joven se cuide solo.[8]

De esta manera, algunos jóvenes perciben los constantes cambios de colegio como difíciles, especialmente para entablar relaciones de amistad, un aspecto fundamental durante la adolescencia. Joselyn tiene probablemente la trayectoria escolar más cambiante: "Toda la etapa de secundaria la hice salteada. No he hecho amigos en el colegio, pocos amigos". Estudió la primaria en un colegio privado manejado por una familia amiga de sus padres y cercano a su casa en Comas. Su secundaria transcurrió en diferentes colegios privados de los cuales era cambiada debido a la insatisfacción de su padre con la calidad de la enseñanza. Así, estuvo dos años en un colegio privado preuniversitario, dos años en un liceo militarizado y, finalmente, en quinto de secundaria fue trasladada al colegio nacional donde su padre es profesor pues, según Joselyn, quería tenerla más cerca y vigilada. En el caso de Carolina, que ha asistido a tres colegios diferentes, los cambios se han debido a mudanzas. Sin embargo, cuando Carolina sufrió un maltrato sistemático de sus compañeros de clase, la familia no consideró necesario buscar otro colegio y, a pesar de su variada experiencia escolar, es en el colegio donde fue maltratada en el que permaneció más tiempo.

Con respecto al momento que se escoge para cambiar a los hijos de colegio, se identifican dos: uno es el tránsito de la primaria a la secundaria, cuando los padres consideran que requieren un perfil de colegio distinto; el otro es el cambio que se realiza en medio de la primaria y/o la secundaria, por considerar los padres que el colegio es inapropiado o por situaciones familiares ajenas a la educación de los jóvenes, usualmente de vulnerabilidad (falta de recursos para pagar el colegio, mudanza, etc.). El primer tipo de cambio es común en las instituciones educativas públicas. Por otro

---

8. Esto suele estar ligado a las experiencias migratorias de madres y padres, quienes tuvieron que hacerse cargo de sus vidas desde temprana edad. Al respecto, ver capítulo 2.

lado, el cambio de colegio en medio de la primaria y, peor aún, de la secundaria, es el más difícil para los estudiantes.[9]

Con relación a su experiencia escolar, varios de los jóvenes reportan haber recibido castigo físico por parte de sus profesores, principalmente en primaria (John, Joselyn, Juan Diego, Marjorie), situación que ocurre tanto en colegios privados como públicos. Las valoraciones al respecto varían: algunos jóvenes narran estos hechos a modo de denuncia, mientras que otros lo hacen a modo de ejemplo de la buena formación recibida.

> He tenido buenos recuerdos de primaria, porque tenía un profesor que se llamaba César, me enseñaba desde tercer grado de primaria, y *ese profesor [era] bien estricto* [...] Más emocionante, si respondías mal, te tiraba el palazo y si no, te salvabas y te ibas a sentar a tu asiento y veías como le tiraban el palazo a los que no y así el profesor. Pero para qué, era *bien bueno el profesor*. (John – primaria estatal)
>
> En el colegio donde íbamos nos pegaban [...] Llegabas tarde un minuto y te tiraba los reglazos. *Era frustrante* sexto grado de primaria, me acuerdo [...] Pero, cuando les contábamos [a mi papás] que nos pegaban, la directora, no nos creían. (Joselyn – primaria privada)

Algunos padres tienen una actitud permisiva frente al castigo físico en el colegio, mientras que otros lo sancionan. Por ejemplo, los padres de Marjorie la cambiaron en medio de la primaria porque "las monjas eran muy racistas y tenían preferencias con algunas alumnas, además tiraban reglazos a los desobedientes". Por el contrario, Joselyn dice que sus papás no creían que le pegaban, muestra de que no le daban tanta importancia al hecho.

---

9. En la mayoría de las escuelas públicas peruanas la oferta de educación básica regular se da en instituciones diferentes e independientes por nivel: inicial, primaria y secundaria. Por tanto, si bien el tránsito de primaria a secundaria es normal, Ames y Rojas (2011) muestran que no siempre es sencillo ni fluido.

Al respecto, la violencia es o ha sido parte también de algunas dinámicas familiares, que contienen situaciones de agresión física, sexual y/o sicológica tanto hacia las madres como hacia los hijos (Teresa, Joselyn y Paolo), y en las que las mujeres son usualmente, aunque no de manera exclusiva, las más afectadas.

Desde su niñez, Teresa ha sido testigo de la violencia física y verbal que su padrastro ejerce sobre su madre y hermanos menores, especialmente cuando bebe en exceso. A su vez, a los diez años, Joselyn fue víctima de un abuso sexual a lo largo de un año cometido por el esposo de una tía, a cuya casa iba por las tardes a recibir lecciones de matemáticas. Cuando Joselyn contó esta historia, supo que su madre había sido también víctima de una violación siendo joven y que una de sus hermanas mayores había sufrido lo mismo.

El caso de Paolo muestra de una manera descarnada el castigo físico y el maltrato sicológico experimentados en el hogar durante su infancia, y la reproducción de esta violencia a lo largo de su vida a través del pandillaje, la delincuencia y, posteriormente, del propio maltrato a su pareja. Paolo recuerda: "Mi papá era pegalón, a mí me agarraba y con fierro, de esos largos de uno y medio… lo doblaba el fierro y mi pierna coja. Y me daba con tanta fuerza que lo partía mi piel".

Asimismo, se han señalado historias de maltrato por parte de compañeros de clase, con pocas consecuencias para los culpables. El caso de Carolina es quizás el más notorio. Sus compañeros de primaria la mojaban con agua, le arrojaban papel higiénico mojado, le escondían sus cosas, la insultaban, e incluso algunos le escupían y le jalaban el pelo. Por mucho tiempo Carolina no contó a nadie lo que le sucedía, pero cuando lo hizo, nada pasó. Su mamá fue reiteradas veces al colegio a hablar con el director, pero no hubo ningún cambio para Carolina.

Por tanto, los casos muestran una variedad de situaciones. Por un lado, familias más eficaces en el cuidado de los hijos y con estrategias educativas activas y conscientes en busca de un mejor ambiente para ellos y, por otro, familias menos acogedoras (o incluso violentas), en las que, si bien la educación también es muy valorada y la atención de los hijos es considerada importante, los problemas económicos y familiares afectan el entorno.

En ese sentido, podríamos decir que las familias de Juan Diego, Marjorie, Gino y Joselyn tienden a un mayor cuidado y atención de sus hijos e hijas, mientras que las de Carolina, Paolo, Teresa y John tienden a ser menos efectivas al respecto y en ocasiones, incluso, abusivas o negligentes. Sin embargo, esta clasificación debe entenderse como tendencias, pues la realidad es más compleja y las familias pasan por distintos momentos y crisis que las afectan. El caso de Joselyn describe bien esta situación: sus padres muestran un gran cuidado consciente y estratégico al momento de escoger una escuela para su hija, pero a pesar de ello, una cotidiana ausencia adulta en el hogar termina por exponer a Joselyn a una circunstancia de violación sistemática por parte de un tío. Asimismo, si bien la familia de Marjorie se preocupa por satisfacer las necesidades básicas de sus miembros y, en general, tiene un ingreso más alto que el resto de los casos, ambos hijos han tenido tuberculosis (TBC), usualmente estigmatizada como "la enfermedad de los pobres". Por otro lado, el caso de Paolo muestra una realidad familiar muy violenta, en la que el maltrato y la desprotección son constantes y predominan, sin por ello negar la incondicional preocupación de la madre por su hijo.

Por tanto, un conjunto de factores individuales, familiares, sociales y económicos afectan las trayectorias de los jóvenes y, como veremos, algunos optan por "el buen camino", mientras que otros lo hacen por "trayectorias alternativas".

2. El valor otorgado a la educación

Como se ha mencionado, siete de los ocho casos seleccionados han terminado su secundaria y, en general, en cada hogar visitado, incluso en el del joven que no la ha acabado, se observa que los hermano/as y primo/as han completado su educación básica. Solo se ha identificado a un joven del entorno de los casos que estudió hasta 3° de secundaria.[10]

En efecto, el análisis de la encuesta de movilidad social (EMS) nos muestra que el 84% de los jóvenes peruanos urbanos ha logrado terminar su educación básica, mientras que el 13% tiene secundaria incompleta. Sin embargo, solo el 50% de los jóvenes cursa o ha completado estudios superiores.[11]

En cambio, la generación de los padres y madres de estos jóvenes tuvo más dificultades para terminar la secundaria. En los casos analizados, esto es especialmente notorio entre aquellos que migraron a Lima siendo jóvenes (la madre de Joselyn solo estudió hasta 5° de primaria, la de Gino sólo terminó la primaria, el padre de Gino estudió hasta 4° de secundaria y la madre de Paolo hasta 3° de secundaria). En esos casos, los padres y madres han trasladado su deseo trunco de estudiar a la siguiente generación y se empeñan seriamente en que sus hijos e hijas terminen los estudios.

> Yo quería estudiar. La persona que yo estaba me decía [no] Yo quería estudiar de noche: "no, de noche es muy peligroso". Yo me quedé así, no me dieron oportunidad para estudiar. [...] Por eso yo digo para mis hijos, al menos *que ellos tengan su profesión, para que mañana más tarde nadie los engañe*. Eso es lo que yo pienso. (Madre de Gino).

Como se puede apreciar en la cita anterior, la idea de que la educación brinda herramientas que permiten progresar y contrarrestar situaciones de abuso sigue vigente en el discurso de los padres. Esto forma parte del imaginario social —estudiado principalmente en zonas rurales— que desde los inicios de la expansión

10. La pareja de Teresa dejó el colegio en tercero de secundaria y su trayectoria muestra un perfil similar al de Paolo.

11. Para mayor detalle, ver anexo 2, cuadro 17.

educativa ha atribuido un rol central a la educación en las trayectorias de vida de las personas, en particular para superar situaciones de abuso y marginación. Si bien este imaginario ha ido cambiando con el tiempo, pasando por procesos de resistencias y apropiaciones (Ortiz 1999; Montoya 1980; Ansión 1986), la idea de la educación como un medio para progresar permanece en lo que Degregori denominó "el mito del progreso" para las poblaciones andinas. Varios estudios posteriores han confirmado la vigencia de este mito a través de los años y en distintos contextos (Degregori et ál. 1986; Ansión 1989; Ansión et ál. 1998; Ames 2002).

Este estudio se suma a estos hallazgos, ya que el mismo discurso se encuentra entre los jóvenes urbanos, hijos o nietos de migrantes, quienes consideran que "[la educación] te da más oportunidades para vivir mejor" (Juan Diego).

El caso de la joven universitaria Marjorie muestra que el acceso a información adecuada es clave para exigir derechos en una sociedad en la que estos parecen ser más bien un privilegio. En este contexto, la falta de educación sigue siendo un criterio de diferenciación y abuso por parte de otros ciudadanos o del propio Estado. A continuación se muestra cómo la búsqueda de información sobre tuberculosis que realiza Marjorie antes de sus consultas médicas —en la que el acceso a la educación desempeña un rol importante— contribuye a la exigencia y defensa de sus derechos, en otras palabras, a evitar el engaño del que nos hablaba la madre de Gino. Gracias a que Marjorie está informada, puede reclamar las medicinas que necesita.

> La enfermedad que padece ha hecho que Marjorie investigue más sobre los programas que el gobierno ha desarrollado para tratar a las personas que sufren de TBC [...] El tener conocimiento sobre sus derechos en temas de salud ha hecho que al momento de recoger sus medicinas, estas les sean dadas. Muchas veces las enfermeras, ya sea por desgano o por desconocimiento, no proveen de las medicinas necesarias para cubrir ciertas cantidades de dosis y son en estos momentos que Marjorie utiliza el conocimiento de sus derechos para

que sus medicinas les sean dadas. Al contarnos esto, la enfermera asiente en todo lo que Marjorie señala y me dice en voz baja: *"ella sabe lo que le toca, pues"*. (Informe de observación de vida cotidiana: Marjorie)

Si bien la educación es importante para el acceso a derechos, los jóvenes destacan la lucha de sus abuelas o madres migrantes, con un escaso nivel educativo, para hacer valer sus derechos y salir adelante (las madres de Joselyn, Paolo y Gino, las abuelas de Teresa, Paolo y John). Esto forma parte de un reconocimiento del logro de las generaciones anteriores, aunque se admite también que los tiempos han cambiado y que hoy en día la credencial educativa es muy importante, incluso si carece de valor formativo.

> Una vez vine llorando [...] Le dije que la gente [de la universidad] me intimidaba y ella me puso el ejemplo de su juicio. Ese juicio de veinte años por la casa. Me dijo que ella, aunque no había terminado más que la primaria, había luchado y sin saber nada de vocabulario ni leyes. "Así, en mi ignorancia, yo he entendido", cuando estaba en el juzgado, la abogada la orientaba y pudo cumplir sus reglas y pudo hablar. (Joselyn)
>
> [Con secundaria] tienes un poco más de oportunidades que terminar la primaria, hay trabajos menores que te pueden servir si estudiaste secundaria, porque tienes un poquito más de conocimiento como persona que maduraste más, que estudiar solo la primaria. *Así no hayas aprendido nada en la secundaria, te piden el papelito que terminaste*. (Juan Diego)

En respuesta a que los tiempos han cambiado, el mito de la educación ya no es el de la escuela. Ya no es suficiente terminar la secundaria, ahora es la educación superior la que marca la diferencia en términos de oportunidades. Por eso, las familias realizan un continuo esfuerzo para que los jóvenes accedan a ese nivel de educación. En el discurso de los adultos se aprecia el gran valor que se le otorga a la educación de los hijo/as y las distintas estrategias que se usan. Son los padres de familia que no lograron un buen nivel educativo los que más empeño ponen en la educación de sus hijos, probablemente porque han sentido que esta carencia era una limitación importante.

El padre de John señala: "Me hubiese gustado que consiga la meta que yo tenía de ser un ingeniero. Eso es lo que yo hubiese querido ser, así me hubiese gustado. *Que sea profesional en una carrera, no un oficio*". Este padre tuvo que dejar sus estudios universitarios por razones económicas. Asimismo, la madre de Teresa, quien salió embarazada en secundaria y no pudo estudiar, comenta: "Ay, yo quiero que estudie. Está bien si quiere trabajar, pero tiene que estudiar algo para tener una base. *Yo le digo que no quiero que esté como yo*. Al final, el trabajo es trabajo, pero tiene que estudiar algo para su futuro, para sus hijos".

Otros padres que sí accedieron a la educación superior (no universitaria), pero que se encuentran en una mala situación económica, han tenido que aceptar que sus hijos trabajen (Carolina, Paolo). En este caso, son las madres las que, reconociendo la importancia de la educación, procuran apoyar a sus hijos, pero no están en situación de permitir que solo estudien.

En el caso de Paolo, es su madre —que no cursó estudios superiores— quien más se ha esforzado por la educación de sus hijos; en cambio, el padre, que es técnico farmacéutico, decidió que su responsabilidad terminaba con la mayoría de edad y, por tanto, con la secundaria. Los hermanos y hermanas de Paolo se han esforzado por trabajar y a la vez seguir carreras cortas en un instituto superior tecnológico privado, donde han estudiado farmacéutica y contabilidad. Una de ellas acaba de ingresar, a los 30 años, a la Universidad Nacional Mayor de San Marcos (UNMSM), la universidad pública de mayor prestigio del país.

> Con el negocio, yo me las veía como sea para que estudien mis hijos, porque yo no les he dado universidad ni nada. Ahora mi hija está estudiando, pero yo con las justas les he hecho terminar su secundaria a todos, pero nada más [...] Todos a trabajar y trabajar, porque

> a todos los hacía mirar a la calle su papá, les decía: "yo no te voy a mantener, tú terminas de estudiar y te largas de mi casa". (Madre de Paolo)

Por otro lado, la mamá de Marjorie, quien siguió estudios universitarios con gran esfuerzo y sin apoyo de sus padres, pone todo su empeño en darle incluso una mejor educación a su hija. Esta madre tiene tres empleos y, aunque dice no necesitar tanto los ingresos, quiere ahorrar para poder financiar más adelante la maestría de Marjorie en una de las universidades privadas de mayor reputación del país.[12] Señala que hoy en día es fundamental que los estudiantes hagan un posgrado para poder diferenciarse en un mercado laboral cada vez más competitivo.

Estas historias familiares evidencian el importante papel que las mujeres desempeñan en la educación de sus hijos e hijas. En la generación de los jóvenes, el impulso principal proviene en muchos casos de la madre (Paolo, Carolina, John, Teresa). Sin embargo, cuando el impulso de la madre viene acompañado del apoyo del padre, este es mucho más sostenido y efectivo (Juan Diego, Marjorie, Gino, Joselyn).[13]

De cualquier modo, el rol de las mujeres en la educación es notable, tanto ahora como en las generaciones anteriores. La mamá de Marjorie recuerda con nostalgia el soporte que le dio su abuela para continuar sus estudios. En realidad, fue ella la única que la apoyó. Esta percepción de la mujer actuando a favor de la educación permanece en la memoria a través de las generaciones.

---

12. La madre menciona a la Pontificia Universidad Católica del Perú (privada), que está ranqueada como la primera universidad del país. Ránking América Económica: <http://rankings.americaeconomia.com/2012/las-mejores-universidades-de-peru/ranking.php>.

13. En varios de los casos, la madre apoya la educación escolar y el padre la superior.

> Mi papá trabajaba en la cervecería Cristal, ustedes no sé si sabrán, pero las épocas de la cervecería Cristal donde el obrero, pues, ganaba muy bien, ¿no? El obrero tenía un alto ingreso económico, ya te imaginas que cuando él me dijo que no me iba a ayudar fue un golpe muy duro, ¿no?, pero tampoco no me amilanó, pues como en La Cantuta había lugares para poder vivir, los pabellones, dormitorios, como hay en San Marcos también. Entonces me fui ahí y *mi abuelita*, que era la mamá de mi papá, me ayudaba con los pasajes. (Madre de Marjorie)

Los jóvenes parecen haberse apropiado del discurso que valora la educación y, por tanto, expresan su deseo de estudiar. En los distintos casos analizados (los que estudian, los que estudian y trabajan, los que solo trabajan e incluso los que no trabajan ni estudian), los jóvenes reconocen y valoran la educación superior, asociándola con mejores oportunidades de trabajo y un mayor estatus y poder adquisitivo. El acceso a ese nivel educativo es algo que relacionan, también, con la idea de poder ser el "jefe".

> Los estudios superiores es lo máximo, porque los estudios superiores ya estás en la competencia que están los grandes, los ingenieros, ya puedes estar en una empresa como ingeniero *mandando* a los obreros y ya *no te ensucias las manos* y ganas buena plata. (John)
>
> *Bueno, acá en el Perú, el profesional siempre es más que el técnico*. Si tienes tu cartón de profesional, siempre haces más, el profesional va a ser el *jefe*. (Gino)

Ambas citas muestran el gran valor otorgado a la educación y cómo se asocia los estudios superiores con la posibilidad de convertirse en un profesional, de ser el "jefe" y de ganar "buena plata". Por tanto, la aspiración es llegar a la universidad para adquirir más estatus, prestigio y sueldo que un "obrero" o "técnico".

La mayoría de los jóvenes estudiados quisieron seguir estudios universitarios —con excepción de Paolo y Teresa—, y todos eligieron universidades nacionales y de gran prestigio: la UNMSM, la UNI y la Villarreal, que en el ránking de universidades nacionales figuran como la primera, segunda y quinta mejores.[14] Todos ellos, en efecto, iniciaron el proceso de preparación para ingresar y, sin embargo, no todos lo lograron.

Por otro lado, también hay resistencias. El discurso que valora la educación convive con las prácticas contestatarias de algunos jóvenes. Ejemplo de ello es el abandono temprano de la secundaria por parte de Paolo, el embarazo de Teresa antes de concluirla, y la desidia de John frente a la oportunidad que le ofrecen sus padres de cursar estudios superiores. Estos tres jóvenes comparten la idea de la educación como un medio de progreso y ascenso social, pero se han alejado "activamente" (en el sentido de que tienen agencia) de ese camino, de alguna manera cuestionando la pertinencia de esa opción. Es decir, sus prácticas revelan un rumbo distinto al de sus discursos.

En las siguientes secciones analizaremos las trayectorias de los jóvenes que apostaron por la educación superior y de los que renunciaron a seguir estudiando.

3. El anhelo de seguir estudios superiores

En las secciones anteriores se ha mencionado el gran valor otorgado a la educación y, en general, el enorme esfuerzo de los padres y madres por educar a sus hijos. La mayoría de ellos busca activamente las mejores instituciones educativas, y algunos incluso los cambian de colegio, intentando conseguir una mejor formación y, sobre todo, un ambiente más seguro.

A continuación, veremos los casos de Juan Diego, Marjorie, Gino, Joselyn y Carolina, quienes afrontaron el reto de continuar estudios superiores, todos ellos en universidades nacionales de

---

14. Fuente: Ránking de América Economía. Disponible en: <http://rankings.americaeconomia.com/2012/las-mejores-universidades-de-peru/ranking.php> (revisado el 25/08/2015).

prestigio. Sus historias están agrupadas en tres clases: la de aquellos que accedieron a la universidad nacional de mayor reputación; la de aquellos que en el camino optaron por una universidad privada de más fácil acceso, localizada en sus barrios; y la de una joven que no logró acceder a los estudios superiores:

- *Jóvenes estudiantes en la universidad nacional de mayor prestigio.* Juan Diego estudia ingeniería geológica en la Universidad Nacional Mayor de San Marcos (UNMSM). Su pasión es el deporte y una de sus actividades principales es jugar vóley en el equipo de la universidad. Por su lado, Marjorie es estudiante de historia en esa misma institución. Participa activamente en la política universitaria como representante estudiantil, y es fundadora de un movimiento de estudiantes de izquierda.
- *Jóvenes estudiantes en la universidad privada del distrito, de más fácil acceso.* Gino estudia administración y turismo en la Universidad César Vallejo y simultáneamente trabaja en una cadena de cines cercana a su casa. Su pasión es la danza folclórica, la cual practica regularmente; realiza presentaciones con un grupo de su barrio. Por otro lado, Joselyn estudia administración y turismo en esa misma universidad, y al inicio del estudio trabajaba también a medio tiempo en una cadena de cines próxima a su casa. Además, ayuda todos los domingos en el restaurante familiar.[15]
- *Joven que no logró acceder a la educación superior.* Carolina intentó varias veces ingresar a la UNMSM, pero no lo logró. Luego se puso a estudiar inglés como carrera no

15. La trayectoria laboral de los jóvenes estudiados es variada y cambiante. Aquí se presenta la información al inicio del estudio; el tema será desarrollado en mayor detalle en el siguiente capítulo.

universitaria, pero perdió interés y lo dejó. Ahora trabaja a tiempo completo en una cadena de supermercados.

Los cinco casos presentados terminaron su educación secundaria y, sin embargo, sus historias demuestran que esos estudios que cursaron con tanto esfuerzo no siempre son suficientes. Hay brechas enormes en la oferta educativa, y cursar estudios superiores requiere mucho más que voluntad. A los recursos económicos hay que agregar un tiempo y preparación adicionales que compensen la educación de baja calidad recibida. Todo ello va sumando barreras a los jóvenes y sus familias, dificultando para muchos el acceso y la culminación de la anhelada educación superior.

En efecto, la heterogeneidad de la oferta educativa coloca a los egresados de la secundaria en situaciones muy desiguales para alcanzar el sueño de la educación superior. La evaluación nacional 2004 a estudiantes de 5° de secundaria indica que solo un grupo minoritario logra el nivel suficiente en comprensión lectora (9,8%) y en matemática (2,9%) al terminar su escolaridad (UMC 2005: 66-67).

Estas son habilidades básicas y, sin duda, necesarias para acceder a la educación superior. El problema, sin embargo, no es solo de rendimiento sino de brechas. La evaluación nacional evidencia que el lugar de residencia, el nivel socioeconómico y la gestión del centro educativo tienen una directa relación con estos resultados, en los cuales, los alumnos más pobres, rurales y/o de colegio estatal tienen los resultados más bajos, lo cual agudiza las desigualdades de origen de los estudiantes. Asimismo, los estudiantes de 5° de secundaria en colegios estatales urbanos arrojan peores resultados que el promedio nacional: 7,6% logra el nivel suficiente en comprensión lectora y solo el 0,9% lo logra en matemáticas (UMC 2005: 70).

Esto explica que, al terminar la secundaria, los jóvenes limeños estudiados —no pobres pero vulnerables— encuentren barreras para cumplir su meta de continuar estudios universitarios.

> [Mi colegio] se abocaba más en lo que era disciplina, pero en lo que es, así, enseñanza era bien básico. O sea, eso es lo que yo me di cuenta cuando ya salí yo, porque yo salí a una academia para postular, pues, a la universidad y me di cuenta que no, pues, que *no sabía mucho a comparación de otros*, de *otras personas que sí sabían*, que estaban más o menos a la par con la academia [...] Entonces yo, como que *tenía que empezar de más bajo* para poder entender lo que estaban haciendo. (Juan Diego)

La aspiración de entrar a la universidad nacional se ve limitada por la preparación con la que egresan los estudiantes de la secundaria. Algunos optan por invertir su tiempo y dinero en academias preuniversitarias, mientras que otros desisten de esta opción y aplican otras estrategias para acceder directamente a institutos superiores o a universidades particulares en los que el ingreso es menos exigente.

Varios jóvenes, a pesar de su aspiración inicial de ingresar a la universidad, optan por inscribirse en institutos de educación superior técnica para lograr una formación en un tiempo más corto, con la esperanza de generar en un plazo aceptable los ingresos suficientes como para poder cursar después estudios universitarios. Otros apuestan directamente por el trabajo o por una capacitación específica (como albañil, carpintero, electricista, cajero de banco, etc.) que permita generar ingresos de manera inmediata, para eventualmente continuar después estudios superiores.

Los casos de Juan Diego, Marjorie, Gino, Joselyn y Carolina dan cuenta de una educación de baja calidad que los coloca en una difícil situación para satisfacer sus aspiraciones. Juan Diego logra superar esta barrera por el apoyo incondicional de sus padres, quienes lo ayudan durante dos años a nivelarse académicamente y acceder finalmente a la universidad pública (postula tres veces). Marjorie, que al inicio no quería postular a la universidad sino trabajar y ganar su propio dinero, fue motivada y apoyada por sus padres para hacerlo. Postuló dos veces, invirtiendo un año en prepararse. En ambos casos, hay una significativa inversión de tiempo y recursos para acceder a una de las universidades nacionales más prestigiosa del país.

> Nosotros le decíamos que una chica con secundaria no es nada, tú misma ves [...] eso un poco que la motivó también para postular a la universidad, le costó ingresar a la San Marcos, no fue fácil para ella. (Madre de Marjorie)

En general, los estudiantes analizados prefieren y otorgan mayor prestigio a las universidades nacionales.[16] Sin embargo, existe una gran competencia por ingresar a ellas por la gran demanda que tienen, considerando que ahí la educación es gratuita. Como vemos, Carolina, Gino y Joselyn terminan desistiendo de esa opción.

A pesar de las limitaciones que supone la educación recibida, los jóvenes no cuestionan esa condición de desigualdad y más bien se adaptan lo mejor posible a la situación "dada". Algunos estudian varios años para nivelarse, mientras que otros, con menos recursos, eligen una educación universitaria menos exigente.

Por ejemplo, Carolina postula dos veces a la UNMSM, pero al no ingresar, opta por estudiar inglés como algo que le permita generar ingresos más rápidamente. Sin embargo, no termina los tres años de formación: al segundo año abandona los estudios y se pone a trabajar.

> Me preparé para postular, pero no ingresé a San Marcos a la carrera de historia, entonces ya como no ingresé, me puse a trabajar, justo una compañera de viaje me dijo para ir a un "call center" de Ripley y después vine acá. (Carolina)

Del mismo modo, Gino postula dos veces a la Universidad Nacional Villarreal, pero luego desiste y opta por una carrera técnica

---

16. Sin embargo, la mamá de Marjorie —que trabaja en una universidad nacional— es la más crítica de estas instituciones y prefería que su hija estudiase en una universidad privada de calidad, como "la Católica".

en informática que pueda ayudarlo económicamente. Al terminarla, se pone a trabajar en una cadena de cines, y es ahí donde se entera de que su empresa tiene un convenio con una universidad privada. Gino retoma entonces la opción universitaria, pero ya no intenta ingresar una universidad nacional, sino que se presenta a una institución más asequible, "la César Vallejo", una universidad privada situada en su distrito.[17]

Por otro lado, si bien el padre de Joselyn la anima a postular a la universidad nacional, y ella se matricula en una academia preuniversitaria con la intención de prepararse para el examen de admisión, al poco tiempo desiste. "Y yo dije: no estoy preparada, papá, no voy a ingresar. Vas a gastar tu plata por las puras". Joselyn, entonces, opta por la alternativa más viable, inmediata y fácil, es decir, por la universidad privada en su distrito. De esta manera, Joselyn abandona la opción de la universidad nacional —preferida por el padre— sin siquiera llegar a postular. Ella reconoce pronto el gran costo que supone esa ruta y su padre termina apoyándola.

En ambos casos —Gino y Joselyn—, la elección parece racional y pragmática y corre por cuenta del joven. No se opta por "la mejor educación" sino por la que está más cerca, la "más fácil" y "accesible", dada su débil formación escolar. Los dos saben que acceder a la educación superior es importante para el futuro, incluso si se trata de una universidad con menos prestigio que otras. Por tanto, ambos prefieren el acceso a la credencial y llegar a ser profesionales a esperar cumplir la promesa vaga —y quizás inalcanzable— de una educación superior de calidad.

---

17. Esta universidad forma parte del *boom* de universidades privadas producto de la liberación de la educación en la década del noventa, creadas en el marco del decreto legislativo 882. Esta universidad, surgida en Trujillo, es un hito del discurso emprendedor: "La esencia de la Universidad César Vallejo. Una institución emprendedora para emprendedores". Disponible en: <http://www.ucv.edu.pe/palabras_rector.aspx?nUniOrgCodigo=70000>

En ese sentido, el ingreso familiar permite compensar las deficiencias de formación y acceder a la educación superior. A diferencia del colegio, cuya selección recae predominantemente en los adultos, el joven es en esta etapa quien elige su destino: si estudiar o no, y dónde hacerlo.

Por otro lado, se observa que las barreras con las que se topan los jóvenes para cumplir sus aspiraciones van formando parte de su identidad, de lo que creen que son capaces de hacer, y delimitando sus anhelos: mientras que Juan Diego considera que la educación secundaria que recibió es de mala calidad y, a pesar de ello, aspira a graduarse y hacer una maestría en el extranjero —para lo cual está estudiando inglés por las noches—, Carolina duda seriamente de su capacidad, y sus aspiraciones se han visto restringidas. A ella le gustaría haber estudiado, pero siente que el tiempo ya pasó, que ya es muy tarde para hacerlo. Marjorie, por su cuenta, señala que su colegio no fue bueno, pero también reconoce que el poco interés que mostraba en clases hizo que no lograra ingresar a la universidad la primera vez que postuló.

Las trayectorias educativas de estos jóvenes y sus apuestas por la educación superior son diferenciadas y están marcadas por la propia agencia y capacidad personales, pero también por el contexto familiar, social y económico. En términos de Sen (2000), se identifican restricciones de capacidades y libertades para lograr el bienestar deseado.

4. "No quiero estudiar"

En esta sección se presentan las trayectorias de John, Teresa y Paolo, tres jóvenes de familias "emergentes vulnerables", que si bien han tenido la oportunidad de estudiar, la han rechazado. A continuación, sus historias.

John parece ser un chico hábil para las matemáticas y disfruta jugando ajedrez. Al terminar la secundaria, quiere ingresar a la Universidad Nacional de Ingeniería (UNI). Desperdicia varias oportunidades que con gran esfuerzo le ofrecen sus padres y no asiste más allá de la primera semana a la academia preuniversitaria, las clases de inglés y los cursos cortos de oficios en los que su madre lo matricula. En vez de ir a clases, pasa el tiempo con sus amigos del barrio y, finalmente, termina en un centro de rehabilitación de drogas por consumo de pasta básica de cocaína.

Por su lado, Teresa nos cuenta que al terminar la secundaria, "quería estar un tiempo de vaguita", es decir, no hacer nada, no estudiar ni trabajar. Finalmente, sale embarazada de su primera hija antes de terminar el colegio, y los planes de estudio que su madre tenía para ella no pueden concretarse. Hoy tiene dos hijos más con una nueva pareja de la que depende económicamente. Su pareja, cuyos ingresos son bajos e inestables, no le da un buen trato e inclusive ha sido violento con ella. A pesar de ello, Teresa nos dice: "¿Pero qué puedo hacer? Yo no he estudiado nada, no puedo trabajar, nunca lo he hecho, ¿cómo mantendría a mis hijos si él es el único que me ayuda?".

Paolo abandona el colegio en 1° de secundaria. A los once años se une a unos pandilleros y a los doce ya es parte de un grupo de delincuentes. Esto no solo le permite acceder a dinero fácil, sino que le otorga un reconocimiento y estatus en su barrio y en su escuela. Su madre lo matricula luego en un colegio no escolarizado particular, pero él no asiste.

> Tenía dos [grupos]: uno de los que son choros, rateros, y el otro era de mi barrio. Manejaba dos clases de grupos [...] Me hacía respetar. Si alguien me faltaba el respeto, no importa que sea grande o chico, igual me peleaba. "Cuidado con él", empezaron a hablar de mí. Fue creciendo así, trayendo más gente. Me compré mi fierro [arma de fuego] a los 13 años, chapé fierro a los 13 años. (Paolo)

John y Teresa no hacen el intento de estudiar después de acabar el colegio y prefieren estar de "vagos". Paolo abandona la ruta educativa mucho antes de completar la secundaria y, en cambio, participa en actividades delictivas desde temprana edad.

Al respecto, la EMS nos dice que el 22% de los jóvenes no estudia ni trabaja.[18] La dimensión de este grupo ya ha sido identificada en otros estudios predominantemente estadísticos, que señalan que los que "ni trabajan ni estudian" (los "nini") se concentran en las ciudades y que son mayoritariamente mujeres (Benavides 2006; Chacaltana 2006; Saavedra y Chacaltana 2001; Benavides et ál. 2010). Sin embargo, más allá de su heterogeneidad y de que se encuentran en familias de distintos estratos socioeconómicos, es aún poco lo que se sabe sobre este grupo social que parece en crecimiento, y menos aún sobre los "nini" de clase media.

El análisis de los casos de John y Teresa, que forman parte de la categoría de los que no trabajan ni estudian, muestra que las categorías son bastante porosas y cambiantes, pues como se verá en el capítulo sobre trayectorias laborales, muchos de ellos realizan algún tipo de trabajo, aunque sea eventual, informal y por periodos muy cortos. En ese sentido, Paolo, a nuestro parecer, podría formar también parte de esta categoría, ya que no estudia y solo trabaja informalmente a destajo por breves periodos de tiempo, una labor que combina con otras actividades ilegales que le representan un mayor ingreso.[19]

Lo que sí comparten estos tres casos es que ninguno optó por los estudios. Por tanto, Teresa, John y Paolo están eligiendo rutas de realización alternativas al mito de la educación, entre las que destacan como forma de vida, el embarazo temprano, los videojuegos, y las drogas o la delincuencia, respectivamente.

Si bien estas opciones se distancian de lo socialmente esperado y forman parte del universo marginal —incluso para los propios jóvenes que las eligen—, muchos de ellos deciden activamente

---

18. Para mayor detalle, ver el anexo 2, cuadro 19.

19. Los temas laborales serán tratados en mayor profundidad en el capítulo 4.

seguir esa ruta que, además, no siempre les es ajena, pues en varios casos reproducen trayectorias familiares o de su barrio. Los embarazos tempranos forman parte de la tradición familiar de Teresa; la delincuencia es también un hábito en la familia de Paolo; y los amigos del barrio parecen haber ejercido gran influencia en John, ante la ausencia de un familiar adulto que lo acompañara. Veamos a continuación cada caso.

Teresa parece haberse puesto activamente en dicha situación. Su madre había planeado que entrara en la Fuerza Aérea del Perú al terminar su secundaria —al igual que sus tíos— y, sin embargo, este proyecto se vio truncado con el primer embarazo de Teresa. Si bien Teresa afirma que era muy difícil estudiar con una hija, lo cierto es que volvió a quedar embarazada dos veces más y hoy tiene tres hijos pequeños. Su madre la sigue animando para que estudie y le ofrece cuidar a los niños, pero esta posibilidad se muestra cada vez más lejana. Por un lado, Teresa dice que quiere esperar a que sus hijos crezcan para ponerse a estudiar o trabajar, y por el otro, su pareja prefiere que no trabaje y que se dedique solo al cuidado de los niños.

Teresa ha vivido un tiempo con su mamá, y otro en casa de sus cuñadas, pero recientemente se ha mudado a un terreno invadido en Punta Hermosa. Como se ha señalado en el capítulo 2, ha optado por su independencia a pesar de tener que asumir unas condiciones de vida más precarias. Sin embargo, no son solo mejores condiciones lo que deja, sino que también abandona la posibilidad de estudiar o trabajar y, lo que es peor, la protección y cuidado de sus familiares. Su pareja ha sido violenta con ella en varias oportunidades, y en la nueva vivienda está sola con sus hijos, mucho más expuesta al maltrato. Lamentablemente, ha sido testigo de la violencia ejercida por su padrastro contra su madre, y a pesar de criticarla, ha terminado por aceptar las mismas condiciones de su pareja y por caer en una situación de riesgo al dejar de convivir con otros familiares. Esto también guarda relación con las cifras reportadas por el Ministerio de la Mujer y Poblaciones Vulnerables

(MIMP), que señalan que en el 2013, el 80% de las mujeres víctimas de feminicidio nunca buscó protección para evitar los golpes y maltratos que le propinaba su pareja.

Por otro lado, el embarazo adolescente en el Perú tiene una de las cifras más altas de América Latina: 13 de cada 100 adolescentes son madres o están embarazadas (INEI 2013). Diversos factores culturales le dan un significado diferente a lo que desde la ciudad se entiende como "embarazo temprano". Sin embargo, en la capital, contexto del que se ocupa este estudio, el embarazo adolescente no parece ser social ni culturalmente deseado, al menos por los padres de las adolescentes.

No obstante, para algunas adolescentes su realización como mujer parece estar estrechamente relacionada con la maternidad, mucho más que con el mundo laboral y/o educativo (Del Mastro 2012). Esto se observa en el caso de Teresa y en las decisiones que va tomando, en las que la maternidad y la vida independiente en pareja parecen ser su principal proyecto de vida. Es necesario, entonces, volver a mirar la problemática del embarazo adolescente para ofrecer alternativas válidas de realización a estas jóvenes, otras rutas en las que también se puedan reconocer, para que no terminen reproduciendo situaciones familiares que, sin educación ni trabajo, limitan sus capacidades de acción y decisión.

Por otro lado, el pandillaje, las drogas y, en general, los entornos de "vicio" aparecen como un problema creciente en la ciudad al que los jóvenes están sumamente expuestos, pues forma parte de su ambiente, su paisaje y sus redes.

John, de 19 años, y Paolo, de 24, son dos casos que han estado involucrados en drogas. El primero se encuentra actualmente interno en un centro de rehabilitación por abuso de drogas, y el segundo lo ha estado en dos oportunidades en el pasado, aunque por periodos cortos. Las historias familiares de cada uno de estos jóvenes son muy distintas y, sin embargo, ambos terminan atraídos a los 12 años al mundo de las drogas y a "las malas juntas".

En el caso de Paolo, al abuso de drogas se suma el pandillaje y la delincuencia.

John vive los primeros 12 años de su vida con su madre, quien parece haber sido muy controladora y sobreprotectora. Luego, cuando ella vuelve a casarse, el joven se muda con su padre, quien no ejerce mayor supervisión. Es en ese periodo cuando John empieza a enviciarse con los videojuegos, a juntarse con amigos del barrio y a consumir primero marihuana y luego pasta básica de cocaína.

Paolo, en cambio, crece en un entorno familiar muy violento, sin mayor protección ni supervisión, y también alrededor de los 12 años se involucra en el pandillaje, las drogas y luego la delincuencia. A pesar de los esfuerzos de su madre para que termine su educación básica, Paolo abandona el colegio en 1o de secundaria.

En el 2004, la Dirección de Familia y Participación Ciudadana (DIRFAPACI) reportó alrededor de 12.795 pandilleros de entre 12 y 24 años y más de 390 pandillas en el ámbito nacional. Tres años después, el INEI ya registra la existencia de 557 bandas juveniles a escala nacional, de las cuales 448 se ubican en Lima (Masías 2008: 22). El pandillaje está muchas veces asociado al consumo de drogas. Lima también aparece con niveles de consumo considerablemente mayores que el de provincias, con una población más vulnerable de entre 19 y 24 años (CEDRO 2013: 62-63). Asimismo, el 48% de la población penitenciaria son jóvenes, lo que supone 16 mil personas de entre 18 y 29 años que están en la cárcel (CONAJU 2006: 42).

Lo cierto es que el pandillaje no es solo un problema de sectores pobres, sino una amenaza creciente en la ciudad que destacan tanto los padres como los jóvenes analizados. En ese sentido, el pandillaje, la delincuencia y la violencia juvenil urbana no son un problema de pobres, pero sí de sectores populares y de espacios urbanos periféricos, y por tanto, un problema de la nueva clase media vulnerable.

Finalmente, la delincuencia como forma de vida es la trayectoria más marginal, pero a la vez muy atractiva, pues permite obtener dinero fácil y rápidamente. El riesgo, la adrenalina del robo, se asemeja a veces a los videojuegos y suele estar combinado con el uso de drogas. En el caso de Paolo, además, la delincuencia forma parte de la trayectoria de varios de sus hermanos de parte de su madre biológica y del propio padre, quien maneja negocios ilícitos tras la fachada de la farmacia.

> Cuando ya me metía más al robo, ya me gustaba más. Eso te pica más, me metí en la droga también [...] Cuando uno entra a la casa, por ejemplo, entramos a una mansión en Miraflores y entramos cinco punteros. Como es una casa grande, a lo que chape cualquiera uno, lo que meta en su mochila es de él. Yo me llevaba valorizado en 5000 soles, 3500, 6000 soles. Laptops, relojes. Hay otros que mis amigos sí han matado a los dueños. [...] Bueno, cumplí mis 12 años, tenía plata, ahí estuve con mi primera chica. Teniendo tanta plata en la mano... gané 5500 y me gasté mil soles en ropa de marca y mil soles en mi bolsillo. El resto lo guardaba. (Paolo)

Un elemento adicional, presente en las historias de algunos jóvenes y señal de otro tipo de resistencia a seguir trayectorias educativas o laborales estables, es la flojera, el aburrimiento, que produce realizar una misma actividad por un tiempo prolongado. Esto se aprecia en John, Paolo y Teresa, aunque también en otros casos, como los de Carolina y su hermano menor, la hermana de Teresa y la de John.

La situación de John parece ser consecuencia del abuso de drogas, una situación que termina por alejarlo de sus aspiraciones y de cualquier tipo de compromiso, eludiendo cualquier responsabilidad de trabajo o estudio. Por su lado, Paolo explica su actitud simplemente como producto de su inmadurez. En el caso de Teresa, quien antes de salir embarazada ya planeaba estar "un año de vaguita", no parece tener la convicción de estudiar, a pesar de que su madre la anima constantemente a hacerlo.

Teresa, John y Paolo, por tanto, responden a lo que Macassi denomina la tendencia a autoexcluirse. Efectivamente, muestran una propensión a "desenchufarse de la sociedad" (2001: 57). Lo paradójico es que esta desconexión no es anárquica o contra sistema —como podría ser la de los jóvenes de los años ochenta—, sino que se da compartiendo los principales valores sociales imperantes, es decir, la importancia de la educación como medio de progreso, el emprendimiento como la clave del éxito y la pasión por el consumo.

Los tres jóvenes no han descartado la educación como medio de ascenso social, ni la meritocracia como proyecto de vida, es decir, sí creen en el éxito a través del esfuerzo individual y tienen un discurso "emprendedor", solo que se distancian de él en sus prácticas. La cita a continuación es un claro ejemplo de ello:

> Ahorita, por ejemplo, para yo terminar mi quinto, quiero tener mi empresa, mi taller, mi trabajo, como lo tiene mi hermano. Una vez que ya tenga todo listo, algo que pueda mantenerme, ahí puedo dedicar mi tiempo a mis estudios. Ahorita mi meta es esa. Trabajar y aprender más de lo que sé, quiero meterme más a lo que es muebles y tener mi taller. (Paolo)

El proyecto de vida de Paolo parece estar lejos de la meta, pues más allá del discurso, no hay indicios de que vaya a tomar ese rumbo. Como se verá más adelante, usualmente Paolo trabaja solo dos semanas al mes y luego descansa tres. Del mismo modo, John planea estudiar sicología al terminar su rehabilitación, pero en su trayectoria previa no ha mostrado mayor compromiso ni esfuerzo por estudiar o trabajar. Finalmente, Teresa parece tener expectativas más modestas en cuanto a su ocupación, en las que el estudio no está siquiera en sus planes. Sin embargo, sus expectativas de consumo son muy altas y no se condicen con sus actuales condiciones de vida. Por tanto, los tres jóvenes analizados comparten un discurso común que valora los estudios superiores, pero en sus trayectorias se resisten a él.

Entonces, ¿cuál es la relación entre los discursos y las prácticas de estos jóvenes? ¿Qué influencia ejercen las condiciones en las que se desenvuelven y qué agencia tienen para hacerles frente? ¿En qué medida se comparten expectativas, a pesar de trayectorias y sectores distintos? ¿En qué medida pueden (o no) estos jóvenes vivir la vida que quieren vivir? ¿Cómo se definen estos modos de vida deseables y qué tan accesibles son?

Comparando la situación de las familias de los jóvenes que optaron por la educación superior con la de los que no lo hicieron, encontramos que las últimas se encuentran en una situación menos favorable que las primeras económicamente, emocionalmente y en cuanto a salud mental, ambiente familiar, exposición a las drogas y el pandillaje, efectividad en las estrategias de cuidado y, en algunos casos, maltrato y violencia.

Al respecto, se hallan algunos elementos similares al estudio realizado por Mac Leod (1995) sobre aspiraciones y logros en barrios de bajos ingresos en Estados Unidos. Dicho estudio examina dos grupos de jóvenes urbanos pobres, pero con diferentes trayectorias, entre los cuales, al igual que en los casos analizados, unos apuestan por el modelo emprendedor, mientras que otros se resisten a él, y en los que las trayectorias de los padres y madres influyen en gran medida en la percepción y eventualmente decisión de los jóvenes de asumir u oponer resistencia al modelo meritocrático.

Siguiendo a Mac Leod, los casos de Teresa, John y Carolina tienen modelos paternos y/o maternos relativamente poco exitosos, a pesar de su gran esfuerzo por estudiar y/o trabajar, y eso probablemente conlleva a relativizar el discurso del éxito como resultado del esfuerzo personal.

Por otro lado, los casos de Joselyn, Gino, Juan Diego y Marjorie y Paolo muestran trayectorias de padres y madres que han logrado surgir con gran esfuerzo personal, sea a través de la educación (Juan Diego y Marjorie) o de un negocio propio (Joselyn, Gino y Paolo). La mayoría de ellos son migrantes que se sienten satisfechos con sus logros y, en consecuencia, sus hijos se esfuerzan con la convicción de que ello será debidamente recompensado en el futuro, tanto en lo que concierne a reconocimiento como a ingresos.

En este contexto, Paolo tiene una trayectoria disonante con esta hipótesis, pero también con la familia, pues sus hermanas y hermanos (de padre) se han esforzado por estudiar y trabajar. Hay en este caso situaciones de violencia, exclusión y maltrato que lo alejan de la ruta familiar esperada, aunque en su discurso mantiene la idea de que el progreso depende de uno y de que los estudios y el trabajo son los medios para lograrlo.

Por tanto, en este marco, las aspiraciones de los jóvenes estarían fuertemente influidas por las experiencias de los padres y las madres. Benavides (2004) señala que tener padres profesionales influye positivamente en las aspiraciones de los jóvenes de tener una profesión.

Esto parece cierto en los casos analizados, pero habría que añadir un elemento adicional de "éxito". Es decir, tan importante como tener padres profesionales es contar con padres con trayectorias exitosas, entendidas principalmente en términos de solvencia económica y capacidad de consumo.

En ese sentido, los padres profesionales "exitosos", con empleo estable y solvente, tienen una influencia positiva en las trayectorias de sus hijos (Juan Diego, Marjorie, Joselyn). Y, sin embargo, los padres emprendedores, los que tienen un negocio propio, parecen cultivar una cultura del trabajo y del esfuerzo que influye también positivamente en las trayectorias de la siguiente generación (Joselyn, Gino, las hermanas de Paolo). Esta cultura del trabajo y esfuerzo como medio de superación ya fue señalada anteriormente por Merino (1999), y se constata ahora que esta lógica del emprendimiento empata muy bien con el discurso individualista y meritocrático del "nuevo capitalismo" planteado por Sennet (2006).

Por otro lado, las aspiraciones del joven de ejercer una profesión son más débiles si la trayectoria laboral de un padre profesional no es tan exitosa (Carolina). Asimismo, los jóvenes neolimeños de tercera generación, cuyos abuelos migrantes no lograron crear un negocio propio ni tuvieron hijos profesionales, parecen optar por trayectorias alternativas a la educación y el trabajo (Teresa,

John). Finalmente, el caso de Paolo muestra la importancia del cuidado familiar, ya que si bien tiene padres migrantes con trayectorias exitosas (el padre es incluso profesional), su caso está marcado por una historia de rechazo y maltrato —"mi papá todo lo veía pegar, todo era insulto"— que termina por trazar una trayectoria totalmente distinta a la de sus hermanas (de padre).

En este contexto, en los casos de Teresa, John y Paolo (y por momentos en el de Carolina) parece interponerse la "flojera", y se opta entonces por vías de realización más inmediatas: el embarazo temprano, los videojuegos, las drogas o la delincuencia como formas de vida, respectivamente. La flojera en un mundo exigente y competitivo que valora el esfuerzo personal, pero donde al mismo tiempo se busca una inmediata satisfacción, constituye un problema nuevo. Al respecto, siguiendo la perspectiva de Willis (1981), estos jóvenes estarían optando por trayectorias conocidas en las historias familiares que al final terminan por reproducir activamente las situaciones de desigualdad.

El estudio clásico de Willis (1981) cuestionó la idea de la reproducción estructural de las desigualdades, atribuyéndoles más bien un rol activo a los jóvenes en ella. En su investigación, el abandono temprano de la secundaria por los jóvenes ingleses hijos de obreros, es entendido como una práctica activa de resistencia frente a una sociedad inmóvil y desigual, en la que no vale la pena esforzarse por terminar la secundaria (o una educación superior), ya que estos jóvenes solo conseguirán el mismo trabajo que sus padres, es decir, serán también obreros.

En efecto, el elemento de reproducción activa de Willis parece poder aplicarse a algunos de nuestros casos. En el de Teresa, se repite la historia de su hermana mayor y de su madre: las tres quedaron embarazadas en secundaria. Asimismo, el hermano materno de Paolo, de 32 años, que actualmente tiene un taller de carpintería, estuvo también metido en drogas, pandillaje y delincuencia, y actualmente da trabajo a destajo a los pandilleros para que se encarguen del armado de los muebles. Por lo tanto, el trabajo de

Paolo no termina de alejarlo del entorno de riesgo. Por otro lado, aunque John no parece seguir el patrón familiar, algo sucede en la dinámica del hogar, que hace que acabe optando por el consumo de drogas. A su vez, la hermana mayor de John tiene una trayectoria similar a la de Teresa, tiene un hijo, vive con su madre y actualmente no trabaja ni estudia, lo cual refuerza la tendencia familiar.

Los tres casos muestran apuestas activas por opciones de realización más inmediatas y familiares (maternidad para Teresa, delincuencia para Paolo y drogas para John). Estos jóvenes, en la perspectiva de Willis, no son víctimas pasivas de un sistema desigual, sino actores cuyas decisiones contribuyen a reproducir las condiciones de desigualdad preexistentes.

Los casos analizados muestran que las familias apuestan por la educación, pero que los contextos y condiciones varían, así como varía la propia agencia del joven. Al respecto, entre los casos analizados se observa que aquellas familias en las que tanto el padre como la madre apoyan el proyecto educativo, aquellas que tienen trayectorias exitosas y, por tanto, se hallan en una situación económica y emocional más estable, son las que parecen tener mayor éxito en el acceso y logro de la educación superior de sus hijos. Lo contrario, entonces, presupone un horizonte menos promisorio para los jóvenes.

Por tanto, la agencia de padres y jóvenes se da en determinados contextos que constriñen su marco de acción. Hay factores que, sin duda, aumentan la vulnerabilidad de las familias —desempleo, robo, enfermedad, droga, delincuencia— y que terminan por redefinir las aspiraciones.

5. Contrastando trayectorias educativas entre generaciones

La educación entendida como un medio para el progreso y el ascenso social es algo que comparten tanto la generación de los adultos como la de los jóvenes. Sin embargo, esta valoración adquiere distintos matices en cada generación. Así como el esfuerzo de los padres se dirigió a completar la educación básica, la expectativa es que sus hijos accedan a la educación superior e, idealmente, a la universitaria.

Ahora bien, las trayectorias muestran que el anhelo de estudiar no depende solo del interés, sino que supone un gran esfuerzo y una serie de barreras que hay que sortear. Por tanto, en ambas generaciones se aprecia que no siempre es posible alcanzar la ansiada educación. Muchos padres no terminaron su educación básica y varios jóvenes no pudieron tener acceso a la educación superior.

Por otro lado, es evidente que, comparando a los jóvenes con sus padres, los años de escolaridad se han incrementado y, sin embargo, la calidad y el prestigio de la escuela pública han disminuido. Evidencia de este deterioro es la mayoritaria preferencia de los padres por educar a sus hijos en colegios privados. Ello da cuenta de experiencias escolares muy distintas entre los adultos y los jóvenes: mientras que la gran mayoría de jóvenes ha pasado por alguna institución privada durante su escolaridad, ninguno de sus padres tuvo dicha experiencia.

Al respecto, ni en los padres ni en los jóvenes encontramos una reflexión o crítica sobre la situación actual de la escuela pública. Es decir, se reconoce el deterioro (en el caso de los padres) y la baja formación recibida (en el de los jóvenes), pero no se los denuncia y más bien se los acepta como una condición dada. Por tanto, cada uno (individualmente) debe buscar las mejores alternativas y aparece como un sentido común generalizado que la solución es educar a los hijos en escuelas privadas. Y, sin embargo, esto tampoco es siempre posible, principalmente por falta de recursos económicos.

Estos jóvenes (a diferencia de los de los años ochenta) no defienden su derecho a la educación y, por tanto, tampoco el derecho a la gratuidad de una buena enseñanza. La educación aparece más como un servicio y, como tal, debe haber heterogeneidad de oferta y el que pueda pagar más, recibirá una mejor. La situación de desigualdad educativa aparece como naturalizada en el discurso y la práctica de adultos y jóvenes.

Todo ello se enmarca en la actual modernización de la educación, que promueve el utilitarismo y la teoría del capital humano, donde el rol del Estado como proveedor de bienestar disminuye. Así, se privatiza lo público, se impulsa el individualismo y la educación es percibida como un activo individual (Gautier 2012).

En este marco, el discurso del emprendedor parece haber calado hondo en la generación de los jóvenes, que en su gran mayoría sostienen que el logro de cada uno depende de su esfuerzo y perseverancia personales. En este discurso no hay desigualdades, solo falta de esfuerzo y/u oportunidades no aprovechadas.

En efecto, se aprecia en el discurso de algunos jóvenes —aquellos de trayectorias más exitosas— una exaltación del esfuerzo individual que no solo niega los obstáculos que tienen que enfrentar, sino que en ocasiones invisibiliza el gran soporte familiar que hace posible este logro individual. Por el contrario, otros jóvenes —los que han optado por trayectorias más alternativas— están menos dispuestos a esforzarse, aunque también invisibilizan el apoyo familiar que les permite estar en condición de "ninis", es decir, de no estudiar ni trabajar.

Esto guarda similitudes y diferencias con la generación de los padres. Por un lado, en la narrativa de la migración de las familias se aprecia un discurso emprendedor que alude a muchos padres o abuelos que vinieron a Lima y se hicieron "solos". En ese sentido, los adultos comparten con los jóvenes la importancia del esfuerzo personal para lograr las metas, y las historias familiares narran cómo por su propio empeño lograron insertarse social y económicamente en la ciudad. Sin embargo, a diferencia de los jóvenes, hay en la mayoría de las narraciones de los adultos, discursos de organización y apoyo colectivos, de redes familiares y de paisanos que hicieron posible la vida en la ciudad, y que fueron cruciales para lograr las demandas que se plantearon al Estado.

Las experiencias educativas de estos jóvenes son, como es de esperar, muy distintas a las de sus padres y madres. Estas diferencias se explican por los cambios que ocurren en cada generación, pero también por una distinta posición social y económica entre una y otra. Los padres y madres provenían en su mayoría de hogares pobres; los jóvenes, en cambio, pertenecen a una clase media.

A continuación, analizamos el mundo del trabajo, el consumo, el entretenimiento y la política, todo lo cual nos brinda otras pistas para entender la situación del joven, sus aspiraciones y representaciones.

Capítulo 4

Trayectorias laborales: diversas, breves, inestables, flexibles y precarias

La mayoría de los jóvenes analizados ha tenido alguna experiencia laboral. Algunos combinan el trabajo con el estudio y otros solamente trabajan. Entre los que estudian, varios solo han realizado algún cachuelo eventual o prácticas ligadas a su carrera (Juan Diego y Marjorie), mientras que otros trabajan a medio tiempo o a tiempo completo (Joselyn y Gino). Por otro lado, aquellos que no estudian han tenido experiencias diversas, principalmente en trabajos temporales "por campaña" o "por servis" (Carolina, Paolo),[1] aunque también de manera formal y a tiempo completo, es decir, en planilla (Carolina), o a destajo (por producto), en horario flexibles y por periodos cortos (Paolo, John). Si bien

1. Los "servis" (o *services*, por su nombre en inglés) son las empresas de servicios temporales que se promovieron desde los años noventa como parte de las reformas neoliberales (ver la Ley de Productividad y Competitividad Laboral aprobada por decreto supremo 003-97-TR). Sin embargo, debido al generalizado abuso de dichas empresas, principalmente en el recorte de derechos laborales de sus trabajadores, en el 2002 se derogaron los artículos relacionados con las empresas de servicios y se los reemplazó por la ley 27626. Esta norma regula la actividad de las empresas especiales de servicios y de las cooperativas de trabajadores con el objetivo de "cautelar adecuadamente los derechos de los trabajadores" (art. 1).

la gran mayoría ha tenido en algún momento una experiencia laboral temporal, eventual y/o informal o ha apoyado el negocio familiar, también encontramos jóvenes que no trabajan ni estudian, y que tampoco han buscado empleo durante los últimos seis meses (John, Teresa). Pero incluso en este caso, han trabajado alguna vez, aunque sea breve y esporádicamente.

Al respecto, el análisis de la encuesta de movilidad social (EMS) revela que el 48% de los jóvenes urbanos trabaja, el 26% solo estudia, el 22% no trabaja ni estudia, y un 4% se encuentra buscando trabajo. En la ciudad, aquellos que trabajan se desempeñan principalmente como independientes (35%) o como empleados u obreros del sector privado (31% y 19%, respectivamente). Cabe destacar que un 29% de las mujeres urbanas permanece en el hogar, sin estudios ni trabajo remunerado.[2]

La selección de casos refleja esta pluralidad de situaciones en el ámbito del trabajo. En este capítulo se describen las trayectorias de cada uno de los jóvenes y el significado que le atribuyen a su experiencia laboral, las estrategias juveniles para acceder al mercado laboral, y la valoración que le otorgan los jóvenes y sus familias al trabajo. Finalmente, a manera de cierre, se identifican los principales contrastes entre la generación de los jóvenes y la de sus padres, y su relación con la movilidad social y la desigualdad.

1. Experiencias y trayectorias laborales

Las trayectorias laborales de los jóvenes estudiados son diversas y a la vez tienen algunos elementos en común. En ellas recogemos dos tipos de actividades: por un lado, las que representan experiencias relevantes que eventualmente le permiten al joven comenzar una carrera y acceder luego a una mejor ocupación; y por otro, las actividades sueltas que solo suponen una generación de ingresos.

---

2. Para mayor detalle, ver el anexo 2, cuadro 19.

Para la presentación de estas trayectorias, resulta conveniente agrupar a estos jóvenes según su ocupación: los que estudian; los que estudian y trabajan; los que trabajan; y los que no trabajan ni estudian.[3]

1.1 Los jóvenes que estudian

Juan Diego y Marjorie tienen 23 años y muy poca experiencia laboral. El primer y único trabajo de Juan Diego fue como asistente de topografía de un profesor de la universidad; ganó S/. 120 diarios y trabajó cinco días. En cuanto a Marjorie, hace unos años realizó prácticas profesionales sin sueldo, y actualmente trabaja por horas apoyando en la clasificación de libros en una biblioteca. Ninguno de los dos tiene necesidad de trabajar, por tanto, la selección de sus trabajos está en estrecha relación con su carrera, considerando que la experiencia contribuye con su formación y, por qué no, con su currículum. Adicionalmente, Marjorie realiza algunas manualidades que vende entre sus amigas y que le significan un ingreso extra, aunque lo hace principalmente como entretenimiento.

1.2 Los jóvenes que trabajan

Carolina y Paolo tienen trayectorias laborales muy diferentes. Si bien ambos tienen como actividad central el trabajo, Carolina lo realiza de manera formal en Plaza Vea, una cadena de supermercados. Está en planilla y cumple una jornada diaria de ocho horas, seis días a la semana. Paolo, en cambio, trabaja informalmente a destajo en la carpintería de su hermano, a donde suele acudir dos

---

3. Para mayor detalle sobre las trayectorias de los jóvenes y sus padres, ver el anexo 3.

semanas consecutivas, para luego descansar tres. A continuación narramos las trayectorias de cada uno.

Carolina tiene 24 años y nos habla de tres experiencias laborales previas a su trabajo actual, todas ellas de apenas un mes de duración. Como se ha visto en el capítulo anterior, al no ingresar a la universidad, probó distintas actividades (entre otras, quiso aprender inglés), pero finalmente las abandonó para dedicarse exclusivamente a trabajar. Carolina empezó su experiencia laboral trabajando como vendedora en una tienda de ropa en un horario corrido de nueve de la mañana a diez de la noche. Al mes lo dejó porque ganaba muy poco y porque, según nos dice, "no le gustaba" el horario. Luego trabajó un mes "por campaña navideña" en Ripley, una tienda por departamento, a cargo de reponer la decoración por un pago de S/. 600. Si bien le dijeron que iba a continuar trabajando, "nunca más me llamaron". Después pasó a trabajar en un *call center*, pero a fin de mes no recibió pago alguno, por lo cual decidió retirarse;[4] se desentendió del problema, y fue su padre quien fue a reclamar. Luego encontró trabajo en otro *call center*, pero no le gustó el audífono que tenía que usar. Se retiró, entonces, el primer día de trabajo. Finalmente, entró a la cadena de supermercados, en la sección de textiles de uno de sus locales situados en el centro de Lima, en donde trabaja hace un año y medio. Paralelamente, Carolina ayuda haciendo manualidades que su mamá vende en el mercado de Magdalena, y hace poco su mamá la ha animado a vender productos de belleza por catálogos, en donde se gana por comisión. Le sugiere que haga estos cachuelos complementarios para aumentar sus ingresos, la alienta también a que retome sus estudios de inglés, pero Carolina no parece

4. *Call center* es una oficina centralizada dedicada a gestionar un gran volumen de solicitudes por teléfono, especialmente para atender pedidos y/o reclamos de clientes. En muchos casos, las empresas terciarizan el servicio de *call center*, es decir, la atención telefónica del cliente se da a través de los *services*.

entusiasmada con ninguna de estas ideas. Más bien parece triste de no haber podido estudiar en la universidad y este es un tema que menciona frecuentemente durante las visitas.

Con relación a la trayectoria de Carolina, vale la pena destacar la cantidad de veces que ha experimentado situaciones laborales precarias. En primer lugar, el trabajo en la tienda con un horario corrido de 13 horas sin descanso, de donde ella señala que se retiró porque "no le gustó" y porque le pagaban "poquito, porque nunca había trabajado en mi vida en tienda". Su discurso parece avalar tanto el bajo sueldo como el horario explotador y, de cierta forma, implica que habrá otros jóvenes que sí aceptaran estas condiciones. Por tanto, no hay crítica ni sanción a una oferta laboral a todas luces inadecuada. Del mismo modo, respecto del trabajo al cual se dedicó un mes y donde no le pagaron, Carolina considera una pérdida de tiempo reclamar por la falta de sueldo: "A nadie pagaron. Vinieron los del año pasado, que no les habían pagado. Después se llevaron las computadoras, eso vio mi papá". En efecto, ella no tenía un contrato firmado ni nada que probase que había realizado el trabajo, y desde el inicio se resignó a esa situación: "Lo malo es que no me pagaron. Estafaron a todos". En Carolina se advierte cierta apatía y flojera frente a las situaciones laborales abusivas, de las cuales su salida parece ser simplemente retirarse. Sin duda, una situación de dependencia económica le permite tener esta conducta, pero no queda claro si es una actitud de evasión frente al conflicto, de falta de indignación ante una injusticia, o de resignación ante un escenario de desigualdad y maltrato; en otras palabras, para qué reclamar si nada va a cambiar. En resumen, una aceptación del *statu quo*, marcada probablemente por otras experiencias de maltrato —por ejemplo, en el colegio, en donde el reclamo de su madre no tuvo mayor consecuencia.

Por otro lado, Paolo tiene 21 años y menciona cinco experiencias laborales previas a su trabajo actual, todas cachuelos que realizó por días, semanas o a lo más dos meses. Paolo, como se ha visto en el capítulo anterior, abandonó tempranamente la secundaria y se involucró desde los 12 años en pandillas, consumo de drogas y delincuencia. En particular, el robo de autos y casas le suponía obtener grandes sumas de dinero de una manera rápida, que inmediatamente gastaba en drogas, ropa y diversión, y especialmente en salir con chicas, a las que podía impresionar y seducir con su capacidad de consumo. Durante su adolescencia, estas actividades las combinaba con trabajos eventuales de corta duración.

> Claro, entre 14 y 15 años. Ahí empecé con mis cachuelitos. Cuando salía un negocio fuerte, me metía a robar, ahí ya no chambeaba hasta que se me acababa el dinero. Cuando se me acababa el dinero, me metía a joder a mi hermano: "Oe, ¿hay chambita?". Ahí me quedaba un tiempo haciendo limpieza, ya me quedé un tiempo. De ahí, mirando, aprendí a clavar, comencé a clavar. Poco a poquito. De ahí me metí a construcción. Por temporada nomás trabajaba, cualquier chamba. (Paolo)

Paolo nos cuenta también su experiencia como "servis" en una fábrica de concreto donde cargaba bolsas de cemento, un trabajo que solo conservó dos meses. A través de esa experiencia, de la cual nos comenta que ganaba poco, ingresó a la construcción porque ese sector paga mejor: S/. 450 semanales por ocho horas de trabajo diario. Esta ocupación la consiguió con la ayuda de su pareja, que tiene un tío contratista que le dio la oportunidad. Sin embargo, al poco tiempo tuvo problemas y lo echaron: "me iba matado a la chamba y le menté la madre al ingeniero. Me mandó [hacer] muchas cosas que exploté". Luego, las hermanas lo contrataron para que las apoyase en su negocio de artículos para computadoras. Paolo aceptó el trabajo, pero al poco tiempo sus hermanas notaron que les estaba robando y lo despidieron. Actualmente trabaja en el taller de carpintería de su hermano, armando estructuras de muebles a destajo.

> [En el taller de carpintería de mi hermano] yo he chambeado con él parejo. Son dos semanas parejas y de ahí me descanso tres semanas,

dos semanas me descanso [...] Botándome dos juegos, 80 por día, 420 soles. Claro, porque no me mataba, cuando yo iba agarraba dos juegos. Si agarro tres juegos, son 105 soles por día. (Paolo)

Cuando no le alcanza el dinero, recurre a la delincuencia. Por lo general, arrebata carteras o efectos personales a las personas que transitan por su barrio en Villa El Salvador, en la carretera Panamericana o en la vía de Evitamiento. En ocasiones lo llaman cuando se necesita más personas para robar automóviles. En estos negocios ilícitos Paolo logra sacar entre S/. 400 y S/. 500 por vez. Sin embargo, no consigue calcular cuántas veces al mes recurre al robo.

No, no. Cuando me ven, nada más. O si les falta un puntero, me llaman a mí. Ellos saben que yo me he retirado, pero a veces me avisan. Ellos saben que de repente me pica el bicho, así como dicen. (Paolo)

Desde la perspectiva de Paolo, estas opciones ilegales son "cachuelos", y aunque ya se ha "retirado", mantiene las redes y las usa cuando necesita dinero. Estas actividades ilícitas no solo resultan mucho más rentables para él, sino que le atraen por la adrenalina que suponen. Es justamente a eso a lo que se refiere con la expresión "me pica el bicho": la tentación del dinero rápido y de la actividad transgresora. Robar tiene un doble atractivo.

1.3 Los jóvenes que estudian y trabajan

Joselyn y Gino tienen una trayectoria laboral más larga y variada, que se inició desde pequeños ayudando en el negocio familiar. Ambos comenzaron a recibir propinas a partir de la adolescencia, momento en que su apoyo al negocio pasó a ser más regular. La cita a continuación ilustra bien dicho apoyo desde "siempre".

Sí, yo ayudo. Desde chiquita ayudo, cinco añitos. Yo nací ahí. Pero siempre, por ejemplo los domingos, siempre llegábamos al restaurante. No había domingo que no. No podíamos salir. Todos apoyamos. Atendíamos gente y aparte no contratamos ningún personal, todos ayudamos. (Joselyn)

Como se ha señalado, los padres y madres de ambas familias migraron a Lima siendo jóvenes y surgieron principalmente al establecer un negocio en el que toda la familia participa hasta ahora. A continuación presentamos las trayectorias de ambos jóvenes.

Gino tiene 21 años y una trayectoria laboral estable y formal, un trabajo en el que está en planilla desde hace más de un año, que combina con cachuelos menores. Luego de terminar sus estudios técnicos en informática, Gino empezó a trabajar a medio tiempo en Cineplanet, una cadena de cines en su mismo barrio, con un contrato de seis meses, cuatro horas diarias, seis días de la semana. Su horario de trabajo variaba de semana a semana y cada domingo le daban un nuevo rol. Este trabajo era formal, recibía la mitad del sueldo mínimo, estaba en planilla, tenía un seguro y estaba afiliado al Sistema Nacional de Pensiones.[5] Además, la empresa ofrecía a sus trabajadores charlas gratuitas en la universidad privada San Ignacio de Loyola sobre temas relacionados con ventas y sobre cómo incentivar el espíritu emprendedor y empresarial, y también becas parciales para estudiar en la universidad privada César Vallejo.[6] Gino aprovechó para iniciar sus estudios de administración y turismo en esta última institución. Paralelamente a su trabajo formal, realizaba cachuelos, principalmente arreglando computadoras de familiares y vecinos, y de vez en cuando participaba como bailarín en eventos de su grupo de danzas folclóricas, por los que recibía una remuneración menor.

---

5. En junio del 2012, la remuneración mínima vital (RMV) aumentó de S/. 675 a S/. 750, aproximadamente de US$ 247 a US$ 256.

6. Según el ránking de universidades peruanas realizado por América Económica para el 2012, la Universidad Privada San Ignacio de Loyola y la Universidad Privada César Vallejo se encuentran en los puestos 20 y 34, respectivamente. Ambas fueron creadas en la década del noventa en el marco del decreto legislativo 882.

Actualmente, Gino ha sido reconocido y ascendido a tiempo completo en la cadena de cines, luego de pasar por un exigente proceso de selección y capacitación, y se encarga de la proyección de películas. Con ello, ha cumplido la meta que tenía cuando comenzó a estudiar, de trabajar a tiempo completo en esta empresa. Lo ha logrado por su buen desempeño laboral y por su constante y activa participación en las actividades de integración que realiza la empresa —deportes, campamentos y el concurso de baile anual. Además del sueldo mínimo como remuneración fija, ahora recibe una serie de beneficios mensuales, tales como cuatro entradas para ir al cine y dos "combos familiares" a mitad de precio, además de campañas de salud continuas. A pesar de estar a tiempo completo en la empresa, continúa estudiando en la universidad.

La trayectoria laboral de Joselyn es más variada, no solo en número de experiencias, sino sobre todo en los tipos de trabajo que ha realizado, generalmente por periodos de entre seis meses y un año. Desde adolescente apoyaba no solo en el restaurante familiar sino también en la panadería de un tío que le daba una propina diaria de S/. 10. Ella señala que empezó a trabajar fuera del entorno familiar apenas cumplió los 18 años. Sin embargo, antes de esa edad ya había trabajado por tres meses como profesora de educación inicial, con un sueldo de S/. 7 la hora, aunque considera que esa experiencia era solo un cachuelo y no la reporta como parte de su trayectoria laboral.

Por tanto, para ella, su primer trabajo verdadero fue en un coliseo de gallos clandestino, donde estuvo sin el conocimiento de sus padres, que no querían que trabajase. En ese lugar trabajó el primer año de universidad, solo sábados y domingos de once de la mañana a una de la madrugada, para cubrir sus gastos de copias, pasajes y comida en la universidad. Primero empezó como mesera, pero se fue ganando la confianza de la dueña: "a los ocho meses, ya hacía de todo. Ayudaba en cocina, terminaba al toque y me iba a caja y atendía". Era un trabajo donde ganaba mucho, pero también muy riesgoso. A diferencia de Paolo, Joselyn no se identificaba con este ambiente y luego de un tiempo lo dejó.

> En pago, si yo fuera interesada, preferiría el coliseo. *Igual lo he puesto en mi currículo*, pero no es lo que quiero, la gente no me enseña ni yo enseñaba a la gente, todos eran toscos, había narcos, había de todo [...] Al final, allá, si hubiera sido más movida, me hubiera conducido a la droga, creo yo. Hay varias chicas así, se meten con varios. Hasta te ofrecen. (Joselyn)

Después de ese trabajo empezó a trabajar en la oficina de un ingeniero allegado a su familia. Para ese entonces ya había postulado a la cadena de cines, pero lo pospuso para aprender de esta nueva experiencia. Según nos cuenta, es ahí donde aprendió mucho sobre la organización, la clasificación de documentos y la utilización de software especializados.

> En el coliseo ganaba más que donde el ingeniero y acá [la cadena de cines]. Solo que era un trabajo informal. Eso es lo que yo quería probar. Era muy distinto. Es distinto un coliseo clandestino, se podría decir, a Cineplanet, que es una empresa capitalista. Pero las dos al final tienen fin lucrativo. (Joselyn)

En enero del 2012, comenzó a trabajar a medio tiempo en la cadena de cines de su distrito, con las mismas condiciones laborales que describe Gino. A pesar de que la paga era menor, quería tener la experiencia de trabajo en una cadena de servicios formal. Además de por el reconocido nombre de la empresa, Joselyn se sentía motivada por los buenos comentarios que encontró sobre este empleador al hacer una búsqueda por internet. Joselyn utiliza la estrategia de buscar a todos sus posibles empleadores por internet en busca de referencias, antes de aceptar un trabajo. Durante el tiempo que permaneció en este trabajo, dejó de ayudar durante la semana en el restaurante, pero dedicaba sus domingos enteros a esta tarea.

Sin embargo, sus padres consideraban que ese no era un trabajo sino solo un entretenimiento. Joselyn disfrutaba mucho de él porque trabajaba con gente joven, en un ambiente agradable, con beneficios ligados al entretenimiento. Como comenta, "es bonito, yo no siento que trabajo, siento que me divierto". Joselyn, al igual que Gino, era una entusiasta colaboradora de las actividades que organizaba la empresa para sus empleados, como el "Bailando" o los juegos deportivos. La disposición de Joselyn a participar en actividades se repite en otros espacios: también se ha involucrado en las actividades extracurriculares de su universidad y como personera en las elecciones, y sigue la lógica de aprovechar estas experiencias como parte de un aprendizaje. De esta manera, Joselyn va copando su tiempo libre.

En la última visita, Joselyn nos cuenta que permaneció en la cadena de cines durante un año, que durante el verano abrió una juguería en el restaurante de su mamá, y que luego comenzó a trabajar en una agencia de viajes, como coordinadora de paquetes turísticos. Este trabajo le permitió viajar por varios lugares del país, como Puno y Cusco. Sin embargo, meses más tarde tuvo que renunciar, porque su jefe no le estaba pagando el monto pactado y tampoco reembolsaba los gastos de pasajes y gestiones extraordinarias por el trabajo, que Joselyn terminó financiando con su propio dinero. A pesar de ello, Joselyn sigue agradecida con su antiguo jefe por haberle dado la oportunidad de trabajar en algo relacionado con su carrera y aprender muchas cosas nuevas sobre turismo. Sin embargo, reconoce que "tiene que tomar otro camino". Actualmente está buscando trabajo. Entre sus opciones está postular a una cadena de comida rápida —perteneciente al mismo grupo empresarial de la cadena de cines donde trabajó anteriormente—, que en su opinión, es un buen empleador y tiene un excelente servicio al cliente. Además, quiere seguir con la juguería que abrió en el restaurante de su mamá, pues ha tenido una muy buena acogida.

1.4 Los jóvenes que no trabajan ni estudian

La trayectoria laboral de Teresa y John es esporádica. En ambos casos, se trata principalmente de cachuelos orientados a la inmediata generación de ingresos, sin importar mucho la tarea. Además, la mayoría de sus experiencias laborales responden a iniciativas planteadas por el padre, en el caso de John, y por la madre, en el de Teresa. Actualmente ninguno de los dos trabaja.

John, que tiene 18 años, cuenta tres experiencias de trabajo conseguidas por su padre, todas de menos de un mes de duración, y varios cachuelos obtenidos por iniciativa propia, que suponen un pago por día. Teresa, de 24 años, comenta tres trabajos alentados por su madre y uno por su hermana, por periodos cortos, con excepción del lavado de ropa, que parece ser una actividad que mantuvo durante el tiempo en que vivía con su madre. A continuación narramos sus trayectorias.

La primera experiencia de trabajo de John fue durante la secundaria, cuando su padre le encargó atender el negocio de cabinas de internet que había inaugurado en el segundo piso de la casa. Sin permiso del padre, John faltaba al colegio para quedarse jugando en las cabinas. Cuando su padre lo descubrió, contrató a un primo para que se encargase del negocio y le prohibió a su hijo usar las cabinas.

> Mi papá puso un internet acá arriba para que yo lo atienda en primero de secundaria y mi papá se iba a las cinco de la mañana y yo no iba al colegio y me quedaba en el internet desde las cinco de la mañana hasta la una de la madrugada. Llegué hasta un mes que no he ido al colegio. (John)

Luego, cuando terminó el colegio, al ver que John salía todos los días con sus amigos del barrio, su padre le propuso trabajar como su ayudante en la construcción. El padre quería que John aprendiese un oficio para que consiguiera un trabajo de medio tiempo mientras se preparaba para ingresar a la universidad. Durante un par de semanas, John acompañó a su padre para aprender el oficio de albañil, por lo que recibía una propina. John narra esta experiencia como injusta: "No me pagaba, mi papá me compraba mi ropa y yo le pedía que me suelte algo por ahí. Me daba diez soles. Me explotaba también". Al poco tiempo, rehusó a seguir yendo a trabajar, aduciendo que quería estudiar, una idea que su madre apoyó. Sin embargo, como ya se ha dicho, John no acudía a los centros en los que era matriculado. Finalmente, su padre lo envió a Huánuco con su abuela para alejarlo de las drogas, en donde le consiguieron un trabajo como ayudante de un chifa. Sin embargo, John renunció al poco tiempo porque la paga le pareció insuficiente:

> Me dio treinta [soles] y me dijo que regresara más tarde para completar, y yo me molesté. Ahí en Huánuco, el menú está a un sol cincuenta, por eso creo que el sueldo es así. De ahí de Huánuco sale todo: los minerales, las frutas, el trigo. No pagan por el transporte ni IGV, por eso está cómodo, *pero la ropa, ¿cómo me la iba a comprar? Eso no alcanza*. (John)

La expresión de reclamo y preocupación frente al sueldo, "eso no alcanza", refleja su alta demanda de consumo, en la que la ropa ocupa un lugar central.[7] A pesar de que John recibía el apoyo económico de sus padres, buscaba trabajos esporádicos para poder gastar dinero en las salidas con sus amigos, en drogas y ropa. Sus experiencias de trabajo eran tan variadas como sacar el desmonte en algunas casas en construcción por su barrio o ir al parque industrial para trabajar como soldador por el día. Sin embargo, la mayoría de sus ingresos se los proveía regularmente su madre, quien pensaba que lo estaba apoyando en sus estudios.

---

7. La cultura del consumo será materia de análisis en el capítulo 5.

Las experiencias laborales de Teresa se inician al terminar la secundaria y por iniciativa materna. La primera fue un negocio de distribución de golosinas que abrió su madre junto con su suegra en Villa El Salvador, y que encargó a Teresa y a su hermana un par de años menor. Teresa tenía 18 años y acababa de dar a luz a su primera hija. Ella se encargaba del negocio, mientras que su madre cuidaba a la bebé. Teresa y su hermana, sin mayor supervisión, llevaron el negocio a la quiebra, ya que no llegaban a tiempo para atender a los proveedores, cerraban el local si les provocaba salir, no pagaban el alquiler y se gastaban el dinero de las ventas comprando licor para ir a beber con los nuevos amigos que hicieron en el barrio. Fue en este contexto que Teresa conoció a su actual pareja y se fue a vivir con él cuando quedó nuevamente embarazada.

Luego del nacimiento de su segunda hija, regresó a casa de su madre, y por recomendación suya empezó a lavar ropa a familiares y vecinos para ganar algo de dinero, actividad que realizó más o menos permanentemente mientras vivía ahí. Más adelante, su madre le consiguió trabajo cuidando a una persona mayor, lo que Teresa dejó luego de dos meses "porque la abuelita era bastante renegona". Después, Teresa empezó a vender productos de belleza por catálogo, pero tuvo que dejarlo porque terminó endeudada comprándose el maquillaje y accesorios que supuestamente debía vender. Actualmente ha dejado la casa de su madre, vive en un módulo prefabricado en una invasión en las afueras de Lima, desprovista de servicios básicos, y se dedica al cuidado de su casa y sus hijos.

***

En resumen, los ocho casos muestran una variada gama de experiencias laborales, con una gran predominancia de trabajos precarios. Hemos observado que los trabajos se caracterizan por ser sobre todo informales, en algunas ocasiones mejor pagados que en otras, o por durar periodos muy cortos en los que a veces no se respetan los acuerdos pactados (Joselyn, John) o incluso no se paga (Carolina). Los trabajos formales son una minoría y se aprecian, pero tienen la gran desventaja de ofrecer un sueldo muy bajo. Por otro lado, no menores ni menos atractivas son las opciones de trabajo ilegales que están muy al alcance de los jóvenes (Paolo, Joselyn, pareja de Teresa). Finalmente, en la mayoría de los casos se aprecia un enorme esfuerzo familiar para proveer de trabajo a los hijos (John, Teresa, Joselyn, Gino, Carolina).

En el Perú, la precariedad parece ser una característica constante de la oferta laboral para jóvenes. Como señala Chacaltana, antes eso era considerado algo temporal, propio de "la etapa de la juventud", y ya siendo adulto se accedía a mejores condiciones de trabajo (Chacaltana 2006: 138). Hoy, sin embargo, el mercado laboral se ha precarizado en general y muchos jóvenes ven que sus padres y madres también tienen trabajos precarios. En la mayoría de los casos estudiados, los padres y las madres perciben muy bajos salarios y tienen que recurrir a actividades complementarias para poder solventar sus gastos; asimismo, varios trabajan en un marco de restringidos derechos laborales o como trabajadores familiares no remunerados.

Los marcos legales que propiciaron la flexibilización del trabajo —instituidos en los años noventa como parte de la política de ajuste neoliberal de la época de crisis— se han institucionalizado con el pasar de los años, y a pesar de haber tenido el país un largo y sostenido periodo de crecimiento económico, los salarios y condiciones laborales parecen haberse estancado.[8] Ejemplo de esta forma de entender el trabajo y la productividad fue la propuesta de ley de un régimen laboral juvenil, la llamada "Ley Pulpín", mediante la cual se creó un régimen especial para promover

8. Aquí hacemos referencia a la Ley de Productividad y Competitividad Laboral, aprobada por decreto supremo 003-97-TR.

el empleo formal de jóvenes de entre 18 y 24 años. En esta norma, el incentivo principal se dirigía a los empleadores, para quienes el contrato formal de jóvenes en ese rango de edad suponía menos costos laborales; para los jóvenes, el estímulo era tener un trabajo formal —al que muchos no acceden—, pero con menos derechos laborales que el resto de trabajadores formales. En otras palabras, la propuesta buscaba formalizar el trabajo juvenil a medias. Esta idea refleja un modo imperante de entender los derechos laborales como "costos"; por tanto, en este esquema, es aceptable proponer su reducción.[9]

Por un lado, pocos jóvenes cuentan con una oferta de empleo formal que cumpla los requisitos de ley. En ese caso, los sueldos suelen ser muy bajos y los derechos laborales restringidos (en horarios, en la periodicidad del contrato, en cuanto a derechos sindicales, etc.). Por otro lado, la creciente y heterogénea oferta de empleo informal o subempleo (más flexible, inestable y por cortos periodos) suele estar mejor remunerada, aunque desprovista de derechos laborales. Y esto último no es algo temporal sino que son las condiciones de trabajo predominantes (Rentería 2015).

En este contexto, las actividades ilegales pueden cobrar relevancia como fuente de ingresos. A través de los casos analizados hemos podido acceder a experiencias de negocios clandestinos, vinculados con la circulación de droga y/o la delincuencia. Este es un sector creciente poco estudiado y que puede ser muy atractivo para los jóvenes. Para estas experiencias no se necesita preparación y, si bien son inseguras y muy riesgosas, por lo general suponen un ingreso considerablemente mayor que el de los empleos formales o informales. En una conversación, la propia Teresa comenta el robo como una posible fuente de ingresos, si bien no legítima, sí disponible, lo que demuestra que forma parte de la "oferta de

---

9. La ley 30288 fue promulgada el 16 de diciembre del 2014, y a raíz de las masivas protestas juveniles que provocó, fue derogada el 26 de enero del 2015.

trabajo" existente. La pareja de Teresa tiene un perfil parecido al de Paolo; siendo joven, ha estado también en algún momento ligado a actividades delincuenciales. Por experiencia propia, entonces, Teresa sabe que la delincuencia es una potencial fuente de ingresos, aunque reconoce sus riesgos.

> Para poder progresar tienes que trabajar, pues, lo único. No, *o robar* [risas] [E: También es otro medio (risas)] También es otro medio [risas], pero, no pues, *quién va a querer hacer eso*. Lo único, trabajar, estudiar. [E: Y, ¿otra forma?, ¿robar? (risas)] Claro [risas]. [E: Pero ¿tú has visto a esa gente que tiene ese medio de progreso?] Pero no, porque *nunca puedes vivir tranquila*. Tienes que vivir metida en tu casa, por si alguien te reconoce.

Por otro lado, comentando sus experiencias laborales, Joselyn reconoce la diferencia entre un negocio clandestino y uno formal, como el de la cadena de cines. Sin embargo, concluye que "los dos al final tienen fin lucrativo", igualando el objetivo de ambos negocios y, por tanto, validando ambas experiencias como parte de su trayectoria laboral e incluyéndolas en su currículum.

Finalmente, se aprecian pequeños emprendimientos familiares con el fin de generar un trabajo para los hijos (el negocio de la cabina de internet del papá de John; la bodega de la mamá de Teresa; la venta de cosméticos por catálogo de Carolina y Teresa); trabajos en negocios familiares ya establecidos (la panadería del tío de Joselyn y el restaurante familiar; la vidriería de la familia de Gino; la venta de artesanías de Carolina; la carpintería del hermano de Paolo); y ocupaciones para los jóvenes como aprendices de los oficios comunes en la familia (albañil, artesano, carpintero, mesera, cocinera, lavandera). Es decir, hay una gran oferta familiar de autoempleo para jóvenes, que enseña y propone oportunidades laborales a partir de las experiencias —el capital social— de padres y madres.

Por tanto, las trayectorias de los casos muestran una amplia heterogeneidad de actividades y, a la vez, una precaria oferta laboral para jóvenes. Es decir, una gran movilidad ocupacional, pero una escasa movilidad de ingresos, principalmente porque los jóvenes, al cambiar de actividad constantemente, "vuelven a empezar de cero", y la falta de experiencia justifica el sueldo bajo (Chacaltana 2006: 153). En ese sentido, se confirma lo que Chacaltana señala acerca de que la movilidad ocupacional permite aprendizajes, pero tiene un límite, y que los jóvenes que no consiguen un buen trabajo continuarán en la adultez rotando en trabajos temporales.

La gran mayoría de los casos estudiados tiene trabajos temporales de muy diverso tipo. Solo Gino y Carolina parecen haber logrado una cierta estabilidad, ya que han permanecido en una misma empresa por más de un año; Gino, en especial, ha ido escalando y haciendo carrera en ella. No obstante, habrá que ver qué sucederá luego de que termine el periodo máximo de contrato a plazo fijo.[10]

En resumen, las trayectorias descritas nos muestran escenarios laborales distintos, en donde el trabajo cobra un rol diferente según cual sea la ocupación principal del joven.

Los jóvenes cuya actividad principal es el estudio tienen poca experiencia laboral y muy selectiva. Buscan principalmente que el trabajo contribuya a su desarrollo profesional; el trabajo, entonces, es en este caso entendido como parte de su formación y el ingreso que se obtiene —de haberlo— es para el consumo personal.

En cambio, los jóvenes que estudian y trabajan son más versátiles con sus prácticas laborales y, por tanto, sus experiencias son más variadas y cambiantes. Gino comienza a hacer carrera en el trabajo y el estudio pasa a un segundo plano; Joselyn, conforme va

---

10. Los contratos en el Perú son de dos tipos: temporales (a plazo fijo) e indeterminados. La diferencia entre ambos está en los derechos laborales que los asisten, principalmente el de no despido intempestivo y la indemnización correspondiente. Los contratos a plazo fijo están normados por los artículos 53 al 59 del decreto supremo 003-97-TR, y el periodo máximo bajo esta modalidad (de tres a cinco años) está normado según el tipo de labor que realiza el trabajador.

avanzando en su carrera, busca que sus experiencias laborales se vinculen más con ella. En ambos casos, el ingreso que perciben se destina también principalmente al consumo personal.

Por otro lado, los jóvenes que solo trabajan muestran dos escenarios laborales muy distintos: uno de empleo formal y el otro informal. Todos permanecen en su trabajo un periodo relativamente largo, de más de seis meses y, sin embargo, la ocupación que eligen —más allá de ser fuente de ingresos— no parece brindarles mayor satisfacción. Para Carolina es claramente una opción de segunda —frente a su sueño de estudiar historia—, y para Paolo es una opción para replantear su vida y dejar atrás la delincuencia, aunque su lugar de trabajo supone el contacto diario con jóvenes delincuentes y miembros de pandillas. En ambos casos, el ingreso se dedica principalmente al consumo personal, aunque Paolo tiene responsabilidades como padre que, como se ha señalado, son principalmente cubiertas por su madre.

Finalmente, los jóvenes que no estudian ni trabajan, sí realizan en realidad trabajos esporádicos, cuyo único fin es obtener ingresos. No hay en estas tareas satisfacción ni orgullo, más allá de lo que se gana, y los ingresos que se derivan de ellas también se destinan al consumo personal: John es dependiente de su familia y Teresa lo es de su pareja y, además, recibe un gran apoyo de su madre.

A continuación se analizan las experiencias laborales desde el punto de vista de los jóvenes.

2. Percepciones y aspiraciones con relación al empleo

En la sección anterior se han presentado los distintos trabajos que realizan los jóvenes. Ahora bien, en su opinión, las principales estrategias para conseguir empleo son las redes familiares y de amigos, aunque varios mencionan también a internet como un recurso frecuentemente usado para acceder a información laboral. Esto guarda relación con lo encontrado en la EMS, donde los jóvenes señalan que obtuvieron sus trabajos sobre todo a través de relaciones familiares o cercanas al hogar.[11]

El uso de internet se da a través de páginas especializadas, tales como "computrabajo.pe", que ofrecen una diversidad de opciones laborales, o de la visita directa a las páginas web de las empresas de su interés. Esta es sin duda una herramienta igualadora que quiebra los patrones tradicionales de reclutamiento de personal —antes determinado casi exclusivamente por redes personales—, permitiendo el acceso a todos aquellos que frecuenten las respectivas páginas. Sin embargo, esta apertura es parcial, porque son solo los puestos más bajos los que se ofrecen en estos espacios.

Asimismo, el acceso a internet permite conocer las características del empleador a través de los comentarios que realizan los empleados o exempleados en la web.

> [E: Y ¿cómo te enteraste de esos trabajos, cómo los encontrabas?] Ah, por internet. Yo quería en Chillis, una vez fui a comer ahí y su atención me encantó. Una amiga trabajó en el Chillis y me prestó su libro de cómo trabajan ahí y es bonito, interactúan bien con el cliente. Pero, ya pues, no me llamaron de ahí ni en KFC. (Joselyn)

En cualquier caso, y para cualquier puesto, los jóvenes destacan la importancia de tener un buen currículum vitae, lo cual se vuelve una barrera cuando no hay experiencias previas que señalar. Teresa comenta que se siente insegura de presentarse a un puesto de vigilancia "porque no tiene un buen cevé". Asimismo, Marjorie dice que la primera vez que postuló a un trabajo enviando su "cevé" no tenía experiencia, y piensa que por eso nunca le respondieron: "seguro dio vergüenza". Por el contrario, otros jóvenes van seleccionando sus actividades laborales en función de su currículum, con miras a conseguir un trabajo especializado: "Ya cuando acabe este ciclo, si Dios quiere en este mes, en agosto, voy a llevar

11. Para mayor detalle, ver el anexo 2, cuadro 22.

un curso de computadora, que se llama GIS. Ya con eso mando mi cevé" (Juan Diego). La mayoría, por tanto, reconoce la necesidad de tener un buen curriculum vitae y algunos están construyendo consciente y estratégicamente una trayectoria laboral coherente.

> [E: Y ellos, ¿cómo consiguieron sus trabajos?] Mi hermano, creo que volanteando sus curriculums y mi hermana, también. Si no ha sido por ahí, de repente porque algunos amigos los han jalado, algo así. Eso se ve bastante, que se ayudan, ¿no? (Juan Diego)

Los jóvenes entienden sus variadas experiencias laborales como una oportunidad de aprendizaje (Gino, Joselyn, Marjorie, Juan Diego) o simplemente como una fuente de ingreso (Carolina, Paolo, Teresa, John), pero no se aprecia mayor reflexión sobre las características de la oferta de trabajo ni mucho menos sobre las precarias condiciones laborales a las que están expuestos.

Joselyn muestra un conocimiento de la cultura de organización de la empresa donde trabaja, en la que parece que los jóvenes forman parte de un grupo social que resulta atractivo para contratar porque son "súper activos" y se mueven de un empleo a otro:

> Claro, es que a ellos les conviene que tú renuncies, porque, si te cesan, deben pagarte más [...] Pero su mecanismo [de la empresa] es contratar jóvenes, que están súperactivos, el capitalismo es así. (Joselyn)

Es decir, los jóvenes en búsqueda de experiencias laborales trabajan un tiempo en una actividad y luego cambian de trabajo, lo cual resulta beneficioso para quienes contratan: "les conviene que tú renuncies". En efecto, en el contexto actual, por la gran movilidad ocupacional descrita, contratar a los jóvenes parecer ser más conveniente. Por un lado, su inexperiencia permite una remuneración menor y, por otro, si no les gusta el trabajo, suelen simplemente retirarse en busca de otro (como vimos en los casos de Paolo, John y Teresa), en ocasiones, incluso sin reclamar el sueldo

(Carolina y Joselyn). En palabras de Sennett, en el actual mercado laboral los jóvenes son trabajadores "más baratos y menos problemáticos" (2006: 646).

Joselyn se muestra informada de las condiciones laborales, pero no las critica. Más bien, parece aceptarlas como una realidad dada: "el capitalismo es así". Por tanto, estos jóvenes —al igual que los que activamente se desvinculan de la escuela— no son víctimas. Para el mercado laboral, ellos forman parte activa del sistema y tienen un interés en él (Sennett 2006).

En algunos casos, inclusive se naturaliza la relación laboral, en la que el trabajador tiene poco espacio para el reclamo, y se enfatiza mucho el discurso emprendedor, en el que el esfuerzo individual se reconoce como prioritario para el éxito, más allá de las condicionales laborales, familiares o socioeconómicas. En ese sentido, se valora el trabajo por la experiencia adquirida, y no tanto por el sueldo, lo cual está estrechamente vinculado con una situación de dependencia. Un ejemplo de ello es el de Joselyn y su trabajo en la agencia de viajes, del que se siente "agradecida" por la oportunidad, aun si le pagaron menos de lo acordado y tuvo que cubrir ella misma los gastos de estadía de sus viajes de trabajo.

En efecto, dado que la oferta formal es escasa, los trabajos que suponen un contrato y beneficios laborales parecen un lujo y, por tanto, no son percibidos como precarios, a pesar de los horarios, las condiciones laborales y los sueldos poco apropiados. Sin embargo, para los jóvenes que solo aspiran a tener un ingreso temporal, el trabajo formal es una camisa de fuerza; ellos prefieren experiencias más cortas sin mayores ataduras. Estos jóvenes, paradójicamente, son más críticos con respecto al pago y las condiciones de trabajo, y/o están menos dispuestos a esforzarse si no reciben un sueldo adecuado. Ejemplo de ello son Paolo y John —el primero renunció a su trabajo en la contructora porque consideraba que lo estaban explotando, y el segundo dejó el trabajo en un restaurante y de albañil por considerar que no estaba recibiendo una paga justa.

Analizando las tradiciones laborales en las familias, se observa que los jóvenes no planean continuar con el oficio familiar. Algunos, como Gino y Joselyn, señalan querer hacer innovaciones en el negocio familiar (vidriería y restaurante, respectivamente) y convertirlo en una cadena, siguiendo la lógica del discurso empresarial, pero no se proyectan a cargo del negocio sino que tienen otros planes vinculados a sus estudios. De todas maneras, llevan el aprendizaje de la universidad o de su experiencia laboral al negocio y lo comparten con sus padres, como nos cuenta a continuación Joselyn.

> Ya más o menos le estoy explicando a ella para que me entienda, porque ella siempre ha comprado y comprado y da a los clientes; pero nunca ha sacado su ganancia líquida. Eso es malo, eso no es empresa. Y ya más o menos le estoy enseñando, pero es cuestión de mente de equipo, porque mis hermanos no se prestan para eso. No les gusta el negocio. (Joselyn)

En el caso de Paolo, si bien no ha continuado con el negocio familiar de las farmacias, una de sus hermanas sí conserva una de las que el padre compró. Aun así, el principal negocio de las hermanas es el suministro de artículos de cómputo.

En el caso de Teresa, ella reconoce que en su familia, la tradición es que las mujeres trabajen en labores domésticas. Si bien ella no planea seguir este ejemplo, hasta el momento su principal y más estable fuente de ingresos ha provenido exclusivamente de este tipo de labores.

Por otro lado, la mayoría de jóvenes alude a un familiar al cual admiran, cuya vida y trayectoria reflejan las aspiraciones de estos jóvenes. Los casos analizados se pueden organizar en dos grupos. Por un lado están Teresa y John, quienes destacan a sus abuelas (materna y paterna, respectivamente), que migraron jóvenes del campo a la ciudad y que, a pesar de no haber terminado el colegio, lograron sostener a sus familias en situaciones económicas muy difíciles. Por otro lado figuran Joselyn, Gino, Carolina, Paolo,

Marjorie y Juan Diego, cuyas admiraciones van hacia familiares —la mayoría adultos jóvenes— que ellos consideran han tenido éxito económico, sobre la base de una buena trayectoria laboral luego de terminar sus estudios.

Para Teresa, la admiración por la abuela es principalmente afectiva y de identificación. Su abuela materna no solo la crió, sino que al igual que ella salió embarazada siendo joven y tuvo que hacerse cargo de su familia. Teresa quiere independizarse, tal como lo hizo su abuela, tener un espacio propio para vivir con su pareja e hijos. En la última visita nos cuenta que se ha mudado a una invasión en Punta Hermosa, en donde vive sin luz, agua, ni desagüe, pero de manera independiente con su pareja y dos de sus hijos. En este caso, Teresa ha cumplido su meta de independizarse —aunque en condiciones muy precarias—, lo que es claramente prioritario para ella.

Del mismo modo, para John su abuela paterna es ejemplo de gran lucha, porque ella sacó adelante a su familia sola. John valora mucho, al menos en el discurso, lo logrado por su abuela, y reconoce las grandes dificultades que sorteó. Actualmente, en el centro de rehabilitación, se está planteando nuevas metas ligadas al estudio. Hace poco nos habló de estudiar sicología para ayudar a los adictos a dejar las drogas.

En ambos casos, las abuelas, que migraron jóvenes del campo a la capital, no completaron su educación básica, pero eso no las detuvo en su afán de conseguir un espacio donde vivir y criar a sus hijos. Quizás por ello estos jóvenes, que no han seguido estudios superiores, abrigan la esperanza de que sin educación también es posible progresar. Estas mujeres son sus modelos y las admiran, pero hay una enorme distancia entre la generación de las abuelas y la de los nietos. Los herederos de estas abuelas conquistadoras son dependientes de sus padres, tienen altas expectativas de vida y de consumo, pero poca propensión al trabajo.

En el segundo grupo, la persona que más admira Joselyn es una tía que se desempeña como trabajadora social para una gran empresa, que tiene un buen sueldo y que suele viajar a distintas partes del mundo como parte del trabajo. En el caso de Gino, a quien admira es a su hermana mayor, quien trabaja como administrativa en un banco y que con su sueldo y el acceso a un crédito ha podido ampliar y mejorar la casa familiar y comprar dos autos que usa para hacer taxi. Igualmente, Carolina siente admiración por su hermana mayor, que estudió electrónica y trabaja en una distribuidora de electrodomésticos, sobre todo por su capacidad de consumo. Por su parte, Paolo considera con estima especial a sus hermanas, que trabajaron para pagar sus estudios y que actualmente han accedido a ciertos bienes que él aprecia mucho (entre ellos, un carro propio) y están buscando comprar sus departamentos en "mejores distritos". En el caso de Juan Diego, es a su hermano a quien admira, pues trabaja en una empresa transnacional con un buen sueldo. Para Marjorie, la persona especial es su padre, principalmente por su desarrollo intelectual y político, una trayectoria que ella también quiere seguir.

Por tanto, todos los referentes destacados por este grupo (Joselyn, Gino, Carolina, Paolo, Juan Diego y Marjorie) han accedido a la educación superior, tienen un buen trabajo, un buen sueldo, y poseen un alto nivel de consumo. En realidad, esto último es lo que los jóvenes valoran —a excepción de Marjorie, que se diferencia del resto en tanto no considera el éxito en función del ingreso y el nivel de consumo sino que apuesta por valores de compromiso social. En el capítulo 5 acerca de la cultura de consumo se verá más claramente la importancia de este aspecto para los jóvenes estudiados.

Con relación a sus metas laborales, la mayoría se proyecta como independiente (John, Joselyn, Gino, Carolina y Paolo), con su negocio propio, lo que supone también ser "su propio jefe". Por el contrario, Teresa, Juan Diego y Marjorie prefieren un trabajo seguro en una empresa o institución. En este último caso, cada uno desde sus distintas trayectorias se imagina en puestos como cajera de supermercado (Teresa), empleado de una gran compañía transnacional (Juan Diego), o en un cargo directivo en una universidad o en una institución pública (Marjorie).

Se observa, entonces, que las aspiraciones laborales de los jóvenes suelen estar ancladas a sus trayectorias educativas; por tanto, a mayor educación, mayor expectativa laboral y viceversa. Sin embargo, el valor que se le otorga a la educación y el discurso emprendedor son tan fuertes que, en ocasiones, se identifica un fuerte desencuentro —al menos discursivo— entre la realidad y los anhelos de los jóvenes. Esto es principalmente notorio en los casos de Paolo y John, cuyas palabras reproducimos a continuación, y en las que se percibe que sus trayectorias no se condicen con sus proyectos de vida como profesionales.

> [E: ¿Cómo te ves tú en diez años?] Me veo teniendo mi carro, mi empresa, mis cosas y teniendo mi casita [...] Ese es mi pensamiento. Tener mi negocio me va a dar plata, pero yo quiero que solo mis trabajadores hagan los muebles. Yo quiero *tener mi estudio avanzado* y trabajar aparte. (Paolo)
>
> Me gustaría tener hijos a los 25 ó 26, pero se me hace corto el tiempo. No sé si me alcance. Son siete años, depende de cómo se den las cosas. Yo espero ya ser *profesional*. (John)

Asimismo, se aprecia que las experiencias familiares tienen una gran influencia en los jóvenes. Los hijos e hijas de migrantes suelen proyectarse en emprendimientos propios, abriendo negocios y, en general, siendo sus "propios jefes" (John, Joselyn, Gino, Carolina, Paolo), mientras que otros, como reflejo de las trayectorias de sus familiares, prefieren trabajos más dependientes de bajo rango (Teresa), de alcance internacional (Juan Diego), o se imaginan desempeñándose en los espacios laborales que más conocen (Marjorie planea trabajar en una universidad, como su padre, o en la gestión municipal, como su madre).

La precariedad de los trabajos de los jóvenes es indudable y, sin embargo, es preciso analizar estas diversas experiencias laborales desde el punto de vista de los jóvenes, del contexto de los casos estudiados y de las posibilidades que estas prácticas suponen para ellos.

Para estos jóvenes limeños, la generación de ingresos es una actividad complementaria para cubrir necesidades de consumo juvenil —como comer en el "Chillis", comprar ropa de marca o incluso adquirir drogas—, y así acceder a recursos propios de las clases medias, tener internet y ser parte de la globalización.[12] Como dice Sennet, después de todo, "la libertad de poseer es un tipo de libertad" (2006: 105).

Estos trabajos cortos y diversos les permiten también probar y cambiar de actividades y de esta manera aprender y desarrollar habilidades que sus padres no pudieron adquirir. La diversidad de experiencias es una fuente de recursos para su proceso de inclusión en el mercado laboral, también cambiante y diverso, que eventualmente, como en el caso de Gino, puede llevar a un puesto estable después de cierto tiempo.

En ese sentido, tener 20 años y ser dependiente, estudiar y/o trabajar para poder divertirse, es una situación "ascendente" respecto de la situación de sus padres, que a la misma edad que ellos eran empleados domésticos u obreros a tiempo completo, con un ingreso del que dependía su subsistencia.

Por otro lado, es preciso señalar que la situación de los jóvenes "independientes" analizados es muy vulnerable (Paolo y Teresa), pues acceden a los mismos trabajos precarios que sus padres, con los cuales es muy difícil subsistir y mantener a una familia. En ese sentido, la oferta laboral para estos jóvenes no ofrece un panorama prometedor sino descendente.

Por tanto, son otros tiempos. Hay una oferta laboral más variada, aunque precaria —que es muy valorada por los jóvenes porque,

12. Se agradece los comentarios de Sandro Macassi sobre este punto, que permitieron problematizar la mirada del trabajo precario.

por un lado, les permite consumir los bienes deseados y, por otro, contribuye a su proceso de aprendizaje y versatilidad en un mundo laboral cada vez más cambiante—, que en realidad ofrece muy pocas oportunidades para independizarse.

Y, sin embargo, es el discurso "emprendedor" el que ha calado con fuerza en los jóvenes, negando desigualdades, discriminaciones o exclusiones. Incluso aquellos cuyas trayectorias se han alejado del trabajo y el estudio sostienen que "todo depende de uno", es decir, del esfuerzo propio. En palabras de John: "No hay excusas para no salir adelante, uno solo se hace".

Asimismo, Gino nos comenta lo claramente convencido que estaba de obtener el trabajo a tiempo completo en Cineplanet, entendiendo su ascenso como el fruto de un esfuerzo individual sostenido y consciente. A pesar del gran apoyo que brindan las familias a estos jóvenes, usualmente ellos no lo mencionan. La narrativa del éxito personal se construye sobre la base del esfuerzo individual.

> Yo siempre me he caracterizado por ser alguien que no le gusta estar ahí metido, pues. Como ahora, ¿no?, en el cine, desde que entré mi idea siempre fue subir, no quedarme siempre en "polo amarillo", como se dice. Subir a algo más, a un rango más. (Gino)

En este contexto, la política y el Estado, en general, aparecen como un asunto menor, de poco interés para la mayoría de los jóvenes, con excepción de Marjorie. Se piensa que la política tiene relevancia o efecto solo para los "pobres", es decir, para aquellos que necesitan atención y/o subsidios del Estado: para los que "no la hacen". En palabras de Sennett,

> El "hombre nuevo" se enorgullece de evitar la dependencia, y los reformadores del Estado del bienestar han tomado esa actitud como modelo, es decir, que cada uno es su propio consejero médico y el gestor de su propio fondo de pensiones. (Sennett 2006: 90)

Es decir, mostrar capacidad de consumo distingue, y en ese sentido, la cultura de consumo va reconfigurando la cultura política. En efecto, los jóvenes de los hogares analizados, en tanto se consideran de clase media, no se conciben como beneficiarios del Estado.[13]

Como veremos a continuación, esta idea que tienen los jóvenes del Estado como algo de lo que se puede prescindir está relacionada con las experiencias familiares, muchas de ellas de migración del campo a la ciudad, en las que el Estado desempeñó un papel menor. Veremos cómo las trayectorias de gran esfuerzo personal de los adultos y su resultado han marcado la manera como los jóvenes valoran el trabajo y su disposición a él.

3. Valoración del trabajo

La valoración del trabajo en cada familia guarda relación con la historia familiar y con el lugar donde se trabaja. Las historias familiares muestran, como se ha señalado, la lucha y el esfuerzo desplegados para conquistar un nuevo espacio en Lima o para superar las condiciones familiares y cambiar de lugar en la ciudad. En todas las familias estudiadas se aprecia una fuerte valoración del trabajo como fuente de ingreso para la sobrevivencia, pero también como medio de superación y progreso.

La mamá de Marjorie cuenta que ella vivía en un "callejón muy feo, más adelante del Rímac, donde en ese callejón pues vivía de todo, drogadictos, prostitutas", y que puso todo su empeño por estudiar y salir de ese ambiente. Del mismo modo, la mamá de Teresa, quien tuvo un embarazo temprano, debió trabajar para sacar a su hija adelante sola. Por otro lado, las mamás de Joselyn, Gino y Paolo narran sus historias de migración a la ciudad, donde inician su trayectoria laboral como empleadas domésticas para, luego, con

13. Estos temas se desarrollan en profundidad en los capítulos 5 y 6.

mucho esfuerzo, realizar el sueño del negocio propio: la mamá de Joselyn tiene un restaurante donde sirve menú, los padres de Gino tienen una vidriería, y el papá de Paolo, una cadena de farmacias. La mamá de Joselyn cuenta lo siguiente:

> Ha sido duro ser madre y padre. Uno tenía que trabajar solo. Pero yo pensaba que la vida así ha sido para mí. Tuve que luchar sola, no pedí ayuda a nadie. Mis papás estaban lejos, no podía comunicarme con ellos. Tampoco quería causar que se sientan mal. Tenía un poco de vergüenza de llorar mis problemas a ellos [...] regresé, después de 20 años regresé. Claro, ellos estaban muy preocupados, yo también, pero no podía porque tenía niños chicos. (Madre de Joselyn)

El discurso de la madre de Joselyn enfatiza mucho el logro y la superación a través del esfuerzo individual. En esta historia no están sus padres, pero tampoco hay vecinos, paisanos ni amigos. En la narrativa imperante en estos tiempos, la historia de migración y de lucha colectiva —de la que sin duda son parte estos padres y que se recogió sistemáticamente en los estudios de los años ochenta— se diluye en el nuevo contexto, en donde la exaltación del esfuerzo individual se vuelve ideología. Al parecer, la narrativa de la misma experiencia se ha reconstruido, pues el valor de la lucha colectiva ha perdido vigencia. Por tanto, el discurso de la madre asume que así fue como le tocó vivir, "así ha sido para mí", pero también denota una elección —¿madura/adulta?— de no querer preocupar a sus padres, de sentir vergüenza por cargarlos con sus problemas y de, finalmente, no querer volver a su tierra hasta haber logrado cierta estabilidad en la vida. Esta elección contrasta con la alta dependencia que muestran los jóvenes estudiados respecto de sus familias.

Esta opción de independencia en la que el trabajo es el medio de movilidad social, ha supuesto una vida muy esforzada y exigente, principalmente dedicada al trabajo. Esto es particularmente importante para la población migrante en la capital, que mediante el trabajo —y mucho menos la educación— pudo salir de la pobreza e insertarse en la ciudad (Merino 1999).

Sin embargo, muchos jóvenes reclaman que el trabajo sea lo más importante en sus familias y que esto suponga dejar de lado las actividades recreativas, el afecto y el cuidado familiar.[14] En efecto, debido a la jornada de trabajo de los padres, varios han sido criados por otras personas —Marjorie lo fue por sus tíos abuelos, Teresa reconoce en su abuela el rol de madre, Joselyn quedó al cuidado de sus hermanos mayores o tíos—, o han tenido una crianza sin mayor control (Gino, Paolo, John).[15] En ese sentido, varios jóvenes critican el desmedido tiempo que dedican sus familiares al trabajo. Joselyn nos dice sobre su mamá: "Su círculo es el trabajo, casa. Ella cree que es normal eso, pero está mal, porque ella misma se estresa, se limita". Asimismo, Paolo crítica a sus hermanas mayores: "Como una droga parece el trabajo para ellas", y John reclama que "De niño siempre mi papá me iba a visitar los domingos, pero cuando ya comenzó a convivir ya era diferente, ya no lo veía mucho porque salía a trabajar y yo me quedaba solo toda la tarde". Por el contrario, la nueva droga de los jóvenes parece ser la pasión por consumir —ropa, zapatillas, dispositivos, entretenimiento—, como veremos en el capítulo siguiente.

Varias madres reconocen que, en efecto, han tenido que trabajar muy duro, sacrificando el cuidado de sus hijos. La mamá de Gino comenta: "Yo les he dejado desde chiquitos a trabajar, solitos se han puesto a estudiar. No estaba yo atrás de ellos. Solitos se han

---

14. El espacio dejado por los padres y madres trabajadores en la crianza de los hijos ha sido llenado, no solo por otros familiares, sino también por la televisión, internet y los videojuegos, como veremos en los capítulos 4 y 5 sobre cultura del consumo y cultura política, respectivamente.

15. En el caso de John, hijo de padres divorciados, vivió hasta los 12 años con su madre en un ambiente muy controlado, y luego pasó a uno más laxo, en el que el papá nunca está y se queda a cargo de su abuela.

formado, porque yo trabajaba siempre. Desde soltera he trabajado, luego el negocio".

Por otro lado, las palabras de la mamá de Marjorie muestran un arrepentimiento por el tiempo dedicado al trabajo y una preocupación por el estado de salud de sus hijos.

> Mira, yo ahorita estoy pasando por una situación en el sentido [que], primero a mi hijo le dio TBC en el año 2009, y ahora [ella], no sé si les habrá comentado, también está ahorita con esa situación. Creo que no me hubiera dedicado tanto a trabajar, yo me he dedicado mucho, ahora tengo tres trabajos [...] pero pienso que hubiera dedicado más tiempo a mi casa, eso es lo que hubiera cambiado, ahora viendo lo que le está pasando a mis hijos. (Madre de Marjorie)

Las entrevistas revelan la ausencia de padres y/o madres durante la niñez y adolescencia y, por tanto, la tensión entre el tiempo dedicado al trabajo y el tiempo empleado en la familia. Por ejemplo, Paolo andaba en pandillas y en actividades delictivas desde los 12 años sin que nadie de su familia lo advirtiera. Gino también se acercó a las pandillas por un tiempo, hasta que sus padres lo descubrieron. John estuvo enviciado en el mundo de los videojuegos y de las drogas, sin que sus padres lo supieran. Por otro lado, Carolina sufrió el maltrato y burla de sus compañeros de primaria, y Teresa, que asistía a un colegio solo para mujeres, salió embarazada antes de terminar la secundaria.[16] En cuanto a Marjorie, que es hija de profesionales con una situación económica estable, ha sido recientemente diagnosticada de tuberculosis, lo cual es recurrente en la familia, pues su hermano mayor tuvo la misma enfermedad hace unos años. Finalmente, el caso más alarmante es el de Joselyn, quien a los diez años fue víctima de violación durante más de un año, cometida por el esposo de una tía que le daba clases

16. Además, la madre de Teresa se enfermó de TBC mientras trabajaba como impulsadora de una marca de embutidos en una cadena de supermercados.

de matemáticas, y sus padres no lo supieron sino hasta cinco años después. Su testimonio describe un entorno cuidado, en el sentido de tener cubiertas las necesidades básicas de educación, comida, vestido y alojamiento, pero con la ausencia cotidiana de su padre o madre durante la etapa escolar:

> Yo llegaba, me servía mi comida y me iba a hacer la tarea a la casa de mi amiga, venía en la noche y cenaba. Así era la primaria [...] Le decía a mi mamá: "que no me enseñe mi tío, mamá, no". Y mi mamá me mandaba, porque no entendía bien matemáticas. (Joselyn)

De esta manera, todos los casos analizados, salvo el de Juan Diego, muestran situaciones de riesgo que pueden explicarse en cierta medida por la ausencia de los padres o de las madres debido a su recargada jornada laboral.

Paradójicamente, este esfuerzo personal que ha supuesto una vida dedicada al trabajo para poder proveer de mejores condiciones y oportunidades de vida a los hijos, ha revertido en ausencias y carencias de cuidado y protección. Sin embargo, no hay que perder de vista que la mayoría de estos padres y madres ha tenido una infancia y/o adolescencia bastante desprotegida, ya sea porque migraron a la ciudad siendo muy jóvenes (los padres de Joselyn y los de Gino, la madre de Teresa, los padres de Paolo), o porque tempranamente tuvieron que valerse por sí mismos para estudiar y trabajar (los padres de John, la madre de Marjorie). Por lo tanto, en algunos casos, puede haber también tensiones generacionales que suponen diferentes contextos y expectativas de cuidado.

A pesar de las críticas de algunos de los jóvenes a la importancia que le otorgan sus familias al trabajo, varios parecen seguir un camino similar, bastante cargado de actividades y en donde el trabajo también ocupa un espacio significativo. Sin embargo, como veremos, el trabajo de los jóvenes tiene otro significado: es la posibilidad de consumir, es entretenimiento, es experiencia de aprendizaje. No es una actividad de subsistencia.

Por ejemplo, Marjorie y Joselyn no tienen necesidad de trabajar para costear sus estudios, pero indudablemente hacerlo les permite satisfacer otras necesidades personales. Por ello, se observa que ambas tienen su día totalmente tomado, entre el estudio, el trabajo y la participación en otras actividades que les interesa. Un día en la vida de Marjorie empieza a las seis de la mañana, hora en que se alista para ir a sus clases de francés. Luego va al trabajo que tiene actualmente, de nueve y media de la mañana a dos y media de la tarde. Almuerza, como ella menciona, "algo por ahí", y después acude a la universidad, donde permanece hasta alrededor de las diez de la noche, entre la asistencia a cursos y las actividades del movimiento estudiantil. Al llegar a casa, cena, conversa un rato con su mamá, y se engancha en internet, donde revisa su correo, su Facebook, lee los periódicos del día en versión online y los blogs de actualidad. Los sábados suele asistir a actividades del movimiento estudiantil y los domingos sí los dedica, usualmente, a descansar en familia en su casa en Chosica.

Las rutinas diarias de Joselyn y Gino se asemejan bastante a esta descripción. Ambos son estudiantes que trabajan y durante las entrevistas dejan ver claramente el importante lugar que le otorgan al trabajo en sus vidas. Gino, además de estudiar, trabaja a tiempo completo y eventualmente realiza cachuelos arreglando computadoras y participando como bailarín en espectáculos de danza folclórica. Si bien señala que necesita trabajar para cubrir parte de sus estudios, nos comenta que no puede imaginarse estudiando sin trabajar. De la misma manera, Joselyn cuenta que se trazó el objetivo de trabajar inmediatamente cumpliera la mayoría de edad: "Cumplí 18, cayó mi cumpleaños un viernes, y el mismo sábado empecé a trabajar. Si no cumplía mi meta, me iba a sentir mal". Los testimonios de estos jóvenes muestran una fuerte valoración e identificación con el trabajo, lo que está en sintonía con las trayectorias y discursos familiares.

Sin embargo, el significado que tiene el trabajo para estos jóvenes difiere del que tiene para sus padres, y del que tenían sus padres cuando eran jóvenes. Joselyn y Marjorie cubren solo necesidades personales con su trabajo, en especial, ropa, zapatillas, tecnología y salidas nocturnas. En cuanto a Gino, si bien usa su ingreso para pagar parte de sus estudios, el trabajo para él no es un medio de subsistencia sino una manera de cubrir sus gastos personales que, como se verá en el capítulo 5, no son pequeños. De igual forma, Carolina, que trabaja a tiempo completo, vive en la casa de sus padres donde solo colabora pagando mensualmente el servicio de internet.

Por todo ello, el criterio económico no es el principal en la selección del trabajo. Después de todo, estos cuatro jóvenes dependen económicamente de sus padres y, si bien tienen una gama amplia de empleos para elegir —en cuanto a las características del empleo y las tareas encargadas—, la mayoría de ellos son precarios, eventuales y/o informales.

Incluso los jóvenes supuestamente independientes, en realidad no lo son. Teresa se ha mudado de la casa materna en varias oportunidades, regresando por temporadas. Actualmente vive con su pareja y dos de sus hijos, pero ha dejado a su hija mayor al cuidado y manutención de su madre. Del mismo modo, Paolo, un joven padre que tiene gastos de vivienda (un cuarto alquilado con su pareja) y alimentación, trabaja actualmente a destajo en una carpintería. Sin embargo, su madre no solo se encarga del cuidado del niño —sea personalmente o a través de una persona que contrata para ese fin—, sino que complementa su ingreso cuando a él no le alcanza. Por tanto, Paolo mantiene una relación de dependencia con su madre, e incluso vuelve por temporadas a la casa materna cuando pelea con su pareja. Paolo no terminó la secundaria y, en su caso, a las experiencias laborales precarias, eventuales e informales se añade la delincuencia. Este joven nos comenta que desde el nacimiento de su hijo se ha estado alejando de ese mundo, pero que en ocasiones le resulta difícil hacerlo, y que "cuando le falta" o "siente flojera de trabajar", vuelve a recurrir al robo.

En todo caso, es preciso señalar que las trayectorias de los casos analizados son flexibles, susceptibles de cambios según las circunstancias. Paolo, por ejemplo, por su temprana experiencia con la delincuencia, ha tenido acceso a armas de fuego y a grandes sumas de dinero, obtenidas de manera rápida y fácil, que ha gastado en drogas y que lo ha llevado aún más a la violencia. Sin embargo, luego de tener un hijo, ha buscado reorientar su vida y seguir rutas más convencionales: trabajar y eventualmente estudiar. Aun así, no le es tan fácil dejar la delincuencia, porque forma parte de su entorno más cercano y le resuelve necesidades:

> En cambio, en tu chamba de mueblero, lo único que vas a conseguir es gente que te dice para tomar y para salir. No me gusta eso [...] Yo quiero tener mi estudio avanzado y trabajar aparte y conocer a gente civilizada, buena onda, así como ustedes. Yo nunca he conocido así, muy poca gente como ustedes he conocido. La mayoría de mis amigos, bueno, disque amigos, no eran amigos, eran de calle [...] Para mis hermanas, yo soy una persona vaga, floja, que no tengo valores. Qué pensarán, pero yo soy así... bueno, era así, lo estoy tratando de dejar. (Paolo)

Por otro lado, se observan diferencias no solo en la relación de los jóvenes con su trabajo, sino en las preferencias que los padres y madres tienen para sus hijos en lo que respecta a ocupación, entre las cuales el estudio cobra a veces una importancia central. Partiendo de las experiencias y valoraciones de los padres, las preferencias se pueden clasificar en tres: 1) que sus hijos solo estudien y, en este caso, el trabajo es visto como un impedimento para ello; 2) que trabajen y estudien simultáneamente, ambas ocupaciones adquieren el mismo valor; y 3) que trabajen si quieren estudiar: en este caso, la prioridad es que el joven sea independiente y pueda solventar sus gastos.

De esta manera, para algunos padres, el trabajo es importante pero forma parte de la vida adulta. Como dicen algunos: "Que solo estudien, que no trabajen" (padre y madre de Juan Diego y Marjorie, madre de John, padre de Joselyn). Para estas familias el trabajo no debe mezclarse con la etapa de formación propia de la juventud. Esta idea de la juventud y su relación con el trabajo la tienen, por un lado, aquellos padres y madres que no tuvieron que trabajar mientras estudiaban y que quieren dar a sus hijos la misma oportunidad (Juan Diego) y, por otro, los que sí tuvieron que hacerlo y atravesaron una situación difícil con poco apoyo familiar, y quieren ofrecer a sus hijos mejores condiciones para que puedan estudiar (Marjorie, John, Joselyn).

> [E: ¿Qué te han enseñado tus padres sobre el trabajo?] Que es algo que se debe hacer. O sea, es una etapa más en la vida. [E: Todos tenemos que hacerlo. ¿Y te han dicho: "ya, a partir de tal edad tienes que trabajar" o "cuando termines tu carrera"?] Sí. O sea, inicial, primaria, secundaria, academia, luego la universidad y luego el trabajo, así, ¿no? Eso me han dicho. (Juan Diego)

Otras familias, en cambio, consideran que el trabajo es parte de la vida cotidiana. Por eso, sus miembros apoyan el negocio familiar o trabajan en diversos oficios desde pequeños: "Que trabajen y estudien, no todo puede ser fácil" (padre y madre de Gino, padre de John, madre de Joselyn, Carolina, Teresa y Paolo). En este caso, el trabajo se considera un aspecto formativo fundamental para el joven, pues provee de disciplina y responsabilidad, dos cualidades que le permitirán enfrentar mejor la vida, más allá de si se necesitan ingresos adicionales (Carolina, Teresa, Gino, Paolo) o no (Joselyn, John).

> Yo creo que está, a mi pensar, creo que está mejor, porque una chica que le dan todo facilidades, todo fácil, no aprende la vida a vivir. Una chica que está aprendiendo y trabajando, está haciendo más esfuerzo. Creo que valora más la vida así. Ese es mi pensar. (Madre de Joselyn)

La tercera actitud de los padres es la de "que trabajen si quieren estudiar" (padre de Paolo). El caso de Paolo es un claro ejemplo de un padre no muy comprometido con la formación de sus hijos. Si bien vivió con ellos, su presencia supuso problemas y violencia más que un apoyo. No tuvimos oportunidad de conocerlo, pero la madre de Paolo y el propio joven nos contaron su falta de compromiso con la educación superior de sus hijos, diciendo que él solo se sentía obligado a que terminaran la secundaria. Otros padres aparecen totalmente ausentes de la vida de sus hijos (padre de Teresa) o poco involucrados en su futuro (padre de Carolina), lo que finalmente conlleva a un menor apoyo para continuar estudiando.

Algunos jóvenes cumplen plenamente el plan de sus padres, como Juan Diego, que solo se dedica a estudiar. Él recibe S/. 50 semanales para sus gastos personales, que complementa con las propinas que le dan sus hermanos mayores. Juan Diego comenta que a veces le molesta que sus padres quieran ejercer control sobre su vida, aprovechando su dependencia económica.

La mayoría, sin embargo, toma un rumbo diferente al que esperaban sus padres. Marjorie trabaja a veces en labores vinculadas con su carrera, a pesar de que sus padres preferirían que no lo hiciera. Y cuando Gino y Joselyn trabajaban a medio tiempo en una cadena de cines, sus padres lo consideraban, más que un trabajo, un entretenimiento. Por su lado, Carolina no estudia, como le gustaría a su madre, y trabaja a tiempo completo. Al mismo tiempo, Paolo, si bien estuvo involucrado un periodo largo en el pandillaje y la delincuencia, hoy va retomando una vida un poco más ordenada y trabaja por destajo en la carpintería de su hermano. Por último, ni Teresa ni John han ingresado al mercado laboral; es más, ninguno de los dos lo ha intentado en el último año. Teresa continua al cuidado de sus hijos y, John, como se ha mencionado, está interno hace ocho meses en un centro de rehabilitación por drogas.

4. La falta de tiempo y el aburrimiento

Los jóvenes estudiados manifiestan frecuentemente un malestar por la falta y la pérdida de tiempo y por el aburrimiento. Estos son problemas relacionados con el tipo de trabajo que tienen y con la cultura mediática y política de la juventud.

Entre los jóvenes que estudian y los que estudian y trabajan, la falta de tiempo es una constante en sus relatos. Como indica Gino, que trabaja seis días a la semana, este el problema que sus amigos más comentan:

> [...] *la gente del trabajo habla más del tiempo que no tienen*. Como estudian y trabajan, a veces no tienen tiempo para tal cosa, les gustaría hacer, pero no pueden, *el tiempo no les alcanza*. [E: Y tú, ¿has experimentado lo mismo?] A veces, ahora que voy a empezar a estudiar, creo que va a ser más difícil mantener lo que me gusta, lo que es danza.

Una queja recurrente de los jóvenes es que su trabajo no les deja tiempo para hacer otras cosas, o los deja tan cansados que no pueden hacerlas. Por ejemplo, Carolina tiene poco tiempo para ver a sus amigos porque trabaja seis días a la semana de dos de la tarde a once de la noche. En sus días libres se levanta tarde y se conecta a internet. Como ella misma dice: "es que no tengo ganas de salir, cansada paro. A veces duermo con ropa".

La falta de tiempo está también relacionada, en algunos casos, con la necesidad de los jóvenes de llenar sus días de actividades, de estar constantemente "haciendo algo". Así, este no tener tiempo para nada se convierte en un modo de vida, una característica de nuestros tiempos. Como dice Sibilia, vivimos en la época "de la falta de tiempo generalizada" (2008: 132).

El caso de Joselyn es ilustrativo de este problema con el tiempo. Al inicio de la investigación, estudiaba administración y turismo, trabajaba seis días a la semana de cinco a nueve de la noche (por medio sueldo mínimo: S/. 375), estudiaba también inglés y ayudaba en el restaurante familiar todos los domingos.

De esta manera, Joselyn vive en una vorágine permanente de una actividad a otra, siempre buscando qué más hacer. La mayor parte de su tiempo la dedica a trabajar en una empresa de servicios, ayudar en el negocio familiar e impulsar sus propios proyectos comerciales. Lo curioso es que, a pesar de esta vida tan llena de trabajo, Joselyn se siente diferente de sus padres que, según ella, tienen una ideología demasiado "capitalista" que los hace trabajar sin parar los siete días de la semana, prácticamente de ocho de la mañana a diez de la noche (hora en que se cierra el restaurante), sin tener tiempo para dedicarse a sí mismos. Joselyn considera que la vida no está hecha únicamente para el trabajo y que el trabajo solo debe permitir vivir bien.

> [...] tienes que vivir, no todo es trabajo. *Para mi papá, primero hay que ahorrar para tener dinero y luego recién tus gustitos. En cambio, yo lo veo distinto.* No es necesario sacarte la mierda para conseguir algo [...] Ellos se privan de todo por el trabajo. Se tensionan y, antes de explotar, quieren darse el gusto de viajar. No es eso, la cosa es que trabajes y te mantienes. Yo le digo a mi mamá que a veces se olvida de *su lado de mujer*, solo se dedica a ser ama de casa. A mi papá también le digo. Pero él es más terco, a veces no reconoce. (Joselyn)

Los padres de Joselyn postergan el goce para el futuro y ahorran todo lo que pueden para poder solventar la educación superior de sus hijos, siguiendo una lógica capitalista moderna. Aunque Joselyn trabaja todo el día, al igual que sus padres, su relación con el trabajo y su manera de ver la vida son diferentes: el goce no se posterga, no se piensa en el futuro, sus "gustitos" se los concede hoy.

Carolina comparte esta visión: cuando no se siente cansada luego de trabajar, sale a comprarse algo. Poder ir de compras, tener cosas, estar a la moda, compensa de alguna manera la falta de tiempo que aqueja a los jóvenes. Consumir es hoy parte de los discursos publicitarios y mediáticos dominantes a los que estos jóvenes están expuestos. Se trata, entonces, de premiarse consumiendo por el trabajo realizado.

Lo que debemos resaltar, pensando en si este esquema posibilita la movilidad social de los jóvenes, es que lo que se paga en los trabajos a los que ellos acceden prácticamente solo les permite "darse gustitos". Si es un trabajo informal, la paga es mala —aun si a veces es mejor que la de un trabajo formal— y no hay garantía de estabilidad ni de respeto a las condiciones pactadas. Por otro lado, en cuanto a ingresos, los trabajos formales no son muy diferentes. A pesar de que garantizan cierta estabilidad y derechos laborales (vacaciones, CTS, seguro médico), el sueldo que se suele ganar es el mínimo (S/. 750), por jornadas de trabajo que pueden ser incluso nocturnas, seis días a la semana. De una u otra manera, con este tipo de trabajo los jóvenes no pueden mantenerse sin ayuda de sus padres, ni mucho menos independizarse.

Si la falta de tiempo es un problema, pero a la vez una forma de vida, lo contrario, es decir, la desaceleración de la vida cotidiana, es concebido como aburrimiento. Ello es tangible en el caso de Marjorie, que ha recuperado su salud luego de estar varios meses en reposo por la tuberculosis. Cuenta que mientras estuvo enferma se sentía muy aburrida y deprimida, pues estaba acostumbrada a un ritmo de vida mucho más agitado. Ahora las cosas van regresando poco a poco a la normalidad. Ha vuelto a la universidad, ha retomado su activismo político y comienza a sentirse más optimista con respecto a su carrera. Marjorie considera que hoy está peor que hace dos años —cuando se encontraba en el pico de su actividad política y se sentía muy a gusto en la universidad—, básicamente por su enfermedad y la desaceleración de su vida.

Aburrirse, además, es una forma de *perder el tiempo*. Como explica Carolina:

> Yo pensaba estudiar inglés antes que… si no ingresaba, quería agarrar algo rápido para terminarlo *ya y no perder el tiempo*, ¿no? Ya pues, pero perdí el tiempo, porque lo dejé. [E: ¿Por qué?, ¿por qué

> fue eso?] No sé, porque no me sentía bien con eso. Iba, daba los cursos y exámenes. Todo estaba bien, normal. Pasaba, pasaba. Pero *después de un tiempo, como que me aburrí de lo mismo*... hacer... Iba todos los días, todos los días, todos los días. ¡Y eso que era dos horas, ah! Una hora. Y normal... no sé. No me sentí bien. Un poco triste me sentía, porque decía: "como no ingresé, ya, agarré esto". (Carolina)

Para Joselyn, el aburrimiento es un problema de los jóvenes. A muchos les ocurre lo que Carolina comenta: pierden interés muy rápido en lo que hacen, no son constantes, empiezan algo y no lo terminan. Joselyn cuenta cómo varios amigos (y ella misma) se meten a clases y luego las abandonan, pensando además cómo sería si con esa actitud se tratara de gobernar el Perú: "si se olvidan de cómo hacer las cosas o se aburren, por ejemplo, vuelven a botar basura a la calle, cómo van a hacer manejando un país".

El aburrimiento puede tener como consecuencia perder la motivación por hacer las cosas y no hacer nada, o caer en actividades delictivas. Ambas son formas de perder el tiempo:

> Hay jóvenes que ya saben lo que quieren, otros que no, otros dudan, otros piensan que siempre van a vivir vagando o robando, más adelante se darán cuenta que *han perdido su tiempo*. (Gino)

Vemos, entonces, que hoy lo normal es la falta de tiempo, la adrenalina de estar haciendo muchas cosas a la vez. Una vez más, esto se vincula en parte a los ambientes mediáticos y tecnológicos en los que los jóvenes se mueven y han sido socializados. El *multitasking* (múltiples aplicaciones y redes abiertas a la vez en internet), el *zapping* entre cientos de canales de televisión y tenerlo todo a un *click* de distancia no hacen más que contribuir a ello. Las tecnologías de la comunicación imprimen un nuevo sentido de velocidad a la vida.

Como se verá en el capítulo sobre consumo, el entretenimiento es un valor central en las culturas mediáticas juveniles, mientras que el aburrimiento es definitivamente un gran problema. A los jóvenes, en general, les cuesta mucho mantener el interés en algo, una vez pasada la novedad. Se interesan de manera superficial y cambiante por muchas cosas a la vez (*multitasking* en red, *zapping* televisivo), pero les cuesta concentrarse en una sola, como leer un libro. Hasta los más emprendedores señalan haber empezado alguna vez una actividad que abandonaron en el camino por falta de tiempo o en busca de algo nuevo. En este esquema, los trabajos informales por periodos cortos son atractivos para los jóvenes, pues cuando se aburren, los dejan.

> [E: Y esas tres semanas que dices que no chambeas, ¿cuándo son?] No, o sea, yo también estoy un poquito flojito. Esa chamba también estresa. (Paolo)

Tenemos entonces el tiempo que se pierde cuando la persona no sabe qué quiere hacer o cuando se aburre de todo, y el tiempo que no alcanza para nada más que trabajar y estudiar cuando la persona hace lo que supuestamente debería hacer. Pero ¿se trata solo de aburrimiento, de falta de interés, de flojera, de pérdida de tiempo?

Estos nuevos problemas están relacionados con temas de fondo de la juventud: su mala formación educativa y los trabajos precarios a los que accede. Por un lado, muchas veces los jóvenes se aburren y abandonan los estudios porque las instituciones educativas no logran captar su atención, no les abren puertas ni permitirán una movilidad social: estudiar, en ese caso, se convierte en una pérdida de tiempo. Por otro lado, los trabajos crean esa sensación de falta de tiempo generalizada. El trabajo precario de los jóvenes se cruza con dos discursos dominantes en la actualidad que bloquean su cuestionamiento y los llevan a no criticar el sistema y a no organizarse políticamente. Estos discursos son, por un lado, el del esfuerzo personal y la productividad —hay que ser productivos y proactivos todo el tiempo, toda acción debe conducir a algo, hay que optimizar el tiempo disponible— y, por otro, el mandato del goce —hay que estar constantemente entretenidos y pasándola bien. Y ese goce está cada vez más atado a consumir, a gastar.

El resultado de todo esto es complejo: para acceder a un trabajo mejor, hay que esforzarse más, ser más creativos, prepararse mucho (el mito de la educación) y expandir redes (vestirse mejor, tener acceso a información). Se cree que la propia agencia es la que hará progresar. El fracaso ocurre cuando uno no se esfuerza lo suficiente. Y, a la vez, para mantener el estatus, se tiene que consumir más. No solo no se ahorra sino que en ocasiones se hipoteca el futuro gastando más de lo que se tiene, en un consumo desmesurado con relación al ingreso y muchas veces inflado a través de las tarjetas de crédito. Este tema será analizado en el capítulo 5.

5. Contrastando trayectorias laborales entre generaciones

En general, las experiencias laborales de los jóvenes estudiados dan cuenta de una trayectoria de trabajo bastante cambiante, flexible, inestable y, por supuesto, precaria, muy diferente a la que narran la mayoría de sus padres.

Los padres profesionales han permanecido en su mismo puesto por años: el padre de Juan Diego es jubilado de la Policía, y la madre trabaja hace tiempo como secretaria en la Municipalidad de Comas; el padre de Marjorie es profesor nombrado en la Universidad de La Cantuta, y su madre tiene un cargo administrativo en esa misma institución hace 30 años y es profesora en un colegio hace 40; el padre de Carolina trabajó 17 años en el Banco Popular; el de Joselyn es docente nombrado de secundaria; la madre de John ha trabajado en el mismo colegio desde su fundación, hace más de 15 años, primero como auxiliar de educación inicial y actualmente como auxiliar de disciplina.

Los padres y madres que no son profesionales y que relatan experiencias laborales no calificadas también lograron permanencia en el puesto, cambiando de rubro dos o tres veces en toda su vida laboral, sea trabajando como obreros (los padres de John y de Gino), como empleadas domésticas (las madres de Paolo, Joselyn y Gino), y algunos logrando después dirigir su propio negocio (la madres de Paolo y Joselyn, el padre y la madre de Gino).

De esta manera, los padres de los jóvenes han mantenido una ética de trabajo como progreso, pero también el trabajo ha supuesto en su caso un espacio de pertenencia y realización (Merino 1999: 89). En su ocupación, han construido una identidad y logrado obtener una realización y satisfacción personales: soy profesor, soy policía, soy vidriero, soy albañil, soy ama de casa, soy secretaria, soy asistente de docencia.

El escenario se vislumbra distinto para los jóvenes, porque a la diferencia de experiencias laborales se le añaden las diferencias en el significado y el rol del trabajo en sus vidas. Si bien muchos jóvenes tienen una agenda diaria sumamente ocupada, tanto o más que la de sus padres, para ellos el trabajo es un medio para poder consumir, para poder entretenerse. Por eso es importante cambiar frecuentemente de actividad; esa es la respuesta al "aburrimiento" que sienten muchos jóvenes, incapaces de mantenerse en lo mismo por mucho tiempo. Probablemente Marjorie, Joselyn y Gino son los mejores ejemplos de trayectorias laborales entendidas como entretenimiento, y Carolina y Paolo lo son del aburrimiento que se puede sentir frente a una ocupación. Y en todos los casos analizados, el ingreso supone un pronto consumo o un ahorro, pero solo con miras al corto o mediano plazo.

Las diferencias de trayectorias laborales y significado del trabajo entre los jóvenes y sus padres reflejan dos tendencias o épocas muy distintas que Sennett (2006) denomina el "capitalismo social" —que corresponde a la juventud de los padres— y el "nuevo capitalismo" —que atañe a los casos estudiados. Reconociendo las enormes diferencias entre Estados Unidos e Inglaterra —que son la referencia de Sennett— y el caso peruano, se identifican tendencias globales, sobre todo en los discursos, que impregnan la vida social, económica y política, y en las que el consumo aparece como el gran articulador cultural del "nuevo capitalismo". En el caso del Perú, esta etapa comenzó con las políticas de ajuste macroeconómico implementadas en la década del noventa. Hoy en día, la "nueva" cultura del capitalismo se ha institucionalizado.

Por otro lado, hay un cambio en las generaciones que marca situaciones de inicio distintas entre padres y jóvenes. Una diferencia sustantiva es que estos jóvenes, a diferencia de sus padres, no trabajan para vivir. Mientras que los padres lucharon por salir de la pobreza, los hijos disfrutan de una posición social mucho más cómoda, propia de una clase media, que influye tanto en su selección de trabajo (sin que interese, a veces, la remuneración) como en su disposición a permanecer en el mismo. Así como para los padres el trabajo era (y sigue siendo) la fuente de subsistencia y, por lo tanto, han tenido que pensar en el largo plazo para poder mantener a la familia, los jóvenes analizados están mucho más centrados en el consumo, la experiencia y el aprendizaje, y salvo aquellos que tuvieron hijos tempranamente sin mayor planificación, ninguno tiene planes familiares en el corto plazo.

En ese sentido, los jóvenes reclaman la excesiva importancia que el trabajo tiene en la vida de sus padres y demandan más espacio para el entretenimiento, el afecto y el cuidado. Estas demandas denotan las diferencias generacionales, no solo con relación al trabajo sino con la situación económica. Pedir recreación, afecto y cuidado no hubiera sido posible en la generación de los padres, pues la urgencia era otra. Como ya se ha señalado, muchos de ellos migraron siendo niños o adolescentes a la capital, en donde se las arreglaron por su cuenta, sin el apoyo ni el cuidado de sus familias.

Asimismo, a pesar de que se ha sobrellevado la situación de urgencia y de pobreza, los casos muestran reiteradas situaciones de vulnerabilidad, muchas de ellas explicadas por la fuerte inversión de tiempo que supuso el trabajo en estas familias.

Todo esto nos lleva a preguntarnos sobre la categoría que define a este grupo social como "no pobre vulnerable". Estas familias son vulnerables no solamente en términos económicos y/o porque pueden ser víctimas de un desastre natural que afecte su estabilidad (Jaramillo y Zambrano 2013), sino que su propia existencia cotidiana es vulnerable. Quizás la tuberculosis, presente en tres de los casos analizados (Marjorie, su hermano y la mamá de Teresa), muestra lo compleja y endeble que es esta realidad, en la que el Estado aparece cumpliendo su rol solo parcial y limitadamente.

Si estas familias contaran con un sistema público de salud digno, una educación pública de calidad y una ciudad segura, sus vidas serían muy distintas. El problema es que el Estado no está cumpliendo su rol y la sociedad no se lo está demandando (o no lo suficientemente). Los efectos del repliegue del Estado se ven en una población que ha mejorado su situación económica, pero que se ve limitada por un Estado ausente. Paradójicamente, esta población no le demanda al Estado una mayor presencia, pues para las clases medias, el apoyo estatal es un asunto de pobres.

El discurso neoliberal, como señala Remy, o las narrativas del "nuevo capitalismo" en palabras de Sennett (2006), ha calado en la población, y ahora los "pobres son individuos", ya no grupos sociales, en situación de riesgo y vulnerabilidad por sus bajos ingresos. En ese sentido, el rol del Estado es atender a ciertos individuos, mientras salen de esa situación y, por tanto, se trata de un rol temporal, paliativo y focalizado (Remy 2014).

Así, la mayoría de familias entrevistadas parece creer que el éxito (tener dinero) es reflejo del esfuerzo personal y, en contraparte, el fracaso (la pobreza) es señal de falta de empuje para salir adelante y sortear las dificultades. No se niegan las dificultades, pero se enfatiza un discurso "emprendedor" que termina por negar las condiciones de desigualdad e injusticia. En palabras de John, "No hay excusas para no salir adelante".

Las trayectorias de los jóvenes analizados son diversas, pero ocurren en un mismo contexto cultural de meritocracia, flexibilización laboral, nuevas formas de consumo y autorrealización inmediata que Sennett (2006) denomina "la cultura del nuevo capitalismo". En este contexto, las habilidades y ocupaciones de los trabajadores cambian constantemente, ya no se concibe tener un mismo trabajo de por vida, el ingreso se orienta al consumo y, por tanto, el salario —en tanto permite consumir— se convierte en el principal objetivo del trabajo, aunque siempre insuficiente porque el deseo de consumir parece inagotable. Y es que el consumo forma parte "del corazón de la nueva economía" (Sennett 2006: 116).

Por eso, a continuación analizamos el mundo del consumo, el entretenimiento y la política que nos brinda otras pistas para entender mejor la situación del joven, sus aspiraciones y representaciones.

Capítulo 5

"Usamos solo zapatillas de marca": la cultura del consumo y los dispositivos para llevar puestos

En este capítulo, analizamos los modos en los que los jóvenes estudiados se relacionan con ciertos objetos y experiencias, seguimos sus prácticas y aspiraciones de consumo, y los usos que le dan a su tiempo libre. Indagamos cómo utilizan aquello que compran y las funciones sociales o simbólicas que cumplen los productos adquiridos. Una atención especial reciben en nuestro análisis los dispositivos de comunicación y de acceso a internet (celulares inteligentes, laptops, computadoras de escritorio), pues ocupan un lugar central en las conversaciones y prácticas de los jóvenes, en sus relaciones interpersonales y de grupo, y en su vida social, local y global.

La adquisición y acumulación de objetos y experiencias ocupan un lugar importante en la vida contemporánea. Los jóvenes estudiados no están exentos de estas prácticas de consumo. Ellos comparten aspiraciones y hábitos de consumo globalizados que atraviesan geografías y niveles socioeconómicos. Siguiendo a Appadurai, entendemos el consumo no como algo "privado, atomizado y pasivo", sino como algo "eminentemente social, correlativo y activo".[1] Consumir no es solo intercambiar, poseer o utilizar mercancías de manera individual y aislada sino "parte de interacciones socioculturales más complejas"; se trata de una "apropiación colectiva, en relaciones de solidaridad y distinción con otros", de bienes que no solo satisfacen fines prácticos sino que "sirven para enviar y recibir mensajes" (García Canclini 1995: 69). Así, aquello que consumen los jóvenes, sean objetos o experiencias, participa simbólicamente de este intercambio de mensajes que, como veremos, los hace pertenecer, distinguirse y moverse.[2]

Consideramos, entonces, que analizar la relación de los jóvenes con los objetos y experiencias permite entender sus nociones de sí mismos y sus estrategias de identificación y diferenciación social. Los bienes adquiridos son también recursos ("activos productivos") y, por ende, dan luces acerca de sus expectativas de movilidad, así como intervienen en el campo de acción de su movilidad, más allá de sus percepciones.

Este capítulo se divide en cuatro partes que permiten realizar reflexiones complementarias e interconectadas referidas al consumo. Una primera parte da cuenta de las aspiraciones y prácticas de adquisición de objetos (ropa, zapatillas y tecnología) y de las funciones simbólicas y usos prácticos de dichos objetos para los jóvenes. La segunda se detiene en las actividades que realizan los jóvenes en el tiempo que dedican al entretenimiento, es decir, es una breve exploración del tipo de experiencias que "consumen" cuando están "libres" de estudiar o trabajar (como "parar" en internet, ver "tele", ir de compras o ir de bares). En tercer lugar, contrastamos la cultura de consumo de los jóvenes con la de sus

---

1. Citado en García Canclini 1995: 65.
2. Como señala García Canclini, "el consumo sirve para pensar": "cuando seleccionamos los bienes y nos apropiamos de ellos, definimos lo que consideramos públicamente valioso, las maneras en que nos integramos y nos distinguimos en la sociedad, en que combinamos lo pragmático y lo disfrutable" (1995: 19).

progenitores. Finalmente, concluimos el capítulo con la narración de un par de anécdotas de los jóvenes que permiten vislumbrar ciertos límites de la inclusión desde el mercado y cómo algunos rasgos clasistas y racistas de nuestra sociedad persisten y se rearticulan, también desde el mercado.

1. El consumo de objetos: moda y tecnología para el estilo de vida

De acuerdo con lo encontrado en nuestro trabajo de campo, el consumo juvenil se concentra en artículos de vestir (específicamente, ropa y zapatillas) y en dispositivos de comunicación y entretenimiento (celulares, laptops, televisores). Esta sección se organiza siguiendo estos dos rubros de consumo.

1.1 La moda: ropa y zapatillas de marca

En los casos estudiados, resaltó el lugar que ocupa la moda y tener ciertos artículos de marca (especialmente zapatillas) entre los jóvenes. Todos ellos, independientemente de su ocupación, tienen marcas favoritas, están al tanto y comparten ciertas modas urbanas globalizadas (en versión local), e invierten una parte importante de sus recursos en su imagen personal. Por ejemplo, frente a la pregunta: "¿Tienes alguna marca favorita de ropa o zapatos?", Joselyn, Paolo y Teresa responden:

> La que siempre he querido comprarme, desde noviembre del año pasado, *unas Adidas* que vi, estaban a 195... Cuando fui a comprarlas a Saga, ya no estaba el modelo. Fui a varias tiendas, a San Miguel, al Jockey, varias tiendas y no encontré las zapatillas. *Eran unas clásicas, negrito con líneas blancas*. [E: ¿Y por qué Adidas?] *Ah, de mona*. Porque *me gustó el modelo*. (Joselyn, estudia y trabaja)

> La marca que he utilizado de pantalón y camisas: Element y *camisas Volcom, zapatillas, pura Nike*. [Me gustan esas marcas] *porque son conocidas*... nada más. La mayoría por mi casa utilizan esa ropa, pe. (Paolo, trabaja eventualmente)
>
> De ropa no [tengo marca favorita]. No tenemos marca, *eso sí compramos "chanchitos"*. De zapatillas, *las Nike*. Por el modelo, yo prefiero las Nike, aparte porque me han durado más que las otras marcas. Una que me compré el año pasado, 200 soles. El Junior se compró *unas Adidas* que le costó 360. Al mes las perdió. (Teresa, no estudia ni trabaja, salvo cachuelos)

Las marcas gustan "porque son conocidas", porque sus pares las usan ("de mona", "la mayoría por mi casa utilizan esa ropa"), por su buena calidad. En particular, con respecto a la elección de calzado, es evidente un consumo globalizado y a la vez muy específico: las zapatillas "de marca" Nike, Adidas o Converse fueron mencionadas por prácticamente todos los entrevistados. Varios aspiran a comprarse los modelos más caros de las marcas de culto juvenil.

> [Esta quincena quiero] unas zapatillas, pero *unas que me gusten. Unas Converse. Son caritas*, ciento y algo. Pero voy a ahorrar. (Carolina, solo trabaja)
>
> *Mis zapatillas Nike me gustan, si pudiera me las compro* [El precio] depende del modelo. Hay desde 100 soles, 80 soles. *A mí me gustan las que están 250.* (John, no estudia ni trabaja)

En general, las zapatillas son un ítem básico de los *looks* de los jóvenes urbanos actuales; no hay que ser deportista para usarlas. Como señala Reguillo, la popularidad de este tipo de calzado entre los jóvenes "trasciende el campo deportivo; se han convertido en marca distintiva y, centralmente, sobre todo en los sectores populares, en marca de poder" (2000: 83). Ello se observa claramente en los casos estudiados: todos usan o aspiran a usar zapatillas de marca.

Algunos *looks* urbanos relacionados con el tipo de ropa y las marcas de zapatillas mencionadas, podrían agruparse así: el hiphopero/reggaetonero, el skater/surfer y la hipster/alternativa y, por supuesto, todas las combinaciones posibles entre ellos, el "toque personal" de cada quien. Nike y Adidas son las marcas favoritas del estilo hip hop, en el que las zapatillas son el elemento que más lo define.[3] Las gorras que se compra Junior, la pareja de Teresa, "que le cuestan 20, 30 soles. Modelos diferentes, colores diferentes", son también un accesorio indispensable de este estilo, que comparte rasgos con el reggaetón.[4] El skater, como explica John, se viste con jeans "pitillo" ("Así, pegadito"), casaca Dunkenvolk y zapatillas Nike. Marjorie y Carolina mencionan que se compran jeans pitillo y *leggins*, chalinas y accesorios diversos que suelen estar asociados al estilo hipster. Marjorie incluso señala que no compra en tiendas por departamento sino en mercados alternativos y de segunda mano, rasgos característicos de la cultura hipster.[5]

Observamos que los gustos de los jóvenes estudiados dependen de las tendencias del momento entre sus pares "locales" y también "urbano-globales".[6] Específicamente, se percibe una

---

3. Fuente: "HipHopWired". Disponible en: <http://hiphopwired.com/2012/02/27/the-top-10-hip-hop-sneakers/4/> (revisado el 12/08/2015).

4. El género musical del reggaetón tiene al hip hop como una de las ramas involucradas en su gestación.

5. El único estilo mencionado explícitamente por un joven (John) es el skater. Describimos los tres estilos aquí porque son tangibles en los modos de vestir de los jóvenes: el estilo surfer (Gian Marco, John); el hiphopero/reggaetonero (Paolo, Teresa y Junior, su pareja); y la hipster/alternativa (Marjorie, Carolina).

6. Es importante señalar que no consideramos lo local y lo global como opuestos sino más bien como "momentos imaginarios mutuamente constituidos en cada intento por dar sentido al mundo, ya sea por motivos disciplinarios, comerciales, académicos o radicales" (Mazzarella 2006: 17; traducción propia). Por ello, en el análisis es preciso no caer en dualismos que distingan mundos locales en resistencia versus sistemas globales hegemónicos y homogenizadores (Marcus 1998). Más bien, y sin negar que el "trabajo

influencia del mercado cultural estadounidense, la llamada "norteamericanización" de los gustos. En efecto, la mayoría de estilos de vestir mencionados se originan en culturas juveniles en Estados Unidos.[7]

---

cultural que construye nuestros lugares en el mundo está atravesado de relaciones de poder y de desigualdades", se hace hincapié aquí en cómo "lo global es construido localmente así como lo local es construido globalmente" (Mazzarella 2006: 17; traducción propia).

7. Si bien hablar de orígenes es siempre complicado y depende de qué historias se cuenten retrospectivamente sobre fenómenos culturales (y de quiénes las cuenten), respecto de estas culturas juveniles podría decirse que el hip hop nació como un movimiento artístico y contracultural a principios de los años setenta, en fiestas en la calle (*block parties*) en diferentes barrios populares marginales de Nueva York (Bronx, Queens, Brooklyn), y sobre todo en la comunidad de jóvenes afroamericanos. Este movimiento mezclaba diferentes prácticas cotidianas: la música (el rap), el baile (el breakdance), el arte callejero (grafiti) y la voz (el beatbox). Con el tiempo, desde que el interés por la música se fue convirtiendo en un modo de ver la vida y de hacer las cosas, y aunque no todas las vertientes del hip hop comparten el tono de protesta frente al sistema, dicho componente político se encuentra presente. El reggaetón, música mezcla de reggae y hip hop/rap que se origina en El Caribe (Panamá, Puerto Rico) entre los años setenta y ochenta, con músicos como El General o Vico C, se vuelve popular en Latinoamérica a partir de mediados de los años noventa, y trasciende la región desde el 2005 con artistas como Daddy Yankee y Tego Calderón. Si bien en sus inicios este género se usó para denunciar temas sociales, en el momento de su popularización en nuestro país ya este propósito parecía haber sido olvidado, y las canciones básicamente tenían contenidos alusivos al sexo y a estereotipos de género. El skateboarding nació a partir del surf, alrededor de los años cincuenta, en California, porque los tablistas querían practicar su deporte fuera del mar en las épocas en las que no había olas. Así, los surfers (tablistas) y los skaters fueron en sus inicios subculturas vinculadas a deportes de riesgo, a una rebeldía frente al sistema (el grafiti también asociado a los skaters) y, en particular, a la naturaleza o a la ciudad. Lo hipster se inició más recientemente (en los años noventa) en grandes ciudades norteamericanas (Nueva York, Chicago, San Francisco), también como una subcultura de jóvenes, pero ya no de clases populares —a diferencia del hip hop—, sino de una clase media asociada a una perspectiva política progresista o crítica del sistema, a gustos musicales particulares (indie rock) y a una sensibilidad por modas alternativas a la norma, por lo que sus seguidores suelen usar

Con el paso del tiempo, estas culturas juveniles, entre otras, se han masificado, mezclado y expandido por el mundo, en particular en las grandes urbes, como Lima. El reggaetón se ha convertido en un género musical masivo y forma parte de la experiencia adolescente de los casos estudiados: es la música de las primeras fiestas y salidas a discotecas. La cultura del "rapeo" y del hip hop está también muy vigente en Lima. Mantiene su esencia callejera, su origen popular y su tono de protesta social, y participa en un circuito *underground* que incluye incluso festivales internacionales.[8] Para raperos como Túpac Amaru II, Callao Cartel, PedroMo y el Comité Pokofló o DobleUnder, entre tantos otros exponentes limeños que difunden su música no solo en las calles sino también en YouTube, "el hip hop consciente" que da un mensaje a los jóvenes es un vehículo musical de protesta antisistema.

En la capital y en otras ciudades del país, mientras que existen *skateparks* muy concurridos por los jóvenes, correr olas (o "surfear") había estado históricamente restringido a ciertos barrios con salida al mar, a ciertas élites por el costo del equipo (tabla, traje de neopreno —*wetsuit*— y accesorios) y por requerir de habilidades previas, como saber nadar, y de transporte y acceso a las playas. Es, sin embargo, uno de los pocos deportes nacionales en los que el Perú gana permanentemente competencias; su expansión comenzó en el año 2004, cuando Sofía Mulanovich se convirtió en campeona mundial de este deporte.[9] Diez años después, Analí

---

ropa *vintage* o de segunda mano. Fuentes: Blog Hip Hop Culture and Style, Wikipedia y Urban Dictionary.

8. Por ejemplo, el Festival Lima Hip Hop, que ya tiene varias ediciones, el Festival Pura Calle de culturas urbanas (hip hop, grafiti) o las "Raptondas".

9. Por supuesto, se trata de una tendencia urbana reciente, de un fenómeno en crecimiento en las ciudades de la costa peruana, y en particular en Lima, poco significativo si se lo compara con los deportes masivos por excelencia en el Perú: el vóley y el fútbol.

Gómez obtuvo también ese premio.[10] Ambas son jóvenes limeñas de la misma playa al sur de Lima, Mulanovich de clase media alta y Gómez de clase popular emergente. Las dos han confluido en los últimos años no solo en el mar sino en la publicidad de marcas auspiciadoras (como Telefónica y Claro, entre otras), volviéndose figuras públicas del deporte nacional y la imagen comercial de "ciudadanas consumidoras" de éxito de corporaciones que buscan conectar con el público joven.

Entonces, estas subculturas, que desde sus inicios estuvieron asociadas a ciertos modos de vestir, fueron con el tiempo capitalizadas por el mercado, recreadas en programas televisivos y en la publicidad de las grandes cadenas comerciales. Forman ahora parte de las culturas de masas que van moldeando el *mainstream* del vestir joven. Dicho de otro modo: de ser culturas juveniles han pasado a ser estilos urbanos, que confluyen en lo que se suele llamar *urban fashion* y que son identificables en las descripciones de marcas y accesorios utilizados o a los que aspiran los jóvenes estudiados. Estilos que con el paso del tiempo se han convertido en estéticas globales difundidas por millonarias corporaciones con estrategias de márketing específicas dirigidas a los jóvenes que, sin embargo, son apropiadas de manera particular por los mismos.[11]

Así, los *looks* dejan de estar necesariamente asociados a ciertas prácticas. Como señala John:

---

10. Sofía Mulanovich fue campeona mundial de surf en el 2004 y Analí Gómez en el 2014.

11. En la "globalización del consumismo" (o en el "capitalismo del consumo"), instituciones como las agencias de márketing y publicidad, los medios de comunicación comerciales y masivos y todos los servicios complementarios que los acompañan son centrales porque son "quizás los más eficientes y exitosos profesionales contemporáneos ["contemporary practitioners" en el original en inglés] de un tipo de habilidad que nadie puede permitirse ignorar hoy en día: la habilidad para moverse de manera fluida entre lo local y lo global, así como entre lo concreto y lo abstracto" (Mazzarella 2006: 18; traducción propia).

> [E: ¿Te compras esa ropa porque eres *skater* o solo te gusta el *look*?] Me gusta, pero antes también montaba *skate*. Antes, cuando tenía 15 años, montaba *skate*. Me iba al *skatepark* de Villa, ahora ya no. (John)

Es decir, el estilo skater/surfer trasciende a quienes practican esos deportes. Como comenta Teresa sobre ella y su pareja, cuyos gustos y consumo de ropa, zapatillas y accesorios coinciden con el estilo hiphopero/reggaetonero, tampoco es necesario ya escuchar reggaetón para seguir el estilo:

> Antes me gustaba escuchar reggaetón, pero hay unos momentos en que uno quiere relajarse, escuchar algo suave; ahí empecé a escuchar eso. *Las más antigüitas*. Camilo Sesto, Rafael, José José [risas]. Ahora el reggaetón me aburre. [E: ¿Por qué te gustaba el reggaetón?] Porque estaba de moda. De ahí, ya no. Ya no pasa nada, una música más monse sacan. [A Junior] le gusta *la chicha* y un poco de *salsa*. La chicha le gusta más. De qué se acordará.

Los *looks* están sobre todo relacionados con el consumo de determinadas marcas asociadas a esas prácticas. Al comprarlas, lo que se adquiere es una identidad. No es necesario subscribir todo lo demás (lo contracultural, lo antisistema, lo musical, la práctica del deporte), basta con la imagen. Sin embargo, no se trata aquí de decir que es algo superficial. Como señala Reguillo, estos "bienes culturales no son solamente vehículos para la expresión de las identidades juveniles, sino dimensión constitutiva de ellas" (2000: 81). Lo que estos casos muestran es que existe "una relación múltiplemente mediada entre los imaginarios propuestos por el mercado" y los diferentes modos de "apropiación, negociación y resemantización" de ellos por los jóvenes (Reguillo 2000: 85).[12]

---

12. Reguillo amplía la discusión señalando que a esta relación múltiplemente mediada entre mercado y consumo, "sólo puede accederse mediante la investigación empírica" (2000: 85). Ello es importante porque, a la Foucault, ello dará cuenta de la "biopolítica del consumo, entendida como la

Por otro lado, lo interesante aquí es que no se trata de una sola identidad: como vemos en el caso de estos jóvenes, ellos tienen varias identidades a la vez, asociadas a diferentes prácticas, y van saltando de una a otra. Muchas veces estas identidades no son coherentes e incluso parecen contradecirse: en ese sentido, los jóvenes son polifacéticos (Golte y León 2011). Por ejemplo, resulta ilustrativo lo señalado como sus preferencias por Teresa: el estilo reggaetonero, las baladas románticas de los años sesenta y setenta, y la música chicha —género peruano fusión del huayno, ritmos tropicales y el rock, asociado a los migrantes andinos de la segunda mitad del siglo XX.

Así, la ropa y las zapatillas de marca cumplen "un papel central para reconocer a los iguales y distanciarse de los otros" (Reguillo 2000: 81), por lo que se invierte tiempo y dinero en ellas. Por ejemplo, para los que estudian y trabajan y para los que solo trabajan —en todos los casos, por un sueldo mínimo (medio o completo)—, ello significa que gran parte de su salario se destina a la compra de ropa y calzado. Joselyn, que gana S/. 375 mensuales en su trabajo de atención al cliente en una cadena de cines ubicada en su barrio de Comas, señala que se compra ropa cada dos meses. Lo último que adquirió fueron: "unas *leggins*, unos zapatos y una chompa larga. Ahí me gasté como 185... Los zapatos me costaron 65". Es decir, más del 50% de su sueldo de ese mes se fue en ropa. Por su parte, Carolina, que gana el sueldo mínimo por su trabajo de acomodadora en un supermercado en el Centro Cívico, comenta que cada quincena se compra algo para ella y que, así, su dinero se

---

clasificación disciplinaria de los cuerpos juveniles a través del acceso y frecuentación de ciertos bienes materiales y simbólicos" (p. 86). El autor llama la atención sobre "el impacto de 'hacer existir' el cuerpo juvenil a través del acceso a ciertas mercancías en el continente" (p. 83), y sostiene que es importante realizar estudios empíricos que eviten, por un lado, las miradas apocalípticas que culpan a la globalización de todo y, por otro, la versión *light*, la "mirada que desestime la acción de estos mercados globalizados" (p. 86).

le "va rápido. Recibo 320, pago un poco en internet, después me compro unas cositas: bufandas, chalinas, carteras, cosas así".

Los que solo estudian dependen de sus padres o del dinero que ganan en trabajos eventuales para poder comprarse ropa. Por ejemplo, Marjorie, cuya ocupación principal es el estudio, aunque tiene "cachuelos", gasta entre S/. 100 y S/. 150 mensuales en ropa. Ello a pesar de señalar que no comparte con su madre el gusto de ir de compras, que no le atraen las tiendas por departamento y que prefiere los mercados, como el de Jesús María.

Aquellos jóvenes que no estudian ni trabajan, los de trayectorias alternativas y socialmente no aceptadas (robo, consumo de drogas, estar "de vaguita"), que coinciden también con las familias emergentes más "vulnerables", son los que más al tanto están y siguen las tendencias de las culturas juveniles. Por ejemplo, John, que depende de sus padres, dice que no siempre le compran la ropa y las zapatillas que a él le gustan:

> Mi casaca *Dunkelvolk* costó ciento y pico. Mi papá me la compró. Mi jean *Speedy*, de 100 soles. *Hasta ahora estoy pidiendo que me compren las zapatillas*. Me compran la ropa, *pero las zapatillas, nomás baratas*. (John)

Paolo cuenta que cuando robaba casas (entre los 12 y 15 años de edad), la mayoría del dinero que ganaba lo gastaba en ropa, en salidas nocturnas y en conseguir mujeres a las que podía impresionar con su capacidad de consumo. En una ocasión relata lo siguiente: "gané 5500 y me gasté mil soles en ropa de marca". Ahora trabaja a destajo en el taller de carpintería de su hermano y gasta parte de lo que gana en ropa de marca para su hijo. Teresa, que depende económicamente de su pareja y de su madre para mantener a sus tres hijos, comenta que compra pañales, leche y comida, pero también zapatillas de marca para toda la familia, "Nike, Reebok a ellos". Incluso afirma: "usamos solamente zapatillas de marca. No usamos zapatos".

Para comprar, los jóvenes atraviesan varios distritos de la ciudad, lo que no suelen hacer en algunos casos para estudiar o trabajar, pues se inclinan a elegir instituciones que quedan relativamente cerca de sus casas. No solo se mueven por diversos barrios de la ciudad, sino por distintas tiendas. Todos van a tiendas por departamento, centros comerciales y mercados. Por ejemplo, Carolina, que vive en Magdalena, comenta que prefiere las tiendas locales, "por Magdalena hay un montón de tiendas", aunque también va "a Saga Falabella, pero a veces; pero no tantas veces, porque ahí es un poquito caro". John, que vive en Villa El Salvador, dice que se compra ropa "en Las Cabañitas de Villa El Salvador. Ahí venden ropa de skater: jean pitillo, casaca. Pero a veces vamos a Ripley. Mi mamá tiene sus tarjetas, a veces me compra". Joselyn, que vive en Comas, cuenta:

> Primero me doy una vuelta por Saga y Ripley, pero no me compro ahí. Voy porque hay varios modelos de polos [...] Tengo una amiga que es fanática de *Saga, vamos cuando hay descuentos*. Ahorita hay uno. *Nos probamos*, a veces le presto y de ahí me paga. *De ahí, compro en Gamarra*. Hay una tienda donde venden bien bonito. Sus diseños y sus telas son bien bonitos. (Joselyn)

Observamos, entonces, que todos compran o quisieran comprarse ropa y zapatillas "de marca". La frecuencia con la que compran varía entre cada tres meses (el que menos compra) y cada 15 días (la que más). Todos gastan más de S/. 100 cada vez que lo hacen. Por otro lado, tienen diversas estrategias de compra: algunos van a tiendas por departamento a mirar modelos, para luego comprar en lugares más baratos (Gamarra) productos originales o imitaciones ("chanchito") de aquello que les gustó; otros compran a crédito. En algunos casos se percibe que se trata de *looks* a los que se aspira, pues las zapatillas y ropa de marca que caracterizan estas identidades urbanas son muy costosas y, por tanto, poseerlas otorga estatus; tienen un efecto "igualador" o, más bien, "diferenciador" de aquellos que no pueden adquirirlas porque son muy caras. En nuestros casos, todos pueden acceder a estos bienes: algunos ahorran o trabajan para ello; otros se lo piden a sus padres (con mayor o menor éxito); y otros los adquieren mediante opciones menos aceptadas socialmente, como robar (el caso de Paolo).

Sea como fuere, lo que queda claro es que, entre los jóvenes, la presión por consumir estos bienes es grande. Ellos entienden/saben que esos productos son necesarios para pertenecer a determinados grupos e identidades, especialmente las zapatillas, en las que la marca es más visible que en la ropa. La ropa puede ser "chanchito", comprada en Gamarra, las zapatillas no.[13]

Con las zapatillas, no solo la marca sino también los modelos específicos (de la temporada, o los clásicos que "con todo combinan") son importantes a la hora de elegir. Con la ropa, son otras las claves y ellos lo saben bien: es necesario estar en la "onda", pero no se debe llevar puesto exactamente lo mismo que los amigos o pares. Como señala Joselyn: "Una vez me compré un polo [en Ripley], me acuerdo. Después vi a otra en la calle con el mismo polo, ni más voy". No ha dejado de probarse ropa en tiendas por departamento, pero prefiere comprarla en Gamarra, elegir diseños locales de tendencias globales.

Lo que se compra es la identificación con ciertas culturas juveniles. La tensión por encajar en estas identidades urbanas es grande y los recursos son escasos. Por ello, se presta *atención* a lo que se adquiere: se mira los modelos en tiendas por departamentos para luego comprarlos donde sean más accesibles al bolsillo y en busca de cierta distinción, el sello personal. Como señala Reguillo: "a la ropa [...] se le transfiere una potencia simbólica capaz de establecer la diferencia, que una mirada superficial podría leer como homogeneidad en los cuerpos juveniles" (2000: 81). Porque

13. Al respecto, ver Harvey y la noción de simulacro del mundo posmoderno contemporáneo. Por simulacro se entiende "un grado de imitación tan perfecto que se vuelve casi imposible detectar la diferencia entre el original y la copia" (1998: 319).

una cosa es ser parte de una cultura juvenil, y otra, vestirse todos igual. Para los jóvenes, entonces, cultivar un estilo personal es tan importante como ser parte de las tendencias juveniles urbanas globales.

Se trata de un alto consumo (¿desproporcionado?) en objetos de vestir, considerando lo que ganan los jóvenes que trabajan o el ingreso familiar. En el caso de los que trabajan, prácticamente lo hacen para poder comprarse ropa, accesorios y otros objetos. Esto nos muestra que esos jóvenes, algunos de una manera menos vulnerable que otros, comparten una situación de bienestar y confort que les permite cubrir estas nuevas necesidades. Todavía no trabajan para sobrevivir, sino para vivir el presente. Seguir hábitos de consumo globalizados es precisamente la forma en que se incluyen.

La "chinización" de los productos y tecnologías ha expandido el consumo —antes exclusivo de las clases altas y medias-altas— a sectores más amplios de la población. Como explica Harvey, el paso del modelo fordista de acumulación del capital a la acumulación flexible posibilitada por el despliegue de nuevas formas de organización y nuevas tecnologías productivas (subcontratación, financiación externa, mayor segmentación del mercado, control electrónico de procesos industriales, entre otras) redujo los tiempos de rotación en diversos sectores de la producción. Ello implicó, por un lado, "una intensificación (aceleración) de los procesos laborales y un incremento en la dis-capacitación y re-capacitación requeridas [por los trabajadores] para responder a las nuevas necesidades del trabajo" (1998: 315), y por otro, "la aceleración del tiempo de rotación en la producción [supuso] aceleraciones paralelas en el intercambio y el consumo" (ibíd.).

El abaratamiento de los procesos de producción y distribución ha permitido acelerar la circulación global de mercancías y expandir el mercado hacia sectores antes excluidos. Esta expansión del acceso a bienes y servicios culturales ha sido percibida por estos sectores como una señal de bienestar.[14] El consumo de ropa de marca y de tecnología se constituye así como una medida del éxito de la inclusión "cultural-masiva". Los jóvenes que trabajan, por ejemplo, no utilizan su sueldo para mantener el hogar familiar, sino para cubrir nuevas necesidades de presentación personal y de dispositivos de comunicación y entretenimiento, "activos" de conexión y desconexión, que serán analizados en el siguiente acápite.

1.2 Reggaetonero "prepaguero": tecnologías de comunicación y entretenimiento

> E: ¿Crees que podrías organizar tu vida sin tu celular o sin tu computadora?
> G: Sin celular, no. La computadora, como te digo, ya dejé ya. Solo la prendo a veces para ver un video o escuchar [música]. Ahora con el celular puedes hacer todo. (Gino)

El consumo de tecnología de comunicación y audiovisual ocupa un lugar importante entre los jóvenes. Ellos hablaron, sobre todo, y en orden de importancia, de los siguientes aparatos: teléfonos móviles, laptops y televisores.[15] Empecemos por los teléfonos celulares. Durante nuestro trabajo de campo, la mayoría de jóvenes tenía celular, aunque a algunos se los habían robado, se les había perdido o malogrado, o habían tenido que venderlo para saldar deudas. De cualquier forma, en este grupo de jóvenes todos han tenido celular y el aparato actual no es el primero. Ello confirma

---

14. Agradecemos los comentarios de Sandro Macassi en estas reflexiones acerca del significado del consumo joven.

15. Los jóvenes hablaron también de otras cosas, como por ejemplo de un carro y de un Play Station (Paolo), de "viajar en avión", de una cámara de fotos y de libros sobre su carrera (Joselyn). Aquí nos concentramos en aquellas cosas que fueron mencionadas por todos (celulares) o por varios de ellos (laptops y televisores), y en las que quisimos profundizar en nuestras conversaciones.

lo encontrado en la encuesta de movilidad social (EMS): el uso de teléfonos celulares entre los jóvenes urbanos se ha multiplicado 3,75 veces en esta última década (90% cuenta con uno), mientras que la telefonía fija se ha estancado (solo 45% de los hogares tiene ese servicio).[16]

Entre los jóvenes estudiados, algunos tienen teléfonos inteligentes o *smartphones* (que pueden conectarse a internet y tienen múltiples funciones y aplicaciones), otros poseen modelos intermedios (con cámara, radio y juegos), y otros tienen teléfonos básicos (que solo permiten llamadas y mensajes de texto).

Gino, que estudia y trabaja a medio tiempo, tiene un BlackBerry prepago.[17] Este es su tercer celular. El primero se lo regaló su padre por Navidad a los 18 años y le duró tres años. Luego consiguió uno que "era solo para jugar", hasta que logró comprarse el actual. Para Gino, tener un celular inteligente es importante porque "puedes estar conectado de cualquier lugar. Si tienes un plan [pospago], mejor todavía, ya no buscas red, simplemente te conectas y ya". Encuentra especialmente valioso el acceso a internet, pues gracias a él puede comunicarse con sus amigos y familia en todo momento y desde cualquier lugar, y mantenerse enterado de las actividades institucionales del cine donde trabaja (a través del grupo de "colaboradores" de Facebook "Superplanet"). Gino

---

16. Ver cuadro 7 en el anexo 2.

17. A lo largo del capítulo se utiliza las palabras "prepago" y "pospago", que son los términos con los que las compañías de telecomunicación en el Perú definen sus modalidades de venta de dispositivos. "Prepago" se refiere a cuando lo que se vende es el equipo, sin un contrato de servicio con la compañía. Para usarlo, el/la usuario/a debe realizar "recargas", es decir comprar minutos de uso de llamadas, mensajes de texto e internet. "Pospago", en cambio, implica un contrato a plazo fijo con la compañía, que pueden ser planes "control" (en los que se establece un monto fijo como tope de consumo al mes, S/. 15, S/. 30, etc.) o "línea abierta" (cuando el cobro a fin de mes depende del consumo). Los equipos se financian a lo largo del contrato y resultan más baratos que cuando se compra un prepago.

también usa el celular para ver videos de danzas y aprender y practicar nuevos pasos para el elenco folclórico en el que participa en su barrio. Compró su BlackBerry a crédito con la tarjeta de su hermana mayor, la única en su familia con acceso a crédito, por ser empleada de un banco.[18] El aparato costó S/. 460, que él le fue pagando en cuotas a su hermana. No compró el equipo con un plan pospago porque:

> [...] si pones un plan, tienes que pagar tanto mensual y, a veces, no puedo pagarlo yo. Ahora que empiezo a estudiar, tengo que pagar mi matrícula y todo eso. Tener un plan no me convendría, pues.

Para Gino, "el celular ya no es un lujo, es una necesidad". Y en tanto eso, desarrolla una estrategia en distintas etapas para adquirir el ansiado objeto y poder usarlo en todo su potencial: primero compra el equipo a plazos y lo va pagando mensualmente, para luego inscribirse en un plan pospago de entre S/. 30 y S/. 50 que le permita conectarse a internet desde cualquier parte. Estrategia que depende de sus redes familiares: es a través de su hermana que accede indirectamente al sistema de crédito institucional (banco).

Joselyn, que también estudia y trabaja a medio tiempo, tiene un celular modelo básico con un plan pospago de S/. 15 mensuales. Carolina, que trabaja en un supermercado, tiene un celular prepago modelo intermedio (con cámara y radio). Lo utiliza para mandar mensajes a sus amigos y para comunicarse con sus

---

18. Al momento de hacer el trabajo de campo (2012), era todavía muy popular el uso de teléfonos BlackBerry, por ello su mención entre los jóvenes como el estándar de los smartphones del momento. En estos tres años (2015), las pantallas táctiles han copado el mercado, siendo Android (de Google) e IOS (de Apple) los sistemas operativos dominantes en la industria de telefonía móvil inteligente. Es importante mencionarlo porque entre los jóvenes hoy en día, los iphones y androids encabezan las preferencias, lo que da además cuenta de gustos y preferencias en constante cambio, y cómo están en directa sintonía con la última novedad tecnológica en el mercado.

compañeros de trabajo. Tiene ese celular desde el 2010 y le costó S/. 265. Ese es el segundo aparato que tiene y el primero que ella se compra; el anterior se lo regaló su hermana. Según nos comenta, le gustaría tener un *smartphone*, pero más adelante.

En nuestro grupo de jóvenes, solo Joselyn y Gino tienen o piensan adquirir un plan pospago. Ellos y Carolina son los únicos que están en condiciones de hacerlo porque tienen un trabajo fijo formal y pueden cumplir con los requisitos de las compañías de telefonía para solicitar este tipo de servicio, relacionados con la evidencia de ingresos (boletas de pago de trabajadores dependientes, estados de cuenta de bancos, etc.). El resto de jóvenes, sin una fuente de ingresos fija, no son sujetos de crédito y, por tanto, solo pueden ser "prepagueros". En el Perú, 70% de los usuarios de celulares, es decir, 21,1 millones de personas, utilizan un servicio prepago.[19]

Ello se ilustra claramente en nuestros estudios de caso. Por ejemplo, Teresa, que no tiene una fuente de ingreso estable —salvo por algunos cachuelos —, tenía un celular táctil prepago marca Nokia con acceso a internet y cámara. Este aparato le costó S/. 300 y se le perdió en la calle, algo que no quiere recordar porque la pone triste. Contó que utilizaba el internet de su celular cuando descansaba en su cama, que se creó su propia cuenta de Facebook y que se ponía a navegar con su hermana, que le ayudaba, ya que sabe más de eso porque "tiene estudios". Fue su hermana quien le creó su perfil de Facebook y quien le iba a subir fotos, pero perdió el celular y ya no entra a internet. Antes tuvo otro aparato, también táctil, de marca Samsung. No recuerda cuánto le costó, pero sí que lo vendió a S/. 200 porque necesitaba dinero. Ahora no sabe si comprarse un celular por temor a que se le pierda. Su conviviente tiene

19. De acuerdo con cifras de OSIPTEL, ente regulador de las telecomunicaciones en el Perú, a setiembre 2014. Fuente: Perú21. Disponible en: <http://peru21.pe/economia/telefonia-movil-existen-30-millones-lineas-activas-pais-2211399> (revisado el 13/08/2015).

uno sencillo porque siempre los pierde, "se olvida, medio tonto es, cambia de número a cada rato".

En este caso, vemos que Teresa invierte una importante cantidad de dinero en comprar un dispositivo inteligente para poder tomar fotos y publicarlas en Facebook, es decir, principalmente para entretenerse en su tiempo libre siendo parte de la sociabilidad en red. Sin embargo, depende de la disponibilidad de recursos extras, con los que no suele contar, para recargar el saldo del teléfono, que es prepago, y poder conectarse a internet. A pesar de las barreras (no tener trabajo y tener tres hijos), gasta, pero en algo que luego puede vender para recuperar parte de lo invertido: un equipo prepago es en sí un activo que, de ser necesario, se puede vender más fácilmente que uno atado a un contrato a plazo fijo con una empresa de telecomunicaciones.

Paolo, que trabaja intermitentemente, no tiene celular por ahora. Comenta que ha tenido alrededor de 200 celulares de última generación en sus manos, todos robados, que siempre terminaba revendiendo. Ninguno de ellos lo mantuvo por más de un mes. Dice que ahora no quiere tener uno porque eso significa estar en contacto con los amigos que lo quieren incitar a la fiesta, el robo y las drogas, una situación de la que él está intentando alejarse. Es decir, el celular, como dispositivo de acceso a redes sociales, lo convertiría en alguien "ubicable", sería una puerta hacia un estilo de vida al que no quiere volver. Más adelante le gustaría tener un "Samsung modelo Galaxy con internet", únicamente para comunicarse con su familia y amigos cercanos.

Todos aspiran a tener un *smartphone*. Algunos lo tienen o lo han tenido en el pasado y, para otros, esto es más bien un ideal que presenta algunos problemas. Una barrera son los altos precios de los aparatos; otra, la necesidad de contar con un dinero mensual para tenerlos activos (conectados a internet); y una tercera es el riesgo de que se los roben, considerando que este tipo de celular es muy llamativo. Como señala Joselyn:

A: [Mi celular] es uno solo para llamadas [...] Una vez tuve un celular con cámara, me lo regaló mi exenamorado. Era un Nokia y me lo robaron al cuarto día. Mi hermano se encontró uno táctil y me lo regaló, pero como se rompió mi *locker*, jugando con Gino, lo perdí. *Ya ni más, ahora uso uno simple* [...].

Contando a Joselyn, cinco de los ocho jóvenes han sufrido el robo de su celular en el pasado. A Gino le sustrajeron su primer celular, que había tenido por tres años y que fue regalo de su papá, sacándoselo de su bolsillo en la madrugada posgraduación del instituto de computación en el que estudió. Estaba "mareado" y no lo notó. A John le regalaron un celular Nokia sencillo, prepago, que a los meses fue robado y desde entonces no ha vuelto a tener uno. Madeleine cuenta que dos de los cuatro celulares que ha tenido han sido robados en su barrio. Señala que siempre ha preferido tener aparatos sencillos, que solo permiten hacer llamadas y recibir mensajes, y prepago, como el que tiene ahora, para así correr menos riesgo de que se lo sustraigan. Por su parte, Juan Diego cuenta que le robaron hace tiempo su celular anterior, marca Sony Ericsson y con cámara y radio, saliendo de la universidad. Tiene ahora uno simple y prepago, porque con uno moderno "no puedo andar por la calle por miedo a que me lo roben". Su actual teléfono lo utiliza para comunicarse con los amigos de la universidad y del barrio. No acostumbra escribir mensajes sino que emplea la "llamada misia" para que sus amistades con saldo lo llamen.[20]

Incluso los que han optado por opciones simples luego de una experiencia de robo, están al tanto de las marcas y modelos y señalan que la mayoría de sus pares tiene celulares inteligentes. Juan Diego indica que casi todos sus amigos tienen un BlackBerry, pero

20. "Estar misio/a" en el lenguaje coloquial peruano significa no tener dinero. La "llamada misia" se refiere a la práctica de timbrar desde un celular a otro del mismo operador de telefonía. La persona a quien se hace esta llamada recibe un mensaje de texto, señalando el número de teléfono desde el que intentan comunicarse con ella, para que pueda devolver la llamada.

que esto no le agrada, porque cuando están reunidos, utilizan el celular todo el tiempo. Joselyn comenta que casi todos sus amigos del cine donde trabaja y de su universidad tienen *smartphones* prepago y están al tanto de los nuevos equipos. Utilizan los dispositivos para comunicarse entre ellos, tomar fotos, actualizar estados de Facebook, etc. Considera que se trata de una necesidad creada y que sus amigos solo lo hacen por seguir la moda. Piensa que hay una competencia de prestigio por saber quién pagó más o quién tiene la mejor marca de celular, en la que ella no quiere participar:

> *La mayoría [de mis amigas] tiene su smartphone o BlackBerry, prepago.* Yo les digo: "¿por qué les gusta tener así?". *Dicen que les facilita, que tienen todo a la mano.* Ahorita va a salir uno nuevo, Samsung X3, todos quieren eso. *Es parte de la moda. Yo creo que se pican, que todos quieren estar a la altura.* Yo lo veo así, una vez fuimos a una charla en Cineplanet del Centro Cívico y todos estaban con sus celulares pasándose fotos por el BlueTooth. Hablan de sus celulares, de los precios... A mí no me llama la atención, pero *la mayoría está en ese plan.* (Joselyn)

Como vemos, la preferencia por los *smartphones* obedece a que les permite a los jóvenes: 1) registrar sus experiencias, de ahí que la mayoría mencione la cámara como un elemento importante del aparato; 2) acceder a sus redes (Facebook) para compartir esas experiencias a partir de fotografías y videos; 3) escuchar música mientras se movilizan en transporte público (las tres cosas que todos mencionan como necesarias en un teléfono son internet, radio y cámara); y 4) estar permanentemente conectados a través de diferentes aplicaciones para el envío de mensajes de texto y multimedia. Es un medio de entretenimiento instantáneo ("todos estaban con sus celulares pasándose fotos por el Bluetooth"), un ambiente donde "parar", en el que se tiene "todo a la mano". Pero, sobre todo, estar al día con la tecnología y tener el último modelo de celular genera o marca cierto estatus particular entre los jóvenes: significa "estar a la altura".

Ello ha sido también observado en el estudio sobre jóvenes trabajadores de supermercados de Torres Anlas (2015), que narra un episodio etnográfico en el que acompaña a un amigo suyo de Villa María del Triunfo a un centro comercial para comprarse un celular. El amigo quería gastar S/. 60, porque ya había tenido "celulares caros" y se los habían robado. Quería que su celular tuviera internet, radio y cámara. Pero en lugar de gastar S/. 60, terminó comprando un Sony Ericsson de S/. 279 que cumplía con esos requisitos, señalando que en el trabajo, al momento de sacar su teléfono para marcar un número, "siempre hay un ojo que se va" (el de alguno de sus compañeros), y que por ese motivo "'paltea' sacar un 'celular barato' [...] había que 'pensarlo bien', porque de no ser así, terminaría teniendo un 'celular baratito', a diferencia de sus compañeros de trabajo" (2015: 7).

"Estar a la altura" parece ser tan o más importante que la comunicación que el aparato permite: la mayoría tiene el dispositivo en modalidad prepago, lo que termina por restringir el uso del móvil como minicomputadora y lo acerca más a un teléfono convencional. El teléfono inteligente es así un accesorio importante del *look*: al igual que la ropa y las zapatillas de marca, es un marcador de estatus. Importa estar al tanto de lo último en tecnología, importa el modelo que se compra.

Los teléfonos inteligentes se han convertido en una necesidad entre los jóvenes justamente por su doble función: les permiten estar permanentemente conectados (cuando se tiene dinero para recargarlos), pero a la vez, a cierta distancia, crean o mantienen la imagen de un estatus social compartido, y, en ese sentido, constituyen recursos para la movilidad social. En tanto objetos en sí, son marcadores visibles de bienestar. Parte entonces de lo que se hace con un celular inteligente es usarlo (y lucirlo) en espacios donde pueda ser visto por otras personas, sobre todo, por los pares (saliendo de la universidad, con los compañeros de trabajo, en el barrio), aunque ello implique exponerse frecuentemente a ser asaltado.

La función que cumple una joya o un reloj costoso en la distinción entre clases es ahora también propia de la tecnología "que se lleva puesta". Es el objeto en sí el que permite sentirse, por un lado, de clase media y, por otro, parte de una cultura juvenil dominante. Vamos viendo cómo los objetos y lenguajes de la tecnología, junto con los de la moda, son las credenciales de membresía en estos grupos sociales.

Cerremos el rubro de "electrónicos" con los otros dos objetos a los que aspiran los jóvenes estudiados: las laptops y los televisores de plasma. En cuanto a aspiraciones, en este caso hubo diferencias entre quienes estudian, quienes estudian y trabajan, y quienes solo trabajan, que tienen o aspiran sobre todo a tener laptops, versus quienes no estudian ni trabajan, que mencionaron su deseo de adquirir televisores de plasma. Empecemos por las laptops y la conexión a internet.

En nuestro grupo de jóvenes, solo una tiene laptop (Marjorie). Los hermanos mayores de Gino, Juan Diego y Joselyn, que viven en las casas m/paternas, tienen también laptops, que muy probablemente se compraron con sus ahorros, pues ya trabajan. John tiene varias computadoras a su disposición, porque su padre puso una cabina de internet. Salvo en un caso (Teresa), todas las casas cuentan con una computadora de escritorio con conexión (formal o informal) a internet, compartida por toda la familia.

> Lo que pasa es que en mi casa tienen computadora, pero, como somos tres hermanos, nos peleamos por la computadora. Como tiene internet, ya pues, todos quieren entrar. Entonces, prefiero comprarme mi laptop para yo chatear sola ahí. (Carolina)

En las diversas entrevistas a los jóvenes que estudian, estudian y trabajan o solo trabajan, se repite este relato de hermanos de todas las edades peleando o negociando el uso de la computadora compartida, y el deseo de tener una laptop propia. Algunos están ahorrando para comprársela. Por ejemplo, Joselyn tiene S/. 900

ahorrados y quiere una Toshiba. Por su parte, Marjorie señala que por su cumpleaños o en Navidad suele pedir regalos a su familia y enamorado de acuerdo con sus necesidades: sus padres le regalaron la laptop para sus estudios, y el enamorado, una tablet, que, confiesa, no sabe usar bien.

Macassi (2001) señala que a partir de los años noventa, junto con el de la educación superior, el acceso a una computadora pasó a ser un nuevo mito orientado a tener mejores oportunidades laborales. Por eso, muchos padres de familia invirtieron en la compra de computadoras. La EMS muestra evidencia al respecto: si bien el punto de acceso más frecuente sigue siendo la cabina pública (59%), el dato más relevante es el crecimiento del acceso a internet desde los hogares. Al 2012, el 49% de los hogares cuenta con una computadora de escritorio o una laptop y el 33% tiene conexión a internet.[21] Si bien este servicio todavía es limitado, es el que más se ha expandido en el transcurso de la última década, multiplicando su cobertura 7,5 veces. Los lugares menos frecuentes desde los que los jóvenes acceden a internet son el centro de trabajo y el de estudios (2% cada uno), lo cual constituye a su vez un indicador del tipo de trabajo que consiguen (no de oficina) y de la limitada disponibilidad de recursos informáticos en las instituciones educativas.

En las familias estudiadas es tangible esa realidad, y también, cómo conforme avanzan las tecnologías de comunicación y sus usos, el modelo de la "computadora familiar" va quedando obsoleto y aparecen nuevas necesidades: cada joven requiere ahora de una computadora personal.

En cuanto a televisores y conexión de cable, las familias comparten ciertas características. Salvo en un caso, en el resto de hogares hay más de un televisor. De los hogares unifamiliares, el que cuenta con más televisores es el de Marjorie (tres); de los hogares

---

21. Al respecto, ver cuadro 25 en el anexo 2.

multifamiliares, el que tiene más televisores es el de Teresa (cinco). A excepción de un hogar en el que momentáneamente han debido cortar el servicio, todos cuentan con cable, contratado formalmente o a través de una conexión "pirata". Ello confirma lo que mostró la EMS: la mayoría de los jóvenes urbanos ha crecido en hogares que cuentan con al menos un televisor convencional (70% tenía televisor hace diez años, 87% actualmente). La penetración del cable se ha triplicado en la última década y llega a casi la mitad de los hogares (46%). Incluso el 30% de los hogares de jóvenes urbanos cuenta con televisores de mayor tecnología (LCD, plasma, LED), 15 veces más que hace diez años.[22]

Son los jóvenes de trayectorias alternativas (John, Teresa y Paolo), de los cuales dos ya tienen hijos, los que señalaron su deseo de adquirir un televisor.[23] Resulta interesante observar que en este grupo, que coincide con las familias emergentes más "vulnerables", se encuentra la mayor brecha entre lo que puede comprar y lo que desearía tener. En otras palabras, este grupo es el que más expectativas de consumo tiene.

Por ejemplo, John menciona entre risas que quisiera recibir S/. 50 diarios para "comprarme mi ropa, mi plasma, irme a alquilar un cuarto, independizarme". Teresa, que al inicio de nuestro estudio vivía en la casa multifamiliar de la familia materna en la que ya había cuatro televisores (uno en la sala y tres en los dormitorios de su madre y de sus tíos), quería comprar uno para su cuarto, espacio que compartía con su conviviente y sus tres hijos. Tenía S/. 500 ahorrados para ello, fruto de un trabajo de cuatro meses. Al final, su conviviente utilizó el dinero para comprarse una moto.[24] Por su parte, Paolo comenta:

---

22. Al respecto, ver cuadro 7 en el anexo 2.

23. Teresa señala querer también una laptop, pero sobre todo está interesada en el celular (desde donde podría acceder a internet) y en el televisor.

24. Aunque no volvimos a indagar sobre ello, en las últimas visitas a Teresa, su cuarto ya contaba con un televisor, más grande que el de la sala (de 14

> Te dije que tengo ganas de comprarme toda la ropa que quiera, pero no... mi pensamiento ahorita no está en ropa. Antes sí. Todo era ropa, pero ahora no. Ando con lo que yo tengo, nada más, lo que tengo puesto. [E: ¿Y en qué te gustaría gastar?] Mi prioridad, mi sueño *es tener mi carro*. Desde chiquito siempre he querido tener un carro. [E: ¿Y alguna cosa más?] Mi juego de dormitorio, *una tele y un equipo*. Suficiente para mí.

Ello contrasta con el gasto realizado en los últimos dos meses por Paolo en objetos necesarios para el funcionamiento de un hogar.

> Cuando estuve con Gloria, la mamá de mi hijo, lo único que compré fue lo esencial: *cocina, balón de gas*. Compré una *cómoda pa' la tele*, un ropero, una cómoda *para poner la ropa*, mi cama, mi colchón. Y claro, *platos, cucharas... lo que se necesita para una familia, un hogar*. [E: ¿Y qué ha pasado con todo eso?] Se lo quedó ella, pues.

Como vemos, incluso quienes mencionan querer comprarse televisores, lo desean para independizarse de su casa con aparato incluido (John, Paolo) o, como dice Teresa, "para no compartir el control". Como en el caso de la ropa y de las zapatillas, en el de la tecnología (smartphones, laptops, televisores), esta prioridad de gasto es compartida por todos los jóvenes en mayor o menor medida, incluso entre los que no tienen una fuente de ingresos fija. Entre los jóvenes que tienen hijos, muchas veces su precaria economía les hace tener "dos listas" de prioridades: las familiares-colectivas (urgentes, en las que se va la plata del día) y las individuales (para las que ahorran o con las que sueñan).

Sea como fuere, identificamos que las nuevas necesidades individuales de esta época están orientadas principalmente hacia dos funciones que son inseparables entre sí: una de entretenimiento

---

pulgadas). Al final del estudio, la casa multifamiliar materna contaba con cinco televisores.

y la otra identitaria. Conectarse con otros con los que se puede interactuar (redes sociales, internet) o a quienes se puede ver (en la televisión) es un entretenimiento, un modo de pasar el tiempo (como veremos en el siguiente acápite) y, a la vez, la identidad pasa hoy en día por estar conectados y ser vistos por otros.

Como señala Sibilia (2008), un rasgo que distingue a esta época de otras tiene que ver con los modos en los que cada uno construye su *yo*, acorde con las tecnologías imperantes. La subjetividad se caracterizó en el pasado por construirse a partir de una mirada hacia adentro de sí mismo (introdirigida), mediante prácticas narrativas introspectivas, como escribir un diario.[25] En contraste, las identidades contemporáneas se proyectan hacia afuera (alterdirigidas); ser vistos es necesario para existir.

Este juego de la mirada del *otro* que se necesita para ser parte, para diferenciarse (y para moverse), no solo se aplica cuando los dispositivos están *realmente* conectados a internet y, por lo tanto, permiten la visibilidad y participación de los jóvenes en redes sociales y otras comunidades de consumo. Cuenta también el simple hecho de tener los dispositivos, de "llevarlos puestos", como ocurre con los smartphones prepago muchas veces sin saldo de los jóvenes estudiados (y de la mayoría de usuarios de telefonía celular en el país).

¿Qué características tiene esta identidad "conectada"? Los smartphones, las laptops (y ahora las tabletas, que durante el estudio empezaban a ser mencionadas solo por algunos de los jóvenes), son todos dispositivos de uso personal; se pueden compartir,

---

25. Cabe preguntarse si esta definición de "sujeto moderno" es válida en nuestro país, y en particular en las generaciones anteriores de los casos elegidos. Creemos que se trata más de culturas orales (de "otra modernidad"), dada la cantidad de historias de origen andino, migración e interrupción de la educación formal en las familias estudiadas. Sin embargo, ello no elimina lo segundo: en las identidades contemporáneas, ser visto por los demás es central.

pero pertenecen a una persona. Permiten mayor privacidad y facilidad de administración permanente de la imagen y de la persona pública virtual de cada uno.

Se trata, entonces, de dispositivos que por sus propias características de uso exacerban el individualismo característico de esta época; contribuyen al culto de la personalidad. Cabe preguntarse si la tecnología funciona como movilizador social: ¿construir una imagen personal que incluye este tipo de dispositivos permite abrir puertas, rodearse de personas o de un entorno que posibilite la movilidad?; ¿o es el acceder a ciertos contenidos a partir de los distintos dispositivos lo que abre puertas, permitiendo aprovechar ciertas oportunidades?

Finalmente, si analizamos la tecnología con relación a la desigualdad, podemos decir que esta tiene un efecto "igualador". Los dispositivos funcionan como signos visibles de un estatus de clase media o más acomodada y de estar acorde con los estilos juveniles contemporáneos. Los aparatos son, así, un capital simbólico: tener un smartphone o una laptop (o los dos) genera cierto estatus y, a la vez, diferencia de quienes no los tienen.

2. El tiempo libre (para consumir más)

Esta sección analiza las actividades que realizan los jóvenes en su tiempo libre. Se trata de una breve exploración sobre el tipo de experiencias que "consumen" cuando no tienen que estudiar o trabajar. Explora también aquellas actividades de entretenimiento que no están separadas del estudio o trabajo, o de otras actividades, como comer y limpiar la casa.

En una primera parte analizamos el tiempo que los jóvenes dedican a la televisión y las computadoras (sean de escritorio, portátiles o teléfonos), actividades que pueden darse individualmente o en familia, y en simultáneo a otras labores. En una segunda parte, examinamos otras actividades de esparcimiento de los jóvenes que implican un menor uso de pantallas y una mayor interacción con otras personas (como salir de compras, a bailar o a comer) y/o el uso de otras herramientas (como practicar algún pasatiempo o deporte).

2.1 Veo mis programas

Los estudios de caso muestran que gran parte del tiempo libre de los jóvenes transcurre frente a una pantalla, ya sea de televisión, de computadora o de smartphone, en caso de contar con uno. Los tiempos libres son muchas veces llenados con la conexión a redes sociales o a diversos contenidos en internet, o con la televisión, más que con actividades familiares, de barrio o con los amigos.[26] Son actividades que se realizan individual o colectivamente, y que no impiden hacer otras cosas simultáneamente, como comer, conversar o interactuar con otras pantallas.

En el caso de la televisión, es posible distinguir ciertos hábitos de consumo compartidos entre los jóvenes estudiados. La televisión es un miembro más de la familia, una compañía mientras se hace otra cosa. Todos los jóvenes comentan que ver televisión es parte de su rutina diaria, algo que se hace como complemento de alguna otra actividad, como despertarse o irse a dormir, desayunar o comer, en familia o a solas. Como explica Marjorie, al preguntársele cuántas horas al día ve televisión: "Para desayunar, comer y cenar, nada más".

---

26. Un problema de la EMS-IEP 2012 es que no consideró en la pregunta sobre actividades que se realizan en el tiempo libre, opciones vinculadas al entretenimiento mediático (navegar por internet, conectarse a redes sociales, mirar televisión). Internet y televisión fueron considerados en rubros aparte (en otras preguntas). Tampoco consideró actividades de entretenimiento relacionadas con el consumo de objetos (salir de compras como algo que se hace en el tiempo libre). Finalmente, el tener pasatiempos tampoco fue tomado en cuenta. Todas estas actividades han sido mencionadas por los jóvenes como parte de lo que hacen en su tiempo libre.

Con el paso del tiempo, la televisión

> [...] ha triunfado como medio más popular y como narrador central de nuestras vidas porque ha sabido responder a la temporalidad hogareña, ha promovido relaciones afectivas con sus audiencias e identificaciones en sus públicos, se ha adaptado al tono de la conversación diaria, sirve de compañía en los quehaceres cotidianos, no exige mucho del televidente y le promete mucho: entretenimiento permanente. (Rincón 2006: 22)

En las familias estudiadas, es una constante la referencia a la falta de tiempo de los padres para criar a los hijos, pues deben trabajar para poder mantenerlos, lo cual otorga un mayor espacio a la televisión.[27] Siguiendo a Macassi (2001), este tipo de situaciones en las que la madre no está presente como la base de crianza de sus hijos, genera una socialización horizontal, en donde el rol materno es suplantado por pares (hermanos mayores, familiares, vecinos), y a la vez una socialización mediática televisiva. La televisión, como señalan Gerbner et ál. (1996), es el mayor productor de imágenes centralizadas sobre el mundo, en el que pocos centros producen muchas imágenes (sistema *broadcasting*). Los niños aprenden imitando lo que ven en "la tele"; lo audiovisual se convierte en un lenguaje más poderoso para adquirir conocimientos que la escritura promovida por la escuela. Adquieren también aspiraciones diferentes a las impulsadas por la escuela, como veremos a continuación.

Con respecto al tipo de programación que los jóvenes ven, ellos señalan preferir los programas de cable a la televisión nacional. La EMS nos dice que entre televisión, radio y periódicos, lo que más consumen los jóvenes es televisión: el 69% de los jóvenes

---

27. Este tema ha sido tratado en el capítulo 4 sobre trayectorias laborales. La ausencia de padres y madres que deben dedicarse a trabajar para mantener a sus hijos abre un espacio de socialización primaria que es llenado por la televisión y otros espacios de entretenimiento en la crianza.

urbanos ve canales de señal abierta todos los días (86% al menos una vez a la semana) y el 40% consume cable diariamente.[28]

Los jóvenes estudiados son parte del porcentaje todavía no generalizado en el país de personas que cuentan con acceso a cable. Algunos son más televidentes que otros y varios mencionan que antes veían más "tele" que ahora. No se trata de un público homogéneo y sus gustos son bastante diversos. Sin embargo, ciertos rasgos los acercan. La mayoría dice preferir el cable a la televisión nacional, aunque en la práctica varios ven programas nacionales que también les gustan. Salvo por tres jóvenes, a la mayoría no le interesa ver noticias, aunque muchos las consumen de manera pasiva cuando otro miembro del hogar las ve.[29]

En cuanto a sus preferencias de televisión por cable, desde los que ven menos horas al día hasta los que ven más, tenemos que Gino, Joselyn y Marjorie comparten el gusto por los programas culturales, como los de Plus TV, que viene a ser una producción nacional "exclusiva" de cable. Mencionan que les gusta también ver documentales y canales especializados en los temas de su interés: historia y naturaleza (Gino), turismo y gastronomía (Joselyn), e informativos sobre el Perú y el mundo —Canal N, CNN— (Marjorie). Ninguno de los tres ve mucha "tele", en parte por falta de tiempo: Gino y Joselyn estudian y trabajan, y Marjorie estudia, participa de la política de su centro de estudios y a veces tiene "cachuelos". También son críticos de los contenidos de la

---

28. De acuerdo con la encuesta, luego de la televisión, el segundo medio más consumido es la radio: el 85% de los jóvenes escucha radio por lo menos un día a la semana y el 58% lo hace todos los días. Finalmente, son mucho menos los jóvenes que leen periódicos diariamente (20%), aunque 62% lo hace por lo menos un día a la semana. Para mayor información, ver anexo 2, cuadro 26.

29. Para más detalle, ver el capítulo 6, en donde se analiza el consumo de programas informativos de los jóvenes, no solo de noticieros sino también de otro tipo de programas (*late shows*, magazines informativos de mediodía, etc.).

televisión nacional. Joselyn prefiere ocupar su tiempo libre leyendo diarios o revistas por internet; Gino y Marjorie prefieren el cable a la televisión nacional porque consideran que esta última está llena de telenovelas y programas de entretenimiento que no culturizan a las personas.

Juan Diego comenta que ve más programas de cable que de televisión nacional: "veo lo que me entretiene". Menciona las series *Two and a half men*, *Los caballeros las prefieren brutas* y *The Bing Bang theory*, y comparte con los demás jóvenes que estudian como él o que estudian y trabajan el gusto por los documentales.

Carolina comparte con Juan Diego el gusto por las series norteamericanas; a ella le atrae *Smallville*, un programa que narra la vida adolescente de Superman. Sobre todo, Carolina es fan del anime japonés desde que era niña y veía en la televisión las series animadas de *Sailor Moon, Dragon Ball, Sakura*. Contó que veía hasta muy tarde anime por Cartoon Network con sus hermanos, que también son aficionados a este género. Por su parte, Paolo disfruta viendo películas de acción y peleas, como las protagonizadas por Jet Li, Jackie Chan y Rambo, personajes con los que se siente identificado, pero sobre todo ve dibujos animados, como *Doreimon, Dragon Ball, Bob Esponja* y *Los Simpsons.* En ello se evidencia, según dice, su espíritu de niño inmaduro, y, agregamos nosotras, también su condición de padre.

Teresa, que al igual que Paolo tiene ya hijos y no tiene una ocupación estable fuera del hogar, es la que más televisión ve de este grupo. Mira con sus hijas dibujos animados de los canales de cable, en especial de Discovery Kids. Las telenovelas del canal 12 de Cable Mágico la acompañan durante el día, mientras realiza otras actividades. En las tardes-noches, desde las seis hasta las once, la programación que ve varía de acuerdo con los gustos de sus hijas y de su pareja, Junior.

Finalmente, el consumo de programas deportivos marca una clara división de género. John señala que le gusta ver deportes en cable (Fox Deportes, ESPN). El canal de deportes nacionales en

Cable Mágico (CMD), en donde el deporte es casi sinónimo de fútbol, fue también mencionado por Gino y por los hermanos de algunas de las jóvenes estudiadas.

En cuanto a sus preferencias de programas de producción nacional y señal abierta, se trata nuevamente de un panorama diverso, en el que las categorías de ocupación (si estudian o trabajan y sus posibles combinaciones) no son útiles para organizar la diversidad. Sin embargo, encontramos ciertos patrones de agrupación posibles. Mientras que el consumo de televisión por cable está organizado en torno a los gustos personales y suele hacerse de manera individual, el de televisión nacional es sobre todo una actividad en familia, compartida con hermanos, padres/madres y abuelas. Este consumo de grupo acompaña muchas veces alguna otra actividad hogareña, "comemos y compartimos, nos reímos" (John), y depende de cierta manera de relaciones de género: madres y abuelas comparten el gusto por los programas de entretenimiento (*reality shows*, series, telenovelas), mientras que los padres están más asociados al consumo de noticieros, programas informativos y deportivos.

De los programas de entretenimiento, la mayor parte de los jóvenes consume dos tipos. En primer lugar, el género *reality show* es el que más ven en la televisión nacional, y dentro de este, el subgénero de concurso, en el que el o la más talentoso/a gana. Varios mencionaron ver el *reality show* de talentos musicales Yo soy (Gino, Joselyn, Juan Diego, John y Teresa), y algunos ven más de un *reality show*: Teresa, por ejemplo, ve Esto es guerra porque a sus hijas les gusta. Juan Diego comentó que le gustaría participar en los *reality shows* de canto que él ve (*Operación triunfo* y *Yo soy*), porque ha ido a karaokes. Dado que es un deportista calificado en su universidad y le gustan los concursos que requieren de habilidades físicas, también le gustaría participar en *Combate*. Por otro lado, un par de jóvenes señalaron que no les gusta este tipo de programas (Paolo y Marjorie). Marjorie contó que su abuela disfruta viendo *Combate*, programa que para ella es muy superficial, machista y "te hace olvidar cosas".

> Olvidar, como se llama, o sea que todo no es juego [...] la transmisión para mí debe ser algo educativo [...] si te meten mucho a la competencia, y todo tienes que hacerlo por competencia, ¿no? Pero todo no es competencia, pues, ¿no? También lleva a la imagen de que todo es superficial también [...], el cuerpo, la cara... y aparte... siento que hay un poco de machismo. (Marjorie)

Luego de los *reality shows* de concurso, la serie *Al fondo hay sitio*, que trata con humor las diferencias sociales y económicas entre dos familias limeñas, una de clase "alta" y otra "emergente", es el programa más mencionado por los jóvenes (Gino, Joselyn, Teresa y John). Teresa confesó que se identifica un poco con el personaje de "Charito de *Al fondo hay sitio*, porque también tiene que estar metida en su casa, con hijos, y que para cocinando y que para lo único que sale es al mercado como yo", aunque ella "no es tan tonta como la Charo", a quien su suegra domina y que termina haciendo todas las labores del hogar. En cambio, si ella lavara la ropa de otras personas, según dijo, le tendrían que pagar. Luego mencionó, entre risas, que su conviviente es igual al personaje "Joel" de esa misma serie, "porque es un cara de pez, un vago que no quiere trabajar". John comentó que le gustaría participar como actor en la serie porque "es un programa con bastante audiencia. Si salgo ahí, ya entré a la farándula".

Tanto los *reality shows* de concurso como la serie *Al fondo hay sitio* comparten un componente de aspiración y estructuras que permiten una fácil identificación con sus personajes. Los *reality shows* venden la idea de que "cualquiera puede participar", y si tiene talento, ganar; además, salir en la televisión es un modo de volverse famoso, como menciona John.

El consumo televisivo puede ayudar a comprender aquello a lo que aspiran los jóvenes, con qué públicos globales o locales se identifican y de cuáles se distancian. Los jóvenes estudiados son hijos del cable; su mundo es mucho más "ancho y ajeno" que el de sus padres y madres, sus aspiraciones son también más híbridas, localizadas, pero de otra manera. Ellos dicen en inglés los nombres originales de las series que ven. Aunque ven programas en español, prefieren la producción extranjera, sobre todo la norteamericana, parte de la expansión del capitalismo "cultural".[30] Su consumo no se agota en la televisión, sino que sigue en internet, ya sea viendo episodios de sus series favoritas, participando de clubs de fans globales o de las historias de sus personajes favoritos, entre otras opciones.[31]

Los jóvenes están acostumbrados al tránsito local-global que ofrece el mundo actual. Todos los entrevistados consumen o están al tanto de los programas de entretenimiento de producción nacional, así en algunos casos estos no encabecen sus preferencias, porque en su entorno alguien los ve. Sobre todo, están enterados de los *reality shows* de formato concurso. Los mencionados *(Yo soy, Operación triunfo, Combate, Esto es guerra)* son todas franquicias de programas internacionales adaptados al público local.[32] Son estos programas los que más los interpelan, sea hacia la crítica

---

30. Como señala Rincón, los medios de comunicación y las culturas mediáticas latinoamericanas se han formado siguiendo el modelo estadounidense e imitando y consumiendo sus productos audiovisuales: "La lógica del entretenimiento es la matriz explicativa de Estados Unidos, y este país exporta su modelo cultural a través del cine, la televisión, la música y los medios de comunicación. Entonces, el mundo se interpela e interpreta masivamente desde el entretenimiento-made in USA" (2006: 49).

31. Como señala Rincón, "el televidente de series mundiales es activo y conforma comunidades al asistir al mismo evento narrativo; luego se conecta a internet para comentar la experiencia sucedida. Este tipo de televidente [...] corresponde a jóvenes post-TV que nombran sus series con sus títulos en inglés y participan de comunidades virtuales en internet" (2006: 195).

32. Estos programas muestran las tensiones globales-locales características del capitalismo cultural, que opera entre la celebración de la diferencia y la homogenización (Appadurai 1996; Mazzarella 2006).

como algo frente a lo cual toman posición, o como referente y camino posible al éxito.

Para Huerta-Mercado (2015), ello se debe a dos motivos, ambos vinculados a la movilidad social. En primer lugar, estos *realities* de competencia, y agregamos nosotras, las series como *Al fondo hay sitio*, reflejan la sociedad peruana de inicios del siglo XXI en la que conviven grupos sociales que antes estuvieron separados. En la segunda mitad del siglo pasado programas como *Trampolín a la fama*, que estuvo al aire 30 años (1966-1996), "enseñaron cómo comportarse en una sociedad clasista, racista y difundieron la cultura chicha, del ser vivo y criollo". Por su parte, *Risas y salsa*, al aire por casi 20 años (1980-1999), "dio paso al pícaro, aquel que podía pasar por encima de las reglas y crear una suerte de informalidad que tanto caracterizó a la cultura peruana". Hoy en día, en programas como *Esto es guerra*, "gente con apellidos italianos y apariencia fenotípica distinta ya forma parte de la familia; está en la TV, depende de tus votos y está obligada a abrazarte si vas al canal". Grupos sociales que antes estaban separados ahora están mezclados; las élites han sido desacralizadas, "bajadas" del lugar que ocupaban, despojadas de su aura de distinción.[33]

> Ya no son lejanos, porque sabemos sus historias: ellos también sufren, a ellos también les sacan la vuelta. No estamos solos. Chismear sobre eso es goma social y forma parte de esa vigilancia social que viene desde la Colonia. (Huerta-Mercado 2015)

El otro atractivo de estos programas, según Huerta-Mercado, es un nuevo concepto de heroicidad: "Frente a la historia que

33. Cabe anotar que si bien ahora lo que reflejan estos programas es a individuos de diferentes grupos sociales, todos mezclados entre sí, y la posibilidad entonces de aspirar a "subir" en la escala social a partir del mérito propio, incluso en estos programas se mantienen primeras y segundas categorías: por ejemplo, *Esto es guerra* tiene más prestigio (es "más exclusivo") que *Combate*.

enseñan en los colegios, de guerras perdidas y héroes morales, tienen al winner, un emprendedor saludable y exitoso". Estos programas presentan modelos de aspiración dentro de los cánones del capitalismo cultural actual, que con "sabor local" y estilo personalizado, enseñan cómo debe comportarse, qué habilidades debe tener y cómo debe lucir una persona de éxito.

2.2 "Paro en internet"

> Diario gastaré cinco soles, máximo. En una gaseosa, una galleta. Cosas chicas, porque acá tengo todo en mi casa: fruta, comida, internet. (John)

Todos los jóvenes estudiados son asiduos usuarios de la web, la cual utilizan de múltiples y diversas maneras. De hecho, una característica común a todos los casos es que se trata de jóvenes que son nativos digitales (también llamados *millenials* o *Generación Y*), ya que nacieron y crecieron con internet.

La EMS mostró que el 85% de los jóvenes peruanos entre 18 y 24 años señala haber usado internet alguna vez; 78% ingresa por lo menos un día a la semana; y 36% lo hace todos los días.[34] Los casos estudiados confirman estas tendencias y permiten entender el lugar que ocupan las tecnologías de información y comunicación en la vida diaria de los jóvenes. Dicen mucho también de su poder adquisitivo y de sus posibilidades de consumo, pues la mayoría se conecta a internet diariamente. Es decir, ellos se encuentran en el poco más de un tercio de jóvenes privilegiados que puede conectarse con esa frecuencia en el país.

En los estudios de caso, internet es utilizado como vía de conexión con otros (redes, información), y también de desconexión (juegos, entretenimiento), y en muchos casos, ambos usos son simultáneos: se trata de varias ventanas e interfaces abiertas.

34. Para mayor detalle, ver cuadro 25 en el anexo 2.

Internet puede haber sido concebido como una herramienta de información y comunicación, pero hoy en día se ha convertido en mucho más que eso, en particular, para aquellos que son nativos digitales, como los jóvenes estudiados. Internet hoy por hoy es prácticamente una necesidad básica. Como señala John, en su casa tiene todo: "fruta, comida, internet".

Sus diferentes interfaces y aplicaciones (en particular las redes sociales) son los principales ambientes mediáticos que frecuentan los jóvenes. Ellos transitan de ida y vuelta entre medios digitales y tradicionales. Más importante aún: la comunicación, el estar conectados, ha cobrado una nueva dimensión en la vida contemporánea. Internet, a diferencia de los medios tradicionales, no sirve solo para informarse y entretenerse sino que es un espacio para ser, para estar. Como explica Carolina:

> C: *Paro en internet, nada más* [...].
>
> E: ¿Qué te gusta hacer en tu tiempo libre?
>
> C: No me gusta jugar, no me gusta correr, *solo me gusta internet.* (Carolina)

Todos tienen cuentas de correo electrónico, la mayoría en el servicio gratuito Hotmail, aunque no es práctica común comunicarse a través de él. La cuenta de correo electrónico es una llave que permite el acceso a otras interfaces. Lo que más utilizan los jóvenes son las redes sociales (todos) y los juegos en línea (sobre todo los hombres del grupo), ambos puertas de entrada en su temprana adolescencia hacia otros usos de internet. Empecemos por las redes sociales, que todos emplean. Todos son actualmente usuarios de Facebook. Ellos son parte del casi billón de usuarios de Facebook en el mundo, de los cuales 134 millones se ubican en Sudamérica.[35] Los jóvenes estudiados son parte de los casi

---

35. Fuente: Internet World Stats a setiembre 2012. Disponible en: <http://www.internetworldstats.com/facebook.htm>.

10 millones de peruanos que tienen una cuenta en esta red social (54,7% son hombres; 45,3%, mujeres). Entre ellos, el grupo de jóvenes de 18 a 24 años es el más numeroso (3,4 millones de usuarios).[36] Facebook, seguida de YouTube, Hotmail y Hi5, eran las interfaces más utilizadas en el Perú en el 2012, año de realización del trabajo de campo, y también las más mencionadas por este grupo de jóvenes.[37]

Aunque algunos son más activos que otros en su uso, Facebook es parte del lenguaje compartido entre los jóvenes estudiados. Todos tienen alguna anécdota, experiencia o crítica que comentar; todos tienen una relación con esta red. Todos la utilizan o han utilizado para "chatear" con sus amigos, parejas y conocidos, y para enterarse de lo que ocurre en su entorno familiar, de amistades, laboral o uno más amplio, dependiendo de las redes con las que se cuenta, de lo que estas compartan y de si ello les llama la atención. Facebook se ha convertido en un nuevo espacio público, en donde la vida privada de los cercanos y los temas de interés que ellos comparten producen nuevas nociones de colectividad.

La mayoría de los jóvenes seguidos se conecta diariamente. Varios publican fotos; algunos cuentan asuntos de su vida privada y de sus relaciones de pareja; otros utilizan la interface como una plataforma para debatir ideas políticas (Marjorie) o para enterarse y coordinar actividades de su trabajo (Gino, Joselyn) o centro de estudios (Juan Diego). Joselyn comenta que lo que le gusta de

---

36. Fuente: FuturoLabs. Disponible en: <http://www.futurolabs.com/demografia-de-los-usuarios-de-facebook-en-el-peru/>.

37. El *top ten* de búsquedas en internet durante el 2012 en Perú fue:1) Facebook; 2) YouTube; 3) Perú; 4) Hotmail; 5) juegos; 6) juegos juegos; 7) face; 8) videos; 9) música; 10) Google. El ránking de los diez más buscados del 2004 al 2012 en Perú fue: 1) Facebook; 2) YouTube; 3) Perú; 4) Hotmail; 5) juegos; 6) juegos juegos; 7) Hi5; 8) videos; 9) mensajes; 10) música. El ránking de los diez más buscados del 2004 al 2012 en el mundo fue: 1) Facebook; 2) YouTube; 3) Google; 4) download; 5) you; 6) Hotmail; 7) Yahoo; 8) video; 9) lyrics; y 10) my. Fuente: Google Zeitgeist 2012.

esta interface es que "como que te deja enterarte de las cosas, del mundo." Ella "postea" frases motivadoras: "suelo poner mis frases siempre: 'Sonríe, hoy que sea un día magnífico', 'Be happy, sé feliz', 'Que no te persigan las cosas malas'". A John, que se conecta todos los días una hora, a veces le "provoca poner cosas. El otro día que salió el sol puse: 'Qué bonito día'. Pero no estoy a cada rato".

Para la mayoría, esta no es su primera experiencia en redes sociales, sino que han ido migrando de una a otra siguiendo la tendencia y modas globales que determinan el tiempo de vida de cada interface. Como bien explican John y Gino, estos jóvenes estuvieron primero en Messenger, luego en Hi5 y ahora en Facebook:

> Antes era el HI5, después me pasé al Facebook. Primero era el Messenger, después el HI5. Desde chico estuve en eso de las redes sociales. (John)
>
> Por la moda, pasó el apogeo del Hi5 y entró el Facebook, todos al Facebook y hasta ahora. (Gino)

En efecto, Facebook es la red social actualmente en apogeo y reúne lo que las dos anteriores, Messenger y Hi5, permitían hacer por separado ("chatear" con los amigos y publicar fotos, respectivamente), a lo que se suma otras posibilidades de contenidos que se pueden compartir, modalidades de interacción, juegos e incluso transacciones. Facebook, como otras redes sociales, invita permanentemente a sus usuarios a compartir contenidos y cada sensación personal. Muchos responden a esta interpelación mediática y a las prácticas de sus pares y publican desde las cosas más íntimas hasta las más triviales. Como señalan Gino y John:

> [...] te enteras de cosas por lo que *las personas publican en sus estados*. Después chateas un rato y les preguntas qué les pasa... *hay personas que ponen en su estado hasta que tienen sueño*. (Gino)
>
> No me gusta andar diciendo mi vida. Más estoy ahí. Hay gente que dice: "Ya me voy al baño". (John)

Sibilia (2008) explica que el culto a la personalidad y la exhibición de la intimidad son dos fenómenos entrelazados desde los que se constituyen las subjetividades hoy en día, las cuales necesitan la mirada del *otro* para ser. Para llamar la atención del *otro*, la personalidad se convierte en un espectáculo: todo se vuelve un suceso que se puede compartir en las redes, desde lo más banal hasta lo más íntimo. Ambos fenómenos son observables en las prácticas de los jóvenes y sus comentarios al respecto. Ello, por cierto, genera reacciones diversas. Varios de nuestros jóvenes fluctúan entre temporadas de mayor actividad y visibilidad en redes y otras en las que adoptan un perfil más bajo y una perspectiva crítica de este espacio:

> [Facebook] es una tontería. O sea, no sé, todos comentan lo que quieren, ponen estupideces. No soy muy pegado al Facebook. Hay personas que me dan cólera y ponen a cada rato. Qué importan sus cosas [...] *están enseñando su vida privada y son exhibicionistas*. Por eso a veces entro y si suena reviso. Paro más en Youtube, entro por manía al *Facebook. Es una pérdida de tiempo*. (John)

En varios relatos se percibe también que se trata de una relación ya larga y cambiante con esta red social. Por ejemplo, Joselyn comenta que antes se quedaba un par de horas diarias conectada al "Face" y "conversaba con todos", desde la oficina de un ingeniero con el que trabajaba, luego de terminar su turno. "La oficina estaba abierta hasta las diez y yo me quedaba de ocho a diez en el Face. Veía qué cosas poner, o colgaba una foto. Antes incluso jugaba, ahora ya no". Dice que ya no lo hace porque no tiene tiempo.

> Ahora solo me quedo un ratito o pongo conectados a mis tres primos y nada más. A veces hay chicos que no me caen y les pongo para no hablar [...] ya no entro tanto a la chacota. En el 2009, hasta el 2010, conocía más gente, pero de ahí ya no. (Joselyn)

En sus comentarios se observan dos procesos simultáneos. Por un lado, la paulatina disminución de la capacidad de la red para mantener la novedad y el interés de los jóvenes en su uso, y por otro, la sensación que varios tienen de que ella se convierte en un vicio. Como dice Gino: "Antes sí era adicto. Ahora he bajado un poco. Entro para ver, nada más, chatear un rato. No para postear fotos, ni nada". Incluso, dejar de "entrar" en todo un día es un logro:

> Por ejemplo, ayer no lo vi. Antes de ayer, tampoco. Un día y medio... antes de venir lo abrí un ratito, cinco minutos. Estoy superando, está bien [risas] Una vez no lo vi una semana, estaba en exámenes. Ahora entro un ratito. (Joselyn)

Esta red social va agotando su novedad, por más que realiza constantemente cambios de diseño y actualiza las interfaces de los usuarios, en las que el peso de la imagen sobre el texto es cada vez más abrumador, a fin de mantenerlos cautivos. No obstante, es inevitable: poco a poco el aburrimiento se instala en los jóvenes dispuestos a migrar a la siguiente red que aparezca, o a sumar una nueva en su lista de identidades *online*.

Al respecto, Sibilia (2008) señala que otro rasgo característico de las subjetividades actuales, además del culto a la personalidad y la exhibición de la intimidad, es el tipo de inscripción temporal de los nuevos relatos de cada persona en "colecciones de tiempos presentes", cuya lógica es la actualización permanente de las más recientes informaciones e imágenes de uno mismo, lo que puede resultar tedioso, volverse aburrido o simplemente pasar de moda frente a la aparición de una nueva interface. Así, la identidad de los jóvenes contemporáneos (y de otros usuarios de redes sociales) se constituye de pasados fragmentarios que envejecen con las interfaces usadas, que quedan congelados en el tiempo y se pierden en el espacio virtual, pues en el ambiente virtual, "siempre es posible renacer" en otro momento en esta u otra nueva y más resplandeciente red social, "no solo con otro diseño gráfico más bonito y actual, sino inclusive con un perfil renovado" (Sibilia 2008: 160).

Los juegos en línea son otro uso de internet muy mencionado por los jóvenes. En este caso, como en el de las redes sociales, los participantes van acumulando una historia (de su desempeño en el juego) y relaciones con otros participantes. Los juegos también definen una época y luego pasan de moda; los jóvenes migran hacia uno nuevo en el cual empiezan nuevamente a acumular una historia y relaciones con otros. Esta temporalidad y dinámica social del juego es compartida globalmente por la comunidad de jugadores en línea (*gamers*).

En el caso de los juegos de video, como en el de los programas deportivos, el consumo parece estar diferenciado por género, pues está presente en la mayoría de los relatos de adolescencia e incluso actuales de casi todos los hombres entrevistados, y ausente entre las mujeres, a excepción de una (Carolina). John, por ejemplo, cuenta que pasa el tiempo con varios juegos en línea desde que tenía diez años:

> Juego billar en línea, con otros países o damas. Juego un juego de hombres lobo que se transforman en lobos y humanos. Cuando están en humanos, tienen metralleta y pueden disparar. Cuando son lobos, arañan y matan. Todos los días juego [...] Siempre me conecto en las mañanas, a las diez, once. Cualquier horario es igual, siempre hay gente. (John)

De hecho, los juegos en línea son, en varias historias de vida, la puerta de entrada a internet, la manera como los entrevistados aprenden el lenguaje digital, establecen una primera identidad en relación con otros *gamers* de diversas partes del globo y se inician en el mundo de las redes virtuales: "cuando jugaba en red, no entraba a nada, solo jugaba juegos. De ahí, a los 19, 20, empiezas con el Face, le quieres comentar a tal persona", señala Gino. En algunos casos, "ir al internet" es sinónimo de ir a la cabina en busca de juegos en línea. Como explica Paolo: "a veces me aburro, me voy con los amigos al internet. Como te digo, yo tengo 21 años, pero no soy maduro. Yo me comporto como un niño de 14 hasta ahorita".

Jugar en exceso es percibido de manera negativa por los propios entrevistados, así como por sus padres: denota falta de madurez, es un tipo de vicio. Los riesgos y vicios no están ya solo en las calles sino que es posible "perderse" en la web. Internet no es un medio, es un ambiente en el que se "para", y el tipo de opciones a las que acceden los jóvenes depende de dónde, cuándo y con quién se lo haga.

Cerramos aquí con una reflexión sobre el vínculo con el tiempo en el espacio virtual y cómo esto puede ser una variable a tomar en cuenta al tratar de entender las aspiraciones y posibilidades de movilidad social. En los ambientes en red, el pasado se fragmenta, se disuelve en diversas versiones de uno mismo y pierde así continuidad y densidad históricas. Como explica Sibilia, hoy vivimos "en una época en la cual el pasado parece haber perdido buena parte de su sentido como causa del presente" (2008: 140). El pasado deja de ser el cimiento del *yo*: en el ambiente de internet, se puede permanentemente renacer y acumular fragmentos paralelos de pasados en redes, juegos y perfiles diferentes. Se trata de un presente "constantemente presentificado [que] promueve la vivencia del instante y conspira contra las tentativas de darle sentido a la duración" (ibíd.: 143). Ello afecta a su vez la proyección al futuro, pues el tiempo deja de concebirse como un flujo lineal y constante proyectado hacia un futuro, efecto de la acción histórica presente. Esta noción de tiempo lineal, producto de la modernidad, es la que está vinculada a cómo se estudia tradicionalmente la movilidad social, como una progresión racional y una acumulación de saberes y activos (a partir de la educación y el trabajo) que permiten moverse ascendentemente del punto de partida al punto de llegada.

Internet transforma las maneras en las que se vive y se narra el paso del tiempo, y afecta la dimensión temporal relacionada con nociones y acciones de movilidad. ¿Cómo moverse y hacia dónde si se desdibuja la idea de un futuro abierto a ser diferente al presente, si el presente es "omnipresente"? Internet transforma también las maneras en las que se pertenece a comunidades, constituyéndose en un espacio para ser y para estar, afectando la dimensión espacial de la movilidad social. ¿Cómo afectan estas realidades paralelas a la movilidad —y al impulso de moverse— de los jóvenes? ¿Hasta qué punto son espacios de fuga que actúan como barreras para la movilidad (real) y generan inacción? ¿Hasta qué punto son espacios que posibilitan el movimiento?

Sibilia (2008) sostiene que tras la aparente libertad que otorgarían los medios electrónicos de ser todo aquello que uno quiere ser y "performar" una identidad diferente en cada red, surge también un sujeto más ansioso, que no existe si no es en la mirada del *otro*. Se trata de un sujeto que debe mostrarse y ser visto permanentemente. En lugar de —o la par con— "vivir el momento", hay que producirlo y registrarlo. Cabe decir que este fenómeno es singular de esta época, y que no solo atañe a los jóvenes, aunque entre ellos resulta notorio. Aquello que uno debe mostrar es que constantemente goza y este goce está cada vez más asociado al consumo. En el siguiente acápite examinamos el tipo de actividades que los jóvenes priorizan en su tiempo libre y que, como veremos, siguen apuntando en esta dirección: entretenimiento y consumo.

2.3 Dueños de la ciudad: salir a bailar, salir a comprar

De las actividades que los jóvenes realizan en sus tiempos libres, dos fueron comunes a todos: salir a comprar y salir de noche a bailar, a tomar algo o a conversar con amigos y parientes jóvenes como ellos.[38] "Ir de tiendas", como vimos, es una actividad que realizan

38. La EMS-IEP 2012 mostró que, entre los jóvenes urbanos, las actividades de esparcimiento más frecuentes, que realizan por lo menos una vez al mes,

con frecuencia los jóvenes, cada quincena la que más (Carolina, que trabaja formalmente y tiene acceso a crédito), y cada tres meses el que menos (Juan Diego, que solo estudia). Comprar, y soñar con hacerlo mientras se mira escaparates, son también formas de entretenerse. Es una actividad que se hace con otros miembros de la familia (madre, padre, hermanos) o con amigos. Las tiendas por departamento, los centros comerciales y los mercados son los espacios donde pasar el tiempo libre. Por ejemplo, Carolina cuenta lo siguiente:

> Cuando, por ejemplo, *me pagan el treinta o el quince, voy a comprarme ropa al otro día, en la mañana* [...] [Todas las quincenas compro] aunque sea una cosa. Algo que me gusta, pero no todo. Algo pequeño, algo grande. Qué importa. *Aunque sea algo. Para que sienta que yo he trabajado y que quiero comprarme algo.* (Carolina)

Ella trabaja de dos a once, seis días a la semana, y señala que este régimen laboral no le deja tiempo para otras cosas, como estudiar o salir a divertirse con sus amigos. Dice que ir a comprar

---

son las visitas a familiares (64%), la conversación con los vecinos (56%), y las reuniones con amigos/as (51%), actividades que parecen no involucrar un gasto y que se refieren a un mundo de relaciones cercanas de familiares, amigos de barrio y de otros lugares. Un segundo rubro de actividades realizadas con cierta regularidad (por lo menos una vez al mes) y que implican un costo, son las salidas a restaurantes o cafés (52%), la práctica de algún deporte o ir al gimnasio (46%), asistir a espectáculos deportivos (38%) o salir de noche a karaokes o discotecas (34%). Por otro lado, la EMS permitió identificar ciertas actividades, más culturales o más ligadas a las tradiciones populares, que un gran porcentaje de jóvenes urbanos encuestados señalan no realizar nunca: ir a una peña criolla (72%), ir a una fiesta patronal/ provincial (47%), ir al cine o teatro (44%), ir a una pollada, frejolada o actividad similar (43%), e ir a un espectáculo artístico o folclórico (41%). La encuesta no consideró en su pregunta el uso del tiempo libre en actividades importantes para los jóvenes, como estar en internet, ir de compras o tener un pasatiempo. Así, presentamos aquí un panorama que difiere en parte de esta fotografía del uso del tiempo libre entre los jóvenes urbanos.

es su mayor entretenimiento y en lo que invierte la mayor parte de su sueldo; prácticamente trabaja para adquirir zapatillas y ropa.

Todos señalan salir de noche a karaokes, a discotecas o a reunirse con los amigos del barrio para tomar, bailar y/o conversar, actividades que suponen un gasto (en entradas, bebidas). Algunos indican preferir almorzar o cenar en restaurantes con la familia o los amigos. Mientras que el local de trabajo o la institución donde se estudia suelen ser elegidos cerca de sus casas, el entretenimiento los hace moverse por diferentes zonas de Lima. Por ejemplo, Gino, que vive en Comas, nos comenta que suele salir al bulevar de Los Olivos, y también de vez en cuando a discotecas de Barranco. Una incursión al otro lado de la ciudad requiere de ciertas estrategias, como moverse en grupo, compartir el taxi entre varios amigos para llegar al lugar escogido, amanecerse y esperar el servicio rápido de buses de transporte público (Metropolitano), o, de lo contrario, regresar en cualquier bus o tener algún amigo taxista que no cobre demasiado para retornar al barrio.

El gasto en salidas nocturnas varía, dependiendo del/la joven, pero lo mínimo en cada ocasión es de entre S/. 50 y S/. 100. Joselyn nos cuenta lo que consume en una salida al karaoke:

> A lo que sí voy es al karaoke. Me encanta, pero ya no voy hace dos meses, tengo que ir. [Voy] con mis primos, pero la penúltima vez fui con unos amigos del cine. Karaoke Sopranos, se llama [...] queda por el Megaplaza, no se llena mucho. Siempre pido "Sex on the beach", "Pantera rosa" y mi "Machu Picchu", esos clásicos. El mojito es bueno, la última vez pedí para probar. [Los tragos cuestan] 20, 25 soles [Gasto unos] 55, 60. Ahí sí nos venimos en taxi. (Joselyn)

Este tipo de consumo no es exclusivo de quienes estudian y trabajan. Teresa, que no estudia ni trabaja y que comenta que ahora con sus tres hijos no suele salir muy seguido, dice que cuando sale con su pareja a discotecas o conciertos (el último fue de chicha), gastan entre S/. 150 y 200 para cubrir la entrada al local, las cervezas, la sangría (que es lo que más le gusta consumir) y la comida. Por su parte, Paolo nos dice:

> Yo iba a discotecas fichas. [En Miraflores] pero en ese tiempo no me dejaban entrar. ¿Cómo hacía para que me dejen entrar? Pagaban, a mí me pagaban para que pudiera entrar. Le dejaban 300 al portero y yo entraba. Y de ahí, nada, seguí acá y también iba a discotecas en Villa El Salvador. Cada semana que iba a una discoteca, me llevaba a una mujer. Así era mi vida desde los 12 años hasta los 15 años. (Paolo)

Paolo nos muestra un panorama extremo: en su adolescencia temprana se dedicaba a asaltar casas y gastaba todo lo que ganaba con eso en ropa de marca y en salidas a discotecas donde conocía a mujeres con las que luego tenía relaciones sexuales.

Tres de los jóvenes mencionaron tener pasatiempos relacionados con sus capacidades creativas. Gino baila en un grupo de danzas folclóricas andinas de su barrio. Es una actividad que le apasiona, que lo motiva mucho más que su trabajo, y para la cual tiene talento. Juan Diego es voleibolista, entrena diariamente y juega por el equipo de su universidad (Universidad Nacional Mayor de San Marcos). Carolina menciona su habilidad para dibujar y crear personajes siguiendo la estética de los animes japoneses, la cual cultiva como pasatiempo:

> [...] comencé a dibujar a los 21 años y me salieron bien; entonces, al toque, ya normal, comencé a dibujar. Pero primero un poco. Comienzo a dibujar, me sale algo y ya. Más o menos [como anime japonés], pero son mis creaciones. Yo no las copio. (Carolina)

Otro pasatiempo que parece depender del género en nuestro grupo de jóvenes es el cine. Todas las chicas mencionaron ir de vez en cuando a ver películas. Joselyn es la que lo hace con más frecuencia, aprovechando los pases gratuitos que da Cineplanet a sus empleados. Carolina va al centro comercial Larcomar cuando su prima, que vive en Corea y estudió en Estados Unidos, viene de visita. Teresa, Carolina y Joselyn prefieren las películas de acción, misterio y terror, entre ellas las de vampiros —mencionaron *Blade* y la saga de *Crepúsculo*, esta última muy popular entre los jóvenes. Marjorie se inclina por los documentales con contenido social y político —mencionó *Un invierno en Bagdad*, que cuenta la historia de cinco niños después de la guerra de Iraq.

Finalmente, todos dicen participar de vez en cuando en reuniones familiares o de amigos, que conmemoran alguna fecha importante, como un cumpleaños, Navidad o un "quinceañero". El estar con los amigos de barrio ocupa o ha ocupado gran parte del tiempo libre de los jóvenes que tienen trayectorias alternativas, diferentes a estudiar o trabajar, y que pueden terminar en problemas (delincuencia, drogas). En los casos analizados, los amigos del barrio son señalados como la principal mala influencia en sus vidas por algunos jóvenes y sus padres. Algo que parece ser claro en estos casos es que para ascender socialmente, los jóvenes deben frecuentar gente "sana", con quien entran en contacto fuera de sus barrios, por trabajo o por estudio.

Vemos, entonces, cómo al consumo de mercancías de "estilo de vida" (ropa de moda, zapatillas de marca y dispositivos de comunicación de última generación), se añade un consumo de servicios recreativos y relacionados con el entretenimiento y los espectáculos. Los jóvenes estudiados tienen pasatiempos, practican deportes, van al cine, a bares, karaokes y discotecas, opciones que antes eran reservadas a las clases medias y altas y que ahora están disponibles para muchos más. Su consumo es de clase media; participan de hábitos de jóvenes urbanos globales —mientras dure la noche.

En efecto, todos los jóvenes analizados reciben apoyo familiar para todos o algunos de sus gastos, y la gran mayoría no vive por su cuenta. Los trabajos a los que acceden son precarios, pocas veces formales, de horarios recargados y de salario mínimo, y no les permiten moverse o planear escenarios futuros; muchas veces incluso no les dejan tiempo para hacer otras cosas. Al salir, gastan lo que tienen. Como algunos padres comentaron, son trabajos que les dan "una propina", y como buena propina, los jóvenes se la gastan en divertirse y satisfacer sus necesidades o gustos, comprando objetos o consumiendo experiencias. Lo que encontramos entonces en estos casos es que ahí "donde cesa la movilidad social, en alguna medida y gracias al despliegue de las necesidades y la voluntad [de los jóvenes], emerge la movilidad cultural" (Monsiváis 2005).[39]

3. "Entro con mi hijo a Youtube": comparación intergeneracional

En esta sección comparamos la cultura de consumo de los jóvenes, que hemos venido narrando detalladamente, con la de sus padres y madres. Así como los jóvenes son diversos, esa otra generación es también variada, aunque encontramos varios puntos de encuentro entre sus miembros, que la distinguen de la siguiente.

Muchos aspectos marcan una diferencia generacional entre los jóvenes y sus padres y abuelos, empezando por el peso de la moda, la inversión en prendas de vestir, la frecuencia con la que se va de compras, así como el tiempo que se dedica a cultivar un estilo acorde con la personalidad. Esta diferencia generacional puede ser ejercida en tanto coincide con una época de mayor estabilidad económica en el país, de ampliación de la oferta de trabajo para los

---

39. Monsiváis sostiene que la juventud deja de ser un lujo de clase al "extenderse la americanización, y sus industrias de la cultura juvenil, que contagian de modo desigual y combinado a burgueses, clasemedieros, obreros, campesinos, desempleados, subempleados. Y los hijos de obreros y campesinos pasan de golpe del tiempo histórico marginal a las márgenes de la sociedad de consumo [...] El fin de la movilidad social humilla a un sector inmenso de jóvenes, pero el ascenso de la movilidad cultural es, para una minoría, la oportunidad compensatoria. Y aquí por cultura no entiendo la versión antropológica, sino el conjunto de valores artísticos y humanísticos apreciado por las generaciones y renovado periódicamente" (2005: 133-134).

jóvenes y de liberalización del acceso a crédito, lo que permite que personas con ingresos desiguales se terminen acercando por sus hábitos de consumo.

El dato del consumo permite realizar otras comparaciones intergeneracionales. A la edad de estos jóvenes, sus progenitores eran ya independientes. En cambio, los jóvenes pueden mantener este nivel de consumo, pero no pueden vivir de manera independiente con el tipo de trabajo que consiguen (de hacerlo) y su actual nivel de gastos. Dicho de otra manera, "por mientras", hasta que sean independientes y tengan más responsabilidades, pueden gastar como lo hacen y en las cosas que quieren. Incluso, en los casos estudiados, los que viven por su cuenta siguen en parte dependiendo económicamente y organizacionalmente de su familia de origen (por ejemplo, en aquellos casos en los que los jóvenes tienen hijos, son muchas veces las ahora abuelas las que parte del tiempo se ocupan de los nietos), lo que les permite cubrir sus costos de vida y seguir consumiendo objetos y experiencias.

Por ejemplo, Carolina trabaja en el supermercado Plaza Vea y gana el sueldo mínimo. Su salario no le alcanza para independizarse ni cambiar de vida, solo para comprarse ropa, salir, pagarse algún curso. Ella comenta:

> [...] ahora gano 750. Pero igual... no alcanza. *Salvo para comprar*. Bueno, *para mis salidas* [con] mis hermanos. Yo los invito o ellos me invitan. Porque ellos también trabajan, entonces compartido, pues, las cosas. Pero *para hacer, por ejemplo, otras cosas, todavía no me alcanza*; como unos viajes, todavía no, claro... (Carolina)

Carolina cuenta con tarjetas de crédito de las cadenas de tiendas por departamento Ripley y Saga y mantiene deudas de S/. 500 en promedio por cada tarjeta. Lo que normalmente compra con ellas es ropa y productos como edredones y adornos para su cuarto, y de vez en cuando las usa para salir a comer con sus padres. Destina S/. 300 de su sueldo para pagarlas. Carolina no podría independizarse en estas condiciones, pero tampoco puede dejar el trabajo que tiene porque debe pagar sus deudas. Es un trabajo al que dedica seis días de la semana, de dos de la tarde a once de la noche, con descanso solo los lunes, y que la deja muy cansada para hacer otras cosas que no sean "parar en internet" y salir a comprar: "no tengo ganas de salir, cansada paro. A veces duermo con ropa". Carolina termina tan agotada que no puede siquiera pensar en otras opciones que la ayuden a mejorar sus condiciones de vida.

Los padres y madres también "paraban" muy cansados de jóvenes y lo están hasta ahora, pues su vida se centra en el trabajo. Sin embargo, lo ganado se destina sobre todo a cubrir los gastos colectivos/familiares y a ahorrar/invertir en activos, como ampliar la casa para alquilar cuartos, crear un negocio propio —un restaurante, un puesto en el mercado, una farmacia, una vidriería—, adquirir una computadora para contribuir con la educación de los hijos o pagar un colegio privado, entre otros.

En cuanto al uso de tecnología, vemos que si bien los teléfonos móviles son utilizados por la mayoría de padres y madres (a diferencia de los abuelos y abuelas), se trata de una relación con los dispositivos generalmente diferente a la de los jóvenes.[40] Algunos padres y madres pueden prescindir de su uso, mientras que los jóvenes no. Por ejemplo, en el caso de la familia de Joselyn, cuyo padre es maestro y la madre tiene un restaurante, sucede lo siguiente:

> Mi mamá no tiene; mi papá tenía, pero al final yo me lo cogí [le dije] "*Yo lo voy a hacer funcionar*", estaba guardado un año. Luego me lo pidió, pero yo lo había malogrado. Mi hermano sí tiene, como el mío, pero con cámara. Todos tienen, menos mis papás. (Joselyn)

---

40. Como señalamos en el capítulo 2, es claro que el uso del celular es ahora generalizado entre las familias de los jóvenes, pero no lo era hace diez años, cuando ninguna de las familias estudiadas tenía uno.

Joselyn y todos sus hermanos tienen celular, mientras que sus padres no. Como no pasan mucho tiempo en casa, tampoco tienen teléfono fijo y solo usan el teléfono público del restaurante del cual son propietarios para comunicarse. Para padres y madres, el celular es más una herramienta de trabajo que se utiliza para comunicaciones específicas que un dispositivo de entretenimiento. Son los hijos usualmente los que pueden "hacerlos funcionar" y los que enseñan a sus progenitores cómo usarlos.

Si bien el tipo de teléfono que se tenga puede también ser un marcador de estatus entre los adultos, en este particular grupo de m/padres ello no es (todavía) relevante. Y es en este detalle donde se hace evidente el tema de la clase social y la distinción generacional al respecto: los hijos están más al tanto y participan de aquellos bienes y "activos" desde los cuales hoy en día se negocia la pertenencia a las clases medias. Como señala García Canclini, "consumir es participar en un escenario de disputas por aquello que la sociedad produce y por las maneras de usarlo" (1995: 60). La innovación tecnológica —junto con la moda y la expansión educativa— es una de las arenas de esta disputa.[41] Son los jóvenes los que están al tanto de las nuevas claves de membresía (Delgado 1971).

Bourdieu (1988) y Appadurai (1991), entre otros, han estudiado el consumo como "lugar de diferenciación y distinción entre las clases y los grupos", deteniéndose en "los aspectos simbólicos y estéticos de la racionalidad consumidora" para dar cuenta de las lógicas involucradas en "la construcción de signos de estatus y en las maneras de comunicarlos" (García Canclini 1995: 60-61). Es el campo del consumo y la disputa por la apropiación de los "medios de distinción simbólica", más que "la lucha por los medios de producción", los que estructuran las relaciones sociales en las

41. Para Castells, el consumo "es un sitio donde los conflictos entre clases, originados por la desigual participación en la estructura productiva, se continúan a propósito de la distribución y apropiación de los bienes" (citado en García Canclini 1995: 43).

sociedades contemporáneas (ibíd.). Para que los bienes operen como "instrumentos de diferenciación", su sentido debe ser compartido por la sociedad y ser comprensible no sólo "para la élite o la minoría que los usa". Por tanto, los unos se distinguen de los otros "en la medida en que quienes no acceden a ellos conocen su significado sociocultural", significado que ha sido compartido/comunicado dentro de una sociedad (ibíd.). Así, en los casos estudiados, los jóvenes, más que sus progenitores, son los que entienden que los celulares son importantes no solo por sus funciones de comunicación sino por ser marcadores de estatus: saben que importa mucho el tipo de celular que "se saca del bolsillo" en situaciones sociales.

En cuanto a la computadora e internet en el hogar, la mayoría de los padres y madres no los utilizan. La computadora es una herramienta para la educación de los hijos. Ello se debe en parte al tipo de ocupación de los progenitores. De hecho, en este grupo, solo dos de las madres tienen un trabajo de oficina en el que utilizan una computadora (las de Marjorie y Juan Diego). El resto se dedica a la docencia escolar, a negocios que requieren de la atención directa al cliente (restaurante, venta de ropa), al trabajo manual (vidriería) o al servicio doméstico. En aquellos casos en los que sí usan una computadora e internet (padre de Joselyn, madre de Carolina, padre de John), ocurre lo mismo que con los celulares: son los hijos los que enseñan y ayudan a sus mayores a "navegar" por la red.

Por ejemplo, la madre de Carolina utiliza la computadora y es su hijo menor el que más la ayuda a entrar y ver videos de arte en YouTube para actualizarse sobre las últimas técnicas y tendencias en manualidades. John comenta que su padre tiene correo electrónico y Facebook y que juega en línea:

> [...] está actualizado. Todo comenzó porque le enseñé una página que se llama Gameservers y le creé su cuenta. Yo cometí un error fatal, de ahí he creado un monstruo. Mi mamá le dice que corte el

internet, porque paro enviciado, pero él es quien para enviciado [risas]. (John)

En varios de nuestros casos, junto con la constatación de que los padres y madres utilizan menos la computadora que sus hijos, se hizo evidente una diferencia generacional entre los jóvenes estudiados y sus hermanos menores (de entre 8 y 14 años). Ellos son aún más proclives a su uso y a ser productores activos y autodidactas de contenido. Por ejemplo, el hermano menor de John (ocho años) hace videos de *stop motion*: ha descargado un programa que le permite utilizar esta técnica de animación a partir de la sucesión de fotografías que toma a muñecos que él mismo elabora con plastilina. Quiere subirlos a internet, a su propio canal de YouTube, como hacen sus amigos.

Son entonces los jóvenes, y entre ellos incluso los más jóvenes, los que más conviven con la tecnología y están a la par de su avance y de sus posibilidades de uso. Los mayores aprenden de ellos; son los hijos los que los ayudan a "entrar" a este mundo tecnológico. Para los jóvenes, el celular y la conexión a internet son necesidades y no lujos. A diferencia del "mito de la educación" y de la compra de una computadora como un elemento de movilidad social que los padres inculcan en sus hijos, el "mito del celular-tecnología-internet" se mueve en dirección opuesta: de jóvenes a adultos.

Ello hace eco con lo planteado por Mead décadas atrás y rescatado por Reguillo (2000), quien llama "cultura prefigurativa" a las culturas en las que los adultos aprenden de los niños.[42] Reguillo sostiene que estamos en un momento histórico sin precedentes:

---

42. Mead elaboró un esquema de tres tipos de culturas —que, sabemos, pueden todas coexistir en una sociedad—, para explicar la reproducción sociocultural: "a) la posfigurativa, que [...] es aquella en la que los niños aprenden de sus mayores. El presente y el futuro están anclados en el pasado. Son propiamente las culturas de la tradición; b) la configurativa es aquella en la que tanto niños como adultos aprenden de sus pares. El futuro está anclado en el presente. Son propiamente las culturas de la modernidad avanzada; c) la

> [...] donde pasado y presente se reconfiguran a partir de un futuro incierto y son los jóvenes los actores "mejor dotados" para asumir la irreversibilidad de los cambios operados por elementos tales como la mundialización, el desarrollo tecnológico, la internacionalización de la sociedad, entre otros. (Reguillo 2000: 63)

Actualmente, "los jóvenes adquieren y asumen una nueva autoridad mediante su captación prefigurativa del mundo aún desconocido" (Mead 1970: 35, citada en Reguillo 2000: 63). Los jóvenes son los nuevos "conquistadores", ya no de las luchas políticas por derechos y por un espacio en la capital, sino de este nuevo territorio local mundializado desigualmente, fuertemente tecnológico y en el que se participa del colectivo social como individuo, sobre todo a través del mercado y el consumo.

Las "prácticas y lecturas del mundo" de los jóvenes y la "dimensión expresiva de las culturas juveniles" nos brindan pistas para entender las configuraciones que va asumiendo la sociedad. Para Reguillo:

> [...] la novedad que comportan las culturas juveniles para la vida social estriba, no tanto en sus prácticas más o menos irruptivas o disruptivas o en su resistencia a la socialización, sino fundamentalmente en la velocidad y capacidad de procesamiento de la información que hoy, de manera inédita, circula por el planeta. (2000: 66)

Reguillo llamó en los años noventa "metabolismo acelerado" a esta forma de integrar conocimientos de muy diversa índole para producir "nuevos significados" de los jóvenes (2000: 67). Hipertexto y videoclip son los modos de socialización que los distancian generacionalmente de sus padres, y desde los que "ordenan" el mundo como una sucesión y yuxtaposición de imágenes "no necesariamente armónicas y coherentes" (ibíd.).

---

prefigurativa es aquella cultura en la que los adultos aprenden de los niños" (citado en Reguillo 2000: 63).

La relación de los jóvenes con las (ya no tan) nuevas tecnologías es la que marca la diferencia con la generación de sus padres. Los jóvenes son asiduos televidentes, como sus padres y madres, pero también son "hijos del cable" y sobre todo de internet, a diferencia de ellos. Ello marca un gran salto generacional en los modos de informarse, comunicarse y relacionarse. Tanto los abuelos y abuelas, como los padres y madres, crecieron en el entorno mediático del siglo XX, dominado por el principio del *broadcasting*, en el que una fuente emisora producía contenidos para muchos receptores. Es decir, se trataba de una producción de contenidos de entretenimiento e información concentrada en pocos centros y de un consumo más homogéneo. Además, las fronteras entre cada medio y la función que este realizaba estaban rígidamente definidas: un diario les permitía recibir contenidos producidos por periodistas y quizás responder mediante una carta enviada a la redacción; un teléfono servía para comunicarse con otra persona, solo con una.

En el ambiente mediático contemporáneo, por un lado, coexisten medios tradicionales y digitales. Los medios digitales del siglo XXI establecen redes globales en las que cada punto de conexión realiza dos funciones: emite y recibe mensajes. Por tanto, todos somos potencialmente productores y receptores de mensajes. Si bien siguen existiendo importantes centros de producción de contenidos (desde la industria de Hollywood hasta las agencias de noticias internacionales, los grupos mediáticos peruanos e incluso Youtube o Google), la oferta es mucho más amplia y menos homogénea. De igual modo, se trata de audiencias con mayor capacidad de negociación, apropiación y resistencia a los contenidos recibidos.

Por otro lado, las fronteras entre los medios son menos definidas; incluso es más complejo señalar qué constituye un medio (Sturken y Cartwright 2001). Por ejemplo, un diario ya no es solo un medio impreso sino además un medio digital; una serie de televisión puede ser consumida también a través de streaming en YouTube, descargada como archivo electrónico a una computadora o comprada "pirata" para ser vista a través de un DVD o BluRay; internet es a la vez un medio y un espacio en el que confluyen los demás medios. Los teléfonos ya no son solo teléfonos; son *smartphones*, literalmente, teléfonos inteligentes. Se trata de minicomputadoras multifuncionales conectadas a internet: continúan sirviendo para hablar con otra persona, con o sin imagen, permiten tomar fotografías y videos y compartirlos en redes, ver videos, leer noticias, "postear" contenidos visuales o escritos, enviar mensajes de texto o realizar transacciones, entre otras funciones.

Los jóvenes estudiados han crecido y se mueven en este ambiente mediático en el que internet es el medio y espacio desde el que se organiza su consumo de contenidos, desde el que se posibilitan diversas formas de relacionarse con otras personas y con su entorno, y en el que "chatear" o "textear" son actividades centrales de la vida diaria.

Otra diferencia generacional respecto del consumo mediático consiste en que padres y abuelos consumen también entretenimiento, pero esto no suele ser lo único. Todos los entrevistados comentan que en sus casas ven o escuchan noticias en TV o radio, sobre todo los padres de familia, pero también algunas madres, abuelos y abuelas. Es parte de su rutina diaria enterarse cuando menos un poco de los temas políticos y sociales. Pero no se trata solo de un asunto de cantidad de consumo diferente entre generaciones. Lo que ha cambiado es que, entre los jóvenes, la lógica del entretenimiento, aprendida a través de los medios, es la que organiza su consumo mediático.

La centralidad del entretenimiento en las vidas de los jóvenes es una diferencia generacional que se observa también en el peso que tienen las actividades de esparcimiento nocturnas. Estas son mucho más frecuentes entre los jóvenes que entre sus padres, cuyas vidas están más regidas por el trabajo y cuyos círculos de amistades se restringen más al espacio familiar. La mayoría de los progenitores reporta que lo que hace en su tiempo libre es visitar a sus parientes, en Lima o en otras partes del país. A diferencia de los jóvenes, nacidos todos en Lima, los padres y madres son migrantes de primera o segunda generación.[43] Volver a sus ciudades o pueblos de origen es, luego de reunirse con los familiares en Lima, la segunda actividad que señalan hacer, con muy poca frecuencia, por cierto, por el costo y el tiempo que supone. Tradiciones presentes en la capital, como fiestas patronales, polladas, etc., son actividades que ninguno de los jóvenes indica realizar, a diferencia de sus padres.

El tipo de uso del tiempo libre es, junto con el consumo y empleo de tecnología, los medios de comunicación y las modas, otro punto que acerca a los jóvenes estudiados y los distancia de sus progenitores. En nuestra muestra de casos de estudio, los ingresos familiares fluctúan entre los S/. 1350 y los S/. 6000. A pesar de las diferencias de ingreso, el tipo de actividades que realizan y el nivel de gasto en salidas nocturnas (entre S/. 50 y S/. 200 en rango promedio) acerca entre ellos a los jóvenes estudiados, así como a los de una situación más acomodada. Los jóvenes comparten patrones de consumo similares, a pesar de que los diferencian sus condiciones de vida (hogares unifamiliares de más de un piso y cuartos individuales para cada miembro de la familia versus hogares multifamiliares en las que en cada cuarto vive una familia).

Vuelve aquí esta idea del "presente constantemente presentificado" (Sibilia 2008: 143): a diferencia de sus padres, en cuyas trayectorias el trabajo está mucho más presente que el relajo, los jóvenes, así trabajen, estudien, estudien y trabajen o no estudien ni trabajen, no postergan el entretenimiento ni la diversión. Para los que tienen hijos, la actitud es ambivalente, pues en sus discursos ellos son evidentemente su prioridad, pero cuando comentan qué se comprarían si tuviesen dinero o para qué están ahorrando, ninguno se refiere a algo que tenga que ver con la crianza de los niños (Teresa quiere un televisor, y su pareja, una moto; Paolo quiere

43. Al respecto, ver el capítulo 2.

un carro y un equipo de sonido). Tampoco prevalece "sacrificar" la diversión de hoy con el fin de ahorrar para un futuro mejor. Se vive el presente. El punto de encuentro entre los grupos sociales, y aquello que distancia a los jóvenes de sus padres y madres, es el presente, no es una movilización hacia un futuro mejor, es el consumo de hoy.

4. "Nos ven así, de pies a cabeza": los límites del consumo y el retorno de la raza

Hemos visto hasta aquí cómo la lógica del consumidor, más que la del ciudadano, es la que parece moldear la experiencia subjetiva contemporánea. Los jóvenes estudiados son ciudadanos construidos desde el mercado o, mejor dicho, son clientes que se incluyen desde el consumo. Terminamos este capítulo con el análisis de un par de anécdotas que muestran los límites de las posibilidades de inclusión a través del mercado, y cómo persisten los rasgos clasistas y racistas de nuestra sociedad, rearticulándose también a través del mercado.

Para estos jóvenes, hijos o nietos de migrantes, ya no se trata de adaptar sus costumbres (como, por ejemplo, un modo de vestir tradicional) a la gran ciudad. Ellos son capitalinos y se comportan como tal; son los "neolimeños" (Arellano y Burgos 2007). Van a Saga, pero también a Gamarra. Ya hemos visto que la elección de ropa y calzado es clave para poder proyectar una identidad que los diferencie de lo "pobre", los iguale a sectores más pudientes y les permita moverse por la ciudad sin ser discriminados.

Ciertamente, el tipo de ropa, de calzado y de tecnología que se lleva funciona como un marcador de estatus, activa estereotipos, clasifica. Analizando las conversaciones con los jóvenes estudiados, puede desprenderse que la moda iguala, acerca a quienes comparten los mismos hábitos de consumo. Teresa comenta: "entre chicos dicen que tiene plata el que se compra zapatillas caras.

[...] el que menos usa zapatillas". Paolo dice: "la mayoría por mi casa utilizan esa ropa, pe [Cuando voy vestido así] me quedan mirando [...] cómo le dicen a esto... su acabado de la ropa, ¿no? Sí, se quedan mirando". Él señala que es importante estar bien vestido "para llamar a chicas, para traer amigos, eh... para esas cosas nomás, pe". También le compra a su hijo ropa de marca porque:

> [...] yo de chiquito quería tener y he visto personas que han tenido buenas ropas y... ya, pues, como yo no tuve todos esos gustos, ahora, como yo sí puedo darle, yo sí le quiero dar todos esos gustos a mi hijo. (Paolo)

Desde la perspectiva de Paolo, una buena apariencia atrae a amigos (y a mujeres), y comprarle a su hijo ropa que él no pudo tener cuando niño, es una forma de darle una oportunidad de movilidad, de cultivar sus gustos y de posibilitarle el contacto con gente de una clase social más acomodada.[44] John señala al respecto:

> Alguien pobre que quiere salir adelante no puede, porque a veces lo discriminan en el trabajo en que está. *Lo miran mal por la forma en que se vista. Son gente que no tiene dinero, que quiere salir adelante, pero no tiene el dinero para poderse vestir bien* y la gente lo mira mal. (John)

Entonces, para los jóvenes estudiados, las zapatillas y la ropa de marca son entendidas como recursos materiales y simbólicos

---

44. La imagen que uno proyecta es clave para definir una identidad en el mercado laboral. "La adquisición de una imagen (por la compra de un sistema de signos, como el del diseñador de ropa [...]) es un elemento de singular importancia en la presentación de la persona en los mercados laborales y, por extensión, constituye un componente integral en la búsqueda de identidad individual, auto-afirmación y sentido" (Harvey 1998: 319). Estos símbolos de riqueza, estatus, prestigio "y poder así como de clase fueron importantes en la sociedad burguesa, pero es posible que nunca lo hayan sido tanto como ahora" (ibíd.)

de movilidad social, que evitan que uno sea discriminado o tratado como pobre. Para salir adelante, es importante que a uno lo miren "bien", y para convocar una mirada positiva, la presentación personal es una estrategia central: es necesario vestirse "bien".

Sin embargo, estas estrategias y los marcadores que se portan no han logrado protegerlos de ser discriminados. Varios jóvenes contaron experiencias en las que se sintieron tratados como inferiores. En todas ellas, el rasgo común es que ocurrieron cuando los jóvenes transitaron desde las Limas periféricas (Norte, Sur) a otros espacios más céntricos y ocupados por clases medias o acomodadas más tradicionales. John, que vive en Villa El Salvador, señala haberse sentido discriminado al pasear por Miraflores:

> A todos creo que nos ha afectado la discriminación en algún momento. *Cuando salimos por Miraflores, estamos caminando y nos ven así, de pies a cabeza. A veces nos sentimos mal, pero a mí me rebota si me discriminan o no*. No me afecta. (John)

Joselyn cuenta con detalle una ocasión en la que sintió incomodidad y racismo: la vez que asistió a una fiesta organizada por amigos de una compañera de trabajo de Cineplanet, para lo cual salió de su barrio y del espacio donde trabaja y estudia (Lima Norte), para trasladarse a otro distrito (La Molina), a una casa donde la mayoría de los invitados eran de una universidad (Universidad de San Martín de Porres) de más prestigio que la suya (Universidad César Vallejo).[45] Describe el lugar como una residencia grande, con jardín y terraza. Cuenta cómo había diferentes tragos (tequila, cerveza, vodka), y cómo algunos invitados organizaron un concurso de quién acababa más rápido lo que tenía en su vaso. Señala que

45. La Universidad San Martín de Porres es privada, y se encuentra ranqueada como la décima en el ámbito nacional, a diferencia de la César Vallejo, que está en el puesto 34. Ver: <http://rankings.americaeconomia.com/2012/las-mejores-universidades-de-peru/ranking.php> (revisado el 25/08/2015).

la gente le pareció "muy alzada" por su manera de hablar, "man-yas, oe", y cuenta que en un momento una chica vomitó y que la anfitriona de la fiesta le pidió por el micrófono a su amiga de Cineplanet limpiar el vómito, arguyendo que ella estaba acostumbrada a limpiar ya que se encargaba de eso en su lugar de trabajo. Joselyn nos explicó que su amiga trabaja en realidad en la sección de dulcería del cine. La amiga se molestó, pero luego de que le trajeran escoba y trapeador, acabó limpiando todo. Finalmente, uno de los chicos de Cineplanet se emborrachó y se peleó con unos estudiantes de la Universidad San Martín, por lo cual la dueña de casa (la madre de la festejada) dio por terminada la fiesta. La agasajada culpó a la amiga de Joselyn "por el tipo de amigos que trae".

El hermano mayor de Paolo cuenta otra anécdota esclarecedora de cómo los jóvenes y sus familias perciben fronteras entre grupos de jóvenes y entre clases sociales vinculadas a determinados espacios de la capital. Recuerda que cuando era más joven, solía caminar con sus amigos desde las playas de Chorrillos hasta las de Miraflores. Disfrutaban subir por la bajada Balta y pasear por el malecón, donde todas las personas eran "blanquitas y pituquitas". En otras ocasiones se iban a las playas del sur de la capital. Cuenta que una vez caminaron desde la playa El Silencio en dirección a otra playa exclusiva al otro lado de la bahía, en donde se pusieron a nadar todos juntos. Ni bien salieron del mar y llegaron a la orilla, sintieron la desaprobación de los bañistas, que los miraban con extrañeza y miedo. La incomodidad los hizo dar media vuelta y regresar. Vemos aquí, también, cómo la manera en que el hermano de Paolo cuenta esta experiencia denota una fuerte conciencia racial y de clase, según la cual él, como habitante mestizo de Villa El Salvador, está por debajo de los "pituquitos blancos" de otros distritos de Lima.

Si bien la educación es considerada por los jóvenes y sus padres la principal estrategia para poder ascender socialmente, vestirse bien y contar con los dispositivos electrónicos adecuados son estrategias complementarias que ellos despliegan para no ser discriminados.[46] Sin embargo, estos ejemplos muestran cómo la inclusión desde el mercado, que requiere de convertir a los ciudadanos en consumidores, deshace la raza, pero solo hasta cierto punto (De la Cadena 2008). Los "pobres" son los nuevos excluidos que el sistema "deja morir"; los "no-pobres" pueden *mezclarse* más, pero no necesariamente *pertenecer*. Estas experiencias demuestran que no basta con vestirse bien, con tener un trabajo formal o con asistir a una universidad privada para no ser discriminado en ciertos espacios de la ciudad.

Los jóvenes estudiados no necesitan conquistar la gran ciudad, como lo hicieron sus padres/madres o abuelos/as migrantes que se convirtieron en ciudadanos a través de sus demandas al Estado y su lucha por la adquisición de derechos políticos (Degregori et ál. 1986). Estos jóvenes son limeños de primera o segunda generación que nacen ciudadanos, pero ciudadanos subordinados, y que buscan superar esa desigual ciudadanía a través del consumo. Ya no son pobres, pero tampoco son parte de la clase media tradicional. Si bien la tecnología, la ropa y los zapatos de marca y la credencial de la educación superior pueden actuar como igualadores, borrando o diluyendo fronteras entre clases sociales, ellos no comparten con esa clase las sutilezas de la distinción simbólica. No se trata, por ejemplo, de estudiar en cualquier universidad: existe cierta coherencia "entre los lugares donde los miembros de una clase y hasta de una fracción de clase comen, estudian, habitan, vacacionan, en lo que leen y disfrutan, en cómo se informan y lo que transmiten a otros", que solo los miembros del grupo manejan (García Canclini 1995: 61).

Queda claro, entonces, que los jóvenes tienen más posibilidades de contacto entre grupos que las que tenían sus padres y madres y mucho más que sus abuelos/as. Como señala Huerta-Mercado

---

46. Ver el capítulo 3 sobre trayectorias educativas para un análisis en profundidad de la educación superior como una estrategia de movilidad social en los casos estudiados.

(2015), hoy en día los grupos sociales están más mezclados, comparten espacios educativos, laborales y de diversión, así como gustos que se han masificado y vuelto accesibles por el abaratamiento de sus costos. No obstante, se trata de una movilidad cultural más que social (e incluso geográfica), pues estos ejemplos muestran fronteras y cierres de clase que emergen en determinadas situaciones sociales y en ciertos lugares de encuentro en la ciudad.

Capítulo 6

La neocultura política: Estado para los pobres, emprendimiento para los demás

En este capítulo analizamos las nociones de política de los jóvenes a partir de sus prácticas de consumo mediático y de su experiencia de participación en las elecciones generales del 2011. Aquí vinculamos la manera en que la cultura de consumo y las "culturas mediáticas" de los jóvenes estudiados influyen y moldean sus modos de entender y de vivir la política. Analizamos cómo las lógicas del consumo, el entretenimiento y el emprendimiento individualista —este último analizado en los capítulos 3 y 4—, modelan también los modos en los que los jóvenes entienden y viven la relación entre el Estado y la sociedad.

Este capítulo tiene tres partes. En la primera analizamos el interés de los jóvenes en temas políticos principalmente a partir de su consumo de programas informativos y de noticieros en la televisión.[1] En la segunda parte examinamos su participación en las elecciones presidenciales 2011, a partir de los modos en los que ellos eligen candidatos y en los que se vive lo político en su entorno

1. En los casos estudiados, el tema de la política en redes sociales aparece solo en un contexto electoral y no en el día a día. Por ello nos enfocamos en la política tal como surge en la televisión. Para su relación con redes sociales y sus prácticas en ellas, ver el capítulo 5.

familiar y de amistades. Concluimos con una sección dedicada a cómo los jóvenes entienden el rol del Estado en sus vidas y sus nociones de democracia y desarrollo. Mostramos que la acción del gobierno es vista como lejana o dirigida a los pobres, y que para el resto "no pobre", como ellos, progresar depende del esfuerzo personal.

1. La política desde la televisión: las noticias como entretenimiento

La televisión nacional es parte de la rutina familiar de la que participan los jóvenes estudiados. En particular, se la ve al inicio y al fin del día, y durante las comidas (desayuno, almuerzo y cena). Sigue siendo consumida diariamente y por más horas que internet y las redes sociales. De hecho, encontramos una suerte de economía de lo público en su consumo mediático: la televisión se refiere a lo público nacional, mientras que las redes sociales delimitan otro ámbito de lo público, cuyas temáticas son aquello que hacen y comentan familiares y amigos en su diario andar, y que se politiza en momentos electorales o coyunturas específicas, pero no todo el tiempo. Como ya lo señalara Macassi a fines de la década de 1990, el consumo de medios en los jóvenes "pasa muy poco por lo escritural y se centra sobre todo en la televisión" (1999: 356). Esta afirmación continúa teniendo vigencia, tal como lo hemos comprobado en este estudio, y por ello centramos este acápite en la televisión.

En efecto, en sociedades contemporáneas como la nuestra, la televisión sigue siendo el referente narrativo más importante y el principal espacio de construcción de marcos de sentido compartidos (Gerbner et ál. 1996; Rincón 2006). En pocas palabras, "la televisión formula el lenguaje de la comunicación social" (Castells 1999).

Como vimos en el capítulo 5 sobre la cultura del consumo, los jóvenes prefieren los programas dedicados exclusivamente al entretenimiento y que tienen un alto contenido de aspiración (*Esto es guerra*, *Combate*, *Yo soy*, *Al fondo hay sitio*). Del entretenimiento hacia la información, rastreamos sus preferencias por otro tipo de programas.

Los jóvenes mencionaron *Enemigos públicos* y *La noche es mía*, programas de variedades del género *late show*.[2] John, por ejemplo, dice que ve "*Enemigos íntimos*, de Aldo Miyashiro [...] veo acá, comiendo con mi abuela. Comemos y compartimos, nos reímos". Juan Diego también acompaña su cena con este programa, "si está chévere", o con *La noche es mía*.[3]

Ambos son programas emitidos en horario nocturno (usualmente a partir de las once), e incluyen diversos formatos: entrevistas, parodias, crítica política y monólogos a cargo de presentadores que provienen del mundo del espectáculo. Por ejemplo, Frecuencia Latina clasifica a su programa *La noche es mía* como parte de su oferta de entretenimiento y lo define como un *late show* que "resume el acontecer nacional e internacional, con los personajes más mediáticos del medio".[4]

Opera aquí un mecanismo autorreferencial televisivo: para salir en estos programas, hay que *ya ser mediático*, es decir, haber salido antes en la televisión. Solo los personajes más "mediáticos" aparecen en ellos, y esta fama es ganada toda vez que el evento ("acontecer") noticioso en el que participan es convertido

---

2. Los inicios del género televisivo del *late-night talk show* se ubican en la televisión estadounidense de los años cuarenta. Fuente: Wikipedia, disponible en: <https://es.wikipedia.org/wiki/Late_night_show> (revisado el 24/08/2015). Este subgénero de talk show ha ingresado a la programación nacional en los últimos años y tiene mucho éxito.

3. *Enemigos públicos* (Panamericana Televisión) salió del aire en diciembre del 2014. *La Noche es mía*, dirigido por Carlos Carlín en sus inicios y ahora por Carlos Galdós, seguía apareciendo al momento de la revisión de este capítulo (agosto 2015).

4. En Frecuencia Latina, disponible en: <http://www.latina.pe/lanocheesmia> (revisado el 27/08/2015).

en un espectáculo por la propia producción televisiva. Es entonces también un tipo de programa que entra en la lógica de aspiración: ratifica el estatus de "famoso" de quienes asisten a él; los que son invitados "ya la hicieron". La mayor parte del tiempo son las "estrellas locales" del rubro del entretenimiento (el llamado "Chollywood") y los deportes (casi exclusivamente futbolistas) los protagonistas del "acontecer" priorizado en estos programas. En temporada electoral, la política se convierte en un espectáculo de consumo general y son los candidatos presidenciales los que se vuelven muy "mediáticos" y aparecen en estos programas, como veremos más adelante.

Otro tipo de programas que ven los jóvenes son los noticieros matutinos en formato magazín o los programas informativos y de entrevistas políticas nacionales. Mencionaron *Abre los ojos* (Panamericana Televisión) y *Buenas noches* (ATV+, canal 35 de Cable Mágico).[5] Estos programas eran conducidos por Augusto Álvarez Rodrich y Beto Ortiz, respectivamente, principalmente vinculados al periodismo político, aunque también al de entretenimiento, sobre todo Ortiz. Como señalan John y Marjorie:

> En la mañana veo *Abre los ojos*, del canal 2 de Beto Ortiz [cuando tomo desayuno]. Me gusta verlo a ese gordo. *Es bien culto cuando habla. Tiene fundamento*. (John)
>
> [Veo] el de Álvaro Rodrich [refiriéndose a Augusto Álvarez Rodrich], *La noche es mía*. No, no, de Álvaro Rodrich es *Buenas noches*, creo. [E: ¿por qué te gusta?] ¡Ah!, porque Álvaro Rodrich *me da risa*. [E: ¿Pero es por qué tiene alguna inclinación política con la que tú...?] No, no. No necesariamente, sino que *me gusta su estilo*. (Marjorie)

Rincón señala que en la "sociedad-televisión", "el buen gusto es lo divertido, el tener estilo" (2006: 44); se trata de una sociedad

5. Beto Ortiz dejó la conducción de *Abre los ojos* el 12 de julio del 2013. *Buenas noches*, con Augusto Álvarez Rodrich, salió del aire en octubre del 2014.

en la que hay más estilo y menos contenido político, en la que el entretenimiento se convierte en ideología. Vemos que ello coincide con lo que comentan los jóvenes estudiados: sean programas de entretenimiento, informativos o políticos, ellos los ven si les gusta el estilo del conductor, si les "da risa" lo que dice, y, sobre todo, si el programa "está chévere" en el momento en el que lo sintonizan. Si no, cambian de canal o, si otro tiene el control, simplemente dejan de prestarle atención.

Los jóvenes se mueven "radialmente" entre programas de todo tipo. No solo seleccionan la oferta disponible "sino que la seccionan, recogiendo pedazos de ella" (Macassi 1999: 356). Van "saltando" de un lado a otro: el modo que tienen los jóvenes de procesar experiencias se suele identificar con la estética y ritmo del videoclip y del hipertexto (Reguillo 2000). Son espasmos de atención. Por ello, también son muy pocos los conductores y animadores recordados con su nombre completo: "la tendencia [es] establecer lazos de relación intensos pero fugaces con ellos" (Macassi 1999: 356). Ello es tangible en sus comentarios: si bien tienen preferencias, confunden los nombres de los programas y de los presentadores (*Enemigos íntimos/públicos*, *La noche es mía/ Buenas noches*, Álvaro/Álvarez).

Independientemente de si recuerdan o no sus nombres, parte importante del "tener estilo" en el caso de los presentadores es el sentido del humor. De aquellos que tratan temas políticos y no solo entretenimiento, los jóvenes valoran especialmente a los que demuestran "ser cultos" y "tener fundamento" al hablar. Va empezando a aparecer esta idea en sus opiniones: a diferencia del puro entretenimiento, la política requiere de estilo, pero también de "preparación" para acceder al conocimiento.

Solo tres jóvenes dijeron tener los noticieros en el formato más tradicional (titulares y desarrollo de noticias) entre sus preferencias de programación (Marjorie, Carolina y Paolo). Aunque no sea por elección propia, todos pueden terminar viendo las noticias si quien tiene el control remoto las pone. Es sobre todo la rutina del padre que toma el control en las noches la que marca el consumo de noticias, el gusto o rechazo a verlas. Por ejemplo, en el caso de Gino: "En la noche yo sí no toco la tele, porque ahí está mi papá. Mi papá pone sus noticias y eso". O en el de Juan Diego: "Mi papá ve más que todo para ver la parte política, para renegar. Le gusta renegar, el prende... Él ve para eso. Es su rutina de todo lo malo". En sus relatos, ver noticias es un hábito masculino, de los padres o de los jóvenes que ya tienen hijos, como el caso de Teresa, que vive con su conviviente y sus dos hijos menores y ve todas las noches las noticias porque su pareja "pone a las diez el canal 4. Vemos y nos vamos quedando dormidos".

En el género de noticias, la mayoría de los jóvenes prefiere las de farándula o deportes. Como señala Gino: "a veces al mediodía me pongo a ver [las noticias]. Pero, como te digo, soy más de ver noticias de fútbol o de deporte. Algo así". O Carolina: "Por ejemplo, en mi casa ven noticias; escuchan radio y yo también escucho, pero no tanto. Yo veo sobre farándula". Vamos viendo cómo cambia la materia que constituye "lo público". Por un lado, los noticieros incluyen cada vez más noticias de ese tipo. De hecho, todos cubren la vida privada de los personajes de los *reality shows* producidos por el mismo canal. Por otro lado, a la mayoría de los jóvenes estudiados les interesa enterarse sobre todo del "acontecer" de los protagonistas de sus programas de entretenimiento.

Ocurre también que a todos les es más fácil relatar con más detalle o retener mejor los sucesos de la farándula, las noticias comerciales o los dramas familiares de personajes convertidos en figuras públicas por la televisión, que las noticias de contenido social o político. Como relata John:

> [E: De los noticieros que me dijiste, me dijiste que siempre los ves, ¿recuerdas alguna noticia que haya pasado en la última semana?] Sí, *el problema que hubo con Susy Díaz y Lucía de la Cruz, que se han peleado por Andy V.* Y ahora *Andy V. le ha regalado su calzoncito y sostén a la Gisela, en el Gran show.* Ah, la última noticia que vi, *lo de*

> *Samsung con Apple*. Que le había dado en centavos, no sé cuántos millones. Por ejemplo, un millón de soles en diez céntimos, y le habían mandado cuatro camiones llenos de monedas. *Los Apple* ahora no saben cómo contar el dinero. (John)

En este caso, entretenimiento y tecnología, como vimos en el capítulo 5, son los temas prioritarios. Andrés Olano, conocido como "Andy V", es un joven que se convirtió en un personaje de la farándula al casarse con Susy Díaz, *vedette* y excongresista, quien ya era parte de la farándula local y del mundo político.[6] Como Andy V ya es "mediático", se lo invita a los programas de televisión, en donde protagoniza algún hecho gracioso o escandaloso que amplía su fama y rebota como noticia. En este caso, le regala "su calzoncito y sostén" a Gisela Valcárcel, la conductora del *Gran show*, versión local de una franquicia internacional de *reality show* musical de competencia de baile.[7] La otra noticia que recuerda John es una pelea entre dos compañías de tecnología (Samsung y Apple), que en ese momento se disputaban la primacía en el mercado de telefonía celular inteligente. En este caso, se observa que algunos objetos, marcas o conceptos se vuelven personajes: Samsung le da a "los Apple".[8]

Otro ejemplo es el mencionado por Juan Diego:

> [E: ¿recuerdas o estás al tanto de las últimas noticias que suceden acá en el país?] *Noticias políticas*... por ejemplo *lo de Conga, de*

---

6. Susy Díaz ha sido *vedette*, actriz de programas cómicos durante los años ochenta y congresista de la República (1995-2000), puesto público al que postuló, imitando a la actriz pornográfica italiana "la Cicciolina", mostrando el número 13 en sus nalgas.
7. Ver la idea del "chisme como goma social" (Huerta-Mercado 2015) en el capítulo 5 sobre la cultura del consumo.
8. Este uno de los impactos de las lógicas del entretenimiento y sus modos de operar repitiendo convenciones y fórmulas: "todos los discursos —información, drama, publicidad, ciencia, pornografía, datos financieros— son equivalentes; todos los géneros se refunden" (Rincón 2006: 44).

Cajamarca. [Estoy al tanto] más o menos lo que está pasando. Pero no, no, *no nombres* y todo lo que pasa; *los detalles, no*. Simplemente sé que está ese problema. Exactamente no sé. Sé que están en problemas y *que no quieren que esté la mina*. [E: ¿por qué estás interesado?, ¿por qué te has interesado en las noticias?] Simplemente porque he visto. O sea, *los canales más hablan de eso*. [E: Y, ¿otras noticias?] *El caso de Ariel Bracamonte... [y] Myriam Fefer*. Pero, de ahí no... (Juan Diego)

Juan Diego estudia geología y señala que le interesa trabajar en el sector minero transnacional. Difusamente recuerda, sin nombres ni detalles, y porque "los canales hablan de eso", el conflicto socioambiental en torno del proyecto minero Conga en la región Cajamarca.[9] Sin embargo, recuerda con nombre y apellido a Myriam Fefer y su hijo, Ariel Bracamonte, protagonistas de un crimen familiar televisado. Myriam Fefer, empresaria de bienes raíces de clase media alta, de ascendencia judía, fue asesinada en su casa en San Isidro en el 2006, y su hijo Ariel acusó a su hermana Eva del crimen. Ariel y su hermana se volvieron personajes mediáticos de alta recordación por el seguimiento televisivo a este caso criminal-judicial.

Los comentarios de los jóvenes revelan no solo sus preferencias sino la relación entre productores y público: ellos relatan lo que los noticieros les ofrecen más redundantemente. Dan cuenta así del estado de los programas informativos hoy en día. Los noticieros se han ido convirtiendo en novelas por capítulos de algunos personajes, ya no solo de la farándula (como Gisela), sino de los que se vuelven farándula por frecuentar a gente famosa (Andy V) o de los que al estar implicados en un caso criminal "sin resolver",

9. Conga es el nombre del proyecto minero de la empresa Yanacocha en Cajamarca, que ha generado un conflicto socioambiental en torno al acceso y uso de los recursos naturales y la distribución de sus beneficios, con permanentes enfrentamientos entre la población local (que defiende las fuentes de agua y las lagunas que desaparecerán con el proyecto), la empresa y el gobierno de turno.

se vuelven parte del *star system* policial (Ariel Bracamonte, entre tantos otros). Mientras que la farándula y los deportes aparecen todos los días en las noticias, los conflictos relacionados con industrias extractivas son poco comentados en la televisión, solo cuando ocurre algún evento de violencia.[10] Los protagonistas del acontecer político, como Gregorio Santos o Marco Arana (en el caso mencionado del conflicto por el proyecto minero Conga), no son los más recordados; se pierden en el colectivo que protesta.[11]

A pesar de ser los noticieros un hábito diario, en las distintas conversaciones sostenidas con los jóvenes, ninguno pudo relatar una noticia de contenido político o social que les hubiese llamado la atención en los últimos días, ni siquiera los que dijeron ver estos programas por iniciativa propia. Por ejemplo, Carolina dice que ve noticias porque "me gusta enterarme de lo que hay en mi país". Sin embargo, al preguntarle si recuerda algo que haya pasado hace poco, su respuesta no llega a aterrizar en ningún tema:

> [...] me acuerdo de algo. Lo que sucedió con, por ejemplo... lo que está sucediendo en... o sea, en las noticias pasan acerca de... por

---

10. Estos eventos, por lo demás, son incluidos en el mismo esquema que las noticias de farándula, en lugar de contextualizar, vincular problemáticas históricas, económicas, sociales y culturales, a modo de *reality show*. Se trata de unos pocos protagonistas enfrentados, héroes y antihéroes en una trama de intrigas, escándalos, complots y manipulaciones por sus apetitos personales de poder.

11. Gregorio Santos fue presidente regional de Cajamarca (2011-2014). Llegó al poder prometiendo defender a la población de la empresa minera Yanacocha (concesionaria de la mina Conga). Desde el inicio de su gobierno apoyó a la población que se opuso a la mina, y fue por ello perseguido y acusado de corrupción por el gobierno central. A pesar de haber sido encarcelado de modo preventivo durante buena parte de su mandato, fue reelecto en el cargo. Marco Arana, fundador y líder del Movimiento Tierra y Libertad, es un exsacerdote y sociólogo que apoyó siempre los derechos de las comunidades y las movilizaciones en contra de la minería en diversas partes del país, pero sobre todo en Cajamarca, de donde es oriundo. Ambos son considerados líderes de la izquierda peruana.

ejemplo, Nadine Heredia había salido a hablar que había creado... no me acuerdo. Ay... no me acuerdo mucho. *He visto así por flashes, no más, pero no he visto tanto*. (Carolina)

Carolina a lo sumo recuerda un personaje (Nadine Heredia) y confiesa que ha visto "flashes" y que "no ha visto tanto". Trabaja seis días a la semana en una cadena de supermercados, gana el sueldo mínimo y considera que no tiene el tiempo ni el dinero para hacer otras cosas, como estudiar. Las noticias que más recuerda son las más cercanas a su realidad, de las cuales tiene otros referentes, más allá de la televisión, con los cuales opinar: por ejemplo, recuerda lo que se dice sobre huelgas que reclaman mejores condiciones laborales:

> [...] hay siempre revueltas en provincias. O hay paros en que salen los médicos, las enfermeras. A cada rato que salen. *Hay huelgas porque no les pagan. Por el sueldo me supongo que es. Por el sueldo mínimo. Entonces, sí me gusta enterarme*. (Carolina)

Algo similar sucede con Paolo, quien desde los once años se "cachueleaba" como ladrón y señala que las noticias son su programa favorito:

> Más veo noticias nacionales [que cable]. Canal 4, veo el 4 o el 9. [Me entero] de lo que es *robos, accidentes, violación... pegalones, matanzas*. O sea, todo eso. [E: ¿Ves amigos tuyos ahí?] He visto, han salido en la tele. No siempre, pero a las quinientas sí salen.

Se trata de un consumo selectivo y fragmentario de acuerdo con un interés personal. Las noticias de señal abierta, en su mayoría policiales, son relevantes para Paolo porque le permiten ver "lo que ocurre".

En general, ninguno menciona espontáneamente temas o figuras políticos al comentar lo que ven en los noticieros. Sin embargo, ante la pregunta "¿Te acuerdas del nombre de algún congresista?", Carolina, John y Teresa responden lo siguiente:

Hay varios... María Luisa Cuculiza, por Keiko. De Ollanta hay varios que no me acuerdo sus nombres. Estaba Martha Hildebrandt, también. *A una que le dicen: "la roba cable", salió en las noticias. "El come pollo"*, también. [E: ¿Cómo sabes de ellos?] *Por la televisión.* (Carolina)[12]

De Martha Chávez. *Por lo que le hizo a Ollanta durante la juramentación.* (John)[13]

Ay... cómo se llama... *Daniel Abugattás. Me acuerdo porque lo imitaban en JB.* (Teresa)[14]

Preguntamos también si recordaban el nombre de algún ministro y las respuestas fueron similares. Teresa dijo: "no, cero", y John mencionó el nombre del entonces segundo vicepresidente de la República y congresista: "Uhm... Chehade. Lo involucraron en corrupción, creo".

Tenemos entonces una lista de "políticos" como personajes "de la tele": los congresistas más pintorescos ("el come pollo" y "la roba cable"), conocidos por sus actos de corrupción; Martha Chávez, congresista recordada por interrumpir a gritos la juramentación de Ollanta Humala como presidente del Perú, transmitida en vivo y en directo por televisión nacional; el segundo vicepresidente

---

12. El "come pollo" es el apodo que se ganara en las redes sociales en el 2008 el congresista de Unión por el Perú, José Anaya, por emitir facturas falsificadas, a ser reembolsadas por el Congreso de la República, con montos excesivos en el consumo de pollo a la brasa. La congresista de Gana Perú Celia Anicama se ganó el apodo de "la roba cable" por ser dueña de una empresa de cable en Pisco que robaba la señal de otra compañía para vendérsela a sus clientes.

13. La congresista fujimorista Martha Chávez defendió a gritos la Constitución de 1993 durante la juramentación de Ollanta Humala como presidente del Perú (28 de julio 2011), generando caos en el evento.

14. Daniel Abugattás era en el momento del trabajo de campo el presidente del Congreso (julio 2011-julio 2012) del entonces recientemente iniciado gobierno de Ollanta Humala. JB es como se conoce al humorista Jorge Benavides, quien ha tenido diferentes programas televisivos, en los cuales imita a personajes políticos.

Omar Chehade, acusado de corrupción en un caso seguido permanentemente por los noticieros; y Daniel Abugattás, el presidente del Congreso, recordado gracias a su personaje "Daniel Lisuratás" del cómico peruano Jorge Benavides en su programa *El especial del humor*.[15] De aquellos que son citados y mostrados recurrentemente —los *celebrities* políticos nacionales ("Nadine Heredia", "Daniel Abugattás", "Keiko", "Ollanta") o internacionales—, tal vez se recuerde el nombre vinculado a un evento que, generalmente, tiene que ver más con escándalos y afrentas (Martha Chávez y "lo que le hizo a Ollanta en la juramentación") que con asuntos de gestión pública. Y cuando se trata de lo público, el encuadre propuesto por los medios es el de una vigilancia casi íntima a todo lo que pueda vincular a quienes ejercen puestos de gobierno con la corrupción.

Como vamos viendo, la política que presenta la televisión y que los jóvenes recogen en sus comentarios es bastante limitada, lo que de nuevo dice mucho de la producción de lo que constituye un hecho noticioso. Si bien este estudio se centra en el consumo y no en la producción de productos mediáticos, es importante señalar que ambos son parte del mismo circuito: los jóvenes son una audiencia que ha sido socializada en esta forma de relación con las noticias. Dicho de otro modo, las noticias se producen como entretenimiento —los sucesos se vuelven un espectáculo, se prioriza los escándalos, lo anecdótico, la "telenovela" farandulera, policial o política, se crean personajes, se les pone apodos ("chapas")— , y son, por tanto, consumidas como tal.[16]

---

15. Paolo responde a la pregunta: "¿Recuerdas el nombre de algún congresista, algún ministro?", realizada unos ocho meses después del fin de cinco años de gobierno de Alan García, lo siguiente: "¿Alan García? Él es congresista, creo. [E: No, él es expresidente] Pero también ha sido congresista, ¿o no? [E: No, ahorita no es congresista] No, pero ha sido. [E: No, nunca ha sido] Bueno, no conozco a ningún congresista de ahorita" (Paolo).

16. Las noticias televisivas, desde sus inicios, son producidas para entretener: "al aparecer la televisión había muchas horas por llenar, así que la tendencia

Las respuestas de los jóvenes permiten ver cómo se va transformando la producción audiovisual, y cómo géneros de entretenimiento e información van mezclándose hasta convertirse en *infoentretenimiento*. Se trata de un fenómeno global: el *infotainment*, un género que permea el orden del discurso periodístico y que va borrando las distinciones tradicionales entre los programas orientados a la información y a la discusión de asuntos públicos y aquellos dedicados al entretenimiento (Baym 2008). En la televisión (como en la radio y la prensa escrita), observamos el descenso de lo que se conoce como noticias duras (*hard news*), referidas a asuntos públicos, cívicos y políticos y temas socialmente sensibles, y el predominio de un estilo norteamericano de periodismo que se orienta por el *rating* y las ventas, y en el que se privilegian "unas noticias blandas [*soft news*] y privatizadas —sobre celebridades, delincuencia, corrupción y violencia— presentadas como una forma de espectáculo, en detrimento de noticias sobre asuntos políticos, cívicos y públicos" (Thussu 2007: 8).[17]

Entonces, no es exactamente de asuntos públicos de lo que hablan las noticias, o más bien, es el carácter de lo público lo que también se viene transformando. A los chismes de los "más mediáticos", y a lo privado vuelto público, se le añade la pornografía de la violencia como otro encuadre recurrente en el género "informativo". Como señala Juan Diego, "acá tú pones el noticiero y asesinato y asesinato y violador". "Todos los días es lo mismo: robo por acá, muerte por allá", nos dice John. En efecto, en palabras de Paolo, las noticias que ofrece predominantemente la televisión peruana sirven para enterarse "de lo que es robos, accidentes, violación... pegalones, matanzas".

---

fue la de convertirla en un medio informativo. Como en los periódicos [tabloides], en la tele todo aquello que tuvo valor informativo tomó este enfoque entretenido [...] Las noticias se convirtieron así en la primera forma audiovisual de entretenimiento" (Rincón 2006: 53).

17. Traducción propia. Al respecto, ver también Boczkowski (2010).

Mientras que para Paolo, esos son temas de interés, cercanos a su experiencia de vida, John y Juan Diego tienen una postura crítica frente a esta programación:

> A veces veo noticias. Más *me interesan las noticias mediáticas*, que están en todo lado. [Por ejemplo] cuando mataron a *Bin Laden*, lo de *Hugo Chávez. Noticias importantes, no de rateros*. Hoy día vi algo de la guerra de Turquía, que no pueden entrar, que están en bombardeos. (John)

> Veo poco porque no me gustan las noticias, *las noticias de acá son feas*. No me gusta ver *pura muerte*, deberían pasar otra cosa. *Ya, que pasen las muertes, pero no todo el noticiero y lo más importante, no que el mototaxi arroyó a este y lo otro mató a lo otro...* No, eso no. Sino *cosas importantes, ponte, el descuartizador, ya está bien*, que pasen eso, pero que también puedan pasar, *algo que alimente más a las personas*, que le suban el autoestima más que se la bajen. Noticias más positivas. *Tengo familia y amigos que se han ido a otros países y los noticieros no son como acá*. Los noticieros nacionales, más que todo te incentivan, o sea, se ha inventado esto... se ha hecho esto para el bien esto [...]. (Juan Diego)

Vemos en el caso de John, que la critica se refiere sobre todo a la necesidad de contar con "noticias importantes", con lo cual alude a una mirada más comprensiva del mundo que no se reduzca a los sucesos locales que se repiten diariamente, sin mayor elaboración ("robo por acá, muerte por allá"). En la respuesta de Juan Diego, observamos una demanda de "noticias positivas" y de "cosas importantes" sobre temas que afecten al colectivo, compartida por otros jóvenes del grupo. En sus críticas exigen historias mejor contadas, más fáciles de seguir, y con mayor contenido referidos a mejores explicaciones y contextualización a los temas presentados.

En ambas respuestas, sin embargo, hay un subtexto de clase (o de aspiración): los mototaxistas, rateros y violadores no les interesan, son "noticias feas" que bajan la autoestima en lugar de subirla. Preferirían noticias que incentiven a las personas —como las de "otros países". Sí interesan un poco más los casos criminales sin resolver que suelen ser protagonizados por gente "no pobre", en los que la frontera con el género de espectáculos se desvanece, y que se pueden seguir día a día, cual serie de ficción televisiva al estilo CSI[18] También importan los acontecimientos nacionales o internacionales con protagonistas famosos por ser controversiales políticamente (Hugo Chávez, Osama Bin Laden, comentados por John), los "anti-héroes" o "villanos" más "mediáticos" que amenazan la paz mundial.[19]

En su estudio sobre cultura política entre jóvenes en los años noventa, Macassi (1999) desarrolla cuatro estereotipos de consumo mediático de temas de agenda pública: el joven *unplugged*, cuyo vínculo ciudadano es nulo o esporádico; el joven *outsider*, cuyo lazo con temas de interés público parte de lo lúdico; aquel que se relaciona a partir de lo ligero o blando (*soft news* de temas

---

18. CSI son las siglas de *Crime Scene Investigation*, una serie televisiva estadounidense de género policial, estrenada en el año 2000, que dio paso a una franquicia del mismo nombre, la cual es transmitida por cable diariamente hace varios años en ciudades como Lima. Fuente: Wikipedia (visitada el 01/10/2015).

19. Osama Bin Laden (Arabia Saudita 1957-Pakistán 2011) fue fundador de Al Qaeda, organización que se atribuyó la autoría del ataque y destrucción de las Torres Gemelas en la ciudad de Nueva York el 11 de setiembre del 2001, entre otras intervenciones terroristas. Fue perseguido política y militarmente por los Estados Unidos. Junto con Saddam Hussein en Iraq (país con ingresos millonarios por la producción petrolera), se convirtieron en los personajes más temidos de los "ejes del mal" mundial, como fueron presentados por el entonces presidente George Bush, encuadre reproducido e incorporado en las narrativas mediáticas hegemónicas. Hugo Chávez fue presidente de Venezuela desde 1999 hasta el año de su muerte (2013), cambió la Constitución e impulsó un régimen autoritario socialista en el que las ganancias del petróleo exportado por el país sirvieron para alentar políticas sociales dirigidas a sectores menos favorecidos y campañas asistencialistas. Fue considerado el líder del "eje del mal" conformado por algunos gobiernos de izquierda (Evo Morales en Bolivia, Rafael Correa en Ecuador) y, por tanto, una amenaza por y para el gobierno de los Estados Unidos y los gobiernos neoliberales de la región latinoamericana, encuadre utilizado por la prensa dominante internacional y nacional.

pintorescos); y el ciudadano interesado. Al respecto, Torres (2010) señala que la opinión pública nacional urbana se distribuye de la siguiente manera: 45% es un público indiferente a los asuntos referidos a la cosa pública; 35% es un público "distraído"; y 25% es un público atento al devenir político y social del país.[20] En nuestro grupo de jóvenes observamos esta diversidad: algunos se entretienen con las noticias; varios las ven solo a veces de reojo; otros se aburren, no se identifican con sus protagonistas, las consideran "feas" y se alejan de ellas; finalmente, varios también las critican. Sin embargo, lo que es más notorio es que la mayoría de estos jóvenes transita de una categoría a otra; no es posible encasillarlos en una de ellas. Son polifacéticos (Golte y León 2011).

Las diferencias de cultura política entre los jóvenes parecieran tener más que ver con qué tan central es la televisión y qué tan central es *la conversación* en sus vidas, con tener otro tipo de referentes y ambientes a partir de los cuales formar una opinión. De acuerdo con Gerbner et ál. (1996), la televisión muestra patrones repetitivos, "lecciones televisivas". A mayor repetición y mayor homogeneidad de las representaciones televisivas de la realidad, se genera una mayor "aculturación" (más probabilidad de que las personas den respuestas "televisivas", es decir, acordes con lo que dice la televisión), dependiendo siempre de qué tan importante es la televisión en un espacio cultural y geográfico determinado y de la consistencia y coherencia de sus mensajes.[21]

---

20. Torres (2010) señala que en el 25% de público atento, hay un subgrupo de público activo (autoridades, funcionarios de alto rango, periodistas, analistas políticos, intelectuales destacados, grandes empresarios). El público activo es referido también como las élites o líderes de opinión, aquellos que participan activamente en el debate político, que son citados por los medios y cuyas opiniones pueden influir en la ciudadanía.

21. Uno de sus efectos a largo plazo es el *mainstreaming*, que consiste en la estabilización de las asunciones (*assumptions*) presentadas en la televisión. Estas se vuelven resistentes al cambio y permanecen ampliamente compartidas.

Los jóvenes que más televisión ven (Teresa, Paolo) son los que dan las respuestas más "televisivas". Podría decirse también que ellos son los que no han cursado estudios superiores, los que tienen familias con problemas, y los que han seguido trayectorias alternativas. Pero el escenario es más complejo y heterogéneo. Por ejemplo, John calza en todas esas categorías (de hecho, al terminar nuestro estudio estaba recluido en un centro de rehabilitación por consumo de drogas). Sin embargo, haber sido criado *en conversación* con sus abuelos, que tuvieron una participación política en la creación del distrito de Villa El Salvador, hace que sus opiniones sean más elaboradas y no dependan solo de lo que dice la televisión. En general, todos los jóvenes estudiados recurren a la "respuesta televisiva" cuando la conversación se dirige a temas de los que no saben mucho —quién no lo haría. Ello varía si se les pregunta por asuntos públicos más cercanos a su problemática (sueldo mínimo a Carolina, delincuencia y pandillaje a Paolo) o a la historia familiar (la gestión pública, educativa, local o sindical, en los casos de Marjorie, Juan Diego, Joselyn y John).

La televisión, como veremos más adelante, no es el único espacio desde el que forman una cultura política propia, pero es uno de sus principales modos de acercarse a asuntos de interés público, y sus maneras de priorizar y de narrar temas en ella permean sus impresiones e ideas. Los temas políticos más complejos requieren de una educación política por parte de los jóvenes, que implica la discusión sobre nociones de bien común, justicia y derechos universales y acerca del rol del Estado y otros actores, para lo cual se necesita de otros entornos (familiares, educativos, de pares), un tema que podría explorarse mejor en futuras investigaciones.

¿Qué "lecciones" brinda la televisión peruana actual, según lo que comentan los jóvenes? Por un lado, la política se presenta como algo aburrido o de lo que hay que desconfiar, y la clase política aparece como corrupta y mal preparada, una clase que se puede fácilmente caricaturizar. Muchas veces los programas humorísticos informan más que los noticieros, como bien saben los jóvenes.

Por otro lado, se prioriza el entretenimiento y encuadrar a la política en lo espectacular y escandaloso. Los noticieros terminan haciéndoles una "mala publicidad" a los políticos, que se convierten en un producto que los jóvenes no quieren consumir, lo que dice mucho de la baja calidad de la producción periodística (y del tipo de clase política). Los programas cómicos generan personajes más divertidos que los originales.

Los siguientes patrones son los que se observan en la mayoría de las respuestas de los jóvenes acerca de la política televisada: los políticos les parecen poco preparados y la política no les gusta; prefieren consumir farándula que política o política presentada como farándula. Es la lógica del entretenimiento, aprendida en la televisión (entre otros espacios), la que determina su selección de noticias. Y la política que se ve en la televisión actual es ciertamente un entretenimiento de baja calidad.

Por ello, los jóvenes parecerían ser un público indiferente o distraído frente a la política, porque *no ven* noticias políticas, solo las consumen *de reojo* cuando alguien en su casa las pone, ven "flashes", solo conservan impresiones. A pesar de estar expuestos a las noticias, la atención que les prestan es dispersa, a menos que aparezca algún tema de su interés. Se trata de un nuevo tipo de atención vinculada a un consumo fragmentario de contenidos y a una oferta que prioriza las noticias blandas (*soft news*), lo que termina constituyendo "sentidos difusos, interpretables a gusto e interés de cada joven", más que significados concretos (Macassi 1999: 356).

Atentos o distraídos, en algo en lo que coinciden la mayoría de los jóvenes estudiados es en su modo de consumir noticias: estas son un tipo de entretenimiento y, en ese sentido, al igual que los *realities*, tienen un componente de aspiración: la farándula permite vivir de cerca la experiencia de los "famosos", entrar en sus vidas. Las noticias políticas no son agradables ni tienen que ver con las aspiraciones de la mayoría de la gente. Las noticias policiales les permiten diferenciarse de aquellos *otros* más vulnerables y más pobres. O más ricos, pero más infelices —a modo de "los ricos también lloran".[22]

Estos patrones se repiten en el caso del consumo de otros medios tradicionales. Los jóvenes también escuchan radio y en todos los hogares circula un diario comprado por padres o abuelos y leído por la familia completa. En la gran mayoría, se trata de *Trome*; en un caso, de *Ojo*, y en otro de *El Comercio*: Juan Diego mencionó que "los sábados generalmente compran *El Comercio* que viene todo. [E: ¿Por la revista *Somos*?] Por todo el fajo que viene", en alusión no solo a los suplementos del diario sino también a los encartes publicitarios de tiendas por departamento, entre otros. John nos cuenta:

> [...] mi abuelo compra su periódico, siempre *El Trome*. Ahí me lo pasa, ahí dice: "Fumón mató a esposa por la plata". Comienzo a leer el periódico y *me gusta jugar el sudoku del periódico*. Veo también la farándula. *Veo espectáculos y deportes*. (John)

Como en los noticieros televisivos, las secciones favoritas de los jóvenes en los diarios son las de farándula, deportes, policiales y la página de juegos.[23] Los diarios, donde el desarrollo de los temas políticos y sociales tiene más cabida que en la televisión, son revisados de manera selectiva por los jóvenes. Ellos sirven para seguir los "chismes" y "casos" de sus personajes televisivos favoritos. La información propiamente periodística o editorial tiene poco interés para ellos. De cualquier manera, los diarios que consumen (*Trome*, *Ojo*) son parte de la prensa popular (la llamada "prensa

---

22. "Los ricos también lloran" fue una telenovela mexicana muy popular en Perú y en Latinoamérica a inicios de los años ochenta.

23. Escuchar radio también es común en los hogares, aunque no se indagó en profundidad al respecto.

chicha"), en la que lo político no es lo central, pues priorizan las noticias policiales y los chismes de la farándula local.[24]

Se establece, así, una nueva forma de vincularse con lo político: los medios de comunicación "social" tradicionales cumplen cada vez menos un rol formador de ciudadanía; las noticias se refieren cada vez menos a asuntos públicos y a intereses colectivos de la sociedad.

Dicho de otra manera, así como los criterios comerciales que rigen a las empresas mediáticas adquieren mayor peso que la función pública informativa en la que consiste el periodismo, y ello va transformando sus contenidos, entre los jóvenes no se percibe que informarse sea un asunto importante para ejercer mejor la ciudadanía, sino que lo ven como algo que gusta o no.

Para entender las pocas noticias políticas e informaciones de interés público que se presentan en la televisión, se requiere de una formación que permita comprender aquello que se ve, una base que proviene de la conversación, la lectura, el contacto con otros referentes más allá de la televisión, que la mayoría de los jóvenes no tiene. Sin esos otros soportes, la política se vuelve casi solo un tipo de entretenimiento que *no es tan divertido* y que siempre se presenta como algo malo y corrupto, y no como algo a lo que hay que aspirar, ni de lo que es necesario participar. Por lo tanto, no es un gusto que los jóvenes han adquirido, no es una estética que les atraiga, no es un espacio para desarrollarse. En especial, los jóvenes para quienes la televisión prevalece sobre otros espacios formadores de opinión, son los que no perciben sus vidas como susceptibles de ser afectadas por decisiones políticas o temas estructurales.

---

24. Como señala Macassi: "la mayoría de los jóvenes no tiene un hábito constante de lectura del diario y por lo mismo su posible seguimiento a los aconteceres públicos desde la lectura, desde lo escritural, se hace fragmentariamente o de manera discontinua" (2001: 99).

Si estamos tratando de entender la movilidad social entre los jóvenes, esto puede dar luces acerca de cómo ellos se van formando como ciudadanos sin mayor vínculo con el Estado o con los problemas del país. Solo se van constituyendo como individuos con relación al mercado. Como afirma Sennet, "se trata de formas culturales que celebran el cambio personal, pero no el progreso colectivo" (2006: 151). El tipo de ciudadanía que va emergiendo en estas condiciones de consumismo local y globalizado (y global-localizado), como sostiene Mazzarella, tiene que ver con "una visión estetizada, des-historizada y globalizada de las relaciones entre ciudadanos individuales y el colectivo nacional, basada en la idea de la democratización de la aspiración consumista" (2006: 61; traducción propia), como veremos en los siguientes acápites.

2. Vivir la experiencia: participación en las elecciones presidenciales 2011

De acuerdo con la encuesta de movilidad social (EMS), en la primera vuelta de las elecciones presidenciales del 2011, los jóvenes urbanos repartieron sus preferencias entre cinco candidatos de la siguiente manera: Ollanta Humala (28%); Keiko Fujimori (22%); Pedro Pablo Kuczynski (16%); Alejandro Toledo (5%); y Luis Castañeda (4%). En segunda vuelta, 40% votó por Humala y 31% por Fujimori. Un importante 20% de jóvenes no acudió a votar en ninguna de las dos ocasiones, un 4% votó en blanco o vició su voto en primera vuelta, y un 8% en segunda.[25]

En los casos analizados, el panorama difiere ligeramente de lo observado en la EMS. En primera vuelta, tres de los ocho jóvenes (las tres mujeres que estudian y/o trabajan) votan por Humala, el candidato favorito en el ámbito nacional, y tres por Kuczynski: dos jóvenes que no estudian ni trabajan (Teresa y John) y uno que solo

25. Ver cuadro 31 en el anexo 2.

estudia (Juan Diego). Solo un caso elige a Fujimori (Paolo) y otro a Toledo (Gino) en primera vuelta. Es en la segunda vuelta que Fujimori se vuelve la opción que reemplaza a Kuczynski en dos casos (Teresa y Juan Diego), y a Toledo. Así, en segunda vuelta las preferencias se reparten equitativamente entre los dos candidatos finalistas.

Al preguntárseles por el motivo de sus preferencias, John, que era todavía menor de edad al momento de las elecciones, dijo que hubiera votado por Kuczynski porque "PPK es el que podía hacerlo". Juan Diego señaló: "Me pareció el más preparado y, como que supo llegar bastante a la gente con su publicidad". Esta respuesta espontánea, dada a más de un año y medio de la campaña electoral, muestra la potencia de recordación que tuvo la estrategia publicitaria de ese candidato entre los jóvenes, en particular los limeños, pues su eslogan fue "Yo sí sé cómo hacerlo". Resultaba incluso innecesario señalar *qué sabía hacer* este candidato, porque existía ya un consenso al respecto: en un mundo en el que el mercado se ha vuelto la figura que organiza lo público, el rol del gobierno se reduce a la correcta administración de los recursos del Estado, la facilitación de garantías para la inversión privada y el aseguramiento del orden interno para mantener la senda del crecimiento económico actual (García Llorens 2011b). Juan Diego detalla más esta postura:

> [PPK] me parecía que, *académicamente, estaba más preparado* [...] *por el manejo que planteaba de la economía. Pese a que su carácter* no lo ayudaba. No sé [era] *muy payaso. No sé, también viejo....* de repente más joven, con más energía, pero, sí me parecía un buen candidato. (Juan Diego)

Kuczynski "sabe cómo hacerlo" porque, aunque sea "viejo", está más preparado académicamente para manejar la economía. En una contienda saturada de opciones de centro-derecha cuyo eje de campaña era la idea de mantener el modelo económico,

Kuczynski se distinguió por posicionarse como el más capaz para dirigir un desarrollo entendido como "plata en el bolsillo" —otro de sus esloganes de campaña. En esa línea, el empresario y exitoso exministro de Economía ("ya rico") era quien más conocía "la realidad" (económica) y, por lo tanto, quien encarnaba la mejor opción electoral. Así como vimos en el acápite anterior que los presentadores de programas políticos debían ser cultos y tener fundamento al hablar, vuelve aquí la idea del conocimiento, en particular de la economía, para poder hacer política.

Juan Diego también reconoce que Kuczynski fue el candidato que más llegó a la gente "con su publicidad", aunque no solo lo hizo a través de los anuncios directamente contratados por su campaña. Cabe recordar que durante la contienda electoral 2011, los cinco candidatos principales a la Presidencia desfilaron por cuanto programa les ofreciera espacio, desde programas informativos y de opinión hasta programas cómicos, de concursos, varietés y magazines de mediodía. La campaña electoral se estructuró siguiendo las claves mediáticas actuales a modo de un *reality show*.[26] Los candidatos participaron en estos programas y se sometieron también a diversas "pruebas" con tal de conseguir, no el endose de apoyo a través de un mensaje de texto o de una llamada telefónica, sino un voto en las urnas (García Llorens 2011b).

Entre todos, fue Kuczynski el que mejor capitalizó el hecho de que son los programas de entretenimiento los más consumidos por la gente y, sobre todo, por los jóvenes. El momento cumbre de su participación en un espacio de entretenimiento fue cuando bailó, entre otras canciones, "Panamericano" en el programa *La*

---

26. Ver Rincón (2006) para más detalle: "La lógica del entretenimiento, en su modo de ser espectacular, su pensamiento light, su actitud nueva era, produce una política de la vigilancia llamada reality. El reality televisivo es tan a imagen de la democracia, que nuestro sistema político se ha reducido a ser un concurso en el que los gobernantes son elegidos y los indeseables eliminados" (2006: 76).

Noche es mía. Como reportó en su momento Radio Programas del Perú, "acompañado del 'PPKuy', el candidato presidencial meneó ortodoxamente su cuerpo" y en esa "amena presentación, Kuczynski no perdió la oportunidad para 'asegurarse' de qué sexo es su 'PPKuy'".[27] Kuczynski, el candidato "más capaz", el que "sí sabe cómo hacerlo", "había comprendido bien que la lógica del entretenimiento era clave para encantar y seducir a las audiencias" (García Llorens 2011b: 306). Los políticos, en la época del marketing, se vuelven productos; todas las "trampas de la seducción de la publicidad" se utilizan "para colocar en el mercado las personalidades y las ideas de los políticos"; "así como raramente la publicidad pone las cosas difíciles para el cliente, también el político se presenta de forma que su compra resulte fácil" (Sennet 2006: 117).

En otros casos, a la idea de Kuczynski como el "garante del modelo económico" se sumó el miedo a que Ollanta Humala —presentado en la mayoría de medios de comunicación como un "salto al vacío"— pasara a segunda vuelta, como había ocurrido en las elecciones presidenciales del 2006, poniendo así en riesgo el crecimiento alcanzado. Elegir a Kuczynski se constituyó para algunos en un mandato familiar. Por ejemplo, Teresa dice haber votado por él:

> [...] porque *mi mamá me dijo* [risas]. Ellos estaban apoyando ese partido. [E: ¿Y por qué?] Y, no sé... creo que porque en lo que trabajaba lo apoyaban... algo así me explicó. [Ahí] todos habían votado por ellos [por Alianza por el Gran Cambio].

Se trata de un voto familiar "corporativo": un mandato desde el lugar de trabajo de la madre de Teresa que termina influyendo en su voto. El argumento para votar por Toledo es también la economía:

---

27. "PPK baila el Panamericano", RPP, 04/03/2011. Disponible en: <http://www.rpp.com.pe/2011-03-04-ppk-baila-el-panamericano-noticia_341930.html> (visitado el 27/07/2015).

> En primera vuelta, por Toledo. En sí [Toledo] no fue mal Presidente, ah, *buena economía, estable*. Aparte de sus escándalos que tenía, ya son otra cosa. Para mí, sí fue buen Presidente. (Gino)

Es la economía la que hoy en día reemplaza a la política. Solo la política económica importa: quien sabe manejarla es un buen político; el resto es un circo de mentirosos y corruptos de mayor o menor rango (los "come pollos" y "roba cables" incluidos).

Entre los jóvenes estudiados, el voto por Keiko Fujimori consistió en la mezcla de un antivoto por Ollanta Humala y un voto en consideración a los logros obtenidos por el gobierno del padre de la candidata, Alberto Fujimori, quien fue Presidente durante toda la infancia de estos jóvenes, prácticamente durante toda su primera década de vida.[28] Las razones de su preferencia electoral (de primera y segunda vuelta) coinciden o repiten casi textualmente las frases recurrentes en los medios de comunicación o en los anuncios publicitarios durante la campaña electoral 2011 (ver cuadro 8).

---

28. Alberto Fujimori gobernó con los medios y desde los medios, especialmente durante su segundo periodo (1995-2000). El exmandatario fue recortando el terreno a las instituciones y a la clase política ya debilitada, y otorgó a los medios de comunicación una posición dominante sin precedentes (Degregori 2001). Mediante el control de gran parte de los medios existentes, especialmente la televisión de señal abierta, sea por avisaje o por soborno directo, y la creación de diarios ubicados en la prensa amarilla, estableció las tribunas desde las cuales atacar directamente a la oposición y a cualquier postura crítica, además de generar "cortinas de humo" que cubrieran los actos corruptos del gobierno y sus redes clientelistas. De igual forma, los medios fueron fundamentales para "naturalizar" el conjunto de reformas económicas neoliberales que desmontaba el modelo estatista del primer gobierno de Alan García (1985-1990). Sirvieron también para hacerle propaganda al régimen y "distraer" a la población al priorizar el entretenimiento sobre la información. Tanto los medios de comunicación como las audiencias actuales han heredado estos modos de producir televisión y de consumirla (García Llorens 2011a).

Cuadro 8
EXPLORACIÓN DEL VOTO POR KEIKO FUJIMORI

	Las obras del "Chino"	Antivoto: el miedo a Humala
Paolo (KF en 1ra y 2da vuelta)	*Voté por Keiko, al respecto de su padre* también hizo buenas cosas. *No todo lo malo hizo.* Bajó los precios del azúcar, el pan, la harina. *Ayudó a los pobres.* [E: ¿Quién te ha contado eso?] De la tele, siempre de chiquito me ha gustado ver tele.	No me gustaba nada [Keiko], voté por votar. *Escuchaba que Ollanta iba a hacer el toque de queda, que iba a mandar a todos al Ejército y ya pues.*
Teresa (PPK en 1ra; KF en 2da)	[...] el chino ha hecho cosas [...] Yo voté por Keiko; los demás [en mi familia] no sé.	Nadie quería que saliera Ollanta acá. Solo Junior. [E: ¿Y por qué Junior votó por Humala?] Ay no sé... dijo que quería que se pongan estrictos en no sé qué. [E: ¿Y por qué no querías que entrara Ollanta?] Ay no sé, tenía miedo. ¡Habían puesto unas cosas! Aparte por su hermano, es todo loco.
Juan Diego (PPK en 1ra; KF en 2da)	Y por Keiko no voté, más que todo, por todo lo que había pasado con el gobierno de su papá, pues, entonces, no. No me gustaba mucho. En la segunda sí, por Keiko, porque ya... viciado no me gusta. [E: ¿Por qué no te gusta?] No, no, no... porque siento que no participo. Y blanco, no, porque te lo pueden marcar, así. Entonces, tenía que votar por alguien, pues [...] Y ya, Keiko, *pese a que había tenido problemas con los gobiernos de su papá*, pero *ella no era él, pues.*	Yo sentía que [Ollanta] no iba a ser como la gente lo quería ver [...] sí iba a ser jodido *con las empresas transnacionales*, pero no las iba a... ¿cómo se dice?, *no las iba a nacionalizar*. Pero de todas maneras [...] no vaya a ser que me esté equivocando y al final sí haga eso. Y ya, por Ollanta no, porque como te dije, no vaya a ser que yo me equivoque y de verdad sea así, tan malo como la gente lo veía.

	Las obras del "Chino"	Antivoto: el miedo a Humala
Gino (Toledo en 1ra; KF en 2da)	Segunda vuelta, sí fue por Keiko, *porque no había otra* [...] Porque, como que su plan ya era conocido, ¿no? Fujimorista, más o menos ya se sabe cómo era. Iba a votar en blanco, pero ya, *voté por Keiko. Porque [Fujimori] habrá tenido sus problemas, las coimas, pero en sí paró el terrorismo*.	*Porque era cáncer terminal o cáncer… como decían, ¿no?* [E: Y a Ollanta, ¿por qué le tenían tanto miedo?] Por lo que decía, pues, más que todo, *por su papá*. Aparte *tenía a su hermano Antauro, que lo iba a sacar de la cárcel*, todo eso.

KF: Keiko Fujimori; PPK: Pedro Pablo Kuczynski.
Elaboración propia.

En las respuestas de estos jóvenes aparecen dos factores: el recuerdo positivo del gobierno de Alberto Fujimori ("fue el que paró el terrorismo"; "ayudó a los pobres"), y el miedo a las posibles consecuencias autoritarias y en la economía de elegir a Ollanta Humala, expresado en los términos recurrentemente utilizados por diversos medios periodísticos ("escuchaba que Ollanta iba a hacer el toque de queda, que iba a mandar a todos al Ejército"; "más que todo, por su papá. Aparte tenía a su hermano Antauro, que lo iba a sacar de la cárcel").

Es interesante señalar que entre los jóvenes se observa mucho de la cultura electoral "al estilo peruano", que define sus preferencias según lo que considere "el mal menor". Keiko Fujimori no era la candidata predilecta ("no me gustaba nada, voté por votar"), sino que la campaña y los medios de comunicación la presentaron como el "mal menor" entre dos opciones "mortales", como señala Gino: "Porque era cáncer terminal o cáncer [sida]… como decían, ¿no?".[29]

29. En una entrevista en el año 2009, el escritor Mario Vargas Llosa señaló, respecto de una posible segunda vuelta entre Keiko Fujimori y Ollanta: "No creo que mis compatriotas vayan a ser tan insensatos de ponernos en la

Para los que optaron por Ollanta Humala, ese voto fue también la mezcla del antivoto a Keiko Fujimori a partir del recuerdo negativo del gobierno de su padre, considerado en este caso corrupto, y la esperanza de que Humala pusiese "mano dura" y generase una mayor igualdad entre ricos y pobres. Sin embargo, se trata de una preferencia menos volátil (menos pragmática) que la de Fujimori: más jóvenes de nuestro estudio votaron en primera y segunda vuelta por él, y son, además, los casos que tienen nociones más elaboradas sobre política y también los que más han participado en ella o tienen interés en hacerlo. Todos tienen en común el haber tenido abuelos o padres involucrados en política desde la izquierda o que han pertenecido a un gremio cercano a la política sindical (educación, construcción civil). Humala "adoptó a los huérfanos de la izquierda que desde hace veinte años estaban buscando techo y abrigo" (Meléndez 2011: 10) y ello se observa en los casos estudiados. En los hogares que votaron por Humala, el voto es homogéneo entre padres e hijos (ver cuadro 9), se discute más la situación del país, un interés que se cultiva y transmite intergeneracionalmente, aunque con los matices específicos de la apropiación de la política en una época tan mediatizada.

Por ejemplo, John tiene un abuelo que fue uno de los fundadores de Villa El Salvador. Señala que sus padres eligieron opciones diferentes en primera vuelta, pero que en segunda todos en su familia votaron por Ollanta Humala, y que él, que en ese entonces era menor de edad, hubiera hecho lo mismo porque "el fujimorismo ya tiene un antecedente. Ya del problema de La Cantuta. Keiko ya ha sido primera dama y se ve que ya ha estado en esa mafia, con corrupción, con lo de Montesinos".[30] Por su parte, Carolina comenta

---

disyuntiva de elegir entre el sida y el cáncer terminal, que es lo que serían Humala y Keiko Fujimori" (*El Comercio*, 29 de mayo 2009). A partir de ese momento, se popularizó en los medios de comunicación esa analogía: elegir entre el "sida" y el "cáncer terminal".

30. Para más detalles sobre el caso de los alumnos y el profesor de la universidad La Cantuta desaparecidos y ejecutados durante el régimen de Alberto

que en las elecciones presidenciales votó por Humala porque le pareció nuevo y no arrastraba errores del pasado y acusaciones de corrupción, como Fujimori. En su casa todos votaron por él y el día de las elecciones siguieron juntos los resultados por televisión.

Resulta interesante observar las variaciones de preferencias de los jóvenes entre primera y segunda vuelta y contrastarlas con el voto de sus madres y padres (ver cuadro 9). Encontramos aquí dos tipos de escenarios: uno en el que el voto se mantiene en primera y segunda vuelta y es homogéneo —todos en la familia votan por el mismo candidato/a en primera y segunda vuelta (tres casos por Humala, uno por Fujimori, otro por Kuczynski y otro por Fujimori)—, y otro escenario en el que estalla la diversidad de preferencias y de combinaciones posibles entre candidatos.

Otro hallazgo interesante al comparar generaciones se encuentra al observar las preferencias de los padres y madres: 9 de los 16 padres de familia votaron en primera y segunda vuelta por Ollanta Humala y solo tres hicieron lo mismo con Keiko Fujimori. Como señala Meléndez, el "nacionalismo activó las divisiones entre los que se benefician del Perú Avanza y el resto" y despertó así expectativas (2011: 11). El fujimorismo construyó una ideología a su modo: "el pragmatismo por encima de la institucionalidad democrática, la eficiencia en la gestión [económica] por encima de los 'costos sociales'" (ibíd.).[31] La mayor memoria y experiencia de los padres fue tal vez determinante en no elegir el pragmatismo por sobre los derechos humanos y optar por lo que parecía ser una opción de cambio social incluyente, es decir, ya no solo una

---

Fujimori por el Grupo Colina, operando bajo órdenes de Vladimiro Montesinos, ver el *Informe final* de la Comisión de la Verdad y Reconciliación (el tomo VII y las conclusiones generales).

31. Según Meléndez, la ideología fujimorista es "una suerte de manual para responder a las acusaciones sobre el gobierno de su padre. Entre las líneas de sus defensas, de las justificaciones a la corrupción y de los delitos del régimen autoritario, se encuentra una concepción de la democracia, de los derechos humanos, de la actuación militar" (2011: 10-11).

Cuadro 9

Preferencias electorales de los jóvenes estudiados en contraste con las de su madre y padre

	Marjorie	Joselyn	Carolina	John*	Paolo	Teresa	Juan Diego	Gino
Primera vuelta	Ollanta Humala	Ollanta Humala	Ollanta Humala	Pedro P. Kuczynski	Keiko Fujimori	Pedro P. Kuczynski	Pedro P. Kuczynski	Alejandro Toledo
Segunda vuelta	Ollanta Humala	Ollanta Humala	Ollanta Humala	Ollanta Humala	Keiko Fujimori	Keiko Fujimori	Keiko Fujimori	Keiko Fujimori
Voto con relación al de los m/padres	Igual	Igual	Igual	Diferente en 1ra (OH), igual en 2da	Igual	Igual	Diferente (padre: OH; madre: no sabe)	Igual al padre en 1era (madre: KF), igual a la madre en 2da (padre: OH)

Elaboración propia.

* John era menor de edad en las elecciones 2011, por eso, aquí ponemos lo que nos comentó que hubiera hecho de poder votar.

igualdad a través del mercado —alcanzada por ellos en los últimos diez años al pasar de ser pobres a ser parte de una clase media emergente según sus ingresos—, sino el siguiente peldaño del desarrollo luego de ocurrido el "chorreo" prometido por el modelo: el de acceso a derechos y servicios.

Algunos de los hijos, por el contrario, mostraron ser más pragmáticos. Dos apoyaron desde el inicio a Keiko Fujimori (Teresa y Paolo), que son aquellos cuyas opiniones y acciones dependen más de lo que dice la televisión. Otros dos (Juan Diego y Gino) pasaron de apoyar a candidatos preparados para el manejo de la economía (Kuczynski y Toledo), a poner en la balanza los pros y contras de votar por Fujimori, hasta encontrar la justificación para priorizar lo práctico: "pese a que había tenido problemas con los gobiernos de su papá, pero ella no era él, pues" (Juan Diego); "porque [Fujimori] habrá tenido sus problemas, las coimas, pero en sí paró el terrorismo" (Gino). Se activó así otro eslabón de los sentidos comunes de la cultura política peruana: junto con la idea del "mal menor", aparece en la balanza de la elección la idea de "roba pero hace obra". Toda opción era mejor que el riesgo de que Humala cambiase el rumbo del crecimiento económico. Vemos cómo la cara política del emprendimiento empresarial se traduce en un pragmatismo político a todo costo.

En algunos casos, los hijos tienen un voto diferente al de sus padres, pero similar entre ellos, como ocurre con Juan Diego: sus hermanos y él votaron en primera vuelta por Pedro Pablo Kuczynski y en segunda por Keiko Fujimori, mientras que su padre, un policía retirado, "siempre votó por Ollanta". Sucede también que cada miembro vota por quien mejor le parece, como en el caso de la familia de Gino:

> Cada uno tiene su opinión. Acá estábamos divididos. Mi papá y yo, por Toledo; mi mamá, por Keiko. Mi hermana, la mayor, por PPK. Abajo, todos por PPK. Arriba, mi tía es nacionalista, Ollanta. (Gino)

Como vemos, en estos hogares el voto es diverso y es una elección personal: solo en esta familia votaron por cuatro candidatos diferentes. En estos casos, la participación electoral parece responder al modo mediático en el que se desarrolló la campaña y estructurarse como la participación del público en un *reality* de concurso: se vota por el/la candidata/a con el/la que se hace "click".[32] Como explica Gino, si extendemos la mirada al resto de parientes que viven en otros pisos o áreas de las viviendas multifamiliares, la diversidad de combinaciones se amplía.

En general, los jóvenes señalan que no se suele discutir de política en sus hogares nucleares, aunque en algunos casos, al ser casas multifamiliares, sus tíos y padres se reúnen al momento del "flash electoral" —evento tan mediático como político—, y ahí sí se conversa un poco, mientras se mira la televisión. Es el momento de mayor rating del *show* de la política. De todos modos, y así no se converse mucho de política sino que esta sea absorbida solo "de reojo", lo que prima en los casos es el voto familiar. Como sostiene Macassi (2001), la familia sigue siendo el referente de los jóvenes para temas políticos, a pesar de que continuamente estén en el proceso de diferenciación y búsqueda de identidad individual (frente a adultos y pares), búsqueda en la que el consumo televisivo y de redes sociales ocupan un lugar privilegiado. En algunas familias existe una mayor práctica de conversación y los jóvenes procesan sus propias elecciones; en otras se acepta sin discutir, como ocurre con Teresa y su voto por Kuczynski: frente a su desinterés en la política, la madre le resuelve la duda de por quién votar —no se discute el tema, solo se acata.

En cuanto a conversar con amigos de estudio, de trabajo o del barrio sobre política, las experiencias son diversas, aunque queda

32. "Hacer click" es una expresión popularizada en la última década, que toma la figura de "hacer click" en un link en internet como metáfora para hablar del momento en que se crea una conexión de amistad o de amor entre dos personas.

claro que, entre los jóvenes, la política ha dejado de ser un tema cotidiano de conversación. Ninguno recuerda haber conversado de ello con amigos de barrio. Entre los que estudian, el panorama es heterogéneo. Joselyn comenta que en la universidad privada donde estudia (Universidad César Vallejo, sede Lima Norte), la mayoría iba a votar por Pedro Pablo Kuczynski en primera vuelta y por Keiko Fujimori en segunda, y que ella tuvo problemas tanto con sus compañeros como con sus profesores por comentar que votaría por Ollanta Humala.[33] En el caso de los dos jóvenes que estudian en la Universidad Nacional Mayor de San Marcos, su experiencia varía de acuerdo con la facultad a la que pertenecen. Juan Diego, que estudia ingeniería geológica, señala que su facultad "siempre ha sido una isla", que ahí no se discute de política y que la mayoría votó por Kuczynski y Fujimori. Marjorie, estudiante de historia, tiene una experiencia diferente, mucho más politizada: votó por Humala, que en los espacios universitarios donde ella se mueve era la opción predominante.

Indagamos un poco más sobre su cultura política y sobre cómo esta combina lo mediático con otros dos referentes: los espacios educativos y familiares. Por ejemplo, Carolina distingue entre los partidos de derecha y de izquierda, y cuenta que la diferencia entre ambos la aprendió de un profesor de la academia:

> En la academia, el profesor nos habló de qué es el socialismo. Habló sobre Engels y Marx, que eran socialistas, que *estaban con el pueblo y no con los ricos*. Que ellos no estaban con la clase alta, no con los comerciantes. (Carolina)

---

33. Esta universidad ilustra bien esa mezcla de emprendimiento económico y pragmatismo político, y ha sido en los últimos años materia de estudio y objeto de tesis. Ver Huber y Lamas (2015).

Ella recurre a las lecciones de la academia y a ejemplos de cómo la política afectó la historia de su familia para poder explicar sus opiniones, que están fuertemente marcadas por estas vivencias:

> Mi papá antes siempre votaba por *la derecha, como era empresario*, pensaban que lo ayudarían, pero es mentira, porque al final no ayudan. Entonces, *la izquierda* me parece más... en sí porque es socialista y porque es de izquierda, porque *ayuda al pueblo*, algo así [...] Mi familia nunca ha estado de acuerdo con lo que hace la derecha. Mi tía, mi papá, todos ellos votaban por la izquierda. Ellos votaron por Fujimori, pero él no hizo nada. Todo lo que salía en las noticias, todo lo malo, lo veían. [E: *¿Consideras a Humala de izquierda?] Creo que sí, pero de extremos*. (Carolina)

Es posible apreciar cómo a la derecha se la relaciona con la empresa, con los empresarios y con la clase alta, mientras que a la izquierda se la vincula con el pueblo, que suelen ser las simplificaciones y los esencialismos mediáticos. La izquierda está también asociada a Alberto Fujimori y a Ollanta Humala, porque ambos se presentaron del lado del pueblo, aunque no necesariamente encabezaron o encabezan actualmente un gobierno de izquierda.

Dos otras jóvenes, Marjorie y Joselyn, son hijas de padres (y madre también, en el caso de la primera) que estudiaron en la Universidad Nacional de Educación Enrique Guzmán y Valle, más conocida como "La Cantuta". Sus padres eran militantes de izquierda y estuvieron ahí cuando la universidad fue intervenida por los militares en 1977. El padre de Marjorie fue, además, profesor en ese centro de estudios hasta ser cesado por el gobierno de Fujimori. Todos ellos siguen interesados en el acontecer nacional y su voto se mantiene en la izquierda del espectro político. Tanto Marjorie como Joselyn tienen interés en asuntos políticos: la primera participa activamente en política universitaria y la segunda ha colaborado en actividades de su gobierno municipal. Sin embargo, sus maneras de vivir lo político son diferentes, lo que se explica en parte por los modos en los que la cultura política es transmitida (o no) de generación en generación. El padre de Marjorie inculcó este interés en sus hijos, como señala la madre:

> [...] *el papá que es político, entonces la política nace de ahí*, porque el papá le hablaba siempre de las épocas antiguas, como nosotros lo que habíamos sufrido en la época de la intervención [...] es una persona bastante leída mi esposo *y eso también le inculcó* a Marjorie a *leer bastante*, le decía cuando tú hables, *siempre habla con propiedad y habla con fuentes*, nunca hables por hablar. (Madre de Marjorie)

El padre de Marjorie utiliza su experiencia para enseñarles a sus hijos a defenderse de las injusticias del sistema, sea cual sea este. Insiste en que es importante participar en asuntos políticos y que para ejercer su ciudadanía de manera más informada y crítica, son necesarias dos prácticas vinculadas entre sí: en primer lugar, entender las problemáticas, para lo cual se necesita "leer bastante", y en segundo lugar, saber hablar y hacerlo basándose en fuentes de información confiables. Por su parte, el padre de Joselyn no quiere que sus hijos se involucren en política. Joselyn comenta que él era más "revolucionario", pero que ahora no le gusta hablar de eso porque vio sus sueños frustrados. Según sus propias palabras, cuando ella se pone más "revolucionaria", él le dice que se concentre en estudiar, que no pierda el tiempo en política. Ambos enfoques paternos producen diferentes resultados.

Ello se ilustra al comparar la experiencia de participación de Marjorie con la de Joselyn en las elecciones presidenciales 2011. Ambas votaron por Ollanta Humala en primera y segunda vuelta y fueron personeras en las últimas elecciones presidenciales. Sin embargo, mientras que Marjorie fue personera del candidato de su elección (Ollanta Humala), Joselyn fue personera en primera vuelta de Pedro Pablo Kuczynski. Ello debido a que decidió que sería personera "de la oportunidad que se presentase primero [...] lo hice por experimentar a la gente, ver si elegían a último minuto". En primera vuelta, recuerda que votó temprano, que luego fue al colegio donde era personera, y que como no llegaba uno de los miembros de mesa, se ofreció a reemplazarlo, nuevamente "por vivir la experiencia". El personal de la ONPE no quería cubrir ese puesto, y frente a su insistencia, aceptaron el ofrecimiento de Joselyn de ser miembro de mesa. Ella estuvo en todo el proceso, hasta el conteo de votos. Por ser personera de Kuczynski, cuenta que le dieron de almuerzo un pollo a la brasa de Norky's y que su grupo de personeros era bien "chacota". No votó por Kuczynski, entre otros motivos, porque "no iba a cambiar su nacionalidad".

Para muchos jóvenes, la política se restringe al acto de votar cada cinco años y es vivida como una experiencia individual más, entre tantas otras; está al mismo nivel que experimentar otras cosas. Depende de la personalidad de cada quien si estas experiencias se viven intensa y activamente o de manera pasiva. En el caso de Joselyn, que explora sus diferentes mundos con interés y con ganas de aprender y de dar todo de sí, un día puede participar en el concurso "Bailando por un compañero" organizado por la cadena de cines en la que trabaja; otro día puede involucrarse en un debate universitario sobre el aborto terapéutico —con el que no está de acuerdo— y hacer ganar a su equipo contando frente a más de cien personas su experiencia de haber sido víctima de un abuso sexual de niña; y otro día más puede ser personera en una contienda electoral nacional para un candidato por el que no votará.

Ello muestra cómo, no solo en los ambientes mediáticos (redes sociales), los jóvenes pueden tener múltiples identidades no necesariamente coherentes entre sí; ello se traslada al campo de la vida laboral, académica y política.[34] Da cuenta no solo de la mayor

---

34. Como señalan Golte y León Gabriel (2011), la realidad virtual "invita a los individuos a asumir alteridades pronunciadas" y ha proporcionado un entorno en el que la identidad de los individuos puede ser volátil, ubicua (p. 43). Algunos autores, como Treddinik (2008) y Turkle (1997), señalan que estas características ya han dejado la virtualidad y se transmiten al comportamiento en la vida real: las existencias polifacéticas se han convertido en un hecho diario y constantemente transgreden las normas culturales. Sin

versatilidad o flexibilidad de los jóvenes respecto de las generaciones anteriores, sino de nuevas formas de entender lo político y, sobre todo, de actuarlo. Estas nuevas formas tienen que ver, nuevamente, con las lógicas del entretenimiento, el pensamiento *light* y el carácter lúdico con el que se transita de una vivencia a otra.[35]

Al respecto, Lipovetsky sostiene que las sociedades posmodernas se caracterizan, no por una falta de compromiso político, sino por una resignificación del mismo; se desinflan las posturas políticas e ideológicas "duras" y se sobrevalora las cuestiones subjetivas. Estamos en la era del *deslizamiento narcisista*:

> [...] un tiempo en que la res pública ya no tiene una base sólida, un anclaje emocional estable. En la actualidad las cuestiones cruciales que conciernen a la vida colectiva conocen el mismo destino que los discos más vendidos [...] todas las alturas se doblegan, todo se desliza en una indiferencia relajada. (Lipovetsky 2002: 13)

Si se comparan las "simpatías" políticas volátiles del hoy expresadas por los jóvenes con las militancias ideológicas del ayer, vemos, por una parte, que lo que antaño era ensalzado, hoy es destituido y trivializado y se retraen ideales y objetivos universales. A la vez, lo más característico del individualismo actual no es una

---

embargo, se reconoce que existen límites para esta apertura a la complejidad, en particular por el lado económico.

35. Adicionalmente a los ambientes mediáticos y la multiplicidad de ofertas de sociabilización para los jóvenes, como sostienen Golte y León Gabriel (2011), hay que considerar el anonimato de las grandes ciudades, el surgimiento de una amplitud de subgrupos o subculturas (de acuerdo con tipos de ocupación, consumo mediático, formas de diversión, factores étnicos, etc.) con normatividades diversas. El anonimato permite a los individuos alternar entre distintos grupos y poder asumir una faceta diferente en cada uno de ellos. Los múltiples roles que tienen las personas en el contexto urbano las han vuelto más polifacéticas. Hoy por hoy existe mucha mayor flexibilidad y versatilidad en las identidades individuales, que cambian según el contexto y el lugar en que se desenvuelven.

subjetividad independiente y asocial, sino, por el contrario, una reagrupación de identidades en "colectivos con intereses miniaturizados, hiperespecializados". Prima "el deseo de encontrarse en confianza, con seres que compartan las mismas preocupaciones inmediatas y circunscritas". Se trata de un "narcisismo colectivo: nos juntamos porque nos parecemos, porque estamos directamente sensibilizados por los mismos objetivos existenciales" (Lipovetsky 2002: 14).

Ello se refleja en las nuevas formas de entender y de vivir la política que nos muestran los jóvenes, como una vivencia muy personal, de adhesiones fugaces y cambiantes, por razones pragmáticas o de estilo. Esto ocurre tanto con la mayoría de los jóvenes como con la propia clase política. En efecto, en los últimos años en el Perú las candidaturas presidenciales se han convertido en "sueños individuales", personas que quieren ser Presidente en busca de partidos-franquicia en los que encontrarse con sus "idénticos", desde los cuales postular (Barrenechea 2011: 123). La política es así una transacción más en un mercado de opciones.

Ello marca un cambio generacional con sus padres y con quienes fueron jóvenes entre los años ochenta y noventa. En aquel entonces, lo político no se circunscribía al acto electoral y hubiera sido impensable votar por un candidato pero defender como personera los votos de otro. Se trataba de un contexto ideológico totalmente distinto: con la Guerra Fría como telón de fondo, fue una época de grandes movimientos sociales, en la que la izquierda era una opción política masiva. Ser antisistema era parte de la experiencia de muchos jóvenes. Fueron décadas marcadas por la politización orgánica de la juventud y por la radicalización política de los jóvenes, respectivamente (Cotler 1986). Esta radicalización estuvo condicionada por un contexto marcado por la crisis económica, la exclusión social y la ausencia de canales orgánicos de participación, lo cual llevó a muchos jóvenes a identificarse con los partidos que proponían la violencia política como método de cambio. Había que hacer la revolución.

La violencia política, el conflicto armado y la lucha contra ello en los años ochenta y noventa, tuvo como consecuencia que toda crítica al sistema fuese vista como terrorismo. La política se volvió algo peligroso. Se "despolitizó" así la discusión. Se utilizó al terrorismo como un medio para silenciar y criminalizar cualquier tipo de protesta y de agrupación política que cuestionase el statu quo.

Hoy en día, seguimos viviendo la herencia de esos tiempos. Si bien sigue habiendo una política más partidaria y modos de formarse políticamente en los espacios universitarios, esta es una opción muy poco seguida por los jóvenes. Como hizo evidente la EMS, apenas un 2% de los jóvenes urbanos encuestados está registrado como miembro en un grupo político, y un 5% en juntas de vecinos.[36] En un contexto de bonanza económica e instituciones democráticas formalmente en funcionamiento, muy pocos jóvenes se inclinan a participar en política. Así, mientras que algunos de los padres y madres en su juventud estaban ocupados *haciendo la revolución*, los jóvenes se ocupan ahora *viviendo la experiencia*.

Pero esta actitud juvenil mayoritaria tiene que ver con transformaciones económicas y socioculturales que traspasan las fronteras nacionales y las especificidades de nuestra historia como país. Lo que Sennet (2006) llama el "neocapitalismo", tiene para Lipovetsky como correlato el proceso de personalización: "una ruptura con la fase inaugural de las sociedades modernas, democráticas-disciplinarias, universalistas-rigoristas, ideológicas-coercitivas" (2002: 6). Mientras que la "sociedad moderna era conquistadora, creía en el futuro, en la ciencia" y se instituyó como ruptura con "las jerarquías de sangre [...] con las tradiciones y los particularismos en nombre de lo universal, de la razón, de la revolución", las sociedades posmodernas, están "ávidas de identidad, de diferencia, de conservación, de tranquilidad, de realización personal inmediata". La confianza y fe en el futuro se disuelven, "la gente quiere vivir

36. Ver cuadro 27 en el anexo 2.

en seguida, aquí y ahora, conservarse joven y ya no forjar el hombre nuevo" (2002: 9).

El progreso ya no lo trae la revolución, sino el participar activamente en el sistema a través de la generación de ingresos y del consumo. Este proceso es tangible al comprobar cómo la política se ha trasladado en las últimas décadas de las calles a las pantallas. Las tradicionales formas de hacer política (mediante mítines, pertenencia a algún partido político y discusiones cara a cara) están desgastadas, y no son parte de la experiencia formativa de los jóvenes. Los partidos prácticamente no existen, suelen ser alianzas electorales que se diluyen luego de la elección: se eligen individuos, no proyectos políticos (ningún joven recuerda o menciona nombres de agrupaciones políticas). Ahora "el corazón de la política resulta ser la mercadotecnia, lo que no parece precisamente bueno para la vida política. La idea misma de democracia requiere mediación y discusión cara a cara, más deliberación que empaquetado" (Sennet 2006: 117). Así, buena parte del debate sobre asuntos públicos ha sido absorbido por los medios de comunicación, que influyen en la definición de los temas de agenda ciudadana. El carácter comercial de las empresas privadas de comunicación afecta, sin duda, la forma en que el debate se produce (o no) y cómo los ciudadanos participan en él (Macassi 2001).

Pareciera, entonces, que entre los jóvenes estudiados, las opiniones sobre política son bastante mediáticas y, como vimos en el acápite anterior, en la mayoría de los casos, la política es algo que consumen "de reojo" a través de los medios de comunicación. Para estos jóvenes, los candidatos electorales se eligen como se lo hace con otros "productos": a partir de impresiones, sobre todo televisivas —en las que se simplifican en extremo los temas, se elimina el contexto y la densidad histórica de las problemáticas políticas y sociales—, comentarios y recomendaciones entre pares y la influencia de lo que en sus hogares se discute (o no) al respecto.[37]

---

37. Las impresiones televisivas y poco profundas que tienen sobre los políticos y la gestión de las autoridades pueden llevarlos no solo a la apatía, sino

No obstante, el análisis de los casos permite observar dos tipos de referentes y niveles de profundidad en el conocimiento de los jóvenes sobre temas políticos, en momentos electorales y más allá de ellos. Al conversar con ellos sobre política, lo primero que aflora es la respuesta inmediata y políticamente correcta (de acuerdo con lo más recurrente en las agendas mediáticas), la frase hecha, el eslogan repetido incansablemente en los medios de comunicación. En un segundo momento, ya más avanzada la conversación, aparecen reflexiones más profundas relacionadas con otros dos referentes: la familia y otros entornos sociales (pares, redes sociales). En este segundo nivel, existen respuestas más y menos elaboradas de acuerdo con si el interés y participación en la política (local o nacional) han sido parte de su experiencia de vida o, sobre todo, de las historias familiares, y si en sus entornos familiares, educativos, laborales o de barrio existe o no un interés y una práctica recurrente de conversación sobre estos temas.

Entre quienes no han participado en temas políticos o no muestran interés en la política, las respuestas tienden a quedarse en ese primer nivel, que consiste en una suerte de repetición de aquello que es más redundante en sus ambientes mediáticos, entre los cuales la televisión y las redes sociales son los principales; retomando a Gerbner et ál. (1996), son las "lecciones televisivas" las que proveen de imaginarios políticos a los jóvenes. En cambio, entre quienes tienen otros referentes, además de los mediáticos,

---

también a la acción. Figura, por ejemplo, el caso de Teresa, quien comentó no estar interesada en política y cambiar de canal cuando hay noticias, pero que a la vez, guiada por las tendencias y emocionalidades mediáticas de diferentes momentos, eligió a Susana Villarán como alcaldesa de Lima Metropolitana, luego firmó para que pudiera darse la revocatoria y finalmente votó para revocarla. Un día estás *in*, y otro día estás *out*. Es la era de los gobiernos de opinión (Sartori 2001). Se aplica a la política la idea de "satisfacción inmediata" que rige la lógica de los productos consumidos. Se elimina la idea de proceso, de entender otras temporalidades, como las políticas o las de la gestión pública, se exigen resultados inmediatos.

las respuestas son más críticas y menos superficiales. Es decir, existe una relación entre el conocimiento e interés en la política y el nivel de educación política de los jóvenes, o dicho en sus términos, qué tanto han cultivado un gusto por lo político.[38]

El entender de política requiere esfuerzo ("leer bastante", "hablar con propiedad") y cultivar capacidades intelectuales (pensamiento abstracto, argumentación), algo que se asume como propio de las clases sociales con mayor nivel de educación. El esfuerzo es aún mayor para estos jóvenes acostumbrados sobre todo a los medios audiovisuales. La cultura televisiva favorece la emocionalidad y la seducción de la imagen, más que las razones y la abstracción del discurso escrito; el peso del "ver" es mayor que el de "discurrir" (Sartori 2001). La opinión pública se guía ahora también por lógicas del entretenimiento, adhesiones intensas pero fugaces a figuras más que a partidos, a "ideas-fuerza" o eslóganes más que a programas de gobierno. Existe asimismo una mayor libertad para explorar opciones "sin compromiso" de voto-venta, como quien va de tiendas y luego decide qué producto comprar.[39]

Cabe señalar, sin embargo, que hay una diferencia entre los modos de relacionarse con la política nacional (más distante y

---

38. Ello es característico del capitalismo consumista y de la imaginación de la política desde el *marketing*, como explica Mazzarella (2006), citando a Dipesh Chakrabarty (n. d.): "el capitalismo opera no tanto cancelando diferencias históricas sino proliferándolas y convirtiéndolas en conjuntos de preferencias, en gustos. Toda diferencia se convierte así en un asunto de una inocua elección de consumo" (2006: 19; traducción propia). El *marketing* es así una herramienta que ayuda al capital transnacional a transformar diferencias en gustos, haciendo que las distintas elecciones de vida [politica incluída] se parezcan a la elección entre marcas de champú (ibíd.).

39. Al respecto, Sennet usa una cadena de supermercados norteamericana como un ejemplo de consumo que configura el consumo político, y se pregunta: "¿La gente elige a los políticos como elige en Wal-Mart? ¿Es que la mercadotecnia de los líderes políticos ha llegado a parecerse a la venta de jabón, en la medida en que el consumidor político reconoce al instante marcas entre las que escoger en la estantería?" (2006).

vivida a través de la mediación televisiva), y los modos de hacerlo con la política local (más cercana y cotidiana). Sobre la segunda, los jóvenes tienen más referentes y, en algunos casos (Marjorie, Joselyn), interés en participar de algún modo en la gestión municipal.

3. Cultura política: "En el Perú el gobierno no influye mucho, cada persona se hace sola"

En este acápite final profundizamos el tema de la relación de los jóvenes con la política, pasando de su poco interés en estar informados sobre el acontecer nacional a cómo viven su vínculo con el Estado.

Hemos señalado que, usualmente, los jóvenes estudiados afirman que no les parece importante estar informados sobre política. Por ejemplo, Teresa señaló que por ahora las decisiones del gobierno no influyen en su vida, tal vez "un poco influye en los precios de los víveres". Nos dijo lo siguiente: "me aburre la política, pero sí es bueno, porque un día que te pregunten, no voy a quedar en nada tampoco... pero cuando empiezan cosas de política, cambio de canal".

En general, los jóvenes no creen que la política influye en sus vidas y, por eso, "no tiene importancia" escuchar a los políticos:

> *No sigo la política.* Porque los políticos de acá no... si es que fueran buenos políticos quizá viera, pero siento que no... no me importa escucharlos, *no tiene importancia escucharlos.* De repente será por eso, ¿no?, que no creo [que la política afecte mi vida], pero si es que escucho algo de *los congresistas, siento que hablan temas que no valen la pena, aparte que no es gente muy preparada*, entra cualquiera. (Juan Diego)

No se confía en la preparación de los políticos para realizar un buen trabajo; haciendo eco de la idea que reforzó la candidatura de Kuczynski, los políticos actuales no son *los más capaces*, no están preparados: cualquiera puede ser político.

La EMS mostró que la gran mayoría de jóvenes urbanos tiene un interés escaso (40%) o nulo (31%) en la política.[40] Y para muchos, lo político se restringe a votar cada cinco años. Sus niveles de confianza en las instituciones son muy bajos, sobre todo en las estatales y políticas.[41] Como se ha mostrado año tras año en las mediciones al respecto, la Iglesia católica y los medios de comunicación son las instituciones que generan mayor confianza en la región, aunque esta va decayendo con los años.[42] Como lo indica la EMS, la única institución que sobrepasa el 50% de confianza es la Iglesia católica (con tan solo 52%). Le siguen los medios de comunicación (42%) y el Presidente (35%). En las que menos confían los jóvenes son los partidos políticos (10%), el Congreso (11%) y el sistema judicial (11%).[43]

Ello tiene que ver con el hecho de que consideran que la política nacional no los afecta directamente. Para Paolo, las decisiones del gobierno no le atañen en nada. Solo al plantearle ejemplos de problemáticas con las que él está más familiarizado, como la delincuencia en Villa El Salvador, señala que el gobierno puede tener influencia.

---

40. Ver cuadro 28 en el anexo 2.

41. Sobre el tema, ver gráfico 5 en el anexo 2.

42. Ver los informes del Latinobarómetro y de Apoyo Opinión y Mercado de los últimos diez años.

43. Estas preferencias resuenan frente a las respuestas de los jóvenes estudiados: confían en Dios y luego en los medios de comunicación, que los han acompañado y son parte de su familia desde que nacieron. El Presidente, criticado o no por los medios, es parte del *star system* político, es una *celebrity* de alta recordación, aunque de todos modos, el nivel de confianza es bajo. Las instituciones en las que menos confían son las que permanentemente aparecen cuestionadas y caricaturizadas desde el *mainstream* mediático. Y este *mainstream* mediático, o "culturas mediáticas", como las llama Rincón, "no responden a lo popular antropológico (el folclore y las tradiciones) ni a lo culto (lo sublime de las grandes artes), y tampoco encarnan lo ilustrado (la razón y el argumento) ni lo espiritual eterno (el dios sentido de todo); solo expresan y reflejan el gusto medio, el más común a todos" (2006: 21).

> En esa parte [delincuencia en Villa El Salvador], creo que sí ha cumplido. Últimamente veo bastante seguridad, en esa parte sí lo está cumpliendo: ya no veo pandillaje, el narcotráfico también está bajando. *Todo eso creo que es gracias a Ollanta, creo que ha sido comandante del Ejército. Eso nomás te puedo decir, no tengo más.* (Paolo)

Sin embargo, la respuesta de Paolo evidencia su escaso conocimiento sobre qué autoridades tienen qué tipo de competencias, y en qué ámbito (local, regional, nacional), pues atribuye la reducción del pandillaje en su distrito al presidente Humala, en tanto recuerda que este ha sido comandante del Ejército.

Varios señalan no tener opinión sobre cómo va el gobierno de Humala actualmente, porque no poseen información al respecto. Como nos dice Gino: "Hasta ahora, qué ha hecho [Humala], no sé". Vuelve aquí a aparecer una diferencia entre los jóvenes en los modos de elaborar sus reflexiones sobre la situación del país, y en la profundidad de su pensamiento al respecto —más allá de que estén al tanto o no de los últimos acontecimientos—, que tiene que ver con la cultura política cultivada en el hogar.

Para Teresa y Paolo, con historias familiares complejas, la referencia principal es la televisión. Por ejemplo, al preguntarle a Teresa: "¿Cuáles dirías que son los principales problemas políticos y sociales del Perú?", ella responde: "No sé… no te digo que en política estoy cero. *Voy a ver* ahora". O como dice Paolo: "no *veo* mucha política. No tengo palabras para decirte, porque no entiendo". Sus respuestas dependen entonces más de lo que ven, que de lo que conversan sobre estos temas.

La situación es distinta en los casos de Juan Diego, Marjorie, Joselyn, Carolina y John (de los cuales los tres primeros estudian, una trabaja y el último no estudia ni trabaja), pues tienen una cultura política más amplia que el resto debido a que provienen de familias que han participado en política nacional (al estudiar en La Cantuta) o local (el abuelo de John en Villa El Salvador), o que han trabajado para el Estado (el padre de Juan Diego como policía y el de Joselyn como profesor). John considera que:

> Sí sirve saber lo que pasa en el país, porque, a las finales, ellos son los que van a hacer los tratos con otros países y no queremos que alguien nos gobierne mal, nos asesore mal. Por ejemplo, *para comprar una computadora, necesitas un asesor. Es igual, los presidentes nos asesoran cuando hay que hacer tratos con otros países*. Como el problema de la Haya. (John)

La analogía utilizada por John —entre los presidentes que asesoran a los ciudadanos sobre qué tratados internacionales firmar y los técnicos que asesoran a los consumidores sobre qué computadora comprar— da cuenta de cómo la tecnología es parte constitutiva de la vida de los jóvenes y es mucho más que una herramienta de comunicación; puebla sus metáforas. Da cuenta también de cómo prevalece la relación mercado-sociedad: es desde la experiencia como consumidor que se entiende lo político y el vínculo entre el Estado y la sociedad. Es su experiencia como consumidor, la que guía a John como ciudadano.

Sin embargo, John también señala que él no cree que las decisiones que toma el gobierno influyan en su vida, en sus estudios y futuro:

> No, porque acá en el Perú el gobierno no influye mucho, *cada persona se hace sola*, el gobierno no le da mucha importancia al pueblo. *Allá en provincia sí es importante el gobierno, le da el comedor, el vaso de leche a esas personas que no tienen que comer. Pero nosotros, como que ya nos podemos desarrollar todo*. El gobierno ve las cosas de hacer veredas, esas cosas, pero cada uno ya se desarrolla por su cuenta. (John)

La respuesta de John permite ver sus modos de significar y de ubicarse socialmente. El gobierno se debe encargar del pueblo (de los pobres "que no tienen que comer"), y para el resto, con quien él se identifica (la clase media), salir adelante depende de cada uno, es decir, del esfuerzo personal ("cada persona se hace sola"). El gobierno, si es democrático, se debe encargar de solucionar la pobreza:

> Que se haga la voluntad de la mayoría. Nosotros vivimos en un país democrático entre comillas. Está dentro del Estado, pero no ven la democracia de todo el pueblo, lo que quiere el país. Y yo creo que *el Perú no está viviendo en la democracia, porque hay mucha pobreza. Los pobres piden que los ayuden, nosotros los de clase media, también*. Parece que no llega, dicen que llegará, pero no llega. (John)

Democracia, gobierno y Estado son prácticamente sinónimos. Democracia es hacer la voluntad de la mayoría, pero a la vez es asistencialismo con quienes tienen menos. Como señala Sennett, hay un orgullo en evitar la dependencia del Estado; la capacidad de consumo distingue, otorga una cierta posición y, en ese sentido, reconfigura la cultura política (Sennett 2006).

Al conversar con los jóvenes acerca de qué significa para ellos la democracia, encontramos diversas respuestas con algunos puntos en común: libertad e igualdad son los valores más apreciados de un régimen democrático. Para Carolina, la democracia significa que "cada persona pueda hacer lo que quiera, pero siempre respetando los unos a los otros. Tu libertad termina donde empieza la del otro". Marjorie considera que una democracia protege varias libertades, no solo la económica sino la política y social, y considera que estas últimas no están garantizadas actualmente en el país:

> *No vivimos en democracia*, porque [...] cuando salimos la gente de San Marcos a protestar [los policías] nos tiran bombas lacrimógenas, nos pegan, nos hacen de todo. Cuando salen los barristas de la U, de la Alianza, de la Cristal, no les hacen nada, y esos son unos malandrines, delincuentes. Entonces, ¿qué democracia, no? Donde a los choros, a los malandrines, estos no les hacen nada. Yo me acuerdo, en [la marcha por la matanza de] Bagua fue, salimos a cada rato nos paraban, y allá en Abancay nos hicieron pedazos a todos [...] Para mí la democracia que existe ahora no es democracia. *La gente que nos está gobernando, el sistema económico que nos gobierna ahora, nos está imponiendo su democracia [...]* Para mí esto puede ser una aparente democracia, porque *se supone hay libertad económica*, de donde tú puedas comprar y vender, ¿no? *Pero para mí la democracia trasciende esas cosas [no hay] libertad política, social...* (Marjorie)

Marjorie, que de nuestros jóvenes es la que tiene una mayor formación política y la más crítica frente al sistema, tiene claro que la democracia hoy en día ha sido reducida a la inclusión en el mercado (libertad económica). Una democracia en la que los derechos políticos, como protestar colectivamente por algo considerado injusto, no están garantizados. Al respecto, Joselyn comenta: "ahorita supuestamente vivimos en democracia". Y luego define: "democracia es igualdad para todos, pero todos no somos iguales, somos diferentes". Inmediatamente explica que "en Perú, si tienes más poder adquisitivo, llegas más lejos, las clases A y B tienen más democracia, a menos que juegues bien con lo que tienes". El acceso a los beneficios del sistema se relaciona directamente con el poder económico y con un tema de clases sociales: hay más democracia para quienes tienen más dinero. Sin embargo, para Joselyn, esto no es visto como una situación de la que no se puede escapar: acceder a "más democracia" depende de la agencia de cada uno, de jugar bien con los activos que se tiene. A diferencia de Marjorie, que apuesta por la acción colectiva para un cambio social (es el sistema el que está mal), para Joselyn, el cambio pasa por el individuo (que es quien tiene que esforzarse más).

La democracia está asociada a la libertad y a la igualdad, en tanto trato igual entre ciudadanos, sin distinciones de clase o económicas, y en tanto paridad de condiciones y oportunidades, pues se espera que el gobierno se ocupe de atender la pobreza. Varios jóvenes consideran que no vivimos hoy en democracia pues hay libertades que no pueden ser ejercidas porque el Estado las reprime, como la libertad de expresión política y de tener puntos de vista diferentes a quienes gobiernan, y porque no se atiende a los pobres y se gobierna para los ricos.

Ellos reconocen las brechas persistentes entre ricos y pobres. De acuerdo con la EMS, consideran esta desigualdad excesiva (82%), y opinan que sigue existiendo porque beneficia a los ricos y poderosos (73%).[44] No obstante, ello no llega a establecerse como un cuestionamiento político activo al modelo de desarrollo que sigue el país. Y es que la revolución y la necesidad de un cambio económico y político radical ya no interesan a la mayoría de los jóvenes urbanos. Hoy los jóvenes son "prosistema", piensan que el país está por el "camino correcto". Incluso, un tercio de ellos considera, según la EMS, que para resolver los problemas nacionales se requiere de un gobierno de mano dura o de políticas más agresivas de lucha contra la pobreza, pero siempre y cuando la economía siga avanzando.[45]

Pero los pobres son otros. Frente a las injusticias del sistema actual y la fuerte desconfianza en las instituciones, estos jóvenes considerados no pobres, señalan depender de su propia agencia para salir adelante. Vemos aquí cómo aparece, una vez más, el discurso del éxito personal como producto del esfuerzo para superar los obstáculos, no solo en el ámbito laboral sino también en el político. Este discurso concuerda con los valores e ideales de una cultura de consumo (el "nuevo capitalismo") y contrasta con la realidad de los trabajos precarios. Tampoco aparece en la mayoría de los jóvenes una noción de lo colectivo, más allá de los intereses individuales y de los de sus "iguales".

Ello tiene que ver, asimismo, con procesos más amplios en la esfera nacional y con los modos como se ha entendido la pobreza y establecido la relación entre el Estado y la sociedad. Como señala Remy (2014), en el Estado desarrollista de los años sesenta y setenta y en una economía regulada por el Estado, los pobres se definían por su ubicación en la estructura productiva del país. Pobres eran ciertos grupos sociales definidos por su ocupación (campesinos, subempleados urbanos) y unidos por sus demandas comunes de políticas redistributivas frente al Estado. La pobreza era, así, un

---

44. Ver cuadro 33 en el anexo 2.
45. Ver cuadro 30 en el anexo 2.

problema de distribución y de concentración del ingreso. Sin embargo, a mediados de los años ochenta, con las primeras "políticas de ajuste" y la necesidad de cuantificar la pobreza, la definición de pobreza cambió: empezó a ser entendida como la carencia individual o familiar de ingresos y activos, una tendencia que se ha consolidado con el Estado neoliberal y la economía de mercado. Los "pobres del Consenso de Washington" son "aquellos sectores que *todavía* tienen un nivel de ingreso que no les permite adquirir una canasta de bienes y servicios satisfactoria, porque no logran aún beneficiarse del dinamismo empresarial privado" (Remy 2014: 7, énfasis en el texto original). La pobreza es entonces entendida como un estado transitorio en la ruta hacia la inclusión en la economía de mercado. Los "pobres", más que carecer de ingresos, "carecen de activos (capital humano, social o físico) que el mercado pueda remunerar" y, por ende, la pobreza "no es un problema de 'injusta' distribución de ingresos asociada a una excesiva concentración de recursos" (Remy 2014: 8).

Cambia así la relación entre el Estado y la sociedad. Por un lado, son las personas las que deben ocuparse de "ser empleables y/o emprendedoras. Si no lo son, son pobres" (Remy 2014: 8). La pobreza (o bienestar) pasa a ser un problema del individuo o de la familia, en tanto es su responsabilidad utilizar los activos que poseen, sea en emprendimientos propios, sea mejorando su empleabilidad (su capacidad de ser contratados). Por otro lado, ya no es responsabilidad del Estado planificar políticas redistributivas, sino apoyar con programas sociales temporales a quienes *todavía* no logran ingresar en la economía de mercado.

Como los jóvenes estudiados no son pobres, el Estado no es para ellos. El Estado solo aparece cuando la relación con el mercado no funciona bien. Al respecto, en su estudio etnográfico sobre jóvenes universitarios y emprendedores comerciales, Huber y Lamas (2015) constatan que la denominada "'nueva clase media' [tiene] un alto nivel de autorregulación que Foucault denomina 'gubernamentalidad neoliberal'". En específico, "cuando las cosas no les salen bien, no cuestionan el sistema, sino se responsabilizan a sí mismos". Entre ellos predomina

> [...] una visión meritocrática de las oportunidades, según la cual las mejores cosas estarán reservadas para aquel que más se esfuerce. En esta retórica emprendedora, las barreras estructurales son minimizadas en su importancia y su superación depende en gran medida del desarrollo de "habilidades blandas", como el emprendedurismo y el liderazgo. (Huber y Lamas 2015: 75).

Huber y Lamas retratan bien esta característica de las clases emergentes o la "nueva clase media", producto del giro neoliberal, que a diferencia de las clases medias tradicionales —que surgieron principalmente a partir de sus demandas al Estado y de las políticas que procedieron de ellas—, prácticamente se definen por su (aparente) no relación con el Estado. Dicho de otro modo, no depender del Estado es un marcador de bienestar y de pertenencia a una clase social más acomodada.

Es la lógica del emprendimiento individual y del pragmatismo la que predomina en la mayoría de los jóvenes, en particular en aquellos que provienen de las familias más beneficiadas por los años de crecimiento económico. No aparece un ideal de proyecto político colectivo. ¿Para qué hacer la revolución en busca de un futuro mejor si en el presente ya es posible "ser desarrollado", si se comparten los hábitos de consumo del ciudadano medio?

"El Perú avanzó", hubo un crecimiento macroeconómico sostenido durante muchos años. En la capital hay más cines, más centros comerciales, se construyen edificios, aparecen nuevas universidades. La "chinización" de los productos y la ampliación del crédito a sectores sociales antes excluidos de él, permiten nuevos accesos, más opciones para vivir y entretenerse como clase media. Se genera este panorama complejo en el que el trabajo precario es una realidad que reconocen los jóvenes, pero de todos modos mejor a no tener trabajo, una realidad que les permite compartir con las clases más acomodadas, no solo imágenes y marcos de sentido mediáticos, sino también hábitos de consumo.

Así, en este inicio del siglo XXI, la idea de que todos tenemos las mismas oportunidades y de que el esfuerzo individual es lo único que nos distingue y lo que, finalmente, nos permite progresar —entendido el progreso básicamente como capacidad de consumo—, no solo se ha convertido en un sentido común sino que es un discurso que estructura aquello que materialmente el Estado le ofrece o deja de ofrecerle al ciudadano, y lo que los ciudadanos esperan o no de él.

Capítulo 7

¿Los ganadores de la generación?: a modo de conclusión

> Las instituciones, las habilidades y las pautas de consumo han cambiado, sin duda. Lo que yo sostengo es que estos cambios no han liberado a la gente.
> (Sennet 2006: 18)

> En el Perú los que tienen futuro son adinerados, los que llevan una rica educación, nadie se preocupa, nadie se ocupa, nadie vela por los derechos, por la desigualdad que nos agrupa. En ser la clase baja, en ser los marginados, los que trabajan como esclavos. Levanta la mano si tú sientes rap.
> ("El Pueblo", rapero DobleUnder, 2015)

A partir de estudios de caso hemos querido explorar cualitativamente cómo es la juventud limeña actual, y en particular aquella que ha sido "incluida" gracias al crecimiento económico de los últimos años. A juzgar por las características de sus hogares, por sus trayectorias educativas y laborales, y por su nivel de consumo, los jóvenes de la ciudad estarían en mejor pie para afrontar la vida que sus coetáneos en el campo (EMS 2012). Por tanto, reconociendo que los jóvenes urbanos, en particular los limeños, están en mejores condiciones para aprovechar las ventajas del crecimiento económico, hemos tratado de comprender cómo y qué tipo de inclusión se está generando, qué escenarios de movilidad social se están abriendo y qué aspectos de la desigualdad están cambiando, en un contexto ya sostenido de liberalización de la economía y de repliegue del Estado. Es decir, analizar las condiciones y posibilidades de movilidad social que la versión peruana del "nuevo capitalismo" provee a los jóvenes capitalinos, "los ganadores de la generación".[1]

Dicho de otra manera, las experiencias y discursos de estos jóvenes y sus familias nos permiten entender cómo se reconfigura la relación Estado-sociedad; qué es lo que las personas esperan (o no) del Estado; y si este continúa siendo entendido como el garante del bienestar del conjunto de la población. Consideramos estos temas particularmente relevantes en la coyuntura actual de desaceleración económica, que representa un reto para mantener la prosperidad alcanzada por importantes sectores de la población.

En este estudio buscamos conocer cómo y en qué condiciones viven los jóvenes de ocho familias emergentes vulnerables en Lima. Reconstruimos y compartimos sus trayectorias educativas y laborales, prestamos atención a sus dificultades y logros, conocimos sus demandas y prácticas de consumo y exploramos su interés y su forma de vivir la política, todo ello en contraste con la generación de sus madres y padres. Analizamos finalmente su identidad y proyección, es decir, en dónde se ubican en la estructura social, cuáles son sus proyectos de vida, y qué tan libres y capaces son —y

---

1. Varios autores hablan de las formas contemporáneas que adquiere el capitalismo y sus efectos en los modos de organización del trabajo, la vida social y las subjetividades (los individualismos actuales). Los autores que hemos utilizado en este estudio son: Sennett (2006), que llama a este fenómeno "nuevo capitalismo"; Lipovetsky (2002 [1983]), que lo denomina "capitalismo posmoderno" ("la era del vacío"); Harvey (1998), que habla del "capitalismo avanzado"o de la era de la "acumulación flexible"; y Mazzarella (2006), quien siguiendo a Appadurai (1996), lo llama "capitalismo de consumo".

se sienten— de cumplirlos. A continuación resumimos los *principales hallazgos* de la investigación.

En relación con las *condiciones de vida*, se observa que los jóvenes estudiados mantienen relaciones de dependencia con sus familias de origen, que en su mayoría cuenta con viviendas propias. Incluso aquellos jóvenes que viven de manera independiente —los que ya son padres o madres—, mantienen una dependencia económica y de organización, en tanto las abuelas cumplen roles de proveedoras y cuidadoras de los nietos.

Las viviendas suelen ser multifamiliares y se han ido construyendo por etapas, al ritmo del crecimiento familiar. Por tanto, registran los vaivenes de la historia y movilidad social de cada familia. En general, en la mayoría de las familias de los jóvenes estudiados se observa que las condiciones de la vivienda, el equipamiento y el acceso a servicios han mejorado considerablemente en los últimos diez años. En cambio, la situación de los jóvenes que viven independientemente es claramente peor que la de su familia de origen, no solo en cuanto al tamaño y equipamiento de la vivienda, sino en el acceso a servicios básicos de agua, desagüe y electricidad.

El estudio permitió visitar a jóvenes en distintos distritos limeños, algunos más tradicionales "venidos a menos", otros más típicamente "clase medieros" y otros de los "nuevos" distritos de Lima Norte y Sur, creados a partir de las olas migratorias de los años sesenta y setenta. A pesar de la diversidad de barrios, la mayoría de los jóvenes (y sus padres y madres) percibe vivir en lugares inseguros. Por tanto, los barrios populares dejaron de ser los espacios familiares y seguros de antaño, para convertirse en zonas muchas veces desprotegidas y bajo la influencia —en el peor de los casos, bajo el control— de jóvenes vagos, pandilleros o delincuentes, que suponen una amenaza en las rutas socialmente esperadas para adolescentes y jóvenes. El crecimiento de la ciudad se siente, entonces, hasta en su unidad territorial más pequeña, en donde la propia calle y el barrio se vuelven ajenos y se despersonalizan. La sensación de comunidad se circunscribe al ámbito de las relaciones familiares, tanto sanguíneas como políticas, y fuera de este círculo predomina la desconfianza. La idea de que cada uno debe vérselas por sí mismo prevalece. Para los jóvenes, la acción colectiva en busca de un fin común —de la que los barrios populares fueron símbolo en tiempo de sus abuelos y padres— parece ser algo del pasado y está estrechamente asociada a la necesidad y urgencia de superar situaciones de pobreza y no a una opción política más allá de ese contexto. Las familias de los jóvenes estudiados ya no están en tal condición y, por tanto, resuelven sus asuntos en el entorno familiar. En ese sentido, la dependencia del Estado no está bien vista, es cosa de pobres.

De esta manera, se identifican diferencias notorias entre la generación de los hijos y la de sus padres. En primer lugar, la relación de dependencia de estos jóvenes con sus familias de origen contrasta con las historias de temprana emancipación de la mayoría de padres y madres. Se observa que el cuidado y manutención de las madres de estos jóvenes se prolonga más allá de la mayoría de edad, e inclusive se extiende a los nietos. En segundo lugar, el sentimiento de pertenencia a la ciudad y el tránsito por ella de los jóvenes difieren de la relación con la ciudad que tienen sus madres y padres provincianos, o incluso aquellos nacidos en Lima, que se mueven por espacios y circuitos mucho más reducidos, generalmente vinculados al trabajo. Otra diferencia que sobresale es que los jóvenes se encuentran en una situación relativamente mejor que la de sus padres cuando tenían su edad. En todos los casos estudiados, las familias tienen ingresos superiores a dos remuneraciones mínimas vitales. Estas familias forman parte del 20% de la población urbana con más ingresos. Por último, y quizás lo más importante, es que estos jóvenes se perciben como de clase media.

Sin embargo, es preciso señalar que la economía de los hogares peruanos se sustenta en una estructura de salarios deprimidos.[2] Por

---

2. Más de la cuarta parte de los hogares tiene un ingreso familiar por debajo de la remuneración mínima (S/. 750 en el 2012), y apenas 4 de cada 100 hogares

tanto, los casos estudiados reflejan la heterogeneidad de situaciones de "privilegio" que no están exentas de vulnerabilidad. La mayoría de los casos seleccionados, en ese sentido, narran historias de enfermedad, accidentes, robos, desempleo, violencia o drogadicción que han afectado las dinámicas familiares y las trayectorias individuales. Ante la adversidad, el bienestar logrado se quiebra.

Entre los jóvenes prevalece un discurso en el que ascender o descender socialmente no depende de factores estructurales (el Estado o el sistema económico) sino de su agencia individual. El esfuerzo personal, el emprendimiento y la educación superior, que van unidos a un estilo personal (estética y prácticas vinculadas al consumo), son para la mayoría de jóvenes estudiados las variables que aseguran el éxito económico, las rutas preferidas de movilidad social.

En efecto, padres e hijos valoran la educación como un medio de progreso social, una apreciación que no es nueva. Analizando las *trayectorias educativas* de cada caso, se observa que los padres desempeñan un rol activo en la selección de escuelas primarias y colegios secundarios, procurando una buena educación para sus hijos y, sobre todo, buscando entornos seguros que los protejan de malas influencias y no los distraigan del objetivo esperado: terminar la secundaria y continuar estudios superiores.

Si bien asegurar una "buena educación" es considerado por todas las familias una estrategia de movilidad social, los casos seleccionados nos permitieron analizar distintas experiencias y trayectorias educativas. Salvo uno, todos los jóvenes estudiados terminaron su secundaria y cuatro cursan estudios superiores, dos en una universidad nacional de prestigio y dos en la universidad privada de su distrito.

---

alcanza ingresos superiores a los S/. 3281 (equivalente a cerca de US$ 1200) (EMS 2012).

Reconstruyendo las trayectorias escolares de los jóvenes, se percibe una preferencia por la educación privada y, sin embargo, ninguna de las familias pudo satisfacer ese anhelo y todos los casos terminaron su secundaria en un colegio público.

Al respecto, el gran crecimiento de la oferta educativa privada forma parte de las reformas neoliberales de los años noventa, que liberalizaron el sector educación, permitiendo y promoviendo la oferta educativa con fines de lucro.[3] Desde entonces, las instituciones educativas privadas se han multiplicado —sobre todo en las ciudades, abarcando todos los niveles educativos—, y se ha generalizado la preferencia de la educación privada por sobre la pública. La oferta educativa privada es tremendamente heterogénea en calidad y, sin embargo, se ensalza lo privado, especialmente en el nivel escolar.

Este discurso da cuenta del desprestigio del Estado como proveedor de una buena educación, pero también de la renuncia de sectores de la población —antes atendidos por instituciones públicas— en lo que respecta a exigir una educación estatal buena y gratuita como derecho. El acceso a un colegio privado es, por tanto, una muestra de la capacidad y libertad de elegir, pero sobre todo, es símbolo de estatus. Al igual que la acción colectiva es percibida hoy como una necesidad prescindible ante una mejor situación económica, la escuela pública se convierte en la opción de los pobres. En ese sentido, el acceso a colegios privados es un asunto de aspiración.

Por el contrario, la universidad nacional sigue teniendo mayor prestigio que las "nuevas" universidades privadas, pero la competencia para acceder a ella es muy fuerte, y el desigual nivel de formación escolar coloca a los postulantes en distintos puntos de

---

3. La Ley de Promoción de la Inversión en la Educación promulgada en 1996 a través del decreto legislativo 882.

partida, dificultando el acceso de muchos.[4] Al respecto, se observa que aquellos jóvenes que cuentan con más apoyo familiar, se preparan y postulan varias veces, invirtiendo uno o dos años de sus vidas en el proyecto de acceder a la universidad nacional. Otros, en cambio, prefieren opciones más inmediatas y de más fácil acceso, que hoy en día son posibles en muchas de las nuevas universidades privadas con fines de lucro. Y, sin embargo, la mayoría debe desistir de los estudios superiores para dedicarse a trabajar.

Por otro lado, también observamos jóvenes que no quisieron seguir estudiando, y que aun reconociendo la importancia y el valor de la educación, optaron por trayectorias alternativas. Entre los casos estudiados se aprecian dos rutas principales que suponen identidades juveniles propias que suelen intersectarse. Por un lado, la maternidad temprana y la eventual formación de una familia propia y, por otro, el grupo de pares, usualmente asociado a "parar" en las esquinas o en las cabinas, y al consumo de alcohol y drogas, que suele devenir en actividades aún más marginales de pandillaje y delincuencia. Sin embargo, estos jóvenes no son antisistema. Valoran la educación y concuerdan con los valores imperantes de la época: quisieran ser "jefes" y tienen fuertes expectativas de consumo. La diferencia es que buscan vías de realización o pertenencia más inmediatas y menos esforzadas, lo que termina por afectar sus trayectorias y truncar activamente sus proyectos de vida.

Las familias parecen también desempeñar un papel central. Por un lado, las trayectorias exitosas de los padres y madres animan a sus hijos, en tanto ven que el esfuerzo de sus padres ha sido recompensado. Lo contrario, por cierto, tener padres poco exitosos, puede desalentar al joven y animarlo a buscar vías alternativas más inmediatas y efectivas, no siempre sencillas, como la delincuencia. Por otro lado, las estrategias efectivas de cuidado de las familias

---

4. Las nuevas universidades se refieren a aquellas que se han creado en el marco de la liberalización de la educación y que tienen fines de lucro.

también abonan en una trayectoria del joven más acompañada, que orienta sus decisiones y previene de "malas amistades".

En relación con las *trayectorias laborales* de los jóvenes, se aprecia una heterogeneidad de ocupaciones, pero caracterizadas en su mayoría por la precariedad. Son pocos los que acceden a trabajos formales, en los que generalmente reciben el sueldo mínimo, aunque suponen un periodo de permanencia mayor que el de los trabajos informales, cierta perspectiva de ascenso y el acceso a pensión, salud y a crédito, beneficios que son valorados por los jóvenes. Sin embargo, la mayoría de ocupaciones son informales, usualmente con "mejores" sueldos que las formales, pero por periodos muy cortos de tiempo, sin mayor perspectiva, y en donde no siempre se respetan los salarios pactados. Incluso se identificaron frecuentes situaciones de estafa en las que los jóvenes no reciben un pago por su trabajo. Asimismo, se aprecia una considerable oferta de autoempleo familiar, en la que padres, madres o tíos crean negocios ad hoc o puestos (usualmente informales) para que los jóvenes tengan una experiencia laboral, pensando en que compartan la propia ocupación o en darle la oportunidad de desarrollar un pequeño negocio. Finalmente, se identifica una cercana y disponible oferta de actividades ilegales para jóvenes, que suponen sin duda riesgos, pero también la posibilidad de obtener un mayor ingreso en menos tiempo y con menos esfuerzo.

Con relación al empleo —formal, informal o autoempleo—, se observa una gran movilidad ocupacional entre los jóvenes, que pasan de un trabajo a otro, pero con poca movilidad de ingreso. En efecto, más bien prima la experiencia del joven como constante "aprendiz"; en cada trabajo empieza de nuevo y su falta de experiencia justifica el bajo sueldo y usualmente el peor horario. Estas experiencias laborales contrastan con las de los padres —profesionales o no—, quienes mayoritariamente han permanecido en un mismo puesto de trabajo por varios años, lo cual les ha permitido, en muchos casos, trazar trayectorias de desarrollo personal y familiar y acumular capital en el camino.

Las trayectorias laborales de los jóvenes dan cuenta de un marco de flexibilización del trabajo, impulsado por las reformas neoliberales de los años noventa.[5] Tenemos, así, un mercado laboral sumamente cambiante —en tanto las capacidades y los conocimientos necesarios para desempeñarse en el trabajo se renuevan constantemente, lo mismo que la tecnología—, y con una regulación más flexible que resulta en la precarización de la actual situación laboral, tanto para jóvenes como para adultos, y particularmente para aquellos con menor nivel educativo. Como consecuencia de estas reformas, se ha precarizado el trabajo en general, haciendo que la condición de "aprendiz" propia de la juventud se convierta en un estado permanente. Su impacto también se aprecia en las trayectorias de algunos padres y madres, usualmente los que menos educación han recibido y los que no tienen negocio propio. En este escenario, los emprendimientos parecen espacios más seguros de realización, y aunque ellos pueblan los discursos de los jóvenes estudiados, por el momento, ninguno ha seguido esa ruta.

En general se aprecia que los jóvenes del estudio no trabajan para vivir sino para cubrir sus necesidades y gustos personales. Esta es una diferencia sustantiva con sus padres y madres. Ninguno de los progenitores contaba con el soporte económico de sus familias a la edad de estos jóvenes, por lo que el trabajo constituía su fuente de subsistencia personal y a veces familiar, considerando que muchos ya tenían hijos antes de llegar a los 24 años. Los ingresos se administraban considerando el día a día, pero también el largo plazo, sobre todo pensando en asegurar una buena educación para los hijos. Los excedentes se ahorraban, y usualmente se invertían en ampliar la vivienda, desarrollar el negocio propio o atender situaciones de vulnerabilidad (como una pérdida de trabajo o una enfermedad).

---

5. Ley de Productividad y Competitividad Laboral aprobada por decreto supremo 003-97-TR.

Por el contrario, los jóvenes, incluso aquellos que tienen hijos, continúan manteniendo relaciones de semidependencia o dependencia con sus padres, lo que demuestra que su situación es mejor que la de sus progenitores a la misma edad: ellos no tienen que preocuparse *y ocuparse* de su subsistencia. Es justamente aquí en donde la noción de juventud se cruza con la de clase. La situación más acomodada de las familias estudiadas, que en los últimos años han pasado a ser parte de una clase media —aunque vulnerable, es la que permite vivir la juventud como una "moratoria social".[6]

Esta situación transforma el significado y lugar que ocupa el trabajo en la vida de estos jóvenes en relación con sus padres. Los criterios de aprendizaje y de entretenimiento son nuevos filtros de lectura sobre las condiciones laborales, muchas veces precarias, a las que acceden los jóvenes. No se habla de derechos laborales ni de situaciones que deben cambiar o ser reguladas por el Estado; todo parece reducirse a un tema individual, y en ese sentido, a la decisión individual sobre si la experiencia laboral vale o no la pena (por aprendizaje, por entretenimiento y/o por el ingreso pensando en el consumo). Por tanto, ante el descontento laboral, se opta por el cambio de trabajo, usualmente sin mayor reclamo. Estas actitudes empatan muy bien con la cultura del "nuevo capitalismo", donde los jóvenes no son víctimas ni antisistema, sino que resultan activamente funcionales al mismo, quieren pertenecer, consumir. En consecuencia, como dice Sennett (2006), los jóvenes son trabajadores baratos y poco problemáticos —en tanto constantes aprendices y en tanto prefieren cambiar de trabajo antes que reclamar.

Las trayectorias laborales recogen una gran heterogeneidad de experiencias en el sector formal, informal e ilegal, donde predominan las condiciones de trabajo precarias e inestables. Los casos ilustran algunos escenarios en donde aquellos jóvenes que tienen

---

6. El capítulo 1 recoge las discusiones teórico-metodológicas respecto de la categoría "joven".

como actividad principal el estudio, suelen priorizar la experiencia de aprendizaje o que el trabajo sea "vistoso" para llenar el curriculum vitae. El monto del ingreso —de haberlo— es secundario. Los jóvenes que estudian y trabajan son más versátiles, por lo que sus experiencias son más variadas. Conforme van avanzando en su carrera, algunos son más selectivos en el tipo de ocupación elegida, mientras que otros pueden quedar seducidos por el trabajo (o más bien por el sueldo) y el estudio va perdiendo importancia. En cuanto a los jóvenes que solo trabajan —como dependientes—, muestran una gran variedad de ocupaciones y, en general, poca satisfacción y proyección en el trabajo; y es que este aparece solo como una fuente de ingresos que permite el consumo. Por último, los jóvenes llamados "ninis", porque "ni trabajan ni estudian", realizan eventualmente algún trabajo, en este caso informal y por muy breves periodos (días, semanas), con el único fin de generar ingresos. En efecto, a pesar de las diferencias, los jóvenes estudiados usan su ingreso principalmente para el consumo personal. De esta manera, la pasión por consumir aparece como un elemento transversal a los jóvenes, independientemente de su ocupación.

Los jóvenes establecen, entonces, una relación diferente entre trabajo y disfrute. Ello nos lleva a profundizar algunos *hallazgos sobre el consumo juvenil*. Mientras que la mayoría de sus padres, siendo jóvenes, trabajaban para sobrevivir y ahorraban o invertían parte de lo ganado en activos colectivos y opciones a futuro (casa, negocio, educación de los hijos), los jóvenes que trabajan gastan enseguida lo que ganan y utilizan la mayor parte de sus ingresos para cubrir necesidades personales (ropa, zapatillas, tecnología, entretenimiento), y una parte menor para contribuir con los gastos del hogar familiar (el pago mensual de internet, algunos productos de uso diario, o la pensión universitaria). Entre aquellos jóvenes que ya tienen hijos, se invierte el orden: un monto mayor de los ingresos se destina a sus nuevas familias, pero también se reserva una parte para cubrir necesidades individuales similares a las del resto de jóvenes "sin compromisos". En general, los jóvenes no postergan el goce, no hay promesa de futuro exenta de consumo en el presente, sus "gustitos" se los conceden hoy. Esta cultura juvenil de satisfacción inmediata empata y es parte de la cultura del consumo —difícil saber cuál es causa y cuál efecto—, y refleja que para los jóvenes, "el mundo está anclado en el presente" (Reguillo 2000: 28).

A pesar de las diferencias entre ocupaciones y condiciones de vida, todos jóvenes estudiados muestran habituales prácticas de consumo, principalmente de ropa, zapatillas, dispositivos electrónicos y entretenimiento. Lo que ello nos muestra es que estos jóvenes, algunos menos vulnerablemente que otros, comparten una situación de bienestar y confort que les permite ocuparse de estas nuevas necesidades. Acceder a hábitos de consumo globalizados es precisamente la forma en que se incluyen.

Dicho de otro modo, la expansión del consumo se percibe como bienestar. Al igual que acceder a más años de educación que los padres se aprecia como un logro (aunque la masificación educativa haya derivado en una mala formación y el acceso educativo suponga muchas veces solo una credencial), y así como la amplia oferta laboral permite el consumo (aunque el trabajo sea precario), la posesión de bienes otorga estatus. Zapatillas, ropa y tecnología "de marca" son los nuevos marcadores visibles de pertenencia y distinción social. Poseer estos bienes "iguala hacia arriba" y en ese sentido incluye. Y lo contrario también es cierto: no tenerlos, excluye. Esta aspiración de movilidad social a partir del consumo, una movilidad cultural, se concreta con la posesión de los objetos que tienen estatus. Además, esta inclusión no supone un plan de mediano ni largo plazo; es de satisfacción inmediata y efectiva, y sintoniza muy bien con una cultura juvenil anclada en el presente y con las escasas opciones de movilidad social (a través del trabajo y la educación) que estos jóvenes tienen. Es decir, es distinto tener opciones de educación y de trabajo accesibles por el proceso de masificación de la oferta educativa y por la flexibilización de las leyes laborales y modos de producción, respectivamente, que decir que esta ampliación de la oferta ha implicado profundos cambios en las condiciones de desigualdad y que, por tanto, se han ampliado las posibilidades de movilidad social para los jóvenes. Lo cierto es que la calidad de la oferta educativa es muy heterogénea y desigual, y la laboral es predominantemente precaria. Por tanto, en este contexto, la idea clásica de movilidad social se transforma, el consumo cobra un valor de aspiración y "en alguna medida, y gracias al despliegue de las necesidades y la voluntad, emerge la movilidad cultural" (Monsiváis 2005: 133-134).

El consumo de bienes valorados en la sociedad actual (ropa y zapatillas "de marca", dispositivos electrónicos), que operan como marcadores identitarios y de distinción social, permite, por un lado, la pertenencia a culturas juveniles urbanas globales y, por el otro, a la clase media. Adicionalmente, y dentro de estas dos categorías (clase y juventud), algo característico de los jóvenes —y que los distancia de sus padres y madres— es la coexistencia y deslizamiento entre diversas identidades, muchas veces contradictorias entre sí, como ya señalaron Golte y León (2011). Ello ha sido observado en los casos en los que resalta la importancia que tiene para los jóvenes ser parte de las tendencias juveniles, así como cultivar un estilo personal (o múltiples estilos personalizados). Por otro lado, vemos cómo la cultura del consumo y la proliferación identitaria transforman la relación temporal: las experiencias pasadas pierden densidad explicativa de lo que ocurre en el presente (no hilvanan una única narrativa inidivual coherente); se vive transitando entre varias identidades presentes simultáneas (como *hiperlinkeando* sus espacios sociales), y con cada una de ellas se abren posibles proyecciones de futuro (¿tal vez partiendo de lo profesional?), aunque esto último no es lo más importante. Se vive el presente.

Todo ello se amolda muy bien a la lógica del "nuevo capitalismo", en la que el consumo es siempre infinito (por ello es siempre en presente), los objetos y necesidades de consumo se renuevan constantemente, el interés dura poco. Así, el mayor entusiasmo está en poseer lo que no se tiene —por adquirir el estatus del objeto—, pero cuando se consigue el bien deseado, la ilusión se esfuma, llega el vacío, lo anterior es desechado y surge otro nuevo objeto de deseo (Lipovetsky 2002). Es lo que Sennett (2006) llama "la pasión por consumir". Dicho consumo es fundamentalmente de satisfacción individual, y representa un modo de vida distinto, otra forma de relacionarse con los objetos, pero también con las personas y experiencias, otra forma de vivir el tiempo, propia de una época en la que el consumo cumple un papel esencial.

Y, sin embargo, hay riesgos y limitaciones en la inclusión a través del consumo. Si bien la tecnología y la ropa de marca pueden actuar como igualadores, borrando o diluyendo fronteras entre "clases" sociales, no eliminan las diferencias, ni la precariedad de los trabajos, ni la desigual educación recibida, ni la vulnerabilidad de los hogares. Y es que se aprecian brechas entre las expectativas de consumo de los jóvenes y su ingreso, que delimitan la capacidad de consumo (y, por tanto, de inclusión). En ocasiones, estas diferencias son cubiertas a través del crédito, lo que aumenta la ilusión del consumo/pertenencia (la llamada "cultura del simulacro" por Harvey [1998]), pero en el contexto laboral descrito, es difícil acceder a él, y de poder hacerlo, es difícil sostenerlo por los bajos sueldos. Por tanto, este tipo de inclusión presenta límites y riesgos. Por un lado, los factores de ingreso, origen, raza y género siguen limitando el acceso a lo que se desea, el tránsito entre espacios, la pertenencia y, por tanto, el ascenso social.[7] Por otro lado, está el riesgo de centrar el consumo en el hoy y descuidar el futuro, la frustración de no poder consumir y, un peligro creciente, el de consumir más de lo que se tiene.

Ello nos lleva a profundizar los *principales hallazgos sobre la política*. Hemos encontrado que es esta lógica del consumidor,

---

7. En efecto, los objetos que consumen tampoco los protegen de ser discriminados cuando el racismo, que silenciosamente opera en nuestro país, irrumpe en escena (ver capítulo 5).

más que la del ciudadano, la que moldea las experiencias de los jóvenes. Como señala García Canclini, esta es más "una comunidad interpretativa de consumidores" en donde los límites de la comunidad, quién pertenece y quién no, se marcan a partir de lo económico (1995: 50). Quien es pobre, está fuera del circuito y el Estado debe ayudarle. Eso no es lo deseable, es señal de fracaso, porque el discurso predominante es que los logros (el éxito sobre todo económico) son resultado del esfuerzo personal y, en consecuencia, los fracasos (la pobreza), también.

En el escenario actual, parece que el esfuerzo individual se ha vuelto ideología, y el Estado y la política una preocupación ajena. En efecto, estos jóvenes destacan sus logros (educativos, laborales, de consumo) como si los hubiesen alcanzado sin ayuda de nadie, solo como resultado de su esfuerzo personal. Es decir, el discurso del éxito se construye y refuerza sobre la base narrativa del esfuerzo individual, en la que se invisibiliza el gran soporte material y emocional de las familias, que es el que les permite alcanzar estos logros.

El individualismo y el acceso a espacios privados de educación y empleo —a diferencia de la acción colectiva, el acceso a la escuela pública y a trabajos en el Estado— son parte de una cultura de aspiraciones, en la que lo privado y lo individual distingue "hacia arriba", mientras que lo público y colectivo parece empobrecer, denotar necesidad y dependencia. En este contexto, el Estado, las políticas públicas y en general la oferta de servicios públicos son considerados un asunto de menor importancia para las familias de clase media, como algo que concierne exclusivamente a los pobres. Es la relación mercado-sociedad la que prevalece: es desde su experiencia como consumidor que el joven entiende la política y el vínculo con el Estado.

Lo político, entonces, se reconfigura a partir de la lógica del consumo de objetos, pero también del consumo audiovisual y de las "culturas mediáticas" de los jóvenes. El análisis de los casos muestra que la mayoría de los jóvenes despliega un vasto e informado conocimiento sobre los personajes de la farándula nacional, los nuevos modelos de éxito, mientras que saben poco de noticias recientes de la coyuntura social nacional y/o de actores políticos contemporáneos. Los jóvenes consumen lo siguiente a través de los medios de comunicación y principalmente a modo de entretenimiento: farándula (de alto contenido de aspiración); escándalos de personajes públicos (que suponen un descrédito de la política, un desprestigio de la búsqueda del bien común, pues todos quieren su propio beneficio, incluso los políticos, que suelen ser vistos como corruptos); y noticias sensacionalistas (usualmente de contenido violento que informan sobre los "nos-otros", lo que permite identificarse o diferenciarse).

Así, "la tele" y lo audiovisual de los ambientes mediáticos por los que transitan los jóvenes (internet, juegos en línea, redes sociales) se convierten en lenguajes más poderosos para la adquisición de conocimientos que lo "escritural", promovido por la escuela. Estos espacios difunden también aspiraciones diferentes a las promovidas por la escuela. Se van reconfigurando de esta manera nuevas nociones de lo público desde lo que ofrece predominantemente la televisión actual en términos informativos (o de *infoentretenimiento*): pornografía de la violencia, lo privado convertido en público, los chismes y la vigilancia de lo íntimo. Por otro lado, se reconfiguran también nociones de colectividad desde los espacios públicos local-globales que ofrecen internet y las redes sociales, en especial Facebook, en donde la vida privada de los cercanos y sus temas de interés producen agendas público-privadas de otros "ciudadanos-usuarios" como ellos.

Estas culturas mediáticas y de consumo influyen en los modos como los jóvenes participan en los procesos electorales. Por ejemplo, ellos señalaron que durante las últimas elecciones presidenciales (2011) no discutieron sus preferencias electorales y opiniones sobre política con sus amigos, mientras que admitieron que otros temas, como la farándula, sí forman parte de su conversación cotidiana. Las experiencias electorales muestran la diversidad de preferencias y de combinaciones posibles entre candidatos. En la primera vuelta pueden votar por un candidato/a, y en la segunda por otro/a ideológicamente opuesto/a. En ese sentido, el consumo informa lo político; de cierta forma, se elige a un candidato como quien compra unas zapatillas, y el márketing electoral (a través de los medios de comunicación, las redes sociales y la propaganda política) se vuelve central para esta toma de decisión. Por cierto, esto no quiere decir que los jóvenes voten sin pensar, sino que otros criterios desempeñan un rol crucial e influyen en sus decisiones. Su relación con lo político es desarrollada con la misma flexibilidad y versatilidad con que se pasa de un trabajo formal a uno informal o ilegal, de lo global a lo local, de las tendencias urbanas globales de la moda a los gustos locales, o de la televisión nacional a la televisión por cable y a los videos en YouTube. Nada está del todo dicho. Nada está escrito en piedra. Los jóvenes despliegan flexibilidad y versatilidad como ideología y como práctica en todas sus relaciones, sean con el estudio, el trabajo, el consumo o la política.

A los mitos de la educación superior para el ascenso social y del "celular inteligente-zapatilla de marca" como dispositivos de distinción, se suman otros mitos, o sentidos comunes, que caracterizan a la cultura política peruana actual y que aparecen en los relatos de algunos de los jóvenes: el mito del "mal menor" (candidato/a elegido en términos, no de favorito, sino de quien constituye el "menos" malo) y el de "roba pero hace obra". Pero, sobre todo, en la diversidad que este grupo de jóvenes representa, la tendencia que aparece en varios casos es la de considerar que un buen candidato/a es aquel que conserva la economía del país en crecimiento. Así, el emprendimiento empresarial tendría como correlato el pragmatismo en el campo de la política.

En efecto, hoy en día la noción de política predominante en el país equivale a manejo de economía y crecimiento. Ello aparece en la mayoría de jóvenes seguidos. El mercado se ha vuelto la figura de lo público, no el Estado, y por tanto, si bien los jóvenes perciben, por ejemplo, las desigualdades de ingresos y de oportunidades como injustas, no llegan a expresarlas como problemas en la redistribución de recursos ni como una necesidad de debatir las políticas redistributivas: "así es el sistema". Mientras que algunos de los padres en su juventud estaban ocupados *haciendo política* local, de barrio, sindical o estudiantil, los jóvenes ahora se ocupan *viviendo la experiencia*. El progreso ya no lo trae la "revolución" o la "lucha colectiva" por un futuro mejor, sino el participar activa (e individualmente) en el sistema, a través de la generación de ingresos y el uso inmediato de los mismos en la acumulación de objetos y experiencias. Esto último se vuelve el proyecto individual al que la mayor parte de los jóvenes están abocados. Por tanto, los proyectos colectivos y el bien común no son parte de su discurso ni de sus preocupaciones. El Estado aparece solo cuando la relación con el mercado no funciona bien.

Dicho de otro modo, no depender del Estado es un marcador de bienestar y de pertenencia a una clase social más acomodada. Como los jóvenes estudiados no son pobres, el Estado no es para ellos. Si el Estado es para los pobres, la relevancia de quién sea elegido parece ajena y distante de sus experiencias y demandas. Por eso votar es una experiencia más, que aparece desconectada de sus vidas de jóvenes de clase media.

Ello da cuenta de cómo la relación mercado-sociedad es la que prevalece: es su experiencia como consumidores la que los guía como ciudadanos. Si la lógica del consumo se aplica a la política, se espera de los productos consumidos (los mandatarios elegidos) una satisfacción inmediata. Se elimina la idea de proceso, de entender otras temporalidades como las políticas o las de la gestión pública. Se configura una cultura política en la que el Estado es para los pobres y el emprendimiento para los demás.[8]

---

8. Estamos aquí señalando las tendencias encontradas dentro de la diversidad que muestran los casos estudiados. En cuanto a culturas políticas, si bien ellas están influenciadas en gran medida por la oferta televisiva y digital de los jóvenes, encontramos diferencias en aquellos que, junto con sus

El emprendimiento y el esfuerzo individual son las ideologías globales actuales, masificadas con la expansión de la "americanización" a través de las industrias culturales y creativas, y potenciadas en el mundo de economías liberalizadas y globalmente conectadas. En el Perú estas tienen ciertas particularidades. En el caso peruano, el emprendimiento y el esfuerzo individual, percibidos como la ruta preferida de movilidad social por los jóvenes, se entrelazan o tienen como herencia de décadas pasadas ciertas "anterioridades" que van forjando su genealogía (De la Cadena 2008), entre las cuales se encuentran: el "deseo desenfrenado por 'subir' [que] se le denomina en el Perú arribismo" (Delgado 1968: 106); la cultura de trabajo de los migrantes andinos que conquistaron la ciudad con su esfuerzo personal y colectivo, y sin apoyo del Estado (Degregori et ál. 1986; Merino 1999); y el pragmatismo político que se fue perfilando a partir de la década "antipolítica" de Alberto Fujimori (Degregori 2001).

Esta genealogía refuerza la idea de un Estado distante, indiferente e innecesario. "Lo que tengo, me lo he hecho yo solo", "el Estado a mí no me ha dado nada", son frases que se repiten constantemente, reflejo de la experiencia de haber salido adelante sin la ayuda del Estado en épocas difíciles, y que refuerzan la idea de que el Estado es (porque lo ha sido) prescindible, sobre todo para aquellos sectores de la población que ya no están en situación de pobreza.

Hasta aquí hemos querido resumir los principales hallazgos de nuestra investigación y mostrar cómo la mirada etnográfica permite contrastar la generación de los jóvenes con la de sus padres y madres, y ver cómo los jóvenes se distinguen de sus progenitores y se asemejan a sus pares, no solo local sino también globalmente.

---

espacios mediáticos, tienen otros referentes cotidianos mediante los cuales formarse una opinión, como la conversación sobre las historias de luchas políticas de sus padres, madres y abuelos/as, o el compartir y elaborar opiniones políticas con ellos (ver capítulo 6).

Asimismo, los casos han permitido ilustrar la diversidad que existe entre los propios jóvenes urbanos y, a partir de su análisis, dar cuenta de una época particular, sin duda con posibilidades y límites.

Los casos analizados muestran que los jóvenes están en mejor situación que sus padres a su misma edad, en lo que respecta a movilidad tanto social estructural como relativa, siempre y cuando permanezcan como dependientes de la unidad familiar de origen. Tienen un mayor nivel de educación, acceden a un mercado laboral más amplio, y tienen mayor capacidad de consumo, que dedican principalmente a sus gastos personales y no a su supervivencia. En general, su juventud se desarrolla en un contexto económico diametralmente diferente al de sus padres, con más oportunidades para estudiar, trabajar e interconectarse. Y, sin embargo, la educación a la que acceden suele ser muy desigual, los trabajos son predominantemente precarios, y viven mucho más anclados en el presente, lo que los coloca ante un futuro, por decir lo menos, incierto. Digámoslo claro: existen más opciones laborales para los jóvenes, pero no son opciones de movilidad social, sino de hacer algo "mientras tanto". Por tanto, la movilidad social es limitada —lo que existe es, sobre todo, una movilidad cultural (de acceso a bienes deseados por jóvenes y clases medias)— y la desigualdad prevalece, incluso en los sectores supuestamente más beneficiados por el crecimiento económico.

Como muestran los ejemplos de discriminación sentida por los jóvenes cuando comparten una fiesta con estudiantes de una universidad de mayor prestigio que la suya o cuando transitan por un barrio o balneario limeño de "pituquitos", la movilidad *geográfica* y la cultural también tienen sus limitaciones.[9]

Y es que se aprecia que la expansión del consumo de bienes culturales y de marcadores de distinción juvenil y de clase media

9. Ver capítulo 5.

de esta época (celulares, zapatillas, educación universitaria), posibilitada por el abaratamiento de los productos y el acceso a crédito, ha sido percibida como bienestar. Estos bienes ya no solo son accesibles para las clases medias y altas, sino también para otros amplios sectores sociales, sin que por ello hayan mejorado las condiciones laborales ni la provisión de otros servicios comprendidos en una concepción más amplia de bienestar (salud, educación, seguridad). Por tanto, los jóvenes se han apropiado del discurso emprendedor, en el que se institucionaliza la cultura del "nuevo capitalismo" y se valida el ascenso social a través del consumo, sin reconocer sus límites.

En efecto, se aprecia que el pragmatismo es una característica de la mayoría de jóvenes. Incluso los jóvenes que optan por rutas alternativas no se entienden a sí mismos como víctimas ni antisistema sino, por el contrario, en tanto quieren consumir, forman parte activa del sistema y quieren ser parte; no hay mayor crítica ni voluntad de cambio en el orden de las cosas. Sin embargo, el escenario presente de "bienestar" individual a través del mercado no vislumbra un futuro individual promisorio —en tanto el capital social sigue siendo débil— y, menos aún, un proyecto colectivo que apueste por el bien común.

Por tanto, si bien las brechas más significativas en el país se dan entre las ciudades y el campo, son también una realidad en el heterogéneo mundo urbano. El análisis de los casos evidencia que hay desigualdad, precariedad y vulnerabilidad en las condiciones de inclusión en la ciudad y que, por tanto, la movilidad social ascendente para los jóvenes a través del mercado es parcial, desigual y fragmentada, con un fuerte énfasis en el consumo y en el presente, pero con una débil ciudadanía y un futuro poco prometedor. En efecto, la libertad alcanzada para consumir no borra completamente las jerarquías previas; y es que el mercado no se ocupa de construir ciudadanos sino clientes, y por tanto, mantiene (¿arrastra?) en cierta medida ciudadanías que venían ya diferenciadas, por rasgos clasistas y racistas de nuestra sociedad que persisten y se rearticulan ahora también a través del mercado, como canta el joven rapero DobleUnder en microbuses por la ciudad capital, en sus videos en Youtube y en el epígrafe de este capítulo.[10]

Por otro lado, hay condiciones dadas para aprovechar mejor el crecimiento, pero para ello es necesario replantear el rol del Estado peruano y su relación con la sociedad, retomar un proyecto colectivo que garantice los derechos universales a todos sus ciudadanos. El bienestar social no puede dejarse en manos de la lógica del mercado, pues eso supone igualar cliente/consumidor a ciudadano.

El tipo de ciudadanía que va emergiendo en estas condiciones de consumismo local y globalizado (y global-localizado) tiene que ver con "una visión estetizada, deshistorizada y globalizada de las relaciones entre ciudadanos individuales y el colectivo nacional, basada en la idea de la democratización de la aspiración consumista" (Mazzarella 2006: 61).

Entonces, ser clase media global y siempre joven/juvenil es hoy en día un mandato cultural global. Los jóvenes estudiados participan de este mandato partiendo de las posibilidades que les permite el consumo. Así, el punto de encuentro entre grupos sociales (clases), y aquello que distancia a los jóvenes de sus progenitores, es el presente: no es una movilización hacia un futuro mejor sino el consumo en el día de hoy.

Finalmente, ello tiene implicancias en cómo se entiende metodológicamente la movilidad social. Harvey (1998) habla de la "compresión espacio temporal" del capitalismo tardío y sus modos de acumulación flexible en los que flujo y transitoriedad son

---

10. Hemos hablado del rol que le atribuyen al mercado los jóvenes, de cómo ellos establecen desde él, desde sus posibilidades de consumo, la pertenencia a grupos y, por tanto, de cómo desde el mercado se imaginan como ciudadanos. Sin embargo, el mercado no vela por sus derechos más que en tanto clientes. Y el mercado tampoco elimina las sutiles distinciones sociales que los grupos manejan, las diferencias entre marcas "bamba" y originales, entre llevar modelos de temporada o de la temporada pasada, etc.

las nuevas claves de funcionamiento; aspectos que hemos visto en acción en las vidas narradas de los jóvenes. En ellas, todo ocurre en el presente y las posibilidades a las que estos jóvenes acceden no les permiten independizarse sin descender socialmente, sino vivir como constantes aprendices. Por tanto, es difícil conservar un sentido de continuidad histórica.

Hemos querido mostrar, desde una perspectiva cualitativa, la rigidez de la clásica noción de movilidad social que supone, por un lado, un desarrollo individual de tipo "fordista" y lineal, acorde con otros tiempos, que asume sujetos con una idea de pasado y de progreso coherente y continuo, mientras que nuestros jóvenes no construyen así sus subjetividades. Por otro, asume un contexto laboral estable, con trayectorias que configuran carreras desarrolladas en un mismo espacio laboral —escenario actualmente en proceso de desintegración o al que muy pocos acceden—. ¿Cómo medir la movilidad social en tiempos de acumulación flexible y fluctuante? ¿Cómo entenderla en tiempos de trabajo precario generalizado, en los que las figuras del "constante aprendiz" y el versátil "mil oficios" son las que predominan y no la de "hacer carrera"? Ciertamente, el hacer viajar esta noción a tiempos actuales constituye un reto para las ciencias sociales contemporáneas. Reto al que esperamos haber contribuido con las historias narradas y las reflexiones aquí compartidas.

***

Este documento se terminó de escribir el 18 de enero del 2016 gracias a internet, las laptops, los teléfonos inteligentes y las cuatro manos de las autoras, siendo las tres de la tarde en Davis, California, y las cinco en Lima, Perú.

Bibliografía

Ames, Patricia
2002 *Para ser iguales, para ser distintos. Educación, escritura y poder en el Perú*. Lima: IEP.

Ames, Patricia y Vanessa Rojas
2011 *Cambios y oportunidades: la transición de la escuela primaria a la secundaria en el Perú*. Lima: Grupo de Análisis para el Desarrollo y Niños del Milenio.

Ansión, Juan
1986 "La escuela asustaniños o la cultura andina ante el saber de occidente". En *Páginas* 11: 79. Lima: Centro de Estudios y Publicaciones.

1989 *La escuela en la comunidad campesina*. Lima: Organización de las Naciones Unidas para la Agricultura y Alimentación, Cooperación Técnica Suiza y Ministerio de Agricultura.

Ansión, Juan, Alejandro Lazarte y José Rodríguez
1998 *Educación la mejor herencia*. Lima: Fondo Editorial Pontificia Universidad Católica del Perú.

Appadurai, Arjun
1991 *La vida social de las cosas*. México D. F.: Grijalbo.

1996 *Modernity at Large: Cultural Dimensions of Globalization*. Minneapolis: University of Minnesota Press.

Arellano, Rolando
2002 "Psicografía del nuevo consumidor limeño: lima tradicional y los conos". Disponible en: <http://cdiserver.mba-sil.edu.pe/mbapage/BoletinesElectronicos/Estudios%20de%20 mercado/consumidor_cononorte.pdf> (visita: 25/08/2015).

2010 *Al medio hay sitio. El crecimiento social según los estilos de vida*. Lima: Planeta, Arelano Marketing.

Arellano, Rolando y David Burgos
2007 *Ciudad de los Reyes, de los Chávez, los Quispe*. Lima: Arellano Investigación y Marketing S. A.

Banco Central de Reserva del Perú
2015 "Reporte de inflación, mayo 2015. Panorama actual y proyecciones macroeconómicas 2015-2017". Disponible en: <http://www.bcrp.gob.pe/docs/Publicaciones/Reporte-Inflacion/2015/mayo/reporte-de-inflacion-mayo-2015.pdf>.

Barrantes, Roxana y Álvaro Grompone
2015 *¿Entrampados o encausados? Los retos del crecimiento económico en el Perú del siglo XXI*. Documento de Trabajo 223. Serie Estudio sobre Desarrollo 17. Lima: IEP.

Barrantes Cáceres, Roxana, Jorge Morel y Edgar Ventura
2012 ¿El Perú avanza o los peruanos avanzamos? El estado actual de la movilidad social en el Perú. Lima: IEP.

Barrenechea, Rodrigo
2011 "PPK: auge y caída de una ilusión electoral". En Meléndez, Carlos, comp., *Postcandidatos. Guía analítica de supervivencia hasta las próximas elecciones*. Lima: Mitin.

Baym, Geoffrey
2008 "Infotainment". En Donsbach, Wolfgang, ed., *The Blackwell International Encyclopedia of Communication*. Londres: Blackwell.

Benavides, Martín
2002 "Cuando los extremos no se encuentran: un análisis de la movilidad social e igualdad de oportunidades en el Perú contemporáneo". En *Bulletin de l'Institut Francais d'Études Andines* 31 (3): 473-494.

2004 "Educación y estructura social en el Perú: un estudio acerca del acceso a la educación superior y la movilidad intergeneracional en una muestra de trabajadores urbanos". En *¿Es posible mejorar la educación peruana?: evidencias y posibilidades*. Lima: GRADE.

2006 *Para acercarse a los que se alejan. Exclusión, jóvenes y políticas públicas. Informe final para RES-BID*. Lima: Grupo de Análisis para el Desarrollo.

2007 "Estructura ocupacional y formación de clases en el Perú: ¿qué nos dice la evidencia sobre el Perú reciente?". En Plaza, Orlando y Jeanine Anderson, *Clases sociales en el Perú: visiones y trayectorias*. Lima: CISEPA.

Benavides, Martin et ál.
2010 *Ser joven y excluido es algo relativo. Dimensiones cuantitativas y cualitativas de la heterogeneidad de los jóvenes pobres urbanos peruanos*. Buenos Aires: Consejo Latinoamericano de Ciencias Sociales.

Benavides, Martín y Manuel Etesse
2012 "Movilidad educativa intergeneracional, educación superior y movilidad social en el Perú: evidencias recientes a partir de encuestas a hogares". En Cuenca, Ricardo, ed., *Educación superior, movilidad social e identidad*. Lima: IEP.

Boczkowski, Pablo J.
2010 *News at Work. Imitation in an Age of Information Abundance*. Chicago: The University of Chicago Press.

Bourdieu, Pierre
1988 *La distinción. Criterios y bases sociales del gusto*. Madrid: Taurus.

Callirgos, Juan Carlos
1995 *La discriminación en la socialización escolar*. Lima: Fondo Editorial de la Pontificia Universidad Católica del Perú.

Carrión, Julio
1991 *La juventud popular en el Perú*. Lima: IEP.

Castells, M.
1999 *La era de la información. La sociedad en red*. Madrid: Siglo XXI.

Cedro – Centro de Información y Educación para la Prevención del Abuso de Drogas
2013 *El problema de las drogas en el Perú*. Lima: CEDRO.

Cevallos, Francisco
2002 "Una mirada al nuevo enemigo social: las pandillas juveniles". En *Iconos. Revista de Ciencias Sociales* 15: 114-122. Quito: Facultad Latinoamericana de Ciencias Sociales Ecuador.

Chacaltana, Juan
2006 *Empleos para los jóvenes*. Lima: Comisión Económica para América Latina y el Caribe, Agencia Alemana de Cooperación Técnica y Centro de Estudios para el Desarrollo y la Participación.

Comisión de la Verdad y Reconciliación
2003 *Informe final*. Lima: CVR.

Conaju – Consejo Nacional de la Juventud
2006 *Plan nacional de la juventud 2006-2011*. Lima: Centro de Documentación del Consejo Nacional de la Juventud.

Contreras, Carlos
1996 *Maestros, mistis y campesinos en el Perú del siglo XX*. Documento de Trabajo 80. Serie Historia 16. Lima: IEP.

Cord, Louise, María Eugenia Genoni y Carlos Rodríguez-Castelán (eds.)
2015 *Prosperidad compartida y fin de la pobreza en América Latina y El Caribe*. Washington D. C.: Banco Mundial.

Costa, Gino y Carlos Romero (eds.)
2009 *¿Qué hacer con las pandillas?* Lima: Ciudad Nuestra.

Cotler, Julio
1986 "La radicalización política de la juventud popular en el Perú". En *Revista CEPAL* 29.

De La Cadena, Marisol
2008 "Introducción anterioridades y externalidades: más allá de la raza en América Latina". En De la Cadena, Marisol, ed., *Formaciones de indianidad. Articulaciones raciales, mestizaje y nación en América Latina*. Editorial Envión.

Degregori, Carlos Iván
1986 "Del mito de Inkarri al mito del progreso: poblaciones andinas, cultura e identidad nacional". En *Socialismo y Participación* 36, Lima: Centro de Estudios para el Desarrollo y la Participación – CEDEP, diciembre.

2001 *La década de la antipolítica: auge y huida de Alberto Fujimori y Vladimiro Montesinos*. Segunda edición. Lima: IEP.

Degregori, Carlos Iván, Cecilia Blondet y Nicolás Lynch
1986 *Conquistadores de un nuevo mundo: de invasores a ciudadanos de San Martín de Porres*. Lima: IEP.

Degregori, Carlos Iván y Gonzalo Portocarrero
1971 *Cultura y Globalización*. Lima: Red para el Desarrollo de las Ciencias Sociales en el Perú.

Del Mastro, Irene
2013 "Entre madres y adolescentes-madres: un análisis de sus trayectorias de vida y los factores que influyen en su configuración". Tesis de licenciatura en sociología, Pontificia Universidad Católica del Perú.

Delgado, Carlos
1967 *Notas sobre movilidad social en el Perú*. Lima: IEP.

1968 "Para una sociología del arribismo en el Perú". En *Amaru*, marzo.

1971 *Problemas sociales en el Perú contemporáneo*. Lima: IEP.

Drinot, Paulo
2014 "Introduction: Peru in Theory". En Drinot, Paulo, ed., *Peru in Theory*. Nueva York: Palgrave MacMillan.

Ferreira, Francisco H. et ál.
2013 *La movilidad económica y el crecimiento de la clase media en América Latina*. Banco Mundial.

Filgueira, C.
2001 *La actualidad de viejas temáticas: sobre los estudios de clase, estratificación y movilidad social en América Latina*. Santiago de Chile: CEPAL.

García Canclini, Néstor
1995 *Consumidores y ciudadanos. Conflictos multiculturales de la globalización*. México D. F.: Debolsillo.

García Llorens, Mariel
2011a "La fantasía neutral: el diario *El Comercio* y las estrategias discursivas del poder en el Perú". Tesis de licenciatura, Pontificia Universidad Católica del Perú.

2011b "El gran show electoral. Las claves espectaculares de la política mediatizada". En Meléndez, Carlos, comp., *Postcandidatos. Guía analítica de supervivencia hasta las próximas elecciones*. Lima: Mitin.

Gautier, Emilio
2012 "Masificación y calidad de la educación superior". En Cuenca, Ricardo, ed., *Educación superior. Movilidad social e identidad*. Lima: IEP.

Gerbner, G. E. et ál.
1996 "Crecer con la televisión: perspectiva de aculturación". En Bryant, D. Z., *Los efectos de los medios de comunicación: investigaciones y teorías*. Barcelona.: Paidós.

Golte, Jürgen y Doris León Gabriel
2011 *Polifacéticos: jóvenes limeños del siglo XXI*. Lima: IEP y ATOQ Editores.

Golte, Jürgen y Norma Adams
1987 *Los caballos de Troya de los invasores: estrategias campesinas en la conquista de la Gran Lima*. Lima: IEP.

Graham, C. y S. Pettinato
2002 "Frustrated Achievers: Winners, Losers and Subjective Well-Being in New Market Economies". En *The Journal of Development Studies*: 100-140.

Harvey, David
1998 *La condición de la posmodernidad: investigación sobre los orígenes del cambio cultural*. Buenos Aires: Amorrortu Editores.

Huber, Ludwig y Leonor Lamas
[2015] "Deconstruyendo el rombo. Consideraciones sobre la nueva clase media en el Perú". Manuscrito, Instituto de Estudios Peruanos, Lima s/f

Huerta-Mercado, Alex
"Tv Basura: Más te Pego, Más te Veo" (entrevista por Liliana Michelena). *Caretas*, n.° 2373, 19 de febrero 2015. Disponible en: http://bit.ly/1V1IUwf (última consulta: 21/8/2015).

Ilizarbe, Carmen
1999 "Todavía no somos quienes queremos ser. Construcciones sociales del amor y la pareja en jóvenes de sectores medios de Lima". En Panfichi, Aldo y Marcel Valcárcel, *Juventud: sociedad y cultura*. Lima: Red para el Desarrollo de las Ciencias Sociales en el Perú.

Inei – Instituto Nacional de Estadística e Informática
2013 *Encuesta Demográfica y de Salud Familiar (ENDES) 2012*. Lima: INEI.

2014 *Informe técnico: evolución de la pobreza monetaria 2009-2014*. Disponible en: <http://www.inei.gob.pe/media/cifras_de_pobreza/informetecnico_pobreza2014.pdf> (última consulta: 02/07/2015).

Jaramillo, Fidel y Omar Zambrano
2013 *La clase media en el Perú: cuantificación y evolución reciente*. Informe BID. Marzo.

Lipovetsky, Gilles
2002 [1983] *La era del vacío*. Barcelona: Anagrama.

Lobo, Susan
1984 *Tengo casa propia. Organización social en las barriadas de Lima*. Lima: IEP, Instituto Indigenista Interamericano.

Kaaber, Naila
2001 "Resources, Agency, Achievements: Reflections on the Measurement of Women´s empowerment". En *SIDA: Studies* 3. Estocolmo: Novum Grasfiska.

Macassi, Sandro
1999 "Jóvenes y cultura política masiva. Vivencias ciudadanas desde los informativos". En Panfichi, Aldo y Marcel Valcárcel, eds., *Juventud: sociedad y cultura*. Lima: Universidad del Pacífico.

2001 *Culturas juveniles, medios y ciudadanía: Ee nuevo horizonte generacional y las disyuntivas de la inserción de los jóvenes en la sociedad*. Lima: Asociación de Comunicadores Sociales Calandria.

Mac Leod, Jay
1995 *Ain't no Makin' It. Aspirations and Attainment in a Low-income Neighborhood*. Boulder, Colorado: Westview Press Inc.

Margulis M. y M. Urresti
1998 "La construcción social de la condición de juventud". En *"Viviendo a toda". Jóvenes, territorios culturales y nuevas sensibilidades*. Bogotá: Universidad Central, DIUC, Siglo del Hombre Editores.

Masías, Carmen
2008 *Prevención del pandillaje. Directrices en materia de prevención y control sobre pandillaje a partir de las reflexiones de las historias de vida de jóvenes que han estado o están involucrados con pandillas y sus familias a partir de las actitudes, conocimientos, expectativas y aportes de funcionarios, hacedores de políticas, diseñadores de programas, expertos en el tema y vecinos*. Lima: Oficina de las Naciones Unidas contra la Droga y el Delito y CEDRO.

Mazzarella, William
2003 *Shoveling Smoke. Advertising and Globalization in Contemporary India*. Durham: Duke University Press.

McLuhan, M.
1994 [1964] *Understanding Media: The Extensions of Man*. Cambridge: MIT Press.

Meléndez, Carlos
2011 "Post-candidatos". En Meléndez, Carlos, comp., *Postcandidatos. Guía analítica de supervivencia hasta las próximas elecciones*. Lima: Mitin.

Merino, Francisco
1999 "La familia y la construcción de la cultura del trabajo en jóvenes limeños: el caso de un grupo de estudiantes de computación e informática de tres institutos superiores tecnológicos". En Panchifi, Aldo y Marcel Valcárcel, eds., *Juventud: sociedad y cultura*. Lima: Red para el Desarrollo de las Ciencias Sociales.

Monsiváis, Carlos
2005 "Tú, joven, finge que crees en mis ofrecimientos, y yo, Estado, fingiré que algo te ofrezco". En *Nueva Sociedad* 200.

Montoya, Rodrigo
1980 *Capitalismo y no-capitalismo en el Perú. Un estudio histórico de su articulación en un eje regional*. Lima: Mosca Azul Editores.

Nugent, Guillermo
1992 *El laberinto de la choledad*. Lima: Fundación Ebert.

2010 *El orden tutelar. Sobre las formas de autoridad en América Latina*. Lima: CLACSO, DESCO.

Ortiz, Alejandro
1999 "¿Por qué los niños no van a la escuela?". En *Educación. La Revista del Maestro Peruano* 11: 7. Lima: Ministerio de Educación.

Panfichi, Aldo y Marcel Valcárcel
1999 "Prólogo. El significado de la juventud en las ciencias sociales". En Panfichi, A. y M. Valcárcel, eds., *Juventud: sociedad y cultura*. Lima: Red para el Desarrollo de las Ciencias Sociales en el Perú.

Plaza, Orlando
2007 "El debate teórico sobre las clases sociales. Una aproximación histórico analítica". En Plaza, Orlando, coord., *Clases sociales en el Perú. Visiones y trayectorias*. Lima: Pontificia Universidad Católica del Perú, CISEPA.

Portocarrero, Gonzalo y Patricia Oliart
1989 *El Perú desde la escuela*. Lima: Instituto de Apoyo Agrario.

Reguillo Cruz, Rossana
2000 *Emergencia de culturas juveniles. Estrategias del desencanto*. Bogotá: Norma.

Remy, Marisa
2014 "El Estado y los pobres. La política social en el Perú entre la focalización y los servicios universales". Ponencia presentada al seminario "El Estado como institución en América Latina", Lima, 12 de noviembre.

Rentería, José María
2015 *Brechas de ingresos laborales en el Perú urbano: una exploración de la economía informal*. Documento de Trabajo 216. Lima: IEP.

Rincón, Omar
2006 *Narrativas mediáticas. O cómo se cuenta la sociedad del entretenimiento*. Barcelona: Gedisa.

Rochabrún, Guillermo
2007 "El pensamiento sobre las divisiones sociales en el Perú del siglo XX". En Plaza, Orlando, coord., *Clases sociales en el Perú. Visiones y trayectorias*. Lima: Pontificia Universidad Católica del Perú, CISEPA.

Rosaldo, Renato
1991 *Cultura y verdad: nueva propuesta de análisis social*. México D. F.: Grijalbo.

Saavedra, Jaime y Juan Chacaltana
2001 *Exclusión y oportunidad: jóvenes urbanos y su inserción en el mercado de trabajo y en el mercado de capacitación*. Lima: Grupo de Análisis para el Desarrollo.

Sartori, Giovanni
2001 *Homo videns: la sociedad teledirigida*. México D. F.: Taurus.

Sen, Amartya
2000 [1992] *Nuevo examen de la desigualdad*. Madrid: Alianza Editorial.

Sennett, Richard
2006 *La cultura del nuevo capitalismo*. Barcelona: Editorial Anagrama.

Sheper-Hughes, Nancy
1997 *La muerte sin llanto: violencia y vida cotidiana en Brasil*. Madrid: Ariel.

Sibilia, Paula
2008 *La intimidad como espectáculo*. Buenos Aires: Fondo de Cultura Económica.

Sturken, María y Lisa Cartwright
2001 *Practices of Looking. An Introduction to Visual Culture*. Nueva York: Oxford University Press.

Thussu, Daya Kishan
2007 *News as Entertainment. The Rise of Global Infotainment*. Nueva York y Londres: Sage Publications.

Torres, Alfredo
2010 *Opinión pública 1921-2021. Un viaje en el tiempo para descubrir cómo somos y qué queremos los peruanos*. Lima: Aguilar.

Torres Anlas, Fernando
2015 *La promesa de bienestar: trabajo y desarrollo laboral flexible en un supermercado de Lima*. Documento de Trabajo 215. Lima: IEP.

UMC – Unidad de Medición de la Calidad Educativa, Ministerio de Educación del Perú
2005 *Evaluación nacional del rendimiento estudiantil 2004. Informe descriptivo de resultados*. Lima: Ministerio de Educación del Perú.

2014a "¿Cuánto aprenden nuestros niños en las competencias evaluadas? Nacional. Resultados de la Evaluación Nacional de Estudiantes. 2do de primaria". Lima: Ministerio de Educación del Perú. Disponible en: <http://umc.minedu.gob.pe/wp-content/uploads/2015/02/Nacional.pdf>.

2014b "¿Cuánto aprenden nuestros niños en las competencias evaluadas? Lima Metropolitana. Resultados de la Evaluación Nacional de Estudiantes. 2do de primaria". Lima: Ministerio de Educación del Perú. Disponible en: <http://umc.minedu.gob.pe/wp-content/uploads/2015/02/Lima-Metropolitana.pdf>.

UNFPA – Fondo de Población de Naciones Unidas
2013 *La juventud en el Perú*. Versión digital. Secretaria Nacional de la Juventud SENAJU – UNFPA. Disponible en: <www.unfpa.org.pe/juventudperu>.

Venturo, Sandro
2001 *Contrajuventud. Ensayos sobre juventud y participación política*. Lima: IEP.

Vich, Víctor y Virginia Zavala
2015 "Del racismo a la racialización: los argumentos de la desigualdad en el Perú". En *Justicia, derecho y sociedad. Debates interdisciplinarios para el análisis de la justicia en el Perú*. Lima: Tribunal Constitucional del Perú.

Willis, Paul
1981 *Learning to labor: how working class kids get working class jobs*. Nueva York: Columbia University Press.

Zapata, Antonio
2015 "La disputa entre Magdalena y San Isidro". En *La República*, 8 de julio.

Leyes

Ley de Productividad y Competitividad Laboral aprobada por decreto supremo 003-97-TR.

Ley de Promoción de la Inversión en la Educación promulgada en 1996 por decreto legislativo 882.

Páginas web consultadas

América Económica. Ránking de las mejores universidades de Perú 2012. En: <http://rankings.americaeconomia.com/2012/las-mejores-universidades-de-peru/ranking.php> (última visita: 25/08/2015).

Municipalidad de Villa el Salvador. Parque Industrial. En: <http://www.pivesweb.com.pe/home/pivempr.htm> (última visita: 25/08/2015).

Portal de la Universidad César Vallejo. En: <http://www.ucv.edu.pe/palabras_rector.aspx?nUniOrgCodigo=70000> (última visita: 25/08/2015).

Anexos

Anexo 1. Instrumentos de recojo de información

Para la selección de casos

1. Guía de entrevista colectiva

Para obtener información sobre los jóvenes

2. Guía de entrevista individual: introductoria
3. Guía de entrevista individual: educación y trabajo
4. Guía de entrevista individual: consumo, política e identidad

Para obtener información sobre los padres

5. Guía de entrevista al padre y/o madre

Para obtener información sobre la vida cotidiana

6. Guía de observación participante: un día en la vida del o la joven

Para obtener información sobre ingreso y percepción de movilidad social

7. Aplicación-selección de preguntas de la encuesta de movilidad social (EMS)-IEP 2012

1. Guía de entrevista colectiva

Objetivos

- Recoger el significado que le otorgan los jóvenes a la movilidad social según su ocupación (estudiantes; trabajadores; estudiantes y trabajadores; que no estudian ni trabajan).
- Indagar las estrategias y las barreras de movilidad social que identifican estos grupos de jóvenes.
- Identificar posibles casos para estudios a profundidad.

Participantes

Se realizarán entrevistas colectivas a jóvenes de entre 18 y 24 años, agrupados de la siguiente manera:

- Grupo 1: trabajadores
- Grupo 2: estudiantes y trabajadores
- Grupo 3: estudiantes
- Grupo 4: ni estudiantes ni trabajadores

Número

El número mínimo de participantes por grupo es tres, y el máximo, diez (de preferencia, hombres y mujeres por igual).

Procedimiento y registro

La entrevista colectiva será conducida al menos por dos personas (una de las investigadoras del estudio y una asistente de investigación). Se combinará el registro del audio con la observación participante.

Se aplicará una ficha para recoger los datos generales de los participantes: nombre, edad, ocupación/cargo, nivel educativo, datos del padre o la madre, datos de contacto. De ser posible, se harán breves entrevistas individuales a cada uno de los participantes.

Tiempo

Máximo una hora y media.

Presentación del estudio al grupo

Este es un estudio cuyo fin es saber qué hacen hoy en día los jóvenes en Lima Metropolitana, cuáles son sus planes a futuro y cómo piensan lograrlos.

Sobre su ocupación principal y trayectoria[1]

Ustedes se dedican a ______
¿Cómo así llegaron a trabajar/estudiar/otro aquí…?
¿Por qué decidieron estudiar/trabajar/otro en este lugar?
¿Cuáles eran las opciones de estudio/trabajo/otro? ¿Por qué?
¿Qué pensaban hacer al terminar el colegio? ¿Por qué?
¿Por qué decidieron estudiar esta carrera o tomar este trabajo u otro?
¿Cuáles eran sus opciones?

Apoyo familiar

¿Alguien los apoyó? ¿Cómo? ¿Por qué?
¿Alguien los desanimó? ¿Cómo? ¿Por qué?

1. Esta sección de la entrevista fue adaptada previamente para cada grupo según su ocupación principal.

Satisfacción

¿Dirían que están contento/as con lo que hacen (estudio/trabajo/otro)? ¿Por qué?

¿Si hoy tuvieran la opción de elegir, volverían a escoger lo que realizan ahora?

(Si la respuesta es sí) ¿Por qué?

(Si la respuesta es no) ¿Por qué? ¿Qué harían?

Opciones al terminar la secundaria

¿Qué opciones creen que tienen los jóvenes al terminar la secundaria? ¿Cómo fue el proceso de cada uno? (dejar que los participantes narren sus experiencias)

Expectativas y barreras

¿Cómo se imaginan de aquí a cinco años? ¿Dónde les gustaría estar? ¿Dónde les gustaría vivir?

¿Qué creen que es indispensable para poder lograr lo que quieren, para salir adelante? (en caso no fluya la respuesta, indagar acerca de redes, educación, experiencia de trabajo, suerte, empeño, esfuerzo)

¿Qué barreras creen que pueden encontrar para lograr lo que quieren? (en caso no fluya la respuesta, indagar acerca de discriminación por edad, raza, sexo, origen, lengua…)

Significados de movilidad social

¿Cómo definen a una persona exitosa? ¿Qué características tiene?

¿Qué personas se les viene a la mente cuando piensan en alguien con éxito? (quién o quiénes les parecen modelos de éxito)

¿Por qué les parece exitosa?

¿A qué creen que se deba su éxito? (permitir que fluya la conversación, ver si es posible encontrar factores comunes, dimensiones del éxito y encauzar la conversación por ahí. Siguiendo el esquema: factores individuales, colectivos, estructura social, enfoque de capacidades)

Y a ustedes, ¿qué les haría sentir exitoso/as?

¿Creen que esta idea de ser exitoso es compartida por los jóvenes? ¿Creen que sus padres definirían de la misma manera el éxito?

¿Cómo definen a una persona sin mucho éxito?

¿Qué personas se les viene a la mente cuando piensan en alguien que no es tan exitoso y por qué piensan que no lo consiguió?

¿A qué creen que se deba su falta de éxito? (encontrar factores comunes, dimensiones de la falta de éxito y encauzar la conversación por ahí)

Y a ustedes, ¿qué les haría sentir que no alcanzaron el éxito/no lograron realizarse?

¿Creen que esta idea de alguien fracasado es compartida por los jóvenes? ¿Creen que sus padres definirían de la misma manera el fracaso?

Selección de casos: invitación a participar en el estudio

Explicar las características del estudio y el tipo y frecuencia del recojo de información. Conocer su vida diaria: conversaciones individuales, visitas al hogar, conversaciones con el padre y/o la madre, con los hermanos, visitas a su trabajo, al centro de estudios o la calle.

- Recoger la ficha de datos de las y los interesados en participar en una siguiente fase de este estudio.

2. Guía de entrevista individual: introductoria

Objetivo

Entablar confianza con el entrevistado y profundizar la información sobre datos personales del caso seleccionado.

Procedimiento y registro

La entrevista se realizará en el contexto del joven (barrio, trabajo, casa, lugar de estudio) y será conducida por dos personas (una de las investigadoras del estudio y una asistente de investigación). Se combinará el registro del audio con la observación participante.

Nivel educativo

¿Por qué elegiste esa universidad/instituto?

¿Cómo fue el ingreso? (examen, beca, entrada directa)

¿En qué ciclo estás?

Trabajo y tiempo libre

¿Qué te gusta?

¿Con quienes paras (amigos de la universidad/barrio/familia)?

Cuéntame un día normal de tu semana. ¿Cómo es un día en tu vida?

¿Cuál es tu horario? ¿Qué días trabajas? ¿Por qué?

¿Qué haces? ¿Te gusta? ¿Cuánto ganas? ¿Hay algún beneficio por trabajar ahí?

¿Qué haces en tu tiempo libre?

Cuéntame qué haces normalmente un fin de semana: viernes en la noche, sábado, domingo

¿Vas al cine, teatro, discoteca, pollada, karaoke?

¿Usas internet? ¿Dónde? ¿Cuándo? ¿Para qué?

¿Qué tipo de celular tienes?

¿Qué tan frecuentemente ves TV? ¿Qué programas ves y en qué horarios?

¿Dónde está la TV en tu casa y con quiénes la compartes?

¿Ves noticieros o lees diarios? ¿Estás al tanto de las últimas noticias del país? ¿Por qué?

¿Recuerdas algo que haya pasado en las últimas semanas? ¿Cómo te has enterado?

Familia

¿Con quién vives?

¿Qué hacen ellos? (papá, mamá, hermanos, otros)

Ocupación

Nivel educativo

¿Dónde vives? (casa, departamento)

Barrio

¿Qué fue de tus amigos del colegio? ¿Qué hacen? ¿Dónde están? ¿Los ves?

¿Tienes amigos en el barrio? ¿Cuándo los ves? ¿Qué haces con ellos? ¿Por qué?

Cuéntame de tus amigas. ¿Qué hacen? ¿Alguna tiene hijos?

Cuéntame un poco más sobre "esa gente" que se perdía en el barrio. ¿Qué hacen? ¿Hay algún caso cercano de amigos que no estudian ni trabajan?

3. Guía de entrevista individual: educación y trabajo

Objetivo

Profundizar información sobre la trayectoria y las expectativas educativas y laborales del caso seleccionado.

Procedimiento y registro

La entrevista se realizará en el contexto del joven (barrio, trabajo, casa, lugar de estudio) y será conducida por dos personas (una de las investigadoras del estudio y una asistente de investigación). Se combinará el registro del audio con la observación participante.

Educación

¿Dónde estudiaste la primaria: en una escuela pública o en una particular? ¿Por qué? ¿Dónde quedaba? (cerca o lejos de la casa) ¿Cómo ibas?

Y tu papá, ¿estudió su primaria en una escuela pública o en una particular? (indagar las razones, si es que no es igual a su opción educativa; indagar el grado educativo alcanzado)

Y tu mamá, ¿estudió su primaria en una escuela pública o en una particular? (indagar las razones, si es que no es igual a su opción educativa; indagar el grado educativo alcanzado)

Indagar las diferencias educativas entre generaciones: padres, abuelos

¿Qué piensas que te ha enseñado tu escuela primaria?

¿Qué oportunidades te da terminar la primaria? ¿Por qué?

Y tu papá, ¿estudió en secundaria pública o particular?

Y tu mamá ¿estudió en secundaria pública o particular?

¿Qué piensas que te ha enseñado la secundaria?

¿Qué oportunidades te da terminar la secundaria? ¿Por qué?

Cuando ibas a terminar la secundaria, ¿qué querías hacer? (estudiar, trabajar...)

¿Y qué pasó con tus ideas de 5to de secundaria? ¿Algo cambió?

¿Qué oportunidades crees que te da cursar estudios superiores? ¿Por qué?

¿Cómo es un "buen" centro de estudios superiores? ¿Qué debe ofrecer?

¿Qué significa para ti tener educación?

¿Quién sería para ti alguien con educación?

¿Con qué relacionas alguien con educación? (búsqueda de sinónimos)

¿Con qué relacionas alguien que no tiene educación? (búsqueda de sinónimos)

¿Qué significa tener una buena educación? ¿Qué es necesario saber y hacer para tenerla?

¿Qué oportunidades te da la educación? ¿Para qué sirve?

Para ti, ¿es la educación un medio de progreso? ¿Por qué?

¿Y qué pasa si no puedes acceder a la educación? ¿Cuáles son los otros medios de progreso?

Indagar sobre los abuelos y abuelas

¿De dónde es tu abuela/o? ¿Qué hace? ¿Cómo te llevas con ella/él? ¿Qué haces con ella/él? ¿Qué no te gusta de ella/él? ¿Qué hace tu abuela/o cuando está en tu casa? ¿Qué haces con ella/él cuando viene? ¿Visitas a tu abuela/o? ¿Qué hace allá tu abuela/o? ¿Qué te ha enseñado tu abuela/o? ¿Qué te gustaría hacer que tu abuela/o sabe hacer? ¿Qué no te gustaría hacer que ella/él hace? ¿Qué admiras de tu abuela/o?

¿Qué crees que tu abuela/o piensa de la educación?

Indagar sobre el padre y la madre

¿De dónde es tu madre/padre? ¿Qué hace? ¿Cómo te llevas con ella/él? ¿Qué haces con ella/él? ¿Qué no te gusta de ella/él? ¿Qué hacen cuando están en tu casa? ¿Qué te han enseñado? ¿Qué te gustaría hacer que tu madre/padre sabe hacer? ¿Qué no te gustaría hacer que ellos hacen? ¿Qué admiras de tu madre/padre?

¿Cómo te gustaría vivir? ¿Dónde? ¿Haciendo qué? ¿Con quiénes? ¿Por qué? ¿Y qué crees que necesitas para vivir la vida que quieres?

Y a tu padre o a tu madre, ¿crees que le gustaría vivir de la misma manera? ¿Cómo? ¿Dónde? ¿Haciendo qué? ¿Con quiénes? ¿Y qué valoran ellos en la vida? ¿Qué creen ellos que es necesario para vivir la vida que quieren?

Trabajo

¿Qué trabajos has tenido antes? Si no has trabajado, ¿cómo haces para vivir? ¿Quién te provee? (pasar a la pregunta sobre trabajo ideal)

¿Cómo has accedido a cada uno de los trabajos? (aviso en el periódico, redes, envío de CV, anuncios de trabajo)

¿Por qué saliste de ese trabajo? (por sueldo, condiciones laborales, tiempo)

¿Cuál sería tu trabajo ideal? (condiciones laborales)

¿Te gustaría trabajar en una oficina estable de 9 a. m. a 5 p. m. o preferirías un trabajo menos estable pero independiente?

¿Te gustaría ser tu propio jefe o prefieres trabajar para otros?

¿Conoces algún oficio? ¿Dónde lo aprendiste? ¿Has trabajado en él? ¿Te gustaría saber un oficio? ¿Cuál?

¿Has trabajado como vendedor? ¿Dónde? ¿Te gustaría? ¿Por qué?

¿Qué tipo de trabajo realizas en tu casa? ¿Quién hace el trabajo en casa? (lavar la ropa, cocinar, limpiar)

¿En qué trabajan tu papá y tu mamá? ¿Y tus hermanos?

¿Hay alguna tradición de trabajo en tu familia? (comerciantes, profesores, funcionarios, artistas, etc.). ¿Y tú?

¿Cuál es la importancia del trabajo en tu familia?

¿Qué te han enseñado tu madre y padre sobre eso?

¿Cuánto necesitarías ganar actualmente para cubrir todos tus gastos sin depender de nadie?

¿Aportas a la economía de tu casa? ¿Con cuánto? ¿En qué?

¿Alguna vez has ahorrado para algo? ¿Cuándo? ¿Para qué?

¿Alguna vez has pensado en ahorrar? ¿Cuánto?

¿Cada cuánto tiempo ahorras? (ahorro sistemático o eventual) ¿Para qué? ¿Dónde ahorras? (chanchito, banco)

¿Tienes cuenta en algún banco? ¿Tienes tarjeta de debido o de crédito? ¿De qué entidades? (uso de tarjetas, relación con bancos)

¿En qué gastas? ¿Cuáles son tus principales gastos? ¿En qué rubros? (que liste todos los gastos: luz, agua, teléfono, alimentación, ropa, estudios, transporte, etc.)

Si necesitas plata, ¿a quién recurres?

¿Has pedido un préstamo a alguien alguna vez? ¿A quién? (a un banco, a un prestamista, etc.) ¿Para qué? ¿Cuánto?

Para ti, ¿qué tan importante es el dinero?

¿Qué te han enseñado tu madre y tu padre sobre el valor del dinero?

4. Guía de entrevista individual: consumo, política e identidad

Objetivo

Recoger información sobre el consumo (bienes, ideas, modas, entretenimiento, medios), uso del tiempo libre y percepción y/o participación política del caso seleccionado.

Procedimiento y registro

La entrevista se realizará en el contexto del joven (barrio, trabajo, casa, lugar de estudio) y será conducida por dos personas (una de las investigadoras del estudio y una asistente de investigación). Se combinará el registro del audio con la observación participante.

Parte 1. Consumo

¿Cuánto más o menos te cuesta vivir?

¿En qué gastas todo el tiempo? (diariamente, semanalmente, mensualmente). ¿Más o menos cuánto?

¿Para qué te alcanza el dinero del que dispones? ¿Consideras que es suficiente para ti?

¿Para qué no te alcanza? ¿Más o menos cuánto te faltaría para ser suficiente? ¿Qué cosas importantes no puedes hacer/comprar por falta de dinero?

¿De dónde consigues el dinero? (trabajo, cónyuge, apoyo familiar, cachuelos, otros)

De tus gastos, ¿en qué gastas más y en qué menos?

¿Qué gastos haces eventualmente? (puede ser una vez al mes, cada seis meses, una vez al año, cada tres años)

¿En qué te gustaría gastar? (esto apunta a algo en que NO gasta y que le gustaría hacerlo)

¿Qué tanto de tu sueldo mensual gastas en comprarte cosas? ¿Qué tipo de cosas compras? (ropa, zapatos, accesorios, aparatos TIC: celulares, laptops, juegos de video)

¿Tienes marcas de ropa o de zapatillas favoritas? ¿Cuáles? ¿Por qué? ¿Qué tan caras son? ¿Por qué te gustan esas marcas? (indagar si es por moda-pares, si es por calidad, qué criterio sigue para elegir)

Cuando es tu cumpleaños o Navidad, ¿tienes la oportunidad de pedir algo especial de regalo? (Si la respuesta es sí: ¿Qué sueles pedir? ¿A quién?)

¿Cómo sería para ti un espacio ideal para vivir? (casa, departamento, campo, etc.). ¿Qué tendría que tener? (objetos, espacios). ¿Con quién lo compartirías? (describir)

a) Consumo de tecnología

¿Tienes celular? ¿Lo compartes con alguien? ¿Cuántas personas en tu casa tienen celular?

(Si no tiene) ¿Te gustaría tener? ¿Para qué lo usarías?

(Si tiene uno personal o comparte) ¿Qué tipo de celular tienes? ¿Prepago o pospago? ¿De qué compañía?

¿Has cambiado de celular alguna vez? ¿Por qué? ¿Cada cuánto has cambiado de celular en los últimos dos años? ¿Cómo era el anterior?

¿Tienes internet? ¿Cómo lo utilizas? (llamadas, mensajes, interfaces, web) ¿Qué tanto lo utilizas? ¿Para qué? (se conecta a Facebook para chatear con amigos, ver fotos, etc., busca información de otras cosas, le sirve para escuchar música, etc.)

¿Tienes computadora en tu casa?

(Si no tiene) ¿Quisieras tener una? ¿De qué tipo? (laptop, de escritorio) ¿Para qué la necesitarías? ¿Qué marca te gustaría tener? ¿Por qué?

(Si tiene) ¿Es personal o la compartes? ¿De qué tipo es? (laptop, de escritorio). ¿De qué marca? ¿Hay conexión a internet? ¿Pirata o formal? ¿Cuánto utilizas la computadora? ¿Con quién la compartes? (hermanos, padres, vecinos). ¿Cuántas computadoras hay?

¿Tus padres usan la computadora? (Si la usan: ¿Tienen correo o Facebook?) (Si no la usan: ¿Por qué no?) (Sirve para indagar saltos generacionales identidad)

¿Para qué utilizas internet? (correo, información para estudios, música, trabajo, redes: Facebook, twitter, YouTube, juegos en red)

b) Consumo de medios y entretenimiento

¿Has oído hablar de Facebook? ¿Sabes lo que es? ¿Tienes un perfil? (Si no) ¿Te gustaría tener? ¿Para qué? ¿A quién conoces que tenga perfil?
(Si tiene) Cuéntanos cómo es tu perfil y cómo usas Facebook
¿Cuántos álbumes de fotos tienes? ¿De qué son? ¿Qué tipo de imágenes te gusta publicar? (viajes, fiestas, reuniones familiares, de cualquier día, de sí mismo, etc.),
¿Qué tipo de cosas posteas? ¿Qué tipo de información revisas? ¿Usas el chat? ¿Para qué? ¿Cuánto lo usas al día? ¿Qué revisas o con quiénes te comunicas más? (gente que conoce, hace amigos nuevos, familia, amigos que no ve o que siempre ve, chicas o chicos que quiere conocer)
¿Utilizas Facebook para entablar relaciones con chicas o chicos que te gustan? (que dé algún ejemplo con alguien que no conoce o que ya conoce, pero con quien establece mayor cercanía a través de las redes)
¿Qué opinas de este espacio? ¿Qué sensación te genera? (entretenimiento, diversión, alegría, ansiedad, pérdida de tiempo, espacio para parar, etc.)

c) Uso de otras redes y de videojuegos

¿Juegas algún juego en línea? ¿Cuál? ¿Hace cuánto? ¿Con quiénes? ¿Cuántas horas le dedicas?

¿Tienes Xbox, Play Station o Wii, o vas a algún lugar a jugar? ¿Qué tipo de juegos? (carreras, fútbol, pelea, quest-juegos de matar) ¿Por qué esa preferencia? ¿Te contactas a través de juegos con gente de otras partes? (indagar sobre las comunidades de juego locales y globales, identidades en red)

d) Música

¿Qué tipo de música sueles escuchar? (ver si se trata de música en inglés más que en castellano, qué género, y preguntar por qué esa y no otras)

¿En dónde la escuchas? (acompañando qué actividades y en qué aparatos: computadora, celular, equipo, etc.)

¿Qué tipo de música te gusta bailar? ¿A dónde vas a bailar? ¿Cada cuánto? ¿Con quiénes? ¿Cuánto gastas en una salida? ¿Qué tipo de bebidas consumes? ¿Dirías que sabes bailar? ¿Qué géneros? ¿Dónde aprendiste? (mirando, TV, internet, amigos)

¿Ves programas de música? ¿Cuáles?

e) Televisión

¿Cuántos aparatos de televisión hay en tu casa? ¿En dónde están?

¿Qué tanto ves televisión? ¿A qué hora la ves? ¿Lo haces solo o acompañado? ¿Lo haces mientras realizas otra actividad?

¿Qué ves más: cable o televisión nacional? ¿Por qué?

¿Qué programas son tus favoritos? ¿Por qué? (indagar de qué son: temáticos —comida, historia, deportes—, entretenimiento —concursos, series, telenovelas, *realities*; indagar con qué personajes o historias se identifica en los programas y por qué)

¿Te gustaría participar en algún programa concurso o *reality* si pudieras? ¿En cuál? ¿Por qué? (indagar sobre modas entre jóvenes: manga, anime)

¿Ves programas de noticias? ¿Cuáles? ¿Con qué frecuencia? (indagar por qué si o por qué no)

f) Cine

¿Qué tipo de películas te gustan más? ¿Qué género? ¿Qué actores? ¿Por qué? (indagar con qué personajes o historias se identifica y por qué)

g) Consumo de experiencias

- **Rituales familiares**

¿Qué momentos marcan la vida de tu familia? (matrimonios, nacimientos, muertes, quinceañeros, etc.). ¿Por qué crees que son importantes?

¿Qué tipo de celebraciones se llevan a cabo en tu familia? (indagar la magnitud de los eventos, gastos, contratación de servicios-animador, invitados, etc.)

- **Viajes**

¿Te gusta viajar? ¿Por qué? ¿A dónde has estado? ¿Qué partes del Perú conoces? (indagar si son los lugares de donde vienen sus padres o familiares) ¿Qué otras partes te gustaría conocer? ¿Por qué?

¿Has viajado fuera del país? ¿Te gustaría hacerlo? ¿Por qué y adónde? ¿Qué tipo de viaje? (trabajo, turismo, etc.). ¿Crees que sería fácil o difícil viajar a otro país? ¿Por qué?

- **Salir, estar con amigos, hacer deportes**

¿Qué haces en tu tiempo libre? ¿Visitas a tus amigos o sales con ellos? ¿Qué tipos de actividades realizan?

¿Qué tan importante es para ti estar con tus amigos?

- **Parejas-relaciones**

¿Qué tan importante para ti es tener una pareja?

¿Has tenido enamorado/a? ¿Has tenido relaciones sexuales? ¿Con una pareja o con diferentes personas? (indagar)

¿Qué tipo de actividades realizas con tu pareja? ¿Qué hacen juntos?

¿Tienes proyectos con tu actual pareja de, por ejemplo, casarse, mudarse juntos o tener hijos? ¿Cuándo imaginas eso en tu vida?

- **Distribución del tiempo**

¿Cómo distribuyes tu tiempo a diario? ¿Qué porcentaje de tu tiempo semanal lo dedicas a los estudios? ¿Cuánto al trabajo? ¿Cuánto a la familia? ¿Cuánto a los amigos? ¿Cuánto al entretenimiento? ¿Cuánto a los *hobbies*? ¿Por qué?

¿Estás conforme con la manera en la que utilizas el tiempo? ¿A qué te gustaría dedicarle más tiempo?

Parte 2. Política e identidad

En estos días hemos venido hablando del trabajo, la educación, la familia, los planes a futuro. Hemos hablado un poco también sobre las historias familiares, las diferencias entre abuelos, padres e hijos, el lugar de nacimiento, la historia de vida, la educación, el trabajo.

¿Cuáles crees que son las principales diferencias entre tu padre/madre y tú? ¿Y entre tu abuelo/abuela y tú?

¿Cómo ser mujer/hombre ha cambiado en tu familia?

¿Qué de lo que has vivido o te han transmitido tus padres y abuelos transmitirías a tus propios hijos? ¿Qué agregarías o quitarías?

Si pudieras cambiar algo en tu vida, ¿qué sería?

¿Cuándo te ves formando una familia? ¿Qué necesitarías para formar una? (enamorarse, tener dinero, casa, estudios, etc.)

a) **Política (cultura política, valor de la democracia, tolerancia, discriminación)**

¿Ves programas de noticias? ¿Cuáles? ¿Con cuánta frecuencia? (averiguar por qué si o por qué no). ¿Hay alguna noticia que recuerdes de la última semana?

¿Lees diarios? ¿Cuál? ¿Lo compras tú o lo compran en tu casa? ¿Quién lo compra? ¿Qué es lo que más te gusta leer de ese diario?

¿Votaste en las elecciones municipales? ¿Elegiste al actual alcalde de tu distrito? ¿Qué opinión te merece? ¿Por qué?

¿Por quién votaste en las elecciones presidenciales del 2011 en primera vuelta? ¿Por qué? ¿Por quién votaste en segunda vuelta? ¿Por qué? ¿Cómo se vivieron las elecciones en tu casa? ¿Todos votaron por el/la misma candidato/a? ¿Hubo debate? ¿Qué sensación generaron los resultados? ¿Se reunió la familia a verlos?

¿Crees que es importante estar informado de lo que ocurre en política para tu vida?

¿Crees que las decisiones del gobierno influyen en tu vida, trabajo, estudios, futuro? ¿Cómo? ¿Por qué?

¿Consideras que hay algún punto de encuentro entre tus proyectos personales y aspiraciones y lo que ocurre en el país? ¿Cómo? (oportunidad, barrera, etc.). ¿Por qué?

¿Has participado alguna vez en política? (delegado de clase, universidad, partido) ¿Estarías interesado en hacerlo? (indagar por qué sí o por qué no)

¿Recuerdas el nombre de algún congresista? ¿Cuál? ¿Por qué?

¿Recuerdas el nombre de algún ministro?

¿Cuáles dirías que son hoy los principales problemas políticos y sociales del Perú? ¿Alguno te afecta directamente? (indagar qué tanto saben sobre conflictos sociales y su posición sobre el tema)

Para ti, ¿qué significa vivir en democracia? ¿Qué implica la democracia? ¿Daría lo mismo vivir en un régimen autoritario? ¿Cuál sería la diferencia?

¿Cómo crees que estará el Perú dentro de diez años? (mejor, peor, igual...)

¿Cómo crees que estarás tú dentro de diez años? (mejor, peor, igual...)

5. Guía de entrevista al padre y/o madre

Objetivo

Recoger información sobre la trayectoria de vida del padre y/o madre, qué significado le otorga a la movilidad social, y qué percepciones y expectativas tiene sobre su hijo o hija.

Procedimiento y registro

La entrevista se realizará en el contexto del joven (barrio, trabajo, casa, lugar de estudio) y será conducida por dos personas (una de las investigadoras del estudio y una asistente de investigación). Se combinará el registro del audio con la observación participante.

Historia personal

Proveniencia: ¿dónde nació?, ¿cómo era su familia de origen?

Educación: ¿qué grado de instrucción ha alcanzado?, ¿dónde estudió?

Experiencia de migración: ¿cómo vino a Lima?, ¿por qué?, ¿para qué?, ¿encontró lo que esperaba?, ¿quién lo/a trajo?, ¿en qué ha trabajado?

Mirando hacia atrás, ¿habría algo que cambiaría o que haría diferente?

Historia familiar

¿Cómo conoció a su pareja? ¿Ha tenido compromisos anteriores?

¿Se casaron o conviven?

¿Qué momentos han marcado su historia familiar?

¿Cuáles han sido las mayores dificultades que ha atravesado?

¿Y las mayores alegrías?

En comparación con sus padres, ¿cree que ha logrado una vida mejor? ¿En qué sentido? ¿Por qué?

Percepción sobre el desarrollo de su hijo/a

¿Cómo era su hijo cuando niño? ¿Ha cambiado mucho desde entonces? ¿Cómo?

¿Cómo evalúa su desempeño como estudiante? ¿Y como hijo? ¿Y como trabajador?

¿Qué opina sobre la universidad en la que estudia?

¿Qué opinión le merece el lugar de trabajo de su hijo/a?

Expectativas sobre el futuro de su hijo/a

¿Cómo ve a su hijo en el futuro?
¿Cómo quiere que la vida de su hijo se diferencie de la que usted ha tenido?
¿Cuáles le gustaría que fuesen sus logros?

6. Guía de observación participante: un día en la vida del o la joven

Propósito

Reunir información general sobre uno o más entornos de interacción del joven (los escenarios por los que transita, los recursos disponibles y los patrones de interacción), que permita caracterizarlo e identificar aspectos comunes y diferentes entre los jóvenes.

Modalidad

Técnica de registro etnográfico escrito de lo que sucede durante una visita.

- Describir TODO lo que ocurre con relación a la guía de observación.
- Es indispensable DESCRIBIR, no juzgar; una buena descripción permite el análisis.
- Registrar separadamente impresiones, sensaciones, interpretaciones de lo que está ocurriendo.

Duración

Acompañar al joven durante un día completo, una mañana o una tarde, dependiendo de lo que se pueda, pero no menos de dos horas.

Contextos de observación

De acuerdo con la oportunidad que tengan de participar en un "día en la vida del joven".

Número estimado

Una vez.

Recurso

Cámara de fotos.

Modo de procesamiento

Informe narrativo en Word.

El escenario físico

1. El tránsito por distintos espacios

Etnografía deslocalizada: cómo son estos espacios por los que transita, por cuántos transita en un día, en qué medio de transporte se moviliza.

Con qué distintos actores interactúa (número y perfil de actores, con edad y género, por espacio).

Roles de los actores y del joven en los distintos espacios.

Espacio donde sucede la observación: aula, patio, dormitorio, comedor, etc.

Características del espacio: ventilación, iluminación, ruido, temperatura.

Descripción del mobiliario: qué hay, qué no hay.

Decoración/ambientación: cuadros, láminas, contenidos, tarjetas. Qué tipo de ambientación tiene el espacio.

Recursos disponibles y organización: qué recursos hay en el ambiente, quién los usa, dónde están. Registrar uso de recursos durante la observación.

2. Identificación de actores

Número, descripción (ropa, corte de pelo, accesorios, acceso, frecuencia y uso de tecnología), distribución en el espacio, perfiles, roles. Qué ropa usan, marcadores de identidad, qué aparatos tienen (celulares, otros...).

3. Frecuencia y modos de interacción

Interacciones entre actores y reglas de juego en el espacio observado. Propósito del espacio. Indagar qué está en juego, quién define la agenda, cuándo y cómo.

Aspectos a observar:

- Quién toma la iniciativa en la interacción.
- Cuáles son los patrones de interacción (conversaciones cortas, largas, monosílabos, de hombre a mujer, de mujer a hombre, indistinto).
- Actividades: qué hacen, para qué, por qué.
- Quién lidera.
- Reglas del juego.
- Organización del trabajo.

4. Uso del lenguaje verbal y no verbal

Volumen, tono, frecuencia de uso de lenguaje verbal.

Uso de lenguaje propio (jerga), códigos, señas.

5. Temas de conversación, interacciones, preocupaciones

De qué hablan.

6. Recursos disponibles y usados o evocados

Organización, distribución de materiales y recursos.
Acceso y uso de ellos.

Textos a recoger en el espacio "Productos físicos": reglas, música, folletería, propaganda, libros, eslóganes, etc.

7. Aplicación-selección de preguntas de la encuesta de movilidad social (EMS)-IEP 2012

FECHA:
NOMBRE DEL ENCUESTADO:
GRUPO: ESTUDIA / TRABAJA / ESTUDIA Y TRABAJA / NO ESTUDIA NI TRABAJA

Tenencia de bienes/activos

LEER: Le voy a leer una serie de bienes que puede poseer en su hogar. Le quiero recordar que toda la información que usted nos brinde es confidencial y usada solo para los fines de nuestra investigación. Por favor, cuando le mencione los bienes, refiérase solo a los que posee en su hogar.

Hogar: conjunto de personas que habitan una misma vivienda y preparan y consumen sus alimentos en común.

Por favor, dígame si actualmente su hogar posee (MENCIONAR CADA SERVICIO O ARTEFACTO) en funcionamiento.

¿Y hace diez años, el hogar donde habitaba contaba con (MENCIONAR CADA SERVICIO O ARTEFACTO) en funcionamiento?

	P1. Actualmente		P2. Hace diez años	
	Sí	No	Sí	No
Agua potable	1	2	1	2
Electricidad dentro de la casa	1	2	1	2
Baño dentro de la casa	1	2	1	2
Ducha/Tina con agua caliente	1	2	1	2
Cocina de gas o eléctrica	1	2	1	2
Lavadora	1	2	1	2
Secadora	1	2	1	2
Televisor a color LCD/Plasma/LED	1	2	1	2
Televisor a color convencional	1	2	1	2
Televisión por cable	1	2	1	2
Tablet	1	2	1	2
Celular	1	2	1	2
Conexión a internet	1	2	1	2
Automóvil	1	2	1	2

¿Tiene usted o algún miembro de su hogar alguno de los siguientes productos financieros? (leer alternativas)

	Sí	No	NP
Cuenta (ahorros o corriente) en un banco	1	2	99
Tarjeta de crédito en una tienda	1	2	99
Tarjeta de crédito en un banco	1	2	99

Ingresos del hogar

¿Y cuál de estas fuentes de ingreso (MOSTRAR LA TARJETA 1) es la principal en su hogar? (1 RPTA)

Trabajos dependientes	1	Alquileres/otras rentas	5
Trabajos independientes	2	Otras (especificar)	94
Jubilación/pensiones	3	NP	99
Ayuda de familiares/remesas	4		

Considerando los ingresos de todas las personas que aportan económicamente en su hogar, incluidas todas las fuentes de ingreso, ¿en cuál de los siguientes rangos se encuentra el ingreso mensual de su hogar en conjunto? (MOSTRAR LA TARJETA 2) (1 RPTA)

Ningún ingreso	1	De 561 a 680 soles	7	De 1351 a 2030 soles	13
Menos de 110 soles	2	De 681 a 790 soles	8	De 2031 a 2700 soles	14
De 110 a 230 soles	3	De 791 a 900 soles	9	De 2701 a 3380 soles	15
De 231 a 340 soles	4	De 901 a 1010 soles	10	De 3381 a 4050 soles	16
De 341 a 450 soles	5	De 1011 a 1180 soles	11	Más de 4050 soles	17
De 451 a 560 soles	6	De 1181 a 1350 soles	12	NP	99

El ingreso que usted percibe y el total del ingreso familiar, ¿le permite cubrir satisfactoriamente las necesidades de su hogar? ¿En cuál de las siguientes situaciones se encuentra usted y su familia? (MOSTRAR LA TARJETA 3) (1 RPTA)

Les alcanza bien, pueden ahorrar	1	No les alcanza, tienen dificultades	3	NP
Les alcanza justo, sin grandes dificultades	2	No les alcanza, tienen grandes dificultades	4	99

¿Cuánto sería el monto mínimo mensual que requiere su hogar para vivir? (E: ESPONTÁNEA, UBICAR EN UNO DE LOS RANGOS)

Ningún ingreso	1	De 561 a 680 soles	7	De 1351 a 2030 soles	13
Menos de 110 soles	2	De 681 a 790 soles	8	De 2031 a 2700 soles	14
De 110 a 230 soles	3	De 791 a 900 soles	9	De 2701 a 3380 soles	15
De 231 a 340 soles	4	De 901 a 1010 soles	10	De 3381 a 4050 soles	16
De 341 a 450 soles	5	De 1011 a 1180 soles	11	Más de 4050 soles	17
De 451 a 560 soles	6	De 1181 a 1350 soles	12	NP	99

Vulnerabilidad

	Sí	No	NP	NA
En los últimos tres años, ¿algún miembro del hogar sufrió pérdida de empleo?	1	2	99	
En los últimos tres años, ¿algún miembro del hogar sufrió quiebra del negocio familiar?	1	2	99	98
En los últimos tres años, ¿algún miembro del hogar sufrió algún hecho delictivo (robo, asalto)?	1	2	99	
En los últimos tres años, ¿algún miembro del hogar sufrió enfermedad o accidente grave?	1	2	99	

Exclusión

A veces existen diferencias entre las personas que viven en el mismo vecindario/comunidad. ¿En qué medida las diferencias como las siguientes tienden a generar conflictos entre la gente de su vecindario/ comunidad? (MOSTRAR LA TARJETA 4)

	Mucho	Algo	Poco	Nada	NP
Diferencias en niveles educativos	4	3	2	1	99
Diferencias en riqueza (bienes materiales)	4	3	2	1	99
Diferencias por inmuebles, propiedades, terrenos o tierras	4	3	2	1	99
Diferencias entre vecinos antiguos y nuevos	4	3	2	1	99
Diferencias en ideas políticas	4	3	2	1	99
Diferencias en creencias religiosas	4	3	2	1	99
Diferencias de origen étnico/raza	4	3	2	1	99

Felicidad y bienestar económico

(ENTRÉGUELE AL ENTREVISTADO LA LA TARJETA 5)
En esta tarjeta hay una escalera con escalones numerados del cero al diez. El cero es el escalón más bajo y representa la peor vida posible para usted. El diez es el escalón más alto y representa la mejor vida posible para usted.
¿En qué escalón de la escalera se siente usted en estos momentos? Por favor, escoja el escalón que mejor represente su opinión.
(Señale en la tarjeta el número que representa la "peor vida posible" y el que representa "la mejor vida posible". Indíquele a la persona entrevistada que puede seleccionar un número intermedio en la escala).

0	1	2	3	4	5	6	7	8	9	10	99	
La peor vida posible						La mejor vida posible					NP	

¿En qué escalón diría usted que se encontraba hace cinco años, es decir, en el 2007?

Expectativas

Si usted se compara con sus padres cuando ellos tenían la edad que tiene usted ahora, ¿le parece que su nivel de vida, comparado con el de ellos, es...? (MOSTRAR LA TARJETA 6)

Mucho mejor	5	Igual	3	Mucho peor	1
Mejor	4	Peor	2	No precisa	99

Comparado con su nivel de vida actual, ¿cree que el nivel de vida que alcancen sus hijos cuando tengan la edad que usted tiene ahora será...? (MOSTRAR LA TARJETA 6)

Mucho mejor	5	Igual	3	Mucho peor	1
Mejor	4	Peor	2	No precisa	99

Anexo 2: Análisis de la encuesta de movilidad social (EMS)

Este estudio utiliza como fuente de datos la encuesta de movilidad social (EMS) desarrollada por el IEP y aplicada por IPSOS Apoyo durante el primer trimestre del 2012. Se trató de una encuesta representativa a escala nacional que puede ser desagregada por ámbito (urbano/rural) y estratos geográficos. La muestra estuvo conformada por 2500 personas de 18 años y más, entre las que se cuenta un 20% (n= 499) de jóvenes de 18 a 24 años.

La virtud de la EMS, en comparación con otras fuentes disponibles, es que además de recoger información sobre los hogares, reúne datos sobre sus miembros, sobre las condiciones educativas y laborales de la generación anterior (los padres) —lo que permite afinar el conocimiento sobre la procedencia social de los jóvenes encuestados— y sobre la situación del encuestado en tiempos pasados (cinco o diez años atrás).

A continuación se organizan los cuadros en siete categorías: 1) situación familiar; 2) condiciones de vida y percepción de bienestar y estatus; 3) expectativas y percepciones de movilidad; 4) logro y situación educativa; 5) situación laboral; 6) patrones de consumo; y 7) política y nociones de democracia.

1. Situación familiar

Para conocer la situación familiar de los jóvenes, se toman como referencia tres indicadores proporcionados por la EMS: la relación con el jefe de hogar, el estado civil del encuestado y su condición de paternidad/maternidad (si tiene o no hijos).

Cuadro 1
Situación familiar de los jóvenes

Relación con el jefe de hogar	
En relación de dependencia [1]	62
En situación de autonomía familiar [2]	30
Otro	8
Total	100
Estado civil	
Soltero (a)	73
Conviviente, casado(a)	26
Separado(a), viudo(a)	2
No precisa	0
Total	100
Paternidad, maternidad	
Sí tiene hijos	29
No tiene	71
Total	100
n: 499.	

Fuente: IEP-EMS 2012.
[1] Hijo/a, nieto/a, yerno/nuera.
[2] Jefe/a, cónyuge, compañero/a.

Cuadro 2
SITUACIÓN FAMILIAR DE LOS JÓVENES POR SEXO SEGÚN ÁREA

	Hombre/ Urbano	**Hombre/ Rural**	**Mujer/ Urbana**	**Mujer/ Rural**
Relación con el jefe de hogar				
En relación de dependencia [(1)]	70	53	61	50
En situación de autonomía familiar [(2)]	20	37	32	47
Otro (hermano, otro pariente)	10	10	8	3
Total	100	100	100	100
Estado civil				
Soltero (a)	86	77	66	47
Conviviente, casado(a)	13	22	31	52
Separado(a), viudo(a)	1		3	2
No precisa		2		
Total	100	100	100	100
Paternidad, maternidad				
Sí tiene hijos	14	22	37	53
No tiene	86	78	63	47
Total	100	100	100	100
n: 499.				

Fuente: IEP-EMS 2012.
[(1)] Hijo/a, nieto/a, yerno/nuera.
[(2)] Jefe/a, cónyuge, compañero/a.

Gráfico 1
SITUACIÓN FAMILIAR DE LOS JÓVENES POR SEXO SEGÚN ÁREA

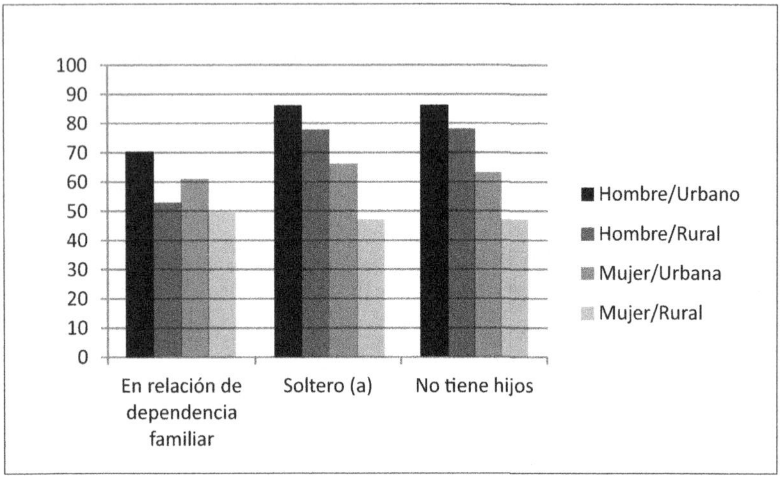

Fuente: IEP-EMS 2012.

Cuadro 3a
SITUACIÓN FAMILIAR DE LOS JÓVENES POR SEXO Y POR ÁREA

	TOTAL	Sexo		Área	
		Hombre	Mujer	Urbano	Rural
Relación con el jefe de hogar					
En relación de dependencia [1]	62	67	58	66	51
En situación de autonomía familiar [2]	30	24	35	26	42
Otro (hermano, otro pariente)	8	10	7	9	6
Total	100	100	100	100	100
Estado civil					
Soltero (a)	73	84	62	76	60
Conviviente, casado(a)	26	15	36	22	38
Separado(a), viudo(a)	2	1	3	2	1
No precisa	0	0			1
Total	100	100	100	100	100

	TOTAL	Sexo		Área	
		Hombre	Mujer	Urbano	Rural
Paternidad, maternidad					
Sí tiene hijos	29	16	41	26	39
No tiene	71	84	59	74	61
Total	100	100	100	100	100

Fuente: IEP-EMS 2012.
(1) Hijo/a, nieto/a, yerno/nuera.
(2) Jefe/a, cónyuge, compañero/a.

Cuadro 3b

NIVEL EDUCATIVO DE LOS JÓVENES POR SEXO SEGÚN ÁREA

Nivel educativo	Hombre/ Urbano	Hombre/ Rural	Mujer/ Urbana	Mujer/ Rural
Primaria	4	22	3	27
Secundaria incompleta	10	18	16	22
Secundaria completa	40	47	31	37
Más que secundaria	47	14	50	15
Total	100	100	100	100
Años promedio de educación	**12,0**	**10,0**	**12,1**	**9,4**
Mediana	**11,0**	**11,0**	**12,0**	**11,0**

Fuente: IEP-EMS 2012.

Cuadro 3c

COMPARACIÓN DE AÑOS PROMEDIO DE EDUCACIÓN DE JÓVENES, PADRES Y MADRES: DIMENSIÓN DEL CAMBIO

	(a)	(b)	(c)	Cambios /incremento	
	Joven	**Padre**	**Madre**	**a - b**	**a - c**
Hombre urbano	12,0	10,9	9,8	1,1	2,2
Hombre rural	10,0	6,2	4,2	3,8	5,8
Mujer urbana	12,1	10,3	9,2	1,8	2,9
Mujer rural	9,4	5,4	3,6	4,0	5,8

Fuente: IEP-EMS 2012.

2. Condiciones de vida

A continuación se presenta la información que proporciona la EMS de cuatro temas diversos que ofrecen una visión de conjunto sobre las condiciones de vida y las preferencias y percepciones de los jóvenes urbanos: la vivienda; la tenencia de otros bienes; el ingreso familiar; y la percepción de bienestar y de estatus.

a) La vivienda: propiedad, materiales, servicios y equipamiento

Cuadro 4

Condiciones de posesión de la vivienda[1]

Propia, totalmente pagada	65
Propia, la continúo pagando a plazos	4
Alquilada	19
Usada con autorización del propietario, sin pago	11
Ocupada de hecho (invasión)	2
Total	100
n: 388.	

Fuente: IEP-EMS 2012.

[1] P28. La vivienda que ocupa actualmente es...

Cuadro 5

Origen/procedencia de la vivienda propia[1]

La construyó usted mismo/su familia	70
La heredaron/recibieron en traspaso de algún familiar	11
La compraron habiendo tenido un dueño anterior	10
La compraron nueva/de estreno	4
Otros	0
No precisa	4
Total	100
n: 268.	

Fuente: IEP-EMS 2012.

[1] P29. ¿Y esta vivienda...?

Cuadro 6
MATERIAL DE LA VIVIENDA

Material predominante en las paredes exteriores de la vivienda donde habita	
Ladrillo revestido de concreto/cemento	39
Adobe/quincha	19
Ladrillo revestido y pintado/enchapado	21
Ladrillo sin revestir	13
Triplay/madera	4
Madera prensada (fibra-block)	3
Estera/cartón	1
Calamina	1
Total	100
Material predominante en los techos de la vivienda donde habita	
Calamina/Eternit	36
Techo de concreto/cemento	34
Techo armado/revestido/pintado	20
Adobe/quincha	4
Estera/cartón/ plástico/triplay	3
Madera/techo aligerado/prefabricado	3
Total	100
n: 388.	

Fuente: IEP-EMS 2012.

Cuadro 7

SERVICIOS Y BIENES DEL HOGAR: PRESENTE Y PASADO

	Actualmente el hogar posee... en funcionamiento (%)	Hace diez años el hogar donde habitaba contaba con... (%)
Servicios básicos		
Agua potable	91	78
Electricidad dentro de la casa	99	85
Baño dentro de la casa	88	74
Ducha/Tina con agua caliente	54	40
Bienes de uso doméstico		
Cocina de gas o eléctrica	90	64
Refrigeradora/congeladora	65	s. d.
Microondas	32	s. d.
Lavadora	32	14
Secadora	11	5
Equipo/servicio de comunicaciones		
Televisor a color LCD/Plasma/ LED	30	2
Televisor a color convencional	87	70
Televisión con cable	46	15
Computadora o laptop	49	s. d.
Tablet	4	0
Teléfono fijo	45	s. d.
Celular	90	24
Conexión a internet	30	4
Otros bienes		
Automóvil	13	8
n: 388.		

Fuente: IEP-EMS 2012.

b) Tenencia de otros bienes

Cuadro 8

Posesión de otros bienes: presente[1] y pasado[2]

	Posee actualmente	Poseían hace 10 años
Algún terreno agrícola/fundo/chacra	21	21
Animales (vacas, caballos, cerdos, etc.)	12	15
Alguna vivienda particular en zona urbana (segunda vivienda)	9	6
Algún terreno en zona urbana	9	6
Algún establecimiento para negocio	8	6
Alguna vivienda de playa o campo	6	5
Tractor, otra maquinaria o equipo agrícola	2	1
n: 388.		

Fuente: IEP-EMS 2012.

(1) P40. ¿Puede decirme si aparte de su vivienda, usted o algún miembro de su hogar (si vive con ellos) actualmente poseen…?

(2) P41. ¿Y hace diez años usted o algún miembro de su hogar poseía aparte de su vivienda…?

c) Ingreso familiar

Cuadro 9

Percepción sobre el ingreso familiar[1]

Les alcanza bien, pueden ahorrar	15
Les alcanza justo, sin grandes dificultades	44
No les alcanza, tienen dificultades	34
No les alcanza, tienen grandes dificultades	6
No precisa	2
Total	100
n: 388.	

Fuente: IEP-EMS 2012.

(1) P114. El ingreso que usted percibe y el total del ingreso familiar ¿le permite cubrir satisfactoriamente las necesidades de su hogar? ¿En cuál de las siguientes situaciones se encuentra usted y su familia?

Cuadro 10

Distribución de categorías de monto de ingreso mínimo requerido[1] para vivir según ingreso familiar actual

	Ingreso mínimo requerido				
Ingreso familiar actual	**Requiere un monto menor al que tiene**	**Requiere el monto que recibe**	**Requiere un monto mayor al que recibe**	**No precisa**	**Total**
Menos de 110 soles			100		100
De 110 a 230 soles			100		100
De 231 a 340 soles		7	93		100
De 341 a 450 soles		0	100		100
De 451 a 560 soles		7	93		100
De 561 a 680 soles	6	3	85	6	100
De 681 a 790 soles		0	95	5	100
De 791 a 900 soles	2	13	81	4	100
De 901 a 1010 soles	9	11	76	4	100
De 1011 a 1180 soles		4	92	4	100
De 1181 a 1350 soles	12	12	76		100
De 1351 a 2030 soles	5	41	45	9	100
De 2031 a 2700 soles	25	38	38		100
De 2701 a 3380 soles		22	78		100
De 3381 a 4050 soles	13	25	38	25	100
Más de 4050 soles		75		25	100
n: 388.					

Fuente: IEP-EMS 2012.

(1) P115. ¿Cuánto sería el monto mínimo mensual que requiere su hogar para vivir?

d) Percepción de bienestar y estatus

Cuadro 11

Percepción de bienestar: presente(1) y pasado(2)

	Ubicación actual	Hace 5 años
Valores de 0 (la peor vida posible) a 4	20	44
Valor 5	23	22
Valores de 6 a 10 (la mejor vida posible)	56	34
No precisa	1	0
Total	100	100
n: 388.		

Fuente: IEP-EMS 2012.
(1) P149. ¿En qué escalón de la escalera se siente usted en estos momentos? Por favor escoja el escalón que mejor represente su opinión.
(2) P150. ¿En qué escalón diría usted que se encontraba hace cinco años, es decir, en el 2007?

Cuadro 12

Percepción de estatus en el contexto de su localidad: presente(1) y pasado(2)

	Ubicación actual	Hace diez años
Hogares más pobres (1)	3	6
... (2)	5	13
... (3)	13	25
... (4)	21	25
... (5)	29	17
... (6)	18	5
... (7)	8	4
... (8)	1	2
... (9)	0	1
Hogares más ricos (10)	0	1
No precisa	1	1
Total	100	100

n: 388.

Fuente: IEP-EMS 2012.
(1) P46. Comparando su hogar con todos los hogares de su ciudad o pueblo, en una escala de 1 a 10, en la que 1 son los hogares más pobres y 10 son los más ricos, ¿dónde pondría ACTUALMENTE a su hogar?
(2) P47. Comparando su hogar con todos los hogares de su ciudad o pueblo, en una escala de 1 a 10, en la que 1 son los hogares más pobres y 10 son los más ricos, ¿dónde pondría a su hogar HACE DIEZ AÑOS?

Gráfico 2
PERCEPCIÓN DE ESTATUS: COMPARACIÓN CON LOS HOGARES DE SU LOCALIDAD

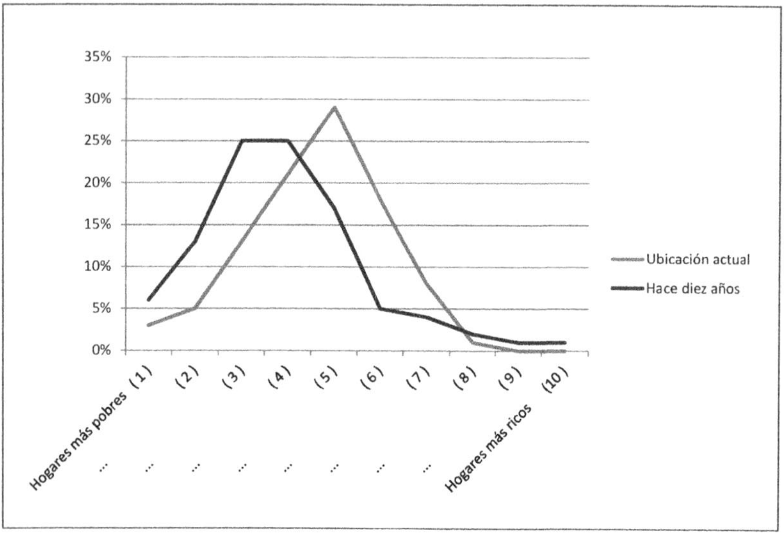

Fuente: IEP-EMS 2012.

Cuadro 13
PERCEPCIÓN DE ESTATUS EN EL CONTEXTO NACIONAL: PRESENTE[1] Y PASADO[2]

	Ubicación actual	Hace diez años
Hogares más pobres (1)	3	9
... (2)	9	14
... (3)	17	24
... (4)	19	20
... (5)	25	18
... (6)	18	6
... (7)	6	4
... (8)	2	2
... (9)	0	1
Hogares más ricos (10)	0	0
No precisa	1	2
Total	100	100

n: 388.

Fuente: IEP-EMS 2012.
(1) P48. Comparando su hogar con todos los hogares de PERÚ, en una escala de 1 a 10, en la que 1 son los hogares más pobres y 10 son los más ricos, ¿dónde pondría ACTUALMENTE a su hogar?
(2) P49. Comparando su hogar con todos los hogares de PERÚ, en una escala de 1 a 10, en la que 1 son los hogares más pobres y 10 son los más ricos, ¿dónde pondría a su hogar HACE DIEZ AÑOS?

Gráfico 3
PERCEPCIÓN DE ESTATUS: COMPARACIÓN CON LOS HOGARES DEL PAÍS

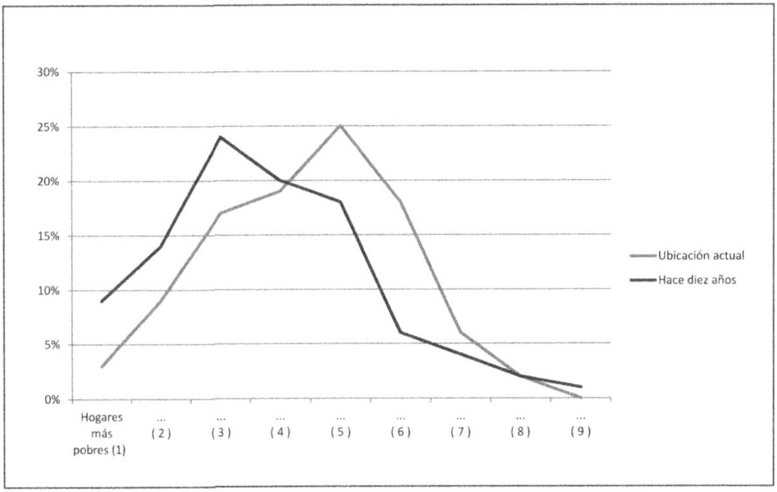

Fuente: IEP-EMS 2012.

3. Expectativas y percepciones de movilidad

En esta sección se presentan los cuadros que comparan el nivel de vida entre generaciones, los principales factores identificados por los jóvenes para salir adelante en la vida y los factores de éxito económico.

Cuadro 14

Comparación de su nivel de vida con el de sus padres y el de sus hijos

	Su nivel de vida en comparación con el de sus padres[1]	**El nivel de vida de sus hijos comparado con el suyo**[2]
Mucho peor		0
Peor	7	2
Igual	18	5
Mejor	54	47
Mucho mejor	17	39
No precisa	5	7
Total	100	100
n: 388.		

Fuente: IEP-EMS 2012.

[1] P169. Si usted se compara con sus padres cuando ellos tenían la edad que tiene usted ahora, ¿le parece que su nivel de vida, comparado con el de ellos, es...?

[2] P170. Comparado con su nivel de vida actual, ¿cree que el nivel de vida que alcancen sus hijos cuando tengan la edad que usted tiene ahora será...?

Cuadro 15

Factores para salir adelante en la vida

	Acuerdo	**Desacuerdo**	**No precisa**	**Total**
P165. Para triunfar en la vida es necesario venir de una familia con dinero	21	77	3	100
P166. Hoy en día, para salir adelante en el Perú hay que ser corrupto	25	72	3	100

n: 388.

Fuente: IEP-EMS 2012.

Cuadro 16
FACTORES DE ÉXITO ECONÓMICO[1]

	1°	2°
Esfuerzo personal	42	24
Una buena educación	33	26
Trabajo responsable	11	19
Contactos o conocidos	2	7
Suerte	1	2
La ayuda del Estado	1	4
Tener una buena salud	7	13
Tener una familia que ayude	4	6
Total	100	100
n: 388.		

Fuente: IEP-EMS 2012.
[1] P161/P162. ¿Qué factores cree usted que son los más importantes para tener éxito económico en la vida?

4. Logro y situación educativa

En la EMS se indagó sobre el máximo año de estudios aprobado por el encuestado, así como por su padre y su madre. Con esta información se ha procesado el nivel educativo alcanzado, considerando las siguientes categorías: ningún nivel (0 años); primaria (1 a 6 años); secundaria incompleta (7 a 10 años); secundaria completa (11 años), y más que secundaria (12 a más años de estudio). Adicionalmente, se calculan como estadísticos de tendencia central la media y la mediana de años de educación.

Cuadro 17

Nivel educativo de los jóvenes por área

	Área		Total
Nivel educativo	**Urbana**	**Rural**	
Primaria	3	24	8
Secundaria incompleta	13	20	14
Secundaria completa	35	41	37
Más que secundaria	49	14	41
Total	100	100	100
Años promedio de educación	**12,1**	**9,7**	**11,5**
Mediana	**11,0**	**11,0**	**11,0**

Fuente: IEP-EMS 2012.

Cuadro 18

Comparación de años promedio de educación de jóvenes, padres y madres: dimensión del cambio

	(a)	(b)	(c)	**Cambios / incremento**	
	Joven	**Padre**	**Madre**	**a - b**	**a - c**
Hombre urbano	12,0	10,9	9,8	1,1	2,2
Hombre rural	10,0	6,2	4,2	3,8	5,8
Mujer urbana	12,1	10,3	9,2	1,8	2,9
Mujer rural	9,4	5,4	3,6	4,0	5,8

Fuente: IEP-EMS 2012.

5. Situación laboral

A continuación se presenta la situación laboral de los jóvenes a partir de la actividad desarrollada durante la semana anterior a la encuesta, el tipo de actividad realizada y las redes de apoyo para conseguir trabajo, según zona de residencia.

Cuadro 19

Actividad desarrollada por los jóvenes durante la semana anterior a la encuesta según área

	Área		Total
	Urbana	**Rural**	
Trabajando por algún ingreso	36	44	38
No trabajó pero tenía trabajo	2	2	2
Estudiando y trabajando	8	2	6
Ayudando a un familiar sin pago alguno	3	5	3
Total trabaja o tiene trabajo	**48**	**52**	**49**
Buscando trabajo, habiendo trabajado antes	3	1	3
Buscando trabajo por primera vez	1		1
Total busca trabajo	**4**	**1**	**4**
Estuvo al cuidado de su hogar y no trabajó	**22**	**33**	**24**
Estudiando y no trabajó	**26**	**13**	**23**
Otros		1	0
Total	100	100	100

Fuente: IEP-EMS 2012.

Cuadro 20

Actividad desarrollada por los jóvenes durante la semana anterior a la encuesta por sexo según área

	Hombre/ Urbano	**Hombre/ Rural**	**Mujer/ Urbana**	**Mujer/ Rural**
Trabajando por algún ingreso	53	71	20	22
No trabajó pero tenía trabajo	2	2	2	2
Estudiando y trabajando	10	2	6	2
Ayudando a un familiar sin pago alguno	4	4	2	5
Total trabaja o tiene trabajo	**68**	**78**	**29**	**30**

va...

...viene

	Hombre/ Urbano	Hombre/ Rural	Mujer/ Urbana	Mujer/ Rural
Buscando trabajo, habiendo trabajado antes	3		3	2
Buscando trabajo por primera vez	1		1	
Total busca trabajo	**4**		**4**	**2**
Estuvo al cuidado de su hogar y no trabajó	**4**	**6**	**39**	**57**
Estudiando y no trabajó	**24**	**16**	**28**	**10**
Otros				2
Total	100	100	100	100

Fuente: IEP-EMS 2012.

Cuadro 21

P95. En su trabajo principal, usted trabaja como...

	Urbano	Rural	Total
Empleador o patrono (dueño o socio)	3	2	3
Trabajador independiente (por cuenta propia)	35	62	41
Empleado del sector privado	31	8	25
Empleado del sector público	6	4	6
Obrero del sector privado	19	21	20
Obrero del sector público	3	2	3
Trabajador del hogar	2	2	2
No precisa	1		1
Total	100	100	100
n: 230.			

Fuente: IEP-EMS 2012.

Cuadro 22

P98. Además de su propio esfuerzo, ¿de quién/es recibió información o ayuda para conseguir ese trabajo?

	Urbano	Rural	Total
Un miembro de su hogar	25	34	27
Un familiar cercano, pero que no vive en el hogar	19	11	17
Un familiar lejano	2	2	2
Un amigo cercano	19	9	17
Un amigo lejano o conocido	6	8	6
Vecinos	1	2	1
Otros	3		4
Nadie	23	32	25
No precisa	1	2	1
Total	100	100	100
n: 230.			

Fuente: IEP-EMS 2012.

Cuadro 23

Actividad desarrollada por los jóvenes durante la semana anterior a la encuesta por sexo según área

	Sexo		Área	
	Hombres	**Mujeres**	**Urbana**	**Rural**
Trabajando por algún ingreso	57	21	36	44
No trabajó pero tenía trabajo	2	2	2	2
Estudiando y trabajando	8	5	8	2
Ayudando a un familiar sin pago alguno	4	2	3	5
Total trabaja o tiene trabajo	**70**	**29**	**48**	**52**
Buscando trabajo, habiendo trabajado antes	3	3	3	1
Buscando trabajo por primera vez	0	1	1	
Total busca trabajo	**3**	**4**	**4**	**1**
Estuvo al cuidado de su hogar y no trabajó	**4**	**43**	**22**	**33**
Estudiando y no trabajó	**23**	**24**	**26**	**13**
Otros		0		1
Total	100	100	100	100

Fuente: IEP – EMS 2012

6. Patrones de consumo

A continuación se presenta la información que da cuenta de las actividades de esparcimiento en las que participan los encuestados, de su acceso a recursos de comunicación, como internet, y a los medios de información.

Cuadro 24
Actividades que realiza en su tiempo libre: frecuencia

	Con frecuencia*	Una vez al mes	Muy ocasionalmente	Nunca	No precisa	Total
Conversar con los vecinos	52	4	31	11	1	100
Visitar a un familiar	42	22	30	5		100
Reunirse con amigos en una casa	41	10	32	16	1	100
Practicar algún deporte/Ir al gimnasio	39	7	22	31	1	100
Ir a un restaurante/café	35	17	28	19	1	100
Ir a un espectáculo deportivo	27	11	32	30	1	100
Ir a un karaoke/discoteca	19	15	29	35	1	100
Ir al cine/teatro	15	11	28	44	2	100
Ir a un espectáculo artístico/folclórico	9	14	35	41	1	100
Ir a una pollada, frejolada, chicharronada o actividad similar	6	7	42	43	1	100
Ir a una peña criolla	3	5	18	72	2	100
Ir a una fiesta patronal/provincial	2	6	44	47	1	100

n: 388.

* Por lo menos cada quince días.
Fuente: IEP-EMS 2012.

Cuadro 25

USO DE INTERNET, FRECUENCIA Y LUGAR

Ha usado alguna vez internet[1]	
Sí	85
No	15
Total	100
n: 388.	

Frecuencia con que se conecta[2]	
Ocasionalmente	12
Una vez al mes	4
Cada 15 días	5
Un día por semana	8
Dos días por semana	12
De 3 a 4 días por semana	15
De 5 a 6 días por semana	7
Todos los días de la semana	36
No precisa	1
Total	100
n: 329.	

Lugar desde donde se conecta[3]	
En una cabina pública	59
En la casa	33
En el trabajo	2
En el centro de estudios	2
En casa de amigos o familiares	2
Otros	1
No precisa	2
Total	100
n: 329.	

Fuente: IEP-EMS 2012.

[1] P69. ¿Ha usado usted mismo alguna vez internet, ya sea para enviar/recibir e-mails, para navegar o por algún otro motivo o no?

[2] P70. ¿Con qué frecuencia se conecta a internet?

[3] P71. ¿Y en qué lugar se conecta a internet con mayor frecuencia?

Cuadro 26

ACCESO A MEDIOS DE COMUNICACIÓN: PRENSA

	Ve televisión de señal abierta	Ve televisión por cable	Escucha radio	Lee diarios	Lee revistas
Todos los días de la semana	69	40	58	20	3
De 5 a 6 días por semana	5	3	6	4	2
De 3 a 4 días por semana	6	4	9	12	1
Dos días por semana	4	2	5	12	3
Un día por semana	2	4	5	14	8
Cada 15 días	1	1	1	2	3
Una vez al mes	1	2	1	2	5
Ocasionalmente	9	14	11	23	31
Nunca	4	30	5	10	42
No precisa	1	1	0	1	1
Total	100	100	100	100	100
n: 388.					

Fuente: IEP-EMS 2012.

7. Política y nociones de democracia

Cuadro 27

EXPERIENCIA ORGANIZATIVA DEL ENCUESTADO: PARTICIPACIÓN[1]

Tipo de organización	% que participa
Grupo religioso	14
Grupo de jóvenes	11
Asociación deportiva	8
Junta de vecinos	5
Grupo político	2
Organización de mujeres	2
APAFA	1
n: 388.	

Fuente: IEP-EMS 2012.

[1] P51. ¿Usted o alguien de su hogar participa en alguna organización o asociación como...?

Cuadro 28
Grado de interés en la política[(1)]

Nada	31
Poco	40
Algo	22
Mucho	6
No precisa	0
Total	100
n: 388.	

Fuente: IEP-EMS 2012.
[(1)] P72. ¿Qué tanto interés tiene usted en la política: mucho, algo, poco o nada?

Cuadro 29
P73. ¿Con cuál de las siguientes frases está usted más de acuerdo?

A la gente como uno, le da lo mismo un régimen democrático que uno no democrático	18
La democracia es preferible a cualquier otra forma de gobierno	55
En algunas circunstancias un gobierno autoritario puede ser preferible a uno democrático	16
No precisa	11
Total	100
n: 388.	

Fuente: IEP-EMS 2012.

Cuadro 30

P74. ¿Cree usted que en nuestro país hace falta un gobierno de mano dura, o cree que los problemas pueden resolverse con la participación de todos?

Mano dura	36
Participación de todos	60
No precisa	4
Total	100
n: 388.	

Fuente: IEP-EMS 2012.

Cuadro 31

P88/P89. ¿Por quién votó en las elecciones presidenciales?

	1ª vuelta	2ª vuelta
Ollanta Humala por Gana Perú	28	40
Keiko Fujimori por Fuerza 2011	22	31
Pedro Pablo Kuczynski por Alianza por el Gran Cambio	16	
Alejandro Toledo por Perú Posible	5	
Luis Castañeda por Solidaridad Nacional	4	
Juliana Reymer por Fuerza Nacional	0	
José Ñique de la Puente por Fonavistas del Perú	0	
Blanco/viciado	4	8
No votó	20	20
No precisa	2	1
Total	100	100
n: 388.		

Fuente: IEP-EMS 2012.

Cuadro 32

Las diferencias como fuente de conflicto. ¿En qué medida las diferencias como las siguientes tienden a generar conflictos entre la gente de su vecindario/comunidad?

	Nada/ Poco	Algo	Mucho	No precisa	Total
Diferencias en niveles educativos	67	21	10	1	100
Diferencias en riqueza (bienes materiales)	69	21	9	1	100
Diferencias por inmuebles, propiedades, terrenos o tierras	73	16	7	3	100
Diferencias en ideas políticas	72	16	8	3	100
Diferencias en creencias religiosas	76	15	7	2	100
Diferencias de origen étnico/raza	85	9	5	2	100

n: 388.

Fuente: IEP-EMS 2012.

Gráfico 4

¿En qué medida las diferencias como las siguientes tienden a generar conflictos entre la gente de su vecindario / comunidad?

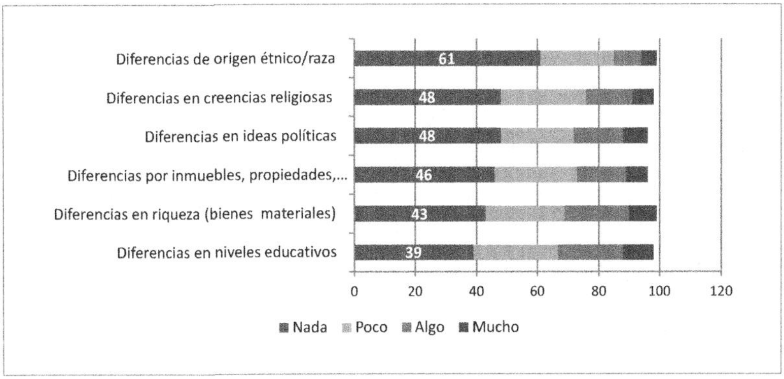

Fuente: IEP-EMS 2012.

Cuadro 33

Opiniones sobre desigualdad

	Acuerdo	Desacuerdo	No precisa	Total
P163. En el Perú las diferencias entre ricos y pobres son demasiado grandes	82	16	1	100
P 164. Es responsabilidad del Estado reducir las diferencias entre ricos y pobres	66	29	5	100
P167. En el Perú la desigualdad sigue existiendo porque beneficia a los ricos y poderosos	73	24	3	100
P168. Para que haya desarrollo económico es necesario que algunas personas ganen mucho más que otras	31	63	6	100

n: 388.

Fuente: IEP-EMS 2012.

Cuadro 34

Grado de confianza en las instituciones*

	Muy baja/ Baja	Media	Alta/ Muy alta	No precisa	Total
Instituciones	1 a 3	4	5 a 7		
Iglesia católica	31	16	52	1	100
Medios de comunicación	28	28	42	1	100
El Presidente	43	22	35	0	100
Fuerzas Armadas	47	23	30	2	100
Jurado Nacional de Elecciones	46	23	28	2	100
Las elecciones	43	26	28	2	100
Su municipalidad	48	24	25	2	100
Su gobierno regional (n: 270)	56	20	20	3	100
Policía Nacional	60	19	20	1	100
Sistema de justicia	63	24	11	2	100
Congreso de la República	71	17	11	1	100
Partidos políticos	72	16	10	1	100

* P75. ¿Hasta qué punto tiene confianza en...?

n: 388.

Fuente: IEP-EMS 2012.

Cuadro 35

P83. ¿Hasta qué punto siente usted orgullo de ser peruano(a)?

Nada	(1)	1
...	(2)	1
...	(3)	1
...	(4)	3
...	(5)	10
...	(6)	16
Mucho	(7)	67
No precisa		0
Total		100
n: 388.		

Fuente: IEP-EMS 2012.

Gráfico 5

Grado de confianza de las instituciones

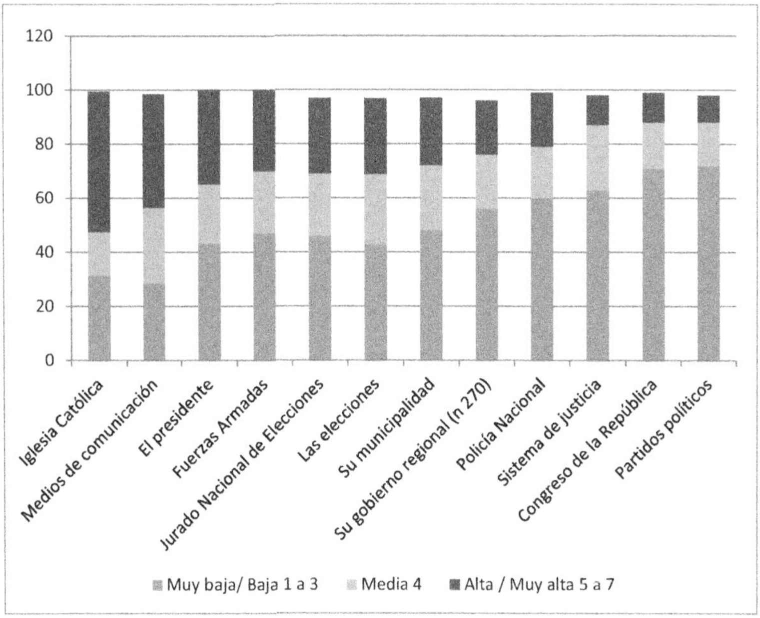

Fuente: IEP-EMS 2012.

Gráfico 6

ORGULLO DE SER PERUANO

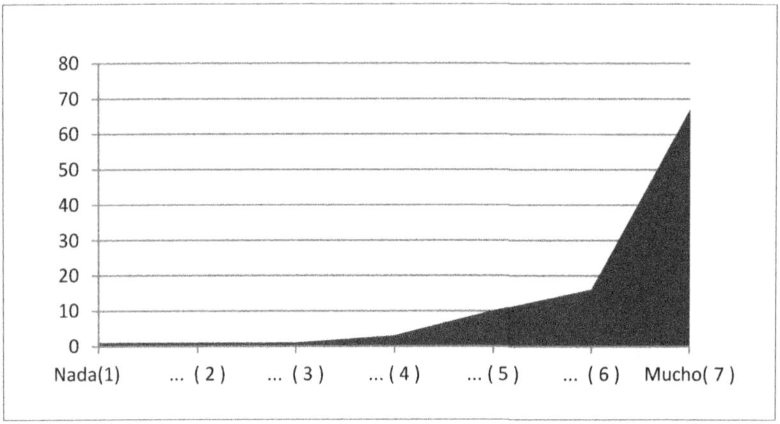

Fuente: IEP-EMS 2012.

Anexo 3. Información complementaria de los casos

A continuación presentamos la caracterización de cada uno de los casos según su ocupación principal, en la que se ve que los jóvenes que solo estudian (grupo 1) y los que no estudian ni trabajan (grupo 4), eventualmente también realizan actividades que les generan ingresos. Asimismo, se presentan dos cuadros resúmenes con las trayectorias laborales de los jóvenes estudiados y de sus p/madres.

Grupo 1: jóvenes que estudian

Caso 1: JUAN DIEGO

Juan Diego tiene 23 años, nació en Lima, vive en el Rímac y es el tercero de tres hermanos de padre y madre. Su ocupación principal es el estudio; actualmente está terminando la carrera de ingeniería geológica en la Universidad Nacional Mayor de San Marcos (UNMSM), institución a la que ingresó luego de postular tres veces. Su pasión es el deporte y una de sus actividades principales es jugar vóley en el equipo de su universidad. Juan Diego no trabaja en la actualidad, se dedica exclusivamente a sus estudios, que complementa con cursos de computación e inglés que considera importantes para su futuro laboral. Recibe semanalmente 50 soles para sus gastos de movilidad, alimentación y materiales de la universidad, entre otros. Adicionalmente, sus hermanos suelen darle propinas para los fines de semana.

Juan Diego vive en una casa propia de cuatro pisos. En los dos primeros pisos residen sus tíos y su abuelo paterno; el tercer y cuarto piso pertenecen a la familia de Juan Diego y tienen entrada independiente. En el hogar de Juan Diego viven: su padre (64 años), su madre (52 años), su hermano (30 años) y su hermana (29 años). Durante el estudio, la hermana se casó y se fue a vivir con su esposo.

Su padre es oriundo de Cajamarca y actualmente está jubilado de la Policía, en donde ejercía un puesto administrativo. Su madre, nacida en Lima, trabaja todavía como secretaria en la Municipalidad de Comas. El padre estudió economía en la universidad privada San Martín de Porres (USMP), y su madre secretariado en un instituto técnico privado. Su hermano es geólogo, graduado de la UNMSM, y trabaja en una empresa de geotecnia. Su hermana, graduada de esa misma universidad, es sicóloga y trabaja en un colegio privado en San Juan de Lurigancho.

De acuerdo con las ocupaciones de los miembros de la familia, las visitas y entrevistas realizadas, se calcula que el ingreso del hogar, que incluye los aportes de los padres y del hermano mayor de Juan Diego, supera los 4050 soles (alrededor de 6000 soles). Los padres solventan los gastos personales y los estudios de Juan Diego.

Los miembros de la familia muestran una autopercepción de movilidad ascendente respecto de su trayectoria familiar, y esto se explicaría en gran medida porque todos los hijos son universitarios y los dos mayores, que ya culminaron sus estudios, tienen buenos empleos y trabajan como profesionales en áreas vinculadas a lo que estudiaron. Asimismo, Juan Diego —no fue posible entrevistar a sus padres— no identifica mayores barreras ni dificultades en el desarrollo de sus aspiraciones.

Caso 2: MARJORIE

Marjorie tiene 23 años, nació en Lima, vive en el Rímac y es la segunda de dos hermanos. Actualmente se encuentra terminando sus estudios de historia en la Universidad Nacional Mayor de San Marcos, institución a la que ingresó después de postular dos veces. Además de sus estudios, tiene una activa vida política: ha sido militante en un partido nacional de izquierda, participa en la política universitaria como representante estudiantil, y es fundadora de un movimiento estudiantil de izquierda. Al inicio del estudio estaba en el grupo de jóvenes que solo estudiaba, pero en la actualidad trabaja por horas apoyando el fichado en una biblioteca. Esta práctica laboral está vinculada a su área de estudio y la considera una experiencia formativa, pues no requiere de ingresos para solventar la universidad.

Marjorie vive con su padre (57), su madre (57) y su hermano mayor (29) en un pequeño departamento, propiedad de la bisabuela materna. Hace algunos años, sus padres compraron un terreno en Chosica y construyeron una casa donde vive el papá y donde la familia se reúne los domingos. El departamento en el Rímac es parte de una construcción de más de 50 años de antigüedad, que reúne un conjunto de departamentos y pequeñas casas que son habitados en la actualidad por los descendientes de su abuelo y tíos abuelos maternos. Cada hogar cuenta con una entrada independiente y las familias se dividen el trabajo del mantenimiento del edificio.

Su padre, oriundo de Huarochirí, es docente nombrado de la Universidad Nacional de Educación Enrique Guzmán y Valle, "La Cantuta", y estuvo desde los 17 años involucrado en política a través de una agrupación trotskista que él mismo ayudó a formar. Su madre, nacida en Lima pero de ascendencia ancashina, terminó la universidad con dos licenciaturas: estudió primero industrias del vestido en La Cantuta, y luego trabajo social en la universidad privada San Martín de Porres (USMP). Además, realizó una maestría en problemas de aprendizaje en La Cantuta. Actualmente tiene tres trabajos: es profesora de secundaria en una escuela estatal técnica cerca de su casa en el Rímac, secretaria de posgrado en una universidad pública, y secretaria de dirección de una universidad privada. El hermano de Marjorie estudió la carrera de educación física y es profesor en un semillero de fútbol.

De acuerdo con el reporte realizado mediante la aplicación de la encuesta a Marjorie, el ingreso familiar mensual, que toma en cuenta los salarios de su madre, padre y hermano, supera los 4050 soles (aproximadamente 6500 soles).

Los miembros de la familia muestran una percepción estable de la trayectoria familiar, con tendencia a una movilidad social intergeneracional ascendente. Esto se explicaría en gran medida porque los hijos son universitarios, al igual que sus padres, pero a diferencia de la madre, no han tenido que trabajar para estudiar. Además, las aspiraciones familiares se orientan a que Marjorie supere el nivel educativo de los padres y, por ello, la madre nos dice que está ahorrando para financiar la maestría de su hija en una universidad privada de prestigio. Marjorie destaca que, siendo mujer, está en mucho mejores condiciones de desarrollarse libremente que su madre a su edad, pues cuenta con el apoyo de su familia, a diferencia de la experiencia de su madre.

Sin embargo, ciertos factores de vulnerabilidad también afectan a esta familia: en 1997, su padre fue despedido de La Cantuta por razones políticas e inhabilitado de trabajar en cualquier institución educativa de Lima, lo que lo sumió en una profunda depresión que comprometió su salud física. Quedó postrado en cama en un hospital por casi un año. Durante ese tiempo, la madre tuvo que hacerse cargo de la economía familiar, con mucho menos tiempo para supervisar la alimentación y desarrollo de los niños. Actualmente, Marjorie ha sido diagnosticada con tuberculosis, la misma enfermedad que tuvo su hermano dos años atrás. Asimismo, la vivienda que ocupan es pequeña y se encuentra en una zona de bastante contaminación.

Grupo 2: jóvenes que trabajan y no estudian

Caso 3: PAOLO

Paolo tiene 21 años, nació en Lima, vive en Villa El Salvador y es el noveno de diez hermanos de padre y el último de trece hermanos de madre. No ha terminado la secundaria. Repitió primero de secundaria cuatro veces y a los 16 años abandonó formalmente el colegio, aunque en realidad lo hizo muchos años antes (a los 12 años). A los 18 años tuvo un hijo. Actualmente, alquila un cuarto con su pareja e hijo y trabaja a destajo en una carpintería. Vuelve por periodos a casa de su madre, cuando pelea con la mujer con quien vive.

Paolo nació producto de una violación cometida por su padre a una vecina que venía por horas a lavar la ropa en su casa. Su madre biológica lo entregó al padre y su esposa, quienes lo reconocieron y lo criaron. Por tanto, en general, cuando nos referimos a la madre de Paolo nos referimos a la de crianza, quien es, además, legalmente la madre.

A los siete años, durante una pelea con sus hermanas mayores, Paolo descubrió de manera violenta quién era su verdadera madre. Desde entonces, mantiene una relación de amor-odio con sus hermanas, y ellas oscilan entre tratarlo de manera hostil y ayudarlo. La madre biológica de Paolo continúa viviendo en el barrio y es analfabeta; su relación con ella es cordial pero distante. Paolo se siente más cercano a su madre con la que ha vivido y a los hermanos con los que ha crecido. Sus padres se separaron luego de haber soportado la madre muchos años, las infidelidades y el maltrato físico y sicológico del padre.

Desde los 12 años, Paolo estuvo involucrado en pandillas juveniles y actividades ilícitas (violencia callejera, robo de viviendas, consumo dependiente de drogas). Ello deterioró aún más la relación con sus hermanas, debido a que derivó en el hurto de objetos de valor que les pertenecían a ellas y a su madre, quien mantiene una actitud protectora incondicional con él.

Actualmente, Paolo está tratando de dejar la delincuencia y trabaja a destajo en un taller de carpintería de su medio hermano por el lado de su madre biológica. Complementa esta actividad con otros cachuelos, entre ellos ocasionalmente volver a robar. Alterna viviendas en el mismo distrito; una es un cuarto que alquila con su pareja y la otra es la casa propia de origen. Al inicio del estudio vivía con su pareja y su hijo de cuatro años. Sin embargo, debido a pleitos, se mudó al poco tiempo a casa de su madre, quien lo apoya en el cuidado y manutención de su hijo. La mayoría del tiempo del seguimiento del caso ha permanecido ahí, pero hace pocos meses volvió por un breve tiempo con su pareja.

La casa de su madre es propia, tiene tres pisos y está construida de material noble. Ahí viven dos de sus hermanas (de 32 y 28 años, respectivamente) y un hermano (30) que está diagnosticado con autismo y que requiere de atención especial, para lo que cuentan con una persona contratada.

El padre de Paolo, oriundo de la comunidad de Simbal, en Trujillo, hizo estudios superiores e inició un negocio de boticas en el distrito, del que fue pionero. Llegó a tener cinco boticas en distintas zonas. La madre (61 años), oriunda de Jauja, migró a Lima a los 12 años, trabajó como empleada doméstica y no terminó la secundaria. Ya casada, y en paralelo al apoyo de las farmacias de su esposo, mantenía un negocio propio de tejido de chompas. La pareja tuvo nueve hijos y el padre tuvo dos hijos más con otras dos mujeres, quienes abandonaron a los niños al nacer, por lo que fueron criados por la esposa. Paolo es el último de ellos.[1]

Los padres de Paolo están separados hace varios años y cada uno vive en una vivienda propia de material noble en el mismo barrio. Actualmente, la madre se encarga de administrar una de las farmacias que está a nombre de una de sus hijas. Según Paolo, su padre alquila espacios en el interior de sus negocios donde se practican abortos clandestinos, y mantiene alianzas de corrupción con miembros de la Policía de su barrio que lo protegen de cualquier problema.

De acuerdo con la encuesta aplicada, el ingreso familiar mensual, que incluye los ingresos de la madre (farmacia) y de las dos hermanas mayores (negocio de computadoras), se ubica en el rango de los 2701 y 3380 soles.

En esta familia tan numerosa hay distintas trayectorias, algunas más exitosas que otras, a pesar de haber crecido Paolo y sus hermanos en un entorno violento, en el que para salir adelante, han tenido que vérselas por sí mismos. Destaca el gran sentido de emprendimiento, tanto de la madre (quien migró y logró salir adelante, a pesar de no tener secundaria completa), como de los hermanos y hermanas por el lado paterno. Todos estos hermanos han logrado terminar su secundaria, y de ellos, dos hermanas y un hermano han conseguido acceder

1. Hermano mayor (41 años, educación superior técnica, contador); hermana segunda (39 años, educación superior técnica, secretaria); hermana tercera (37 años, secundaria completa); hermana cuarta (34 años, secundaria completa); hermana quinta (32 años, secundaria completa); hermano sexto (30 años, autismo); hermana séptima (28 años, acaba de ingresar a la UNMSM); hermana octava (fallecida a los 11 años por un tumor en el brazo); hermana novena (25 años, secundaria completa); hermano décimo (23 años, secundaria completa, hijo del padre).

a estudios superiores por su cuenta, creando su negocio propio —el hermano (41 años) tiene farmacias, y las hermanas (39 y 37 años), un negocio de suministro de computadoras. En cambio, los hermanos maternos tienen más bien trayectorias ligadas al pandillaje y la delincuencia, aunque uno de ellos ha logrado superar esta situación y actualmente es propietario de la carpintería en la que Paolo trabaja. Paolo, quien creció en un contexto difícil, parece influenciado por ambas trayectorias familiares: si bien mantiene un discurso emprendedor, sus prácticas se alejan del mismo. Por tanto, Paolo parece más bien la excepción de movilidad social intergeneracional ascendente de la familia que lo crió; sin embargo, todavía cuenta con el apoyo incondicional de su madre, quien le ha ofrecido la oportunidad de ir a un colegio no escolarizado privado para terminar su secundaria. Además, a sus 21 años no todo está dicho.

Caso 4: CAROLINA

Carolina tiene 24 años, nació en Lima, vive en Magdalena y es la segunda de tres hermanos. Terminó la secundaria y postuló dos veces a la Universidad Nacional Mayor de San Marcos porque quería estudiar historia, pero no ingresó. Como alternativa a los estudios universitarios, estudió inglés como carrera corta, apoyada por sus padres, pero no la terminó. A los 20 años tuvo una crisis y le diagnosticaron esquizofrenia. Desde entonces está medicada. Luego de varias experiencias laborales de corto plazo (como vendedora, por campaña en una tienda por departamento, en un *call center*), actualmente trabaja a tiempo completo de 2 p. m. a 11 p. m., de martes a domingo, como acomodadora en la sección de textiles en una cadena de supermercados del Centro Cívico en Lima. Gana el sueldo mínimo (que es actualmente 750 soles), tiene los beneficios laborales de ley y está en ese trabajo hace ya un año y medio.

Carolina vive con su padre (63), su madre (61), una hermana (28) y un hermano (22) en una pequeña casa alquilada. Su padre, oriundo de Chincha, estudió administración en un instituto privado en Lima, donde conoció a su madre. Actualmente se dedica a las cobranzas para un estudio de abogados, luego de varios años de haber estado sumido en una depresión profunda por la pérdida de su trabajo de casi 20 años en el Banco Popular, a lo que sobrevino la pérdida total de sus ahorros en manos de CLAE.[2] Esta situación ha devenido en constantes mudanzas desde 1993. Primero se fueron por un par de años a Chincha, luego regresaron a Lima y se instalaron en Los Olivos por cinco años, en Pueblo Libre por un breve tiempo, en San Miguel y, finalmente, en Magdalena, donde ocupan una casa que en realidad es la cochera de una vivienda más grande, acondicionada para alquiler. El cambio de trabajo del padre y el incumplimiento en el pago del alquiler de las viviendas los llevaron a estas constantes mudanzas. Carolina señala que estos cambios dificultaron establecer lazos duraderos de amistad. Además, narra situaciones de maltrato en la primaria por parte de sus compañeros.

La madre nació en Lima y estudió administración en el mismo instituto que el padre. Actualmente trabaja vendiendo artesanía, que ella misma elabora, en un puesto del mercado de Magdalena. Proviene de una familia de negociantes y, tras intentar varias veces el negocio propio y construir redes para vender sus productos, no ha logrado el éxito ni la estabilidad económica. La hermana mayor estudió electrónica en un instituto técnico y en la actualidad es recepcionista en una distribuidora de electrodomésticos. El hermano menor terminó la secundaria, y luego de estudiar un tiempo inglés, lo dejó. Durante el tiempo del seguimiento del caso ha tenido trabajos temporales, por breves periodos, pero sobre todo ha permanecido sin estudiar ni trabajar.

A partir de la selección de preguntas de la EMS, el ingreso familiar mensual se ubica en el rango de los 2701 y 3380 soles, incluyendo los ingresos del padre, madre, hermana mayor y Carolina.

Esta familia ha vivido varios momentos de vulnerabilidad: en primer lugar, la situación económica de la familia se vio fuertemente afectada por la pérdida del trabajo y de los ahorros del padre en 1993; en segundo lugar, la depresión del padre y el diagnóstico de

---

2. El Centro Latinoamericano de Asesoramiento Empresarial (CLAE) es una de las estafas más recordada en el Perú de las últimas décadas. Fundado por Carlos Manrique Carreño, CLAE engañó a más de 200 mil personas ofreciendo el 100% de interés por sus ahorros, lo que terminó con la quiebra del fondo en 1993 sin que los ahorristas pudieran recuperar su dinero.

esquizofrenia de Carolina y de principios de esa misma enfermedad de su hermano, han dificultado las trayectorias educativas y laborales del padre y de los hijos. Por tanto, esta familia muestra una tendencia a la movilidad social intergeneracional descendente; sin embargo, la hija mayor sí ha accedido a la educación superior y tiene un trabajo estable, por lo que contribuye regularmente con el ingreso familiar.

Grupo 3: jóvenes que estudian y trabajan

Caso 5: GINO

Gino tiene 21 años, nació en Lima, vive en Comas y es el segundo de tres hermanos. Actualmente estudia administración y turismo en la universidad privada César Vallejo, que tiene un convenio con la cadena de cines en la que trabaja, lo que le permite pagar una pensión mensual reducida (350 soles). Gino empezó trabajando medio tiempo, pero ahora ha sido ascendido y lo hace a tiempo completo, encargado de la proyección de las películas. En la actualidad gana el sueldo mínimo (750 soles), pero al inicio del estudio trabajaba medio tiempo por medio sueldo. Su pasión es la danza folclórica, la cual practica regularmente, y hace presentaciones con un grupo de su barrio. Sostiene una relación amorosa hace medio año con una chica de su grupo de danza.

Gino vive con su padre (55), su madre (53), su hermana mayor (26) y su hermana menor (15) en el segundo piso de la casa propia de la familia del padre. La casa consta de tres pisos y cada uno corresponde a la familia de algunos de los hermanos del padre. Su padre, oriundo de Huaraz, migró a los 16 años a Lima y empezó a trabajar como obrero de fábrica. Poco a poco fue trayendo a sus hermanos a estudiar a Lima, pero él no pudo concluir su secundaria. Su madre, oriunda de Juanjui, en San Martín, migró a los 15 años y trabajó como empleada doméstica por muchos años. No tuvo la posibilidad de estudiar y solo tiene primaria completa. La hermana mayor de Gino está terminando su carrera *online* en la universidad privada Inca Garcilaso de la Vega y actualmente ocupa un puesto administrativo en la agencia de un banco privado en Los Olivos. Gracias al apoyo económico de la hermana mayor, la familia pudo construir una escalera externa e independizar el segundo piso del resto de la casa multifamiliar.

En la actualidad, la familia tiene su negocio propio, una vidriería que opera en un local alquilado que sirve como taller y tienda. El negocio brinda el servicio a domicilio en la zona, donde tiene bastantes clientes.

A partir del recojo de información, el ingreso familiar mensual, que incluye los ingresos del negocio familiar, el aporte de la hermana mayor y el de Gino, supera los 4050 soles (alrededor de 4500 soles).

La historia familiar muestra la situación de vulnerabilidad de los migrantes adolescentes, el padre y la madre de Gino, que tuvieron que abrirse paso en una ciudad que no los acogió. Asimismo, durante el tiempo del estudio, la familia tuvo dos eventos que la afectaron. A fines del año pasado, su casa sufrió un asalto —mientras todos dormían— y perdió todas las cosas de valor, en especial los artefactos eléctricos y la computadora de Gino. Además, recientemente la mamá de Gino ha estado gravemente enferma debido a un problema de vesícula que ha supuesto dos operaciones.

A pesar del robo y de la enfermedad de la madre, esta familia muestra un proceso de movilidad social intergeneracional ascendente, ya que los dos hijos mayores están estudiando en la universidad y, además, tienen trabajos formales a tiempo completo, a diferencia de sus padres que no completaron la educación básica. Asimismo, la hermana menor está terminando la secundaria y aspira a estudiar ingeniería.

Caso 6: JOSELYN

Joselyn tiene 20 años, nació en Lima, vive en Comas y es la hermana mayor de dos hijos de padre y madre, y la quinta hija de su madre. Estudia y trabaja. Está a mitad de su carrera de administración y turismo en una universidad privada de su distrito, la César Vallejo, y trabajaba hasta inicios del 2013 a medio tiempo, de lunes a sábado y en horarios mayormente nocturnos, en una cadena de cines cerca de su casa (el domingo ayuda en el restaurante familiar). Ganaba el sueldo mínimo, que por medio tiempo es de 375 soles. Desde enero del 2013, trabajó en una agencia de viajes, como coordinadora de paquetes turísticos. Este trabajo le permitió viajar por varios lugares del país, pero se manejaba informalmente y renunció al no recibir el monto pactado ni los reembolsos de gastos incurridos durante los viajes de trabajo.

Actualmente está buscando trabajo en el sector de servicios en una empresa formal y, paralelamente, se dedica a impulsar un negocio de juguería que ha puesto en el restaurante de su madre, en donde además apoya los domingos atendiendo a los clientes. Hace poco terminó su relación amorosa con un compañero de la cadena de cines, quien la engañó con otra compañera de trabajo.

Joselyn vive con su padre (57), su madre (57), su hermano menor (18) y una de sus hermanas mayores (25). Tiene en total cinco hermanos, cuatro hermanos mayores de parte de su madre, producto de una relación anterior, y uno menor de padre y madre. Tres de ellos viven independientes en pisos construidos sobre el restaurante. El hermano mayor (32) estudió industrias sanitarias en un instituto privado, y actualmente lleva cursos de especialización que combina con prácticas preprofesionales en un grupo empresarial de lácteos; además, apoya en el restaurante. La hermana mayor (30) estudió educación inicial en un instituto pedagógico privado, y en la actualidad no trabaja, está al cuidado de sus tres hijos. El tercer hermano (28) estudió mecánica automotriz en el Instituto Superior Tecnológico Público Cueto Fernandini, pero no terminó porque tuvo una hija. Ahora trabaja en una cadena de distribuidora de materiales de construcción. La hermana que vive en la casa estudia en un instituto superior técnico privado (SENATI) y trabaja en el restaurante de la familia. El hermano menor estudia industrias alimentarias en La Cantuta y no trabaja.

La familia vive repartida en dos propiedades de tres pisos, a una cuadra de distancia. En una se ubica el restaurante y en ambas ofrecen en alquiler cuartos (poseen un total de 15 cuartos que alquilan mensualmente a un precio de entre 100 y 150 soles).

Su padre, nacido en Lima, estudió docencia en La Cantuta y actualmente es profesor nombrado en un colegio secundario. Su madre, oriunda de Titilaca, Puno, migró a Lima a los siete años acompañando a unos tíos para estudiar, pero se quedó trabajando como empleada doméstica. Luego pasó a apoyar en la cocina de un restaurante, hasta empezar su negocio propio, un restaurante de menú, donde conoció al padre de Joselyn, quien vivía a una cuadra de ahí. La madre enviudó joven con cuatro hijos y para mantenerlos trabajaba todo el día de empleada doméstica, dejando a sus hijos al cuidado del hijo mayor. Este hijo, que fue producto de una violación, ha sido diagnosticado con principios de esquizofrenia y vive medicado. Actualmente estudia y trabaja. Por otro lado, una de sus hijas mayores tuvo una maternidad temprana que le impidió estudiar y tiene tres hijos de dos relaciones diferentes. A su vez, a los diez años, Joselyn fue víctima de abuso sexual a lo largo de un año por el esposo de una tía, a cuya casa acudía, enviada por sus padres, para repasar con él las lecciones de matemáticas. Pudo contárselo a sus padres recién a los 15 años, y a partir de allí, ellos estuvieron más pendientes de su crianza. Cuando Joselyn contó esta historia, supo que su madre y una de sus hermanas también habían sido víctimas de violación.

Los ingresos familiares mensuales del hogar, que incluyen el salario del padre, los ingresos del restaurante familiar, el alquiler de los cuartos, los ingresos de la hermana de Joselyn y, eventualmente, los de Joselyn, superan los 4050 soles (alrededor de 5000 soles).

Esta familia muestra trayectorias variadas, con una tendencia a la movilidad social intergeneracional ascendente, principalmente por el gran sentido de emprendimiento de la madre, quien con primaria incompleta ha logrado tener su negocio propio y apoyar a todos sus hijos para que cursen estudios superiores. Del mismo modo, el padre de Joselyn destina gran parte de lo que gana a los estudios de sus hijos. Los hijos de padre y madre (Joselyn y su hermano menor) tienen un mayor nivel educativo que la madre (que solo tiene primaria incompleta), al estar ambos realizando estudios universitarios, e igual nivel que el padre, quien también estudió en la universidad. Sin embargo, la familia también ha sufrido situaciones de vulnerabilidad: la migración de la madre a los siete años de edad en un ambiente de explotación, las violaciones sufridas por la madre, la hermana y la propia Joselyn, y el problema de salud mental del hermano mayor. Aun así, cada miembro de la familia muestra indicios de haber sabido enfrentar y superar estos problemas, en los que la familia constituye un apoyo fundamental.

Grupo 4: jóvenes que no estudian ni trabajan

Caso 7: JOHN

John tiene 18 años, nació en Lima, vive en Villa El Salvador y es el segundo hijo de padre y madre. Tiene además un tercer hermano de madre, fruto de una nueva relación. John no estudia ni trabaja. Terminó la secundaria a los 15 años, estuvo en una academia preuniversitaria y luego lo dejó. Estudió inglés por un tiempo, pero también desistió. Ha estado por tiempos prolongados sin estudiar o trabajando por periodos cortos, pero principalmente merodeando por el barrio, con los amigos, jugando videojuegos y consumiendo drogas. Hace ocho meses está internado en un centro de rehabilitación por consumo de drogas (marihuana y pasta básica de cocaína). En el centro ha mejorado su comportamiento y ha descubierto que tiene talento ayudando a otras personas con su mismo problema. Los guías del centro de rehabilitación han delegado a John la responsabilidad de conducir actividades de grupo y de consejería, a partir de su experiencia, dirigidas a los chicos que recién ingresan al lugar. Ha encontrado en ello una actividad motivadora, y al salir espera postular a la universidad para estudiar sicología y recuperar una vida "normal".

John vive en la casa propia de sus abuelos con ellos, su padre (45), su tío y su familia. Sus padres son divorciados y él pasa los fines de semana con su madre (45), que reside también en Villa El Salvador. La madre vive con su actual esposo, la hermana mayor (24), que tiene su pareja e hijo (3), y su medio hermano (8). John vivió durante la niñez con su madre, pero a partir de los 12 años, cuando la madre se casó nuevamente, pasó a vivir con el padre porque la madre sentía que no podía manejarlo. El padre trabaja como obrero de construcción civil y alquila habitaciones en su casa. El ingreso paterno se ubica en el rango de los 1351 y 2030 soles. La madre es auxiliar en educación en un colegio privado y los fines de semana apoya en el salón de belleza de su hermano. Su ingreso se ubica en el mismo rango (1351 y 2030 soles mensuales).

Esta familia muestra un proceso de movilidad social intergeneracional descendente, pues ninguno de los dos hijos mayores ha estudiado luego de terminar la secundaria, a diferencia de los padres, que sí cursaron estudios superiores (el padre incompletos y la madre completos). Además, ambos hijos muestran trayectorias desligadas de los estudios y el trabajo: John se involucró en drogas, y su hermana mayor tuvo un embarazo temprano y se dedica a cuidar a su hijo, por lo que depende de la ayuda de su madre y de su pareja. Sin embargo, John cuenta con el apoyo de sus padres para emprender estudios al salir del centro de rehabilitación, lo que podría trazar un panorama de movilidad distinto en algunos años. John recién cumplió 19 años, no todo está dicho aún.

Caso 8: TERESA

Teresa tiene 24 años, nació en Lima, vive en Chorrillos y es la primera de cuatro hermanos de madre. No estudia y ni trabaja. Al final de la secundaria no sabía si quería estudiar, y salió embarazada, fruto de una primera relación. Actualmente tiene tres hijos, la mayor de siete años, una de tres años y otro de seis meses, los dos últimos de una segunda relación. Teresa se dedica a los quehaceres domésticos; realiza cachuelos de lavado de ropa de familiares y vecinos, pero principalmente está al cuidado de sus hijos. Tiene una relación inestable con su pareja, el padre de sus dos hijos menores, quien no terminó la secundaria y ha estado antes vinculado a pandillas y delincuencia. En más de una ocasión, su pareja ha sido violenta con ella.

Al inicio del estudio, y la mayor parte de este año, Teresa ha vivido en casa de su abuela en Chorrillos, con su madre; su padrastro; sus dos medios hermanos; su hermana (20) y su hijo; su tío materno, su esposa y su hijo; y un tío soltero. Cada una de estas familias tiene un cuarto propio en la casa, pero cocinan juntos, organizando la compra y preparación de alimentos por turnos.

La madre de Teresa y su padrastro no aprueban del todo su relación de pareja, y ha habido conflictos de convivencia, sea porque su pareja llega tarde o no llega a dormir, porque no aporta la cuota diaria correspondiente, etc. Para tener mayor independencia, Teresa decidió mudarse con su pareja y dos de sus hijos a casa de sus cuñadas, en Villa El Salvador. Ha dejado a su hija mayor en su casa de origen, al cuidado de su madre, para no tener que cambiarla de colegio, al que asiste con los otros niños de la casa. Sin embargo, en la última visita nos contó que hace poco se ha mudado de nuevo para vivir de manera independiente, esta vez a un terreno de invasión en Punta Hermosa. Considera que ese es su hogar. Su vivienda actual es un espacio pequeño donde han instalado un módulo prefabricado que cuenta con un solo ambiente, donde están ubicados la cocina y la única cama, que comparte con su pareja y sus dos hijos. La zona aún no tiene instalación eléctrica, agua potable ni otros servicios básicos.

La madre de Teresa nació en Lima y salió embarazada de ella terminando el colegio. Trató en dos ocasiones de continuar estudios superiores, primero de enfermería y después de administración, pero no pudo terminar ninguno. Teresa y su hermana menor (21) han tenido embarazos tempranos y no trabajan ni estudian. Su padrastro, con quien vive desde chica, nació en Lima, completó su secundaria básica y trabaja como electricista en una compañía. Teresa no se lleva bien con él porque suele ser violento física y verbalmente con su mamá y sus hermanos pequeños.

Teresa depende principalmente del ingreso de su pareja (menos de 900 soles), sobre todo ahora que se encuentra viviendo sola con él. Actualmente él trabaja como guardián del terreno invadido, contratado por los propietarios, pero durante el tiempo de seguimiento del caso, ha tenido solo trabajos eventuales y periodos sin ocupación. Sin embargo, Teresa recibe también el apoyo regular de su madre para los gastos de sus hijos, y es su madre quien cría a su hija mayor y le paga el colegio particular. Los ingresos del hogar materno, que incluyen los de la madre de Teresa y los del padrastro (electricista), se ubican en el rango de 1351 a 2030 soles. Asimismo, cuando vivía con sus cuñadas, Teresa recibía el apoyo económico de la familia de su pareja.

Los factores de vulnerabilidad en esta familia afectan a varias generaciones: los embarazos tempranos caracterizan a la generación de la abuela y llegan hasta la de las nietas. Además, la madre de Teresa, la propia Teresa y su hermana han vivido estos primeros embarazos como madres solteras. Asimismo, la violencia doméstica se repite: el padrastro con su madre y la actual pareja de Teresa con ella. La familia muestra un proceso de movilidad social intergeneracional descendente, pues ninguna de las dos hijas mayores ha estudiado luego de terminar la secundaria, a diferencia de la madre, que al menos inició estudios superiores. A su vez, Teresa no trabaja para mantener a sus hijos sino que depende de su pareja y de su familia materna.

Cuadro 3.1

Resumen de las trayectorias laborales de cada caso y contraste con la trayectoria de padres y madres

Grupo que...	Caso	Trayectoria laboral joven	Trayectoria laboral padre	Trayectoria laboral madre
solo estudia y "no trabaja"	Juan Diego (23 años)	• Asistente de topografía, ganando S/. 120 diarios durante cinco días.	• 1er trabajo: policía encargado del área de recursos humanos • Actualmente jubilado	• 1er trabajo: secretaria en una empresa • 2do trabajo y actual: secretaria en la gerencia de administración y finanzas de la municipalidad de un distrito del cono norte
	Marjorie (23 años)	• Prácticas preprofesionales (no remuneradas) en el archivo de la Defensoría del Pueblo • Asistente de biblioteca • Vende a sus amistades cajas decorativas que ella misma fabrica	• Docente nombrado de la universidad La Cantuta	• Trabajos en los que está hace más de 30 años: secretaria de la oficina de posgrado de La Cantuta; profesora en la Secundaria Técnica Lucie Ryning (hace 40 años) • Más recientemente: secretaría de la dirección de la Universidad de Ciencias y Humanidades

solo trabaja y no estudia	Paolo (21 años y padre de un niño de 4 años)	• 1er trabajo: como "servis", cargando bolsas en una fábrica de concreto • Obrero de construcción civil • Apoyo en negocio familiar de suministro para cómputo • Actualmente trabaja a destajo en una carpintería ** Desde adolescente ha participado en actividades ilícitas que le significaron importantes ingresos económicos. Ahora solo se involucra en ellas cuando necesita dinero	• Propietario de cinco farmacias en Villa El Salvador ** Otras fuentes de ingresos: • Alquila espacios en sus farmacias, en donde se practican abortos clandestinos. Mantiene alianzas de corrupción con miembros de la Policía de su barrio que lo protegen de cualquier problema	• Desde los 12 años trabaja (sin pago) como empleada doméstica en casa de una tía. Luego regresa a su pueblo • 15 años contratada como empleada doméstica • Empleada doméstica en otra casa con mejor sueldo • Empleada doméstica en casa de un embajador • Se casa y se dedica a tejer y vender chompas • Apoya en la administración de las farmacias de su esposo • Actualmente dice que es ama de casa, pero en la práctica la encontramos a cargo de una farmacia propiedad de su hija

Grupo que...	Caso	Trayectoria laboral joven	Trayectoria laboral padre	Trayectoria laboral madre
solo trabaja y no estudia	Carolina (24 años)	• 1er trabajo: vendedora de tienda con un horario corrido de 11 a. m. a 11 p. m. • Campaña navideña en tienda por departamentos por un mes (600 soles) • Call center por un mes (se retira porque no recibe pago) • Call center por un día • Actualmente trabaja como empleada en una cadena de supermercados(750 soles) • Ayuda en la elaboración de manualidades que su madre vende	• Empleado del Banco Popular por casi 17 años • Diez años desempleado • Actualmente es tramitador/cobrador en un estudio de abogados en el centro de Lima	• Vendedora de ropa juvenil en un puesto del mercado de Magdalena ** Otras fuentes de ingresos: Hace y vende manualidades

estudia y trabaja	Gino (21 años)	• Durante su niñez y adolescencia apoya en el negocio familiar • Trabaja a medio tiempo en una cadena de cines de su barrio (375 soles) • Baila en eventos como parte de un grupo de danzas folclóricas • Se cachuelea arreglando computadoras de vecinos y amigos • Actualmente trabaja a tiempo completo en una cadena de cines (750 soles)	• Trabaja en el restaurante • Cuando conoce a su esposa, se pone a trabajar como obrero en fábricas • Crea un negocio propio de vidriería y aluminio	• Empleada doméstica por cinco años en una familia conocida • Apoya en el restaurante que abre la familia • Apoya en la vidriería familiar

Grupo que...	Caso	Trayectoria laboral joven	Trayectoria laboral padre	Trayectoria laboral madre
estudia y trabaja	Joselyn (20 años)	• Durante su niñez y adolescencia apoya en el negocio familiar. Continúa haciéndolo hasta ahora • Apoya en la panadería de un tío por una propina diaria de diez soles • Trabaja como profesora de educación inicial a siete soles la hora • Trabaja en un coliseo de gallos clandestino los sábados y domingos de 11 a. m. a 1 a. m. por seis meses. Mesera, ayudante de cocina y cajera • Secretaria en oficina • Trabaja a medio tiempo en una cadena de cines de su barrio (375 soles) • Empresa de turismo • Crea una juguería en el restaurante de su madre	• Docente de ciencias en un colegio público • Apoya en la administración del restaurante • Administración de alquileres	• Empleada doméstica • Da pensión en su barrio • Administradora del restaurante • Administradora de sus alquileres

"no trabaja" ni estudia	John (18 años)	• Atiende el negocio de cabinas de internet del padre • Acompaña un par de semanas al padre en obras de construcción civil • Trabaja eventualmente por día para tener ingresos rápidos: saca desmonte, soldador • Trabaja en un restaurante en Huánuco por un mes • Trabaja como repartidor de volantes de propaganda de la peluquería de un tío	• Hace más de 20 años trabaja como albañil de construcción civil en distintos proyectos	• Distintos trabajos desde adolescente: prepara queques que vende a sus compañeros en el colegio, apoya las actividades sociales en las que su padre está involucrado, cuida a niños y ancianos en el barrio • Trabaja como auxiliar de docente de inicial en un colegio nacional • Actualmente es auxiliar de disciplina del mismo colegio

Grupo que...	Caso	Trayectoria laboral joven	Trayectoria laboral padre	Trayectoria laboral madre
	Teresa (24 años y madre de tres niños)	• Trabaja en el negocio de venta de golosinas de la madre • Trabaja por dos meses cuidando a una persona mayor • Trabaja eventualmente lavando ropa • Vende productos de belleza por catálogo • Su ocupación principal no remunerada es el cuidado de sus hijos	• No hay datos del padre • El esposo de la madre es electricista	• Trabaja en una empresa de confección de polos • Empleada doméstica • Impulsadora de una marca de embutidos en Wong (le da por primera vez TBC "porque mucho entraba al frío. Yo entraba a cámaras" • Trabaja como personal de limpieza en un service: primero en un hospital y luego en una empresa de publicidad • Actualmente no tiene trabajo fijo, se dedica al cuidado de sus hijos y nietos • Trabajos eventuales en su barrio, limpiando casas, lavando ropa, etc.

Cuadro 3.2

RESUMEN DE LA TRAYECTORIA EDUCATIVA Y LABORAL DEL PADRE Y LA MADRE DE LOS JÓVENES ESTUDIADOS

Grupo que…	Caso	Relación con joven	Edad	Lugar de nacimiento	Nivel educativo alcanzado	Educación pública o privada	Ocupación
solo estudia y "no trabaja"	Juan Diego (23 años)	Padre	64	Cajamarca	Superior, estudió economía en la Universidad San Martín de Porres (USMP)	Educación básica y superior pública	Policía retirado
		Madre	52	Lima	Superior, estudió secretariado en un instituto	Educación básica y superior pública	Secretaria en la Municipalidad de Comas
	Marjorie (23 años)	Padre	57	Huarochirí, provincia de Lima	Superior, licenciada en docencia en historia por la universidad La Cantuta	Educación básica y superior pública	Docente en la universidad La Cantuta
		Madre	57	Rímac, Lima	Licenciatura en industria del vestido por la universidad La Cantuta y en trabajo social por la USMP Maestría en problemas de aprendizaje por La Cantuta	Educación básica y superior pública y privada	Secretaria de la oficina de posgrado de La Cantuta; profesora en la Secundaria Técnica Lucie Reining y secretaria de dirección de la Universidad de Ciencias y Humanidades

Grupo que...	Caso	Relación con joven	Edad	Lugar de nacimiento	Nivel educativo alcanzado	Educación pública o privada	Ocupación
solo trabaja	Paolo (21 años)	Padre	64	Comunidad Simbal, Trujillo	Técnico farmacéutico	Educación básica y superior pública	Propietario de cinco farmacias en Villa El Salvador. Realiza abortos clandestinos.
		Madre crianza	69	Jauja	Secundaria completa	Educación básica pública	Ama de casa. Su esposo le enseñó farmacéutica y el manejo de negocios
	Carolina (24 años)	Padre	60	Chincha	Estudió administración en un instituto	Educación básica pública y superior privada	Trabaja en un estudio de abogados haciendo cobranzas
		Madre	58	Lima	Estudió administración en un instituto	Educación básica pública y superior privada	Trabaja a medio tiempo en una tienda de artesanía
estudia y trabaja	Gino (21 años)	Padre	55	Chiquián, Bolognesi, Huaraz	Secundaria incompleta (4to)	Educación básica pública	Trabaja como vidriero en negocio propio
		Madre	52	Huicungo, Juanjui, San Martín	Primaria completa en pueblo de origen	Educación primaria pública	Ama de casa. Apoya en la vidriería de su esposo
	Joselyn (20 años)	Padre	57	Lima	Educación superior en Lima	Educación básica y superior pública	Docente de ciencia en colegio público. Ayuda en la administración del restaurante
		Madre	57	Puno	Primaria incompleta en Puno	Educación primaria pública	Administradora del restaurante

Grupo que...	Caso	Relación con joven	Edad	Lugar de nacimiento	Nivel educativo alcanzado	Educación pública o privada	Ocupación
no estudia "ni trabaja"	John (18 años)	Padre	45	Lima	Secundaria completa y estudios superiores incompletos	Educación básica y superior pública	Albañil
		Madre	45	Lima	Secundaria completa y estudios en instituto superior pedagógico	Educación básica y superior pública	Auxiliar de educación
	Teresa (24 años y madre de tres)	Esposo de la madre		Lima	Secundaria completa	Educación básica pública	Electricista en una empresa
		Madre	42	Lima	Secundaria completa	Educación básica pública	Trabaja limpiando casas por días

Made in United States
North Haven, CT
10 November 2026

22091537R00232